JN419125

조선과 명나라의 사행 외교사

【 1 】

조선과 명나라의
사행 외교사

권내현 기획·조영헌 외 지음

❶ 전환, 운영, 노정, 전경

푸른역사

이 저서는 대한민국 교육부와 한국학중앙연구원(한국학 진흥사업단)의 한국학 기초 자료 사업 지원을 받아 수행된 연구임(AKS-2020-CDM-1230002).

책머리에

19세기 후반 미국의 법학자 헨리 휘튼Henry Wheaton의 국제법에 관한 저서가 《만국공법萬國公法》이라는 이름으로 조선에 전래되었다. 조선은 《만국공법》에서 표명한 국가 간 평등과 주권 독립의 원칙이 실현되기를 기대했다. 하지만 만국공법은 원칙과 달리 현실에서는 열강에 유리하게 작용하였다. 그 결과 조선은 서구 열강과 일본이 강요한 불평등한 관계를 수용할 수밖에 없었다. 시간이 흘러 제2차 세계대전이 끝난 뒤 설립된 유엔에서는 모든 회원국의 주권 평등 원칙을 명확하게 규정하였다. 하지만 21세기 최강국 미국은 최근 불평등을 넘어 굴욕적인 관세 협상을 전 세계에 강요하고 있다. 대다수 국가는 이러한 조처에 당혹해하면서도 미국의 비위를 맞추며 굴욕을 감수하였다.

국제법이 만들어지고 보편화한 근현대의 공간에서도 국가 간 힘의 우열이라는 현실은 평등이라는 이상적인 원칙을 수시로 굴절시켰다. 각국은 이익을 최대화하거나 피해를 최소화하는 방식으로 현실에 적응할 뿐이었다. 시간을 거슬러 15~16세기 조선은 멀리 대서양이나 태평양을 넘어서는 곳이 아닌 바로 북쪽에 당대의 초강대국으로 성장했던 명나라와 국경을 맞대고 있었다. 조선은 자국의 안위를 보장받으며 명의 앞선 문화와 경제력을 활용할 전략이 필요했다.

사행使行은 근대적인 국제관계가 형성되기 이전의 대표적인 외교 행위였다. 명은 주변국에 조공 이외의 공식적인 외교관계를 인정하지 않앉으므로 조선 사행은 외교문서와 함께 조공 예물을 전달하고 답례품을 받아 돌아왔다. 조선 왕실의 주요 행사에 초대되었던 명 사행의 가장 중요한 임무는 책봉문서의 전달이었다. 이러한 과정을 통해 조선과 명은 초기의 일시적인 마찰을 극복하고 장기간 상호 안전을 도모할 수 있었다. 더불어 조선 사행은 명의 정세에 관한 정보 파악에 열중하였으며 교역을 통한 이익 확보에도 관심을 가졌다. 양국 사신이 오가며 지적 교류를 넓혀 나간 것은 문화적 자산이 되었다.

따라서 양국 사행은 표면적으로 힘의 우위에 따른 의례 행위임에도 조선의 일방적 희생으로 지탱되지는 않았다. 물론 무역을 통한 경제적 실리의 획득이 사행의 본질도 아니었다. 사행은 까다로운 의례만큼이나 복잡한 성격을 가지고 있었다. 이러한 조명관계에 관해서는 많은 연구가 축적되었고 사행의 성격에 관한 새로운 논의들도 제시되었다. 그런데도 조선과 명의 사행을 다각도로 다룬 저서는 아직 발간되지 않았다.

이 저서는 조명관계를 사행에 초점을 맞추어 다양한 소재를 통해 그 구체적인 면모를 분석한 최초의 성과물이다. 여기에는 고려 시대사, 조선 시대사, 명청사, 미술사, 한문학, 고전문학을 전공하는 13명의 연구자가 참여하였다. 연구자들은 각자의 전공에 따라 주제를 분담하여 분석하고 그 결과물을 매달 진행된 워크숍에서 발표하였다. 워크숍에는 필진 외에도 다수의 전공자가 참여하여 활발한 토론이 이루어졌다.

필자들은 워크숍에서 논의된 사항을 정리하여 개별적인 논문을 완성하였다. 이는 다시 저서 출판을 위한 형태로 원고의 수정을 거쳐 두 권의 책으로 완성되었다. 2021년에 처음 기획이 이루어졌으므로 출판까지는 4년의 세월이 소요된 셈이다. 1권에서는 조선에서 명으로 향한 사행의 시기별 변화, 사행의 운영 양상과 노정, 접경 지역인 평안도와 요동의 사행 지원에 대해 다루었다. 2권에서는 명의 조선 사행, 상호 인식과 이해, 사행 의례와 무역, 주변 지역인 여진, 일본, 여송과의 관계를 살펴보았다.

한국 역사학계는 조명관계를 전형적이고 안정적인 조공·책봉 체제로 간주하였다. 하지만 조명관계의 내용과 성격은 여러 차례 변화 과정을 겪었다. 명은 15세기 후반부터 조선을 예의의 나라로 추켜세우고 우대했지만 고려 말에서 조선 초의 상황은 달랐다. 고려는 명과 전쟁 직전까지 갔음에도 불구하고 기본적으로는 1년 3차례의 사행을 요청하였다. 반면 명은 3년 1차례로 이를 줄이려 하였다. 이러한 갈등은 조선으로까지 이어졌다. 정동훈은 고려의 요청이 경제적·문화적 실리의 차원이 아니라 국가의 안위를 위한 정세 파악에 목적이 있었음을 밝혔다. 이러한 구도는 조선 초까지 이어졌다.

고려에 이어 등장한 조선은 새 왕조의 안위를 위해 명과의 안정적인 관계가 절실했다. 명 역시 수도를 남경에서 북경으로 옮긴 뒤 조선과의 물리적 거리가 가까워지면서 수도의 안보를 외교의 핵심 과제로 설정하였다. 조명관계가 장기적 안정을 구가하기 위해서는 안보에 관한 상호 이해가 충족되어야 했다. 조영헌은 명의 북경 천도를 계기로 조선과 명이 순망치한脣亡齒寒 관계로 전환하였다고 보았다. 임진왜란 당시 명의 파병도 조선이 단지 인접국이거나 모범적인 조공국이어서가 아니라 북경의 안보 때문이라는 인식이다.

명군의 참전으로 일본군의 전세가 불리해지자 명은 일본과의 협상을 통해 전쟁을 조속히 끝내고자 하였다. 하지만 조선은 무력에 의한 일본군의 완전한 축출을 기대했다. 조선은 명 조정에 파견한 사행을 통해 이를 관철하려는 과정에서 명군과 극심한 갈등을 겪었다. 초기의 갈등

이후 장기 안정기에 접어들었던 조명관계는 임진왜란으로 혼란에 빠졌다. 김경태는 전쟁 시기 조선 사행의 빈번한 실패와 변경 사례는 사행이 가진 의례적 요소와 실제 외교적 요소 가운데 후자의 비중이 높아지면서 나타난 현상으로 설명하였다.

명 말기 여진의 성장으로 조명관계는 조청관계로 전환하였다. 조청관계는 형식적으로 조명관계의 연장으로 보이지만 조선은 이미 여진과도 다양한 외교적 교섭을 벌인 전례가 있었다. 특히 정묘호란 이후 조선은 후금과 국교를 수립하고 사행을 파견하였다. 장정수에 의하면 조선은 청과의 관계를 조명관계의 연장이 아닌 여진, 후금에서 이어지는 구도로 이해하고 그 안에서 중화의 합법적 계승자임을 자처했다고 한다. 조명관계에서 여진은 주요한 변수였고 그들과 형성했던 관례가 조청관계로 이어졌다고 할 수 있다.

조선에서 명으로 가는 사행은 정사, 부사, 서장관 등 세 사신 외에 종사관, 종인, 호송군이 포함되어 있었다. 그들은 외교 문제 해결과 정보 습득, 무역의 임무를 맡았다. 구도영은 조선 사행단이 문서의 교환을 중심으로 하는 명의 외교질서에 안주하지 않고 원하는 방향대로 문서가 작성되도록 적극적인 노력을 펼쳤다는 사실을 강조하였다. 이와 함께 다수의 사행 구성원은 명의 정국과 군사 동향과 같은 정보 수집에 주력하였음을 밝혔다.

조선은 명에서 수집한 정보를 바탕으로 조명관계의 구체적인 방향을 설정하거나 외교 현안에 선제적으로 대응하였다. 가장 적극적인 방식으로 대응한 사례는 영락제의 즉위를 축하하는 사행의 파견이었다. 명의 내부 정세를 긴밀하게 파악했던 조선은 정변과 영락제의 즉위에 관한 공식 통보를 받기도 전에 사행을 파견하였다. 이규철에 의하면 이러한 선제적 방식은 명의 반발로 중단되어 공식 통보를 받은 뒤에 사행이 파견되는 관례가 마련되었다고 한다. 새로운 관례는 조명관계의 안정을 바탕으로 장기간 지속되었지만 정보 수집 역시 여전히 중시되었다.

사행 노선은 해로와 육로로 구분되었다. 요동과 요서 지역이 평온할 때는 육로를 이용했으나 원명 교체기나 명청 교체기 같은 혼란 시기에는 해로를 이용했다. 명의 남경으로 가는 사행은 해로와 육로를 모두 이용했지만 북경 천도 이후에는 주로 육로를 이용했다. 육로로 이동할 때는 요동에서 활동했던 여진 세력으로부터 사행을 보호하기 위해 군사력을 동원했다. 정은주는 시기별로 사행의 노정 변화를 면밀하게 검토하고 지도로 재현하여 사행의 이동 경로를 쉽게 파악할 수 있도록 하였다.

양국 사행의 안전한 이동을 위해 동원된 군사를 호송군이라 하였다. 조선의 호송군은 평안도의 군사로 충당하였다. 평안도는 사행 접대와 요동으로 확장된 호송 및 운송 지원, 의주에서 이루어진 명 호송군의 무역 관리라는 부담을 안고 있었다. 평안도의 사행 지원체계는 명, 여진과의 관계 속에서 정비되었다. 권내현은 여진에 대한 군사적 부담이 완화되고 조선 내부의 경제적 욕구가 확대되면서 무역 지원을 강화하는 방향으로 평안도의 역할이 변화하였음을 밝히고 있다.

조선의 평안도가 외교적 역할보다 사행 지원에 충실했다면 명의 요동, 즉 요동도사遼東都司는 양국 간 외교 문제를 실질적으로 조율하기도 했다. 조선은 사행 파견 과정에서 명의 예부나 황제를 만나기 전에 현안을 조율해 줄 대상이 필요했고 명 역시 조선과 가까운 지역에서 외교 사안을 정리해 줄 곳이 필요했다. 이규철은 양국 관계가 안정된 이후 요동도사의 역할과 위상이 확대되어 사행 파견부터 군사업무까지 다양한 사안을 처리했다고 보았다.

임진왜란으로 조명관계에 변화가 발생하고 일상적 의례보다 외교적 실무가 중요해지면서 요동도사의 역할은 더욱 확대되었다. 명과 후금이 전면전으로 치닫던 시기에는 군사 공조를 기반으로 조선과 요동도사의 관계 역시 긴밀해질 수밖에 없었다. 장정수는 역할이 커진 요동도사의 폐단이 지속되는 가운데 1621년 후금의 요동 점령으로 조명관계의 중개지가 소멸되었음을 강조하였다. 이후 동강진東江鎭이 일시적으로 그 기능을 대신하였고 명의 중개지 복원 노력은 계속되었으나 조선의 불신과 청의 공격으로 실패하였다.

명으로 가는 조선 사행의 상층부를 구성한 사신은 문신 관료들이었다. 이들은 돌발 상황에 대처하기 위한 문장력을 갖추고 있어야 했다. 반면 '제국의 중개인' 역할을 한 명의 사신은 문신 외에 황제의 측근인 환관이 다수 포함되어 있었다. 조선에 파견된 사신은 양국 관계를 고려해 특별하게 선발되었다. 조영헌은 명 전기 조선에 파견된 사신에는 조선 출신 환관이 중용되었다가 중기 이후로는 황제권의 변화와 함께 문신 파견이 늘었음을 밝혔다.

조선은 환관보다 문학적 교양이 풍부한 문신을 더 반겼다. 외교적 절차의 수행에 무리가 없고 문화 교류가 활발하게 이루어졌기 때문이다. 그들의 조선에 대한 감상과 지적 교류의 결과물은 《사조선록使朝鮮錄》 등으로 편찬되기도 하였다. 이성형은 전통적인 '인신무외교人臣無外交'의 범위 내에서 일종의 '시부 외교詩賦外交'가 이루어졌음을 강조하였다. 공식적인 외교 의례의 한편에서 이루어진 문화 교류도 부차적이지만 사행의 주요 부분을 구성하였다.

노경희는 명 사신과의 교류가 조선 시단에 남긴 변화 양상을 시기별로 분석하였다. 15세기 세종 연간에 명의 문신이 사신으로 방문하면서 조선 문인들과의 '창화倡和 외교'가 관례화하고 조선에서는 율시 중심의 화려한 관각시館閣詩가 추구되었다. 관각 문인들은 중종 대에 전성기를 구가하다 명종 대에 문학에 관한 명 사신의 관심이 줄면서 입지가 축소되었다. 전란 이후 17세기 초에는 주지번朱之蕃 같은 명의 문신 사신이 연이어 방문한 것을 계기로 최고의 문화 교류가 이루어졌다고 설명한다.

조선 사신들도 명을 방문한 뒤 많은 사행록을 남겼다. 조청관계의 산물인 연행록보다 수는 적지만 대명 사행록 역시 조선 지식인들의 인식이나 감상을 구체적으로 확인할 수 있게 해 준다. 김지현은 16세기 조선 사신들의 명에 대한 관념과 현실 사이의 괴리를 여러 사행록의 분석을 통해 밝혀 냈다. 주자학적 교양을 내재화하고 있었던 조선 사신들은 의례에 어긋나고 기복신앙이 만연한 명의 현실을 비판적으로 바라보았다. 이는 조선 문화에 대한 자부심 고취와 주자학 연구의 심화로 이어졌다.

명에서 조선 사신의 문화 교류는 제약을 받았던 반면 까다로운 외교 의례의 준수가 강요되었다. 의례를 중심으로 한 사행의 주요 의식과 절차는 부분적으로 밝혀졌으나 정은주는 그 과정 전반을 상세하게 분석하였다. 조선 사신은 명의 요동, 산해관, 수도 등지에서 거행된 다양한 의례와 연회에 참여하였다. 가장 중요한 조공 의례는 조근朝覲과 조참朝參으로 구성되었다. 명 내부의 반발에도 불구하고 조선은 다른 나라 사신과 달리 두 의례에 참여하는 우대를 받았다.

조선은 무역에서도 다른 국가와는 다르게 우대를 받았다. 사행이 빈번하게 이루어졌으므로 무역의 기회 또한 많았다. 구도영은 조선의 대명 무역을 사행무역과 비사행무역으로 구분하고 밀무역은 두 개의 영역에서 이루어진 불법 무역을 아우르는 것이라고 강조하였다. 북경 무역은 회동관, 요동 무역은 회원관을 중심으로 이루어졌지만 그 형태나 명의 참여 인원은 다양하였다. 월경무역이나 해상무역과 같은 비사행 무역에는 의주인을 중심으로 한 평안도 사람들이 참여하였다. 그 경험은 향후 지역 상인의 성장에 영향을 주었다.

조명관계를 폭넓게 이해하기 위해서는 양국을 제외한 주변국과의 사행에 대한 검토가 필요하다. 여진은 200여 년간 1,200회 이상 조선에 사행의 한 형태인 내조來朝를 행하였다. 여진은 이를 통해 경제적 혜택을 얻고 조선과의 평화를 유지할 수 있었다. 박정민은 조선이 여진 접대에 큰 비용을 들였지만 그들을 조선의 외교질서에 편입하고 침입을 줄이는 방편으로 활용했다고 보았다. 여진과의 관계는 조선에 대한 명의 입장을 이해하는 데 일정한 도움을 준다.

여진과 달리 조선 전기 조선의 일본 사행은 무로막치 막부와의 대등한 교류를 전제하고 있었다. 조선은 명을 중심으로 한 동아시아 질서 속에서 책봉을 받은 국가 사이의 상호 교류를 추구했다. 하지만 일본의 무관심한 태도로 조선 역시 사행 파견의 의지를 상실해 나갔다. 그런데 김경태에 의하면 명과 일본과의 관계가 조선과 일본과의 관계에 직접적인 영향을 미치지는 않았다고 한다. 조선이 일본과의 실질적인 관계에서 명을 특별하게 고려하지 않았다는 사실은 동아시아 전체를 아우르는 시각에서 조명관계를 검토해야 함을 보여 준다.

명의 주변에 존재했던 여송呂宋은 오랫동안 조공을 중지하다 16세기 후반 돌연 사절단을 파견했다. 명의 주변 국가들은 조공하거나 필요하면 책봉을 요청하였다. 조공과 책봉이 동반된 관계는 명과 인접한 몇 개 국가들에 불과했다. 그 가운데 조선은 명에 의해 공순恭順한 모범국가로 상정되었다. 남민구는 여송을 점령한 스페인이 교역을 목적으로 교섭을 벌였지만 명은 조공을 중단했던 오랑캐가 공순하게 다시 조공한 것으로 포장했다는 사실을 밝혀 냈다. 조선이 명을 상대로 만들어 냈던 이미지는 조선의 필요를 반영한 것이지만 명 역시 이를 활용하고 있었던 것이다.

이상의 내용은 사행을 중심으로 한 조명관계 전반을 조망할 수 있게 한다. 조선과 명은 사행을 통해 일차적으로 상호 안전을 도모하였다. 양국 간 힘의 불균형 속에서 조선은 명이 추구했던 외교질서에 선제적으로 대응하여 모범국가 이미지를 창출하였다. 이 역시 조선의 안위를 보장받기 위한 불가피한 선택이었다. 사행의 파견에서 귀환까지 조선은 막대한 인적·물적 부담을 떠안았지만 자국의 이익을 관철하기 위해 적극적으로 노력하였다. 문화 교류나 무역상의 이익은 그 과정에서 확보한 부수적 실리였다.

그 내용은 시기에 따라 변화하였고 사행의 절차, 노정, 의례, 교류, 인식, 무역 등에 대해 전반적으로 검토해야만 파악할 수 있다. 더불어 양국 사행이 오가는 중개지의 역할이나 주변국과의 관계도 분석해야 조명관계에 대한 이해를 확장할 수 있다. 이 책은 이러한 요구에 일정하게 부응하고 있다. 하지만 여전히 부족하거나 빠진 내용이 남아 있을 것이다. 그럼에도 불구하고 다양한 분야의 연구자들이 조명 사행에 관한 종합적인 연구서를 발간하였다는 점에서 의의를 찾을 수 있을 것이다. 남은 문제는 또 다른 기회의 장을 기다리고자 한다. 마지막으로 까다롭고 상품성 없는 원고를 두 권의 멋진 책으로 만들어 준 푸른역사 박혜숙 대표님과 편집자께 감사를 드린다.

2025년 가을
필자들을 대표하여 권내현 씀

● 책머리에 ………… 005

01

사행의 시대적 전환

──── 고려-몽골 사행에서 조선 - 명 사행으로의 전환_정동훈 ………… 018

북경 천도를 통해 재편된 조명 관계와 '순망치한'_조영헌 ………… 054

임진왜란기의 대명 사행 : 전쟁 직전 ~ 책봉 결정기_김경태 ………… 096

조명 사행에서 조청 사행으로 :

　조선과 후금의 사신 파견과 접대_장정수 ………… 146

02

사행 운영과 노정

──── 조선 전기 대명 사행의 조직 운영과 외교적 역할_구도영 ………… 184

조선 초기 대명 정보의 수집·활용과 사행 파견_이규철 ………… 222

조선과 명의 사행로 변화와 호행체계_정은주 ………… 248

03

접경 지역, 평안도와 요동

──── 조선의 대명 사행과 평안도_권내현 ………… 290

15세기 조선의 대명 사행과 요동도사_이규철 ………… 318

조명관계의 중개지, 요동아문과 동강진_장정수 ………… 338

● 주 ………… 376
● 찾아보기 ………… 458

● 책머리에 ………… 005

01

명사의
조선 사행

명의 조선 사행 인원: '제국의 중개인'_조영헌 ………… 018

《사조선록》에 나타난 명 사신의 조선 인상_이성형 ………… 044

02

상호 인식과
이해

조선 전기 명 사신과의 만남과 조선시의 발견:

  '배우는 시[學詩]'에서 '조선의 시[東詩]'로_노경희 ………… 076

16세기 대명 사행 속 명 문인 교류와 중국 인식:

  16세기 사행록을 중심으로_김지현 ………… 104

03

사행 의례와
물적 교류

조선 사신의 명 사행과 의례 절차의 재구성_정은주 ………… 140

조선 전기 대명 무역의 유형, 절차, 공간_구도영 ………… 180

04

조선과
명의
주변 지역

조선은 왜 여진인을 대접했을까_박정민 ………… 216

조선 시대의 대일 사행_김경태 ………… 260

1575년 명-여송 교섭과 '공순'의 의미:

  모범 사례로서의 조명관계에 대한 검토_남민구 ………… 290

● 주 ………… 310

● 찾아보기 ………… 390

[1]

사행의
시대적
전환

정
동
훈

고려-몽골 사행에서
조선-명 사행으로의 전환

- 문제의 소재: 전환기의 삐걱거림
- 고려-몽골 사행: 1년 2행에서 1년 3행으로
- 조선-명 사행: 1년 3행(2행)과 4년 1공
- 전환
- 고려는 왜 굳이 사신을 보내려고 했을까

문제의 소재: 전환기의 삐걱거림

14세기 후반은 세계사적인 대전환기였다. 유라시아 대륙을 통합했던 몽골 제국이 붕괴되면서 권력의 공백이 발생했고, 그 틈을 메우기 위해 엄청난 역동성이 발휘되었다. 제국 붕괴의 중요한 원인이 되었던 기근과 전염병은 사람들을 더욱 긴장 상태로 몰아넣었다. 대륙 곳곳에서 무장화·군사화 현상이 발생했고, 크고 작은 전투와 전쟁이 벌어지면서 적자생존의 상황이 연출되었다.[1] 사회 전체의 엔트로피가 치솟았다. 중국 대륙, 한반도, 일본 열도에서 비슷한 시기에 일어난 정권 교체는 그 최종 산물이었다. 제국의 붕괴와 동시에 유라시아 전역에 지역 정권들이 등장했다. 몽골 제국을 긍정하든 부정하든 누구도 그 영향에서 자유롭지 못했다. 모두가 제국의 유산에 대해 상속권을 주장하고 나서며 갈등하고 협력하고 경쟁했다.[2]

몽골 제국이 무너져 가던 시기에 고려에는 공민왕이 왕위에 있었다 (재위 1351~1374). 공민왕은 한 세기 넘게 압도적인 영향력을 투사하던 제국의 향배를 예측할 수 없게 된 상황에서 갑자기 등장하여 중원의 새 주인임을 자처한 명을 마주하게 되었다. 재위 내내 몽골 제국, 특히 황실, 그중에서도 기황후에게 치를 떨었던 공민왕은 재빨리 명에게 줄을 댔다. 당시로서는 도박에 가까운 모험이었다. 고려 입장에서는 결과적으로는 다행인 선택이었을까, 대륙의 패권은 명에게 넘어갔다. 명의 입장에서도 제국 동쪽의 안정을 꾀하는 데 고려의 협조가 필수적이었다.

다만 고려와 명 둘 사이에는 몽골 제국의 유산을 둘러싸고 '상속' 분쟁이 일어날 소지가 있었다. 대표적인 것이 제주도였다. 이 사안에 대해서는 고려가 주도권을 쥐고 강하게 드라이브를 걸면서 홍무제洪武帝의 양해와 양보를 받아 냈다. 그보다 더 중요한 것이 요동 문제였다. 고려 역시 발 빠르게 압록강 너머로 군사를 보내며 제 몫을 챙겼다. 그러나 더 적극적이었던 것은 명이었다. 명은 건국 이후 20년에 걸쳐 야금야금 요동 전역을 차지해 나갔다. 고려로서는 결코 달갑지 않은 결과였다. 이 과정에서 양국은 끊임없이 마찰을 일으켰다. 왕조 교체로 가는 단초를 열었던 1388년의 요동 공격 시도는 갈등의 절정이었다. 10년 후인 1398년에도 또 다른 전쟁 위기가 있었다.

이러한 위기는 공교롭게도 그 세기가 끝날 무렵, 거의 동시에 양쪽의 건국 영웅들이 권좌에서 내려오면서 순식간에 사그라졌다. 세기가 바뀌는 동안 조선 정종과 명 건문제의 짧은 조정 기간을 겪은 후, 양쪽에 모두 태종이 등극한 15세기 초부터 두 나라는 적어도 대외적으로는 적대적인 언설을 멈췄다.

16세기《대명회전大明會典》편찬자들은 조선과 명 사이의 안정적 외교관계를 보여 주는 대표적인 지표로 둘 사이의 사신 왕래를 들었다. 크게 틀리지는 않은 설명이다. 그러나 15세기 초 이후의 조선-명 관계에만 집중하면 그에 앞선 30년에 걸친 고려·조선-명 관계, 더 정확히는 홍무 연간(1368~1398)의 복잡다단했던 우여곡절을 간과하기 쉽다. 고려·조선과 명 사이에는 특히 사신 왕래와 관련하여 공기貢期, 즉 사신이 오간 빈도 및 공로貢路, 즉 사신이 지나간 경로 문제가 주요 쟁점이었다. 거칠게 요약하면 최대한 자주 보내려 했던 고려·조선의 입장과 가능하면 적게 받아들이려 했던 명의 입장이 맞서는 구도였다. 홍무제는 죽을 때까지도 조선의 1년 3행을 달갑게 받아들이지 않았다. 결과적으로 이 관행이 온전히 굳어진 것은 건문제 때부터였다.

제목 그대로 이 글의 목적은 고려-몽골 사행에서 조선-명 사행으로 전환된 경과를 살펴보는 데 있다. 먼저 2장에서는 고려-몽골 사행이 어떻게 정착되었는지 그 기원부터 거슬러 올라간 다음 13세기 중반에서 14세기 중반까지 약 100년 동안 유지된 관행을 살펴본다. 다음으로 3장에서는 15세기 이후 200여 년 동안 지속된 조선-명 사행의 관행을 들여다본다. 이어서 4장에서는 전환이 이루어졌던 14세기 후반, 고려와 명이 사행의 빈도와 경로 등을 둘러싸고 겪었던 갈등을 추적한다. 마지막으로 5장에서는 이 전환기에 집중해서 고려가 굳이 자주 사신을 보내려 하면서 노렸던 바가 무엇인지 가늠해 본다.

고려-명 관계에 대해서는 그동안 많은 연구가 이루어졌다.[3] 게다가 명나라 초기는 이른바 조공 시스템이 형성, 정착되었던 시기이며, 조선은 이 시스템에서 가장 전형적인 조공국이었다고 평가되었던 까닭에 더 장기적인 한중관계사, 더 광범위한 동아시아 국제관계사 연구에서도 이 시기 고려-명 관계를 특별히 주목해 왔다.[4] 다만 사행 빈도와 사행로 문제에 대해서는 관련 논의가 너무 복잡하고, 또한 명측의 상황을 전하는 기본 사료, 특히 《명태조실록明太祖實錄》에 대대적이고 치밀한 조작이 가해진 탓에 정확한 실상을 파악하기가 매우 어렵다. 이에 이 글에서는 최신 연구에 근거하여 기존 연구의 오해를 바로잡으려 한다.

고려-몽골 사행: 1년 2행에서 1년 3행으로

> 황원皇元에 귀의한 이래로 장인과 사위의 관계를 맺어 한집안처
> 럼 지내게 되었으니, 일은 정실情實을 돈독히 하고 예禮는 형식적
> 인 것을 생략하게 되었다. 상주할 일이 있을 때에는 한 사람이
> 역전驛傳을 타고 곧바로 황제의 처소에 이르는데, 한 해 가운데
> 비는 달이 없다. 그러므로 사신으로 갈 사람을 가려 뽑지 않게
> 되었으니, 은혜가 지극히 두텁다. 오직 연절年節에 있어서만은
> 의례적으로 표문表文을 올려 진하進賀하고 또 공물을 바치고 있
> 으므로 국경國卿을 정사正使와 부사副使로 충원하여 대충이나마
> 옛 관례를 따른다.[5]

이 인용문은 충숙왕 후3년(1334), 최해崔瀣가 하성절사賀聖節使 서장관書
狀官으로 파견된 정포鄭誧에게 준 글의 일부이다. 여기서 최해는 당시 고
려에서 원 조정에 보내는 사행을 둘로 나누어 설명했다. 하나는 '상주할
일이 있을 때' 수시로 파견하는 사행이다. 최해는 이러한 사행이 "한 해
가운데 비는 달이 없다"고 묘사했다. 다른 하나는 '연절', 즉 황제의 생일
이나 정월 초하루와 같은 명절을 축하하러 가는 사행이다. 전자를 비정
기적이고 실무적인 사행이라고 한다면, 후자는 정기적·의례적 사행이라
해도 좋을 것이다.[6] 비정기적·실무적 사행이야 시대에 따라, 사안에 따
라 큰 폭의 변화를 보이는 것은 당연하다.[7] 따라서 이어질 조선-명 사행
과 직접 비교하기 위해서는 후자, 즉 정기적이고 의례적인 사행을 중심
으로 설명하는 편이 적절하다. 여기서는 우선 고려-몽골 관계에서 정기
적 사행이 어떤 간격을 두고 이루어지고 있었는지 살펴본다.

한중관계에서 정기적 사행의 시작

한반도 왕조와 중국 왕조 사이에서 사신이 정기적으로 왕래한 것은 언제부터였을까? 가장 이른 시기에 '정기적인 왕래'에 가까운 모습을 엿볼 수 있는 사례로 고구려와 북위의 관계를 들 수 있다. 5호 16국의 혼란한 정세가 대략 정리된 후 5세기 중반부터 한 세기에 걸쳐 양국은 비교적 안정적인 외교관계를 맺었던 것으로 추정된다. 특히 465년부터 523년까지 고구려는 거의 매해 북위에 사신을 파견했다고 한다.[8] 그러나 이때의 사신 파견이 완전히 정례적이었다고는 볼 수 없다. 위의 59년 동안만을 떼어 놓고 봐도 《삼국사기》〈고구려본기〉를 기준으로 했을 때 빠진 해가 18번이나 되며, 파견 시기 역시 특정 월에 집중되지 않고 한 해에 걸쳐 두루 분포하고 있다. 매년 같은 시기에 파견한다는 '정기성'의 정의에 부합하지 않는다.

백제나 신라의 중국 사행은 말할 것도 없다. 중국 대륙과 국경을 마주하지 않은 상황에서 매년 고정적으로 사신을 파견할 만한 계기도, 동인도 없었다. 이는 통일기 신라 역시 마찬가지다. 신라와 당이 비교적 안정적인 관계를 유지했던 701년부터 836년까지 136년 동안 신라는 총 107회의 사절을 당에 파견했으나, 그때부터 당이 멸망하는 907년까지 71년 동안에는 사절 파견 횟수가 겨우 22회에 머물렀다.[9]

고려 초기에도 크게 다르지 않았다. 《고려사》 세가를 기준으로 헤아려 보면 고려는 오대五代 왕조 가운데 후당에 4회, 후진에 3회, 후주에 3회 사신을 파견했다. 918년부터 960년까지 43년 동안 총 10회에 지나지 않는다. 고려와 송이 공식 외교관계를 맺고 있던 960년부터 994년까지 고려가 송에 사신을 파견한 횟수도 19회밖에 되지 않는다.[10]

고구려−북위 관계를 예외로 한다면 앞에서 언급한 나머지 외교관계는 한 가지 중요한 특징을 공유한다. 두 나라가 육상으로 국경을 공유하지 않는다는 점이다. 육지로 접하지 않다 보니 양국은 서로를 직접적인 동맹의 대상 혹은 안보의 위협으로 여기지 않았다. 국경 인근에서 뜻밖의 사태가 발생할 것을 우려할 이유도, 그것을 해결할 필요도 없었다. 드문드문 사신을 보내 양자가 우호관계에 있음을 확인하는 정도면 충분했다.

두 국가가 국경을 맞대면서 상황은 완전히 달라졌다. 한중관계에서는 현종 13년(1022)의 일이었다. 10세기 내내 북진하던 고려와 남진하던 거란은 10세기 말부터 약 30년 동안 치열한 갈등을 겪었다. 세 차례에 걸친 거란의 대규모 침입은 1019년 이른바 귀주대첩을 거치며 고려의 승리로 끝났다. 그리고 3년 후인 1022년, 거란은 지금의 랴오양遼陽에 설치했던 지방 관부인 동경東京에서 고려에 사신을 보내 이후 사신 왕래에 대해 다음과 같이 요구했다.

> 앞으로 춘계문후사春季問候使와 하계문후사夏季問候使는 합쳐서 한 차례 보내되 하천령절사賀千齡節使 및 하정단사賀正旦使와 함께 오고, 추계문후사秋季問候使와 동계문후사冬季問候使는 합쳐서 한 차례 보내되 하태후생신사賀太后生辰使와 함께 오도록 하십시오.[11]

즉 기존에 고려에서 거란 중앙 정부에 총 일곱 가지 명목으로 파견하던 사신을 1년에 두 차례, 즉 황제의 생일 축하 사절과 황태후의 생일 축하 사절로 나누어 한꺼번에 파견하라는 요구였다. 물론 그때까지 매년 7차례씩 꼬박꼬박 사신을 파견한 것은 아니었다. 황제와 황후의 생일 날짜는 주인공에 따라 당연히 바뀌는 것이었으니, 저 규정이 그대로 지켜지지도 않았다. 그러나 이후 고려-거란 관계가 유지된 12세기 초까지의 한 세기 동안 이러한 정기적인 사신 파견은 반복되었다. 위에서 언급한 황제의 생일 축하 사신과 새해 축하 사신이 꾸준히 이어졌던 것이다.

한편 이 시기에는 거란 조정에서도 고려 측에 매년 고려 국왕의 생일을 축하하기 위한 사절을 보냈다. 일시적인 중단이 있긴 했지만 현종 14년(1023)부터 예종 11년(1116)까지 거의 거르지 않았다.[12] 이에 대해 고려에서도 매년 사은사謝恩使를 파견했다. 양국 간 정기적 사신 파견은 이외에도 하나 더 있었다. 거란에서 3년에 한 번씩 보내는 횡선사橫宣使[13]와 그에 대한 고려의 사은사다. 이후의 고려-금 관계에서도 그랬는데, 다른 시기에는 찾아볼 수 없는 매우 특징적인 현상이다.

고려와 거란의 정기적인 사신 왕래는 양국 관계의 전례를 그대로 따른 고려-금 관계에서도 유지되었다. 고려에서 금에 보낸 정기적 사신에는 한 가지가 추가되었는데, 매년 연말에 파견되었던 진봉사進奉使가 그것이다. 진봉사는 별다른 특별한 사안 없이, "헌방물獻方物" 혹은 "진방물進方物" 등으로 표현된 물자 진헌을 목적으로 했다. 다만 그때의 '방물'이란 같은 시기 송에서 거란이나 금에 보냈던 막대한 양의 세폐歲幣와는 달리 의례적인 규모에 지나지 않았다. 진봉사를 포함해서 고려가 매년 금에 보낸 사행의 횟수는 4회였다.[14]

요컨대 고려는 거란에 매년 세 차례(하성절, 하정, 사하생신謝賀生辰)씩, 금에 네 차례(+진봉)씩, 그리고 3년에 한 번(사횡선) 사신을 파견했고, 거란과 금에서도 매년 한 차례(하생신)와 3년에 한 번(횡선)씩 사신을 파견했다. 한중관계 역사상 한반도 왕조에서 중국 왕조에 정기적으로 사신을 파견한 일은 이때가 처음이었다는 점은 기억해 둘 가치가 있다. 중국 측에서 매년 동일한 명목의 사절을 정기적으로 파견한 것은 이때가 최초이자 최후라는 점 또한 특별히 강조할 만하다.[15]

고려-몽골 초기 관계에서의 사신 왕래

고려와 몽골 제국의 첫 만남은 일반적으로 고종 6년(1219)의 이른바 '형제맹약'을 꼽는다. 이때 '형제'가 되기로 약속한 것이 전장의 지휘관들인지, 아니면 고려와 몽골 제국 국가인지를 두고는 해석이 엇갈린다.[16] 하지만 이 맹약에서 고려가 매년 몽골에 세공歲貢, 즉 매년 일정한 물자를 납부하기로 한 것이 핵심이라는 사실에 대해서는 대부분의 연구가 일치된 의견을 보인다.[17] 그리고 이때의 협의에는 물자를 전달하는 방법, 즉 사신 왕래에 관한 내용도 포함되어 있었다. 몽골군 사령관이었던 카치운[哈眞]과 차라[札剌]는, "도로가 완전히 막혀 너희 나라에서는 왕래하기 곤란할 것이므로 매년 우리나라에서 사신을 보내되 10인을 넘지 않을 것이니, 그가 올 때 가지고 가게 하면 될 것이다"[18]라고 약속했다. 사신은 몽골 측에서만 보내며, 10명이 해마다 한 번씩 고려에 가서 물자를 수령할 것이라는 언급이었다. 고려 측에서 사신을 보낸다는 규정은 없었다. 실제로 1219년부터 한동안 몽골 측에서는 매년 사신을 보내 와서 물자를 거두어 갔다. 문제는 그 빈도와 규모였다. 약속대로 1년에 한 번씩 10명의 사신이 온 것이 아니라 많게는 네 번씩, 한 번에 서른 명 이상씩 왔던 것이다. 결국 이때의 약속은 고종 12년(1225) 몽골 사신 저고여가 피살됨으로써 중단되었다.[19]

고종 18년(1231)부터 고려와 몽골은 전쟁 국면에 접어들었다. 몽골은 국왕이 직접 대칸에게 찾아와 항복하라는 친조親朝, 고려 도읍을 강화도에서 개경으로 옮기라는 출륙환도出陸還都 등을 항복조건으로 내세우며 고려 정부를 압박했다. 고려의 호구 수를 파악한 후 그에 합당한 물자를 징수하겠다는 의지를 피력하기까지 했다. 개전 초기, 우구데이는 고려 측에 "살리타이로 하여금 고려의 인호 수를 파악하게 할 것[出人戶使沙里打見數事]"이라 압박하기도 했고,[20] 고종 27년(1240)에 보낸 문서에서는 "민호는 모두 그 수효를 내보여라.……나와 무휼하여 안정된 후에는 별도로 상세한 사자가 없더라도 해마다 공부貢賦를 취해서 보내야 할 것이다"라고 했던 것이다.[21] 이는 몽골 제국이 다른 복속 지역에서 시행한 전면적인 호구 조사, 그리고 그에 근거한 체계적인 수취와 본질적으로 같은 조치였다.[22]

그러나 잘 알려진 것처럼 고려 정부는 몽골 측의 이러한 요구를 받아들이지 않았다. 대신 고려는 전쟁 기간 동안 수시로 전장의 몽골군 사령부, 그리고 멀리 떨어진 몽골 조정에까지 각종 물자를 제공했다. 한문으로 작성한 외교문서에서는 이를 모두 '조공' 내지 그에 준하는 단어로 표현했다. 즉 몽골 측의 호구 조사, 부세 수취 주장에 맞서 1219년 당시의 세공 약속을 환기시키며, 이미 이를 이행하고 있노라고 기정사실화하는 전략을 취했던 것이다. 이 기간 동안 고려는 수시로 사신을 파견하기는 했으나, 전쟁 상황이라 정기적으로 이루어지지는 않았다.[23] 고려에서 몽골 중앙 조정에 사신을 파견한 것은 전쟁이 소강 국면에 접어들었던 1240년대에 집중되었다.[24] 전쟁 중에는 대부분의 교섭이 고려 조정과 몽골 원정군 사령부 사이에서 이루어졌다.

고려-몽골 사행의 고착화

고종 46년(1259), 고려 태자가 친조했다가 칸위 계승 후보자였던 쿠빌라이와 조우하면서 양국은 오랜 전쟁에 막을 내렸다. 이듬해인 원종 원년(1260)에는 향후 고려-몽골 관계를 이전 시기의 그것과 단절하는 중대한 결정이 연이어 내려졌다. 그러한 결정 가운데 이 글의 주제인 사신 왕래와 관련해서는 다음 언급을 주목할 만하다.

> 사신은 오직 (몽골) 조정에서만 보낸다. 다른 사신은 모두 금지
> 하여 다니지 않게 한다.[25]

약 30년에 걸친 몽골의 고려 침공은 옷치긴 가문을 비롯한 동방왕가와 잘라이르 부족을 비롯한 좌익대신 등이 주도했다. 전쟁 기간에 고려는 멀리 떨어져 있는 대칸뿐만 아니라 가까이에 있는 몽골군 지휘부와도 끊임없이 교섭하며 그들의 요구에 응해야 했다. 그런데 새롭게 대칸에 오른 쿠빌라이가 앞으로 고려와의 소통 창구를 자신에게 집중시키겠노라고 선언한 것이다. 고려 입장에서는 매우 다행스러운 조치였다.[26]

이후 고려와 몽골 양국 조정은 과거 고려-거란, 고려-금 관계와 마찬가지로 일 대 일 관계를 회복했다. 이때부터 양국 조정 간 사신 왕래가 매우 활발해졌다. 과거와 같은 정기적이고 의례적인 사신 왕래도 재개되었다. 황제의 생일을 축하하기 위한 하성절사와 새해를 축하하기 위한 하정사賀正使가 그것이다.

《고려사》세가와 《고려사절요》에서 확인되는 바, 고려에서 몽골에 파견한 하정사는 중통中統 5년(1264, 그해 8월에 지원至元으로 개원)의 신정

을 축하하기 위해 원종 4년(1263) 10월에 보낸 사례가,[27] 하성절사는 그보다 3년 뒤인 원종 7년(1266) 6월에 보낸 사례가 최초였다.[28] 이후 매년 하정사와 하성절사를 파견하는 일은 고려와 몽골 관계가 지속된 한 세기 동안 빠짐없이 이어졌다.[29] 명이 건국된 공민왕 17년(1368)에도 몽골 황태자 아유시리다라의 생일을 축하하는 사절과 지정至正 29년(1369)의 정단을 축하하는 사절을 파견했고,[30] 이듬해인 공민왕 18년(1369) 3월에도 황제 토곤 테무르의 생일을 축하하는 사신을 파견했다.[31] 심지어 몽골 세력이 약해진 우왕 시기 1377년부터 1380년 사이까지도 고려는 이미 카라코룸으로 물러난 북원 조정에 하성절사와 하정사를 파견했다.[32]

한편 1219년 형제맹약 단계에서 합의되었던 정기적인 물자 제공, 즉 세공은 1260년대와 1270년대에도 이어졌다. 양측은 세공이 고려가 몽골에 투항, 복속한 대가로 지불하는 것이라고 인정했다. 품목이나 수량은 고정적이지 않았다. 그렇다고 고려 측에서 자율적으로 정할 수 있는 것도 아니었다. 다만 액수는 몽골 제국이 다른 피복속 지역에서 거둬들인 것처럼 인구 수에 비례해서 부과하는 세금과 비슷한 성격이라기보다는 과거 고려가 거란이나 금에 제공했던 조공과 큰 차이가 없는 통상적인 수준이었던 것 같다. 세공은 매년 연말에 하정사가 가지고 가서 대칸에게 바쳤다. 그러나 이러한 세공은 1281년(충렬왕 7) 충렬왕이 대칸에게 '부마고려국왕駙馬高麗國王'이라는 지위를 명확하게 인정받음과 동시에 면제되었다. 훗날 몽골 조정은 이때의 조치를 다음과 같이 회고했다. "드디어 때때로 방물을 바치는 것을 혁파하여, 진실로 종친宗親에게 세사歲賜하는 것과 같게 하였다."[33] 세공을 내지 않게 함으로써, (원래대로라면 제왕諸王에게 돌아가야 할 몫으로서의) 세사를 지급하는 것

과 동일한 결과가 되게 했다는 것이다. 말하자면 안 주고 안 받는 것으로 정리했던 셈이다.[34]

앞으로 살펴볼 조선과 명의 관계에서 조선은 해마다 세 차례, 즉 정월 초하루와 황제의 생일 그리고 황태자의 생일 때 축하 사절을 파견했다. 그러나 뜻밖에도 고려가 처음부터 몽골 제국 황태자의 생일 때마다 축하 사신인 하천추절사를 보냈던 것은 아니었다. 그것이 안정적으로 반복된 것은 공민왕 대, 정확히는 고려 출신인 기황후의 아들 아유시리다라가 황태자에 책봉된 공민왕 원년(1352)부터의 일이었다. 그 이전에 황태자의 생일 축하 사절 파견이 아예 없었던 것은 아니었으나,[35] 정기적으로 고정된 것은 작지 않은 변화이다. 아울러 공민왕 3년(1354)부터는 황후, 즉 기황후의 생일을 축하하는 사절도 연달아 파견했다. 《고려사》 편찬자는 황후 탄일을 축하하는 사절은 이때가 처음이라고 특기했다.[36]

이상을 종합해 고려–몽골 사행을 요약하면 다음과 같다. 첫째, 고려는 1260년대부터 한 세기 동안 정기적·의례적 사신으로 두 차례씩, 하정사와 하성절사를 파견했다. 1350년대부터는 여기에 하천추절사가 추가되었다. 둘째, 실무적 사안을 다루기 위한 사절은 양국 사이에 수시로 파견되었다. 셋째, 물자 진헌만을 목적으로 하는 사절은 별도로 존재하지 않았다. 1263년부터 1281년까지 세공을 납부했으나, 진헌 임무는 하정사가 겸임했다.

조선–명 사행: 1년 3행(2행)과 4년 1공

조선–명 사행은 어떻게 요약할 수 있을까. 이 문제에 관해서는 이미 많은 연구에서 대략적인 양상, 변화, 목적과 의미 등을 다양하게 고찰했다.[37] 어떻게 분석을 하든 명이 외교관계를 맺었던 주변국 가운데서 조선이 가장 자주 사신을 파견했으며, 이는 조선이 제일 '공순한 조공국'이었고 조선-명 관계가 가장 이상적인 조공관계였음을 보여 주는 핵심적인 증거라는 결론은 크게 다르지 않다.[38]

이러한 평가는 조선-명 사행에 관한 가장 이른 시기의, 가장 권위 있는 요약이라 할 수 있는 당대 명 조정 당국자들의 결론에 힘입은 것이다.《대명회전》에 실린 조선-명 사행에 관한 서술은 아래와 같다. 우선 정덕正德 4년(1509)에 편찬된《대명회전》(이하《정덕회전正德會典》)이다.[39]

(가-1) (洪武) 五年, 命三歲或一歲遣使朝貢.

(가-2) 永樂以來, 每歲聖節·正旦·皇太子千秋節, 皆遣使,
奉表朝賀貢方物.

(가-3) 其餘慶·慰·謝恩等項, 皆無常期.

(가-4) 金銀器皿, 各色苧布, 白細花席, 人蔘, 豹皮, 獺皮,
黃毛筆, 白綿紙. 種馬每三年五十匹.

이어서 만력萬曆 15년(1587)에 편찬된《만력회전萬曆會典》에서 관련 언급만을 모아 보면 다음과 같다.[40]

(나-1) (洪武) 五年, 以高麗貢使煩數, 諭令三歲或歲一來.

(나-2) (영락제永樂帝가 태종太宗에게 고명誥命과
인장印章을 사여한 사안 서술) 自後, 每歲聖節·正旦
【嘉靖十年, 外夷朝正旦者, 俱改冬至】·皇太子千秋節,

皆遣使, 奉表朝賀貢方物.

(나-3) 其餘慶·慰·謝恩, 無常期.

(나-4) 其歲時朝貢, 視諸國最爲恭愼.

(나-5) 金銀器皿, 各色苧布, 白細花席, 人蔘, 豹皮, 獺皮, 黃毛筆,
　　　　白綿紙. 種馬每三年五十匹.

두 서술을 비교해 보자. 우선 (가-1)과 (나-1)은 같은 내용으로, 홍무 5년(1372, 공민왕 21)에 황제가 3년, 혹은 1년에 한 번 사신을 파견하라는 "명령을 내렸다"는 사실을 전한다. 다만 여기서 각별히 유의해야 할 것은 (가-1)과 (나-1) 모두 '명命', '유諭'의 주어는 홍무제라는 점이다. 홍무제의 명령이 그대로 실현되었는지 여부에 대해서는 밝히지 않았다. 4장에서 자세히 살펴보겠지만, 홍무제의 명령은 일시적인 조치로 이어졌을 뿐이다.[41]

이어서 (가-2)는 "성절·정단·천추절"에 대한 내용으로 2장에서 분류한 정기적·의례적 사행이 여기에 해당한다. (가-2)에서는 그 시점을 "영락 이래"로, (나-2)에서는 영락제가 태종에게 고명과 인장을 사여한 영락 원년(1403),[42] 즉 태종 3년 이후의 어느 때로 표현하고 있다는 점에서 차이가 있긴 하지만, 역시 큰 차이는 아니다. 다만 (나-2)에서는 세주細註로 가정嘉靖 10년(1531, 중종 26)에 축하 대상을 정단을 동지冬至로 바꿨음을 명시하고 있다. 물론 천추절, 즉 황태자의 생일 축하 사절은 보내는 해도 있고, 그렇지 않은 해도 있었다. 명 황실에서 황태자를 세우지 않은 해도 있었기 때문이다.[43]

다음으로 (가-3), (나-3)은 "정해진 기간이 없는[無常期]", 기존 연구에서 일반적으로 '비정기 사절'로 분류하는 항목이다. 비정기 사절의 횟수는 시대에 따라, 국면에 따라 매우 큰 차이를 보였으므로 일괄해서 말하기는 어렵다.[44] 다만 박성주의 종합적인 검토에 따르면 비정기 사절 횟수는, 고려 말에는 24년간 총 77회로 연 평균 3.21회, 태조 대부터 성종 대까지는 102년간 총 681회로 연평균 6.64회, 연산군 대부터 인조 대까지는 142년 동안 538회, 연평균 3.78회 등이었다고 한다.[45]

(나-4)는 (가)에는 없는 서술인데,《만력회전》편찬 무렵의 인식을 반영한 것으로 "조선의 세시조공歲時朝貢이 다른 국가에 비해 가장 공손하고 신중하다"고 종합적으로 평가했다. (나-4)는 앞서 언급한, 명을 상대한 외국 가운데 조선이 가장 모범적인 조공국이었다는 통념을 낳았다. 그리고 그 근거로 이른바 공기貢期 혹은 조공 횟수를 제시했다는 점역시 현대의 연구와 맥이 닿아 있다.

마지막으로 (가-4)와 (나-5)는 조선의 공물에 관한 서술이다. 금은기명부터 백면지까지는 물품의 종류만 열거되었는데, 특이하게도 마지막에 "종마種馬 3년마다 50필"이라고 해서 물품의 종류뿐만 아니라 수량, 납부 간격까지를 구체적으로 명시했다. 4장에서 더 자세히 살펴보겠지만, 이는 정기적·비정기적 사행과는 구별되는 조선의 '세공'에 해당하는 것이었다. 그리고 위 서술에는 오류가 있어, 그 간격은 실제로는 3년이 아닌 4년이었다.

이상《대명회전》의 서술을 근거로 조선-명 사행을 요약해 보자. 첫째, 1403년 이후 조선은 매년 명에 세 차례씩, 즉 황제와 황태자의 생일, 그리고 정월 초하루에 축하 사신을 정기적으로 파견했다. 1531년부터는 정월 초하루 대신 동지 축하 사신 파견으로 바뀌었다. 물론 황태자가 없는 기간에는 1년에 두 번씩이었지만 기본적으로는 1년 3행을 원칙으로 삼았다. 둘째, 그 밖에 축하할 일이나 위로할 일, 사은할 일이나 특별히 요청할 일이 있을 때에는 비정기적 사신을 수시로 파견했다. 사료에서 진하사, 진위사, 사은사, 주문사 등의 명칭으로 등장하는 사신이 그들이다. 셋째, 조선에서는 3년(실제로는 4년)마다 한 번씩 종마 50필을 조공으로 바치기 위한 사신을 파견했다.

그렇다면 (가-1)과 (나-1)에서 명확하게 밝히지 않은 홍무 연간(1368~1398), 그러니까 고려 말에서 조선 초에 걸친 시기의 사행은 어땠을까? 다음 장에서 이 글의 제목 가운데 '전환'에 해당하는 그 시기의 변화상을 조금 더 자세히 살펴보겠다.

•전환

정기적 사행 간격을 둘러싼 갈등[46]

[초기의 1년 3행(1369~1372)과 첫 번째 3년 1행 지시(1372)]

홍무 원년(1368) 정월 4일에 공식 건국을 선언한 대명이 건국 사실을 고려에 처음 알린 것은 그해 연말이었고, 사절단이 개경에 도착한 것은 이듬해 4월이었다.[47] 석 달 후인 그해 7월, 고려는 세 그룹의 사절단을 한꺼번에 파견했다. 9월 5일인 황태자의 생일, 9월 18일 황제의 생일, 그리고 이듬해인 홍무 3년(1370)의 정월 초하루를 축하하는 사신 등이었다.[48] 같은 해 9월 15일, 황태자의 생일이 열흘 지난 뒤이자 황제의 생일 사흘 전에 하성절사와 하천추절사가, 그리고 12월 13일에 하정사가 각각 남경에 도착했다.[49] 명의 건국 통보를 받자마자 고려는 과거 한 세기 동안 몽골 제국에 했던 그대로, 세 차례의 의례적 사신을 파견했던 것이다. 하지만 앞으로도 그것이 장기적으로 고정될지 여부는 아직 알 수 없었다.

홍무제는 자신과 장남의 생일잔치에, 초대하지도 않았는데 굳이 참석한 고려 국왕의 사신을 일단은 환대해 주었다. 이후 공민왕 21년 (1372)까지, 1년 3행은 별탈 없이 유지되었다. 하지만 곧 문제가 터졌다. 그해 8월 4일, 황제는 다음과 같이 말했다. "생일은 부모께서 고생하신 날이다. 짐은 아버지와 어머니께서 일찍 돌아가셔서, 매년 이날이 되면 슬픔을 이길 수 없다." 그러면서 자신의 생일 축하 의례를 폐지하라고 명령했다.[50] 황제의 생일이 그러하니, 황태자의 생일잔치도 자연히 중지되었다. 그 사실을 알지 못한 채 남경에 와 있던 고려의 축하 사절단에게도 앞으로는 축하 사절을 보내지 말라고 알렸다.[51]

그리고 그해 10월, 홍무제는 고려의 사신을 불러 다음과 같이 지시했다. "그[공민왕: 역자]로 하여금 3년에 한 번 내빙來聘하는 예에 따르게 하라. 혹 (그가) 바란다면 한 세대에 한 번 조현해도 좋다고 하라."[52] 홍무 5년(1372)에는 10월까지 무려 여덟 그룹의 고려 사절단이 남경을 방문했다. 각각의 사신단은 200~300명이나 되는 엄청난 규모였다. 마침 요동으로 세력을 확장하려던 홍무제는 고려에서 너무 자주, 너무 큰 규모의 사절단을 보내 오는 것이 명의 군사 행동을 염탐하기 위한 움직임이라고 의심하며 강한 불쾌감을 표했다.[53] 그러면서 앞으로는 3년에 한 번, 혹은 한 세대에 한 번씩만 오라고 엄포를 놓은 것이다.

[3년 1행 준수(1373~1383)]

이듬해인 공민왕 22년(1373) 6월, 고려는 여전히 하천추절사와 하성절사를 임명했다.[54] 그러나 전년 10월에 황제가 내린, 3년에 한 번만 오라는 명령이 7월 13일에 뒤늦게 전달되자 이를 모두 취소하고 그해 연말에 하정사만 파견했다.[55] 황제의 명령을 그대로 따른다면 이 역시 보내서는 안 될 것이었으나, 황제의 거센 질책에 어떻게든 해명을 해야 했으므로 파견을 강행했다. 하지만 이때를 비롯해 이후 두 차례 더 시도했던 하정사 파견은 사행로 문제로 모두 실패하고 말았다.[56] 최종적으로는 이듬해인 공민왕 23년(1374) 2월에 뒤늦게 파견한 하정사가[57] 겨우 사행에 성공했다. 그들이 남경에 도착한 것은 그해 5월 7일이었다.[58] 이때의 사신은 이전처럼 1년에 세 번씩 사신을 파견하게 해 달라는 고려 측의 요청을 전달했다. 그러나 그가 귀환하는 편에 중서성에서 부친 자문咨文에서는 "금후 마땅히 삼가 받든 성지聖旨에 따라 3년에 한 번씩 조공하십시오"라고, 명확하게 고려의 요청을 거부했다.[59]

공민왕 23년(1374)에 고려는 실제 3사를 모두 파견하지 않았다. 황제의 지엄한 명령이 있었던 데다가, 그해 9월 공민왕이 시해되고 11월에는 3년 만에 개경에 왔다가 돌아가던 명 사신이 살해당하는 엄중한 사건이 연이어 발생하면서 3사를 파견할 형편이 아니었던 것이다. 이어서 우왕 9년(1383)까지 약 10년 동안 고려는 황제의 명령대로 3년에 한 번씩만 사신을 파견했다. 앞서 공민왕 22년(1373)의 정월 초하루를 축하하기 위해 파견했던 사절단을 기점으로 따져서[60] 1376년, 1379년, 1382년 하정사를 각각 전년 연말에 파견했던 것이다.[61]

그런데 우왕 7년(1381)에 파견한 하정사는 요동에서 길이 막혀 돌아오고 말았다.[62] 이에 이듬해인 우왕 8년(1382) 11월에 고려는 정몽주를 하정사로 파견했다.[63] 엄밀하게 말하면 3년 간격을 어긴 것이었다. 그가 요동에 도착했다는 보고를 들은 황제는 그 역시 돌려보내라고 지시하며 다음과 같이 말했다. "(고려 사신이) 섣달 중순에야 비로소 요동에 도착했다고 하니, 어찌 기한에 맞추어 경사에 도착할 수 있겠는가.……
이제 하례의 기한을 지났으니 조정에서 받아들이지 않는다고 하며 그
죄를 분명하게 깨우쳐 주도록 하라."[64] 즉 하정사 일행의 입경入境을 불
허한 이유가 3년에 한 번이라는 간격을 어겼기 때문이 아니라, 정월 초
하루 이전에 도착할 수 없기 때문이라는 것이었다.

마침 우왕 6년(1380)부터는 황제의 성절 하례 의식을 재개하며, 외관
外官들도 이듬해부터는 하표賀表를 올리도록 했다.[65] 분위기가 바뀌었
음을 감지했던 것인지, 우왕 9년(1383) 가을 고려는 한동안 중단했던 하
성절사와 하천추절사를 오랜만에 다시 파견했다.[66] 그러나 그들은 황
제의 생일보다 한 달이나 늦게 남경에 도착했다. 황제는 이에, "이제 다
시 경하한다고 왔는데 또 시간을 맞추어 오지 못했다"라고 꾸짖었다.
그러면서도 "사신을 보낸 것으로 말하자면 그 추장과 신하들의 잘못이
아니며 사자가 고의로 업신여기는 바람에 기한을 넘겨서 온 것이다"라
고 했다.[67] 결국 두 사신은 억류되고, 통사通事만 그해 11월에 귀국했
다. 다만 그가 가져온 자문에는 "이제 다시 경하한다고 왔으니, 정성스
럽기는 정성스럽다"라고 한 황제의 말이 인용되어 있었다.[68] 개선의 여
지를 남기는 듯한 발언이었다. 고려 조정은 곧이어 그해 11월에는 하정
사도 파견했다. 홍무제는 이 사신 역시 멀리 운남雲南으로 유배를 보내
버렸다. 그가 처벌을 받은 이유 역시 3년 1행의 간격을 어겨서가 아니
라 정월 초하루까지 당도하지 못해서였다.[69] 결국 1383년에는 오랜만
에 3사를 모두 파견했으나, 이들은 모두 황제의 처벌을 받고 말았다.
모두 제날짜를 맞추지 못한 탓이었다. 황제가 문제삼은 것은 3년 1행이
라는 명령을 어겼다는 점이 아니라 날짜를 어겼다는 점이었다.

[1년 3행 재개(1384~1392)]

고려는 지난 10년 동안 3년 1행을 강조하던 황제의 고집이 누그러졌음을 감지했다. 이에 우왕 10년(1384)에도 3사를 모두 파견했다.[70] 마침이 무렵에는 한동안 옥신각신하던 세공 문제도 타결되어 가는 중이었다(후술). 다행히 이들은 모두 제때 남경에 도착했고, 무사히 임무를 마친 후 귀국했던 것으로 보인다. 이로써 홍무제의 지시로 시작된 고려의 3년 1행은 일단 없던 일이 되었다. 이후로 고려는 왕조가 막을 내릴 때까지 거의 매해 세 차례씩 의례적 사절을 파견했다.[71]

공양왕 4년(1392) 6월 17일에 파견한 하성절사와 하천추절사는 고려 왕조에서 파견한 마지막 정기 사절이었다.[72] 그로부터 한 달 후에 왕조가 교체되었으며, 그해 연말에 파견된 하정사는 권지고려국사權知高麗國事 이성계 명의의 표문을 받들고 길에 올랐다.[73]

[1년 3행의 지속 가운데 간헐적 3년 1행 지시(1393~1399)]

즉위 이듬해인 태조 2년(1393) 6월에 파견된 하성절사,[74] 그리고 황태손의 생일(11월 5일)과 이듬해 정월 초하루를 축하하기 위해 10월에 파견된 사절 모두 요동에서 길을 막아 빈손으로 돌아와야 했다.[75] 홍무제가 "조선국의 조공 사절을 끊어 버리라"고 명령했기 때문이다.[76] 그해 9월에 귀환한 사신은 "너희 나라 사신 행차가 왕래하는 데 길이 멀고 비용이 많이 드니, 지금부터는 3년에 한 번만 조회하라"는 황제의 명령을 들었다고 보고했다.[77] 홍무제는 조선 건국을 승인한 지 1년이 채 지나지 않아 조선 길들이기에 나섰다. 당시 그는 이른바 생흔生釁·모만侮慢 사건을 빌미로 새 왕조를 힐책하고 있었다.[78] 약 20년 만에 다시 내린 3년 1행 지시는 조선과의 국교를 완전히 끊어 버리겠다는 의지에서 나온 것은 아

니었다. 황제는 사행 재개의 조건으로 조선의 '지성至誠'을 내걸었다.[79]

이번 3년 1행 조치는 그리 길게 지속되지는 않았다. 태조 3년(1394) 6월, 이성계는 아들 이방원을 명에 파견했다. 이방원은 홍무제를 만나 "정단과 성절에 표문을 올리지 않는 일은 감히 생각할 수 없습니다"라고 말하며 '지성'을 보였다.[80] 물론 '지성'은 말만으로 되는 것은 아니었다. 황제는 조선에 말 1만 필을 바칠 것을 요구했는데,[81] 이방원의 출발과 거의 동시에 조선의 말이 줄지어 요동으로 향했다.[82] 그리고 곧이어 파견한 하성절사는 이방원과 함께 남경에서 황제의 생일잔치에 참석했다.

결과적으로 이방원의 말[言]과 조선에서 요동으로 넘어간 말[馬] 덕분에 3년 1행 지시는 1년 만에 무효가 되었다. 이방원의 말대로 조선은 성절과 정단, 그리고 천추절을 축하하기 위한 표문을 들려 사신을 파견했고, 황제도 이를 나무라지 않았다. 홍무제가 생전에 맞이한 마지막 생일잔치(1397)까지는 큰 문제가 없었다.

태조 6년(1397) 8월과 9월에 각각 서울을 출발한 하천추절사와 하정사는 임무를 완수하지 못했다.[83] 그해 10월 26일에 홍무제가 예부에, 조선국의 조공을 3년에 한 번만 보내 오게 하라고 지시를 내렸기 때문이다.[84] 하천추절사가 제출한 계본啓本에 문제가 있다는 것이 빌미가 되었다.[85] 이른바 표전문 사건이 그것으로, 조선에 불쾌감을 느낀 황제가 입버릇처럼 3년 1행을 지시했던 것이다.[86] 조선은 즉시 예부에 회신을 보내 이전과 같이 1년 3행을 허락해 줄 것을 요청했으나[87] 끝내 받아들여지지 않았다.

이듬해인 태조 7년(1398)은 명 태조와 조선 태조 모두에게 재위 마지막 해였다. 평소대로라면 성절인 9월 18일보다 석 달쯤 앞서 파견했어야 했을 하성절사를 그해에는 보내지 않았다. 황제가 받아 주지 않을 것이라고 판단한 때문이었겠으나, 받아 줄 수도 없었다. 그해 윤5월 10일, 홍무제는 일흔 번째 생일을 맞이하지 못하고 붕어했다.[88]

[1년 3행의 고착화(1400~)]

곧이어 서울에서도 또 한 명의 개국 영웅이 권좌에서 내려왔다. 9월 5일 태조가 물러난 것이다. 이 사실을 명에 알리는 중책은 홍무제가 "고가故家의 사람"이라며 추켜세웠던 설장수偰長壽가 맡았다.[89] 그러나 그는 요동에서 입경을 거부당했다. "3년 1빙의 기한에 맞지 않다"는 이유에서였다.[90] 그는 홍무제의 조문 사절이라는 새로운 임무를 띠고 남경으로 떠났다. 그리고 그가 귀환하는 편에 건문제는 정종의 즉위를 승인한다는 뜻을 전달했다.[91] 양국 관계가 정상화되어 가는 분위기였다.

이 과정에서 양측은 홍무제가 1년쯤 전에 내뱉었던 3년 1행 지시에 대해 굳이 입 밖에 내지 않았다. 그럼으로써 이 조치는 자연히 유야무야되고 말았다. 정종 원년(1399)에는 하성절사와 하정사를 파견한 기록이 보이지 않지만,[92] 그다음 해인 정종 2년(1400)에는 8월과 9월에 각각 하성절사와 하정사를 파견했고,[93] 이들은 각각 6개월 만에 임무를 수행하고 귀환했다.[94]

그 뒤로는 태종의 재위 기간에 해당한다. 태종 원년(1401)에는 하성절사와 하정사가 무사히 남경에 다녀왔다.[95] 그 이듬해의 건문제 생일 축하 사절은, 황제가 이미 자결한 사실을 알지 못하고 그해 8월에 파견되었다.[96] 아마도 그는 요동에서 그 소식을 듣고 서울로 귀환했던 것으로 보인다. 그해 10월에 파견한 하정사가 들고 간 표문에는 이듬해를 '영락 원년'이라고 기재했을 것이다.[97]

영락제의 생일은 4월 17일이었다. 태종 3년에는 정월 26일에 하성절사를 파견했고, 그는 제시간에 도착하여 황제의 환대를 받고 돌아왔다.[98] 영락제는 태종 4년 4월에 자신의 장자, 훗날의 홍희제를 황태자로 책봉했는데, 그 사실이 서울에 전해진 것은 같은 해 6월 10일이었다.[99] 황태자의 생일인 7월 23일에 맞춰 사신이 남경에 도착하기에는 너무 늦은 시점이었다. 따라서 하천추절사가 재개된 것은 태종 5년부터였다.[100] 영락제는 자신의 생일 때와 마찬가지로 황태자의 생일에도 조선의 사신이 왜 왔느냐고 굳이 따져 묻지 않았다. 이로써 자연히 영락 연간 이후에는 1년 3행이 안착되었다. 이후 200여 년 동안 조선과 명 사이에서 사신 파견 주기가 문제시된 경우는 없었다.

[소결]

14세기 말 30여 년의 복잡한 사신 파견 전개 과정을 긴박하게 훑었으니, 다시 짧게 요약해 보자. ① 양국이 외교관계를 튼 1369년부터 고려는 매년 세 차례씩 명에 사신을 파견했다. ② 1372년 홍무제는 고려에 앞으로 3년에 한 번씩만 사신을 보내라고 명령했다. 이 지시는 이후 1383년까지 10년 동안 준수되어, 1375년, 1378년, 1381년에만 하정사를 파견했다. ③ 1384년에 3사 파견이 성공함으로써 1년 3행은 공식적으로 복원되었다. ④ 태조 2년(1393) 및 태조 6년(1397)에 홍무제는 재삼 조선에 3년 1행 할 것을 지시했다. 그 각각은 이른바 생흔·모만 사건, 표전문 사건을 빌미로 조선에 내린 견책 조치였다. 전자는 약 1년 만에 해제되었고, 후자는 황제가 사망하면서 자연스럽게 무효가 되었다. ⑤ 정종 2년(1400)에 하정사와 하성절사가 재개되었다. 이후 200여 년 동안 조선의 정기적 사절은 지속되었다.

"3년 1공, 종마 50필"의 실체[101]

[홍무제의 세공 요구와 이행까지의 갈등]

앞에서 살펴본 하정사, 하성절사, 하천추절사 등 1년에 세 번씩의 의례적 사절단 외에, 조선에서 명에 정기적으로 파견하는 사절이 하나 더 있었다. 세종 이후의 《실록》에 대체로 관압사管押使라는 명칭으로 등장하여, 4년에 한 번씩 종마 50필을 바치는 것을 임무로 했던 사절이 그것이다. 이 관행이 고착되는 데에도 상당한 우여곡절이 있었다.

이야기는 공민왕 19년(1370)까지 거슬러 올라간다. 당시 공민왕은 조정의 통제에 따르지 않고 반란을 일삼던 제주의 몽골인들을 어떻게 처리할지 고심하고 있었다. 마침 제주에는 몽골 제국 황실이 직접 경영하던 목마장이 있었다. 공민왕은 제주 문제를 독단적으로 처리할 수 없었다. 몽골 제국의 유산에 대해서라면 명도 상속권을 주장할 수 있었기 때문이다. 이에 공민왕은 홍무제에게 다음과 같이 제안했다. 제주의 땅과 거기 사는 사람은 고려 정부가 관할하고, 과거 몽골 제국에서 먹이던 말은 명에 제공하겠노라고. 황제는 이 제안을 기꺼이 수용했다.[102]

문제는 공민왕이 이 약속을 채 이행하지 못하고 사망한 데서 비롯됐다. 게다가 공민왕에게 제주의 말 2,000필이라는 청구서를 들이밀러 왔던 명 사신이 귀환길에 살해당하면서 사태는 더욱 꼬여 버렸다. 모두 공민왕 23년(1374) 9월 말에서 11월 초 사이의 짧은 기간에 벌어진 일이었다. 안 그래도 고려를 의심의 눈으로 바라보던 황제는 거의 단교 수준으로 고려를 몰아세웠다. 황제의 말에 따라 정기 사절이 3년에 한 번씩으로 축소된 것도 이 무렵이었다.

이로부터 5년 가까이 지난 우왕 4년(1378) 겨울, 홍무제는 처음으로 관계 정상화의 조건을 고려에 제시했다. 금 100근, 은 1만 냥, 포 1만 필, 말 100필 등을 매년 납부하라는 것이었다.[103] 그러면서 그것이 전왕, 즉 공민왕의 약속이었다고 환기했다.[104]

홍무제의 요구에 대해 고려 조정은 처음에는 조금 안일하게 대처했다. 그도 그럴 것이 그때까지 고려가 경험했던 조공이란 고려 측에서 품목과 수량을 알아서 결정하는 것이었지, 받는 측에서 이를 고정해서, 그것도 막대한 수량을 받아 내겠다고 나선 일은 거의 없었기 때문이다.[105] 고려는 1379년에 즉각 금 31.4근, 은 1,000냥, 포 1만 필, 말 200필 등을 명에 보냈다. 홍무제가 요구한 수량에 한참 미치지 못하는 것이었다. 그러면서 〈진정표陳情表〉를 보내, "세공의 물품은 소방小邦에서 정해진 수에 구애되지 않고 힘껏 마련하여 바치도록 용인해 주십시오"라고 요청했다.[106] 그러나 물러날 생각이 없던 황제는 매우 강경하게 나왔다. "공물이 약속과 다르다"며 고려에서 보낸 사신은 물론 물자까지 모두 접수를 거부한 것이다.[107]

이후 고려는 우왕 8년(1382)까지 매년 한 차례씩, 총 네 차례에 걸쳐 금과 은, 포와 말 등을 진헌하려 했다. 여전히 수량은 홍무제의 요구에 미치지 못했다. 1382년의 네 번째 진헌 때에는 금 100근, 은 1만 냥, 포 1만 필, 말 1,000필 등을 겨우 채워서 보냈으나, 황제는 이번에도 퇴짜를 놓았다.[108] 그것이 1년 치밖에 되지 않는다는 것이 이유였다.[109]

[절가 제시와 완납]

이어서 우왕 9년(1383), 황제는 지난 5년 치 세공을 합쳐서 금 500근, 은 5만 냥, 포 5만 필과 말 5,000필을 한꺼번에 가지고 올 것을 요구했다.[110] 1378년에 처음 제시한 수량에서 말은 연간 100필이었는데, 5년 만에 그 수량이 10배로 늘어나 있었다. 1384년, 결국 고려는 황제의 요구를 들어줄 수밖에 없다는 결론을 내렸다. 나라 안의 말을 모두 긁어 모아 요동으로 보내기 시작했다. 다만 금 500근과 은 5만 냥은 온 나라를 뒤져도 마련할 수 없는 금액이었다. 이 점을 명측에 해명하자, 당시 요동의 군사 책임자였던 당승종唐勝宗이 금과 은 대신 말로 받아 내자고 중재안을 마련했다. 황제 역시 이 건의를 수용하여, 금 50냥, 은 300냥을 각각 말 1필로 쳐서 받을 것을 지시했다.[111] 당시 명이 주변국에 지급한 상등마 1필의 가격이 대략 금으로 1냥, 은으로 5냥 정도였으니, 이 교환 비율은 말값을 50~60배 정도 매우 후하게 쳐 준 셈이었다. 요동에 남아 있던 몽골의 잔여 세력인 나하추와 마지막 일전을 앞두고 있던 상황에서 고려와의 관계를 회복해야겠다는 판단도 있었을 것이며, 황제가 제시했던 세공 액수를 처음에는 매년 말 100필에서 나중에 1,000필씩으로 바꾼 데 대한 계산도 영향을 미쳤을 것이다.[112] 결국 고려는 우왕 10년(1384) 5월부터 윤10월에 걸쳐 금 96근 14냥, 은 1만 9,000냥, 포 5만 필과 말 5,233필 등을 보내 5년 치 세공을 완납했다.[113] 앞서 살펴본 1년 3행이 재개된 것도 이 무렵부터이며, 10년 넘게 끌어왔던 우왕의 책봉과 공민왕 시호 문제가 해결된 것은 다음 해인 우왕 11년(1385)의 일이었다.[114] 우왕 책봉 사절이 돌아간 직후인 1385년 연말, 고려는 여섯 번째 세공으로 말 1,066필과 포 1만 필 등을 진헌했다.[115]

[세공 감면 요청과 '3년 1공' 지시의 말실수]

여섯 번째 세공이 남경에 도착했을 무렵인 우왕 12년(1386) 2월, 고려에서는 세공이 너무 큰 액수라서 감당하기 어렵다며 줄여 달라는 취지의 표문을 홍무제에게 보냈다.[116] 이에 황제는 '너그럽게도' 이 간청을 수락하며 다음과 같은 방침을 내렸다.

> 표문이 이르렀는데 세공에 대해 이르기를, 생민이 큰 어려움을 겪고 있다고 하였다. 사자가 돌아가니 짐이 다시 약속을 정해 주건대 세공을 삭감하여 ① 3년에 한 번 조공하고, 공물은 좋은 말 50필로 하여 종산鍾山의 남쪽 목야牧野의 고을에 보탬이 되도록 하며 영원히 서로 보존하고 지키도록 한다. ② 올해 연말에 이 약속대로 증험을 삼고, 그다음으로는 홍무 24년 정단에 이르러 비로소 처음 하는 것처럼 하라. 짐은 두 번 말하지 않겠다.[117]

①에서 명시했듯 세공 간격은 3년에 한 번으로, 그 액수는 좋은 말 50 필로 대폭 삭감했다. 앞서 제시한 관대한 절가를 기준으로 해도 매년 말 1,066필(말 1,000필+금 100근의 절가로 말 32필+은 1만 냥의 절가로 말 34필)과 포 1만 필(시장가로는 말 1,000필)[118]이었던 것과 비교하면 124 분의 1 수준에 지나지 않는 것이었다.

②는 이 명령에 대한 부칙의 성격을 띠는 것으로, '올해', 즉 홍무 19 년(1386) 연말에 일단 첫 번째로 공마 50필을 가지고 오고, 그다음은 홍무 24년 정단, 바꿔 말하면 홍무 23년(1390) 연말에 가지고 오라고 했다. 이는 명백하게 홍무제의 말실수이다. '올해 연말' 다음 3년은 당연히 홍무 22년(1389) 연말이 되어야 하는데, 홍무 24년 정단이라고 한 것이다. 홍무제의 말실수로밖에는 설명이 되지 않는다. 그의 명을 들은 예부 관원은 성지에 오류가 있다고 토를 달지 못했다. 황제는 자신의 입으로 "짐은 두 번 말하지 않겠다"라고 이미 선언까지 한 터였다.[119]

고려는 황제의 말을 그대로 따라 '그해' 연말에 맞추어 우왕 12년 (1386) 9월, 첫 번째로 말 50필을 진헌했다.[120] 그리고 그다음은 홍무제의 지시대로, 즉 홍무 24년(1391, 공양왕 3) 정단에 맞추기 위해, 그 전해인 홍무 23년(1390, 공양왕 2) 9월에 출발했다.[121] 3년이 아닌, 4년 간격이었다. 황제는 자신의 말에 실수가 있었음을 깨닫지 못했는지, 홍무 23년 하정사가 왔을 때 왜 말 50필을 바치지 않았느냐고 따져 묻지 않았다.

[4년 1공의 유지]

처음 4년 간격으로 말을 바친 지 50년이 지난 세종 23년(1440), 승문원 承文院에서는 무언가 이상함을 느꼈던 듯하다. 승문원은 세종에게 문서를 올려 "홍무제가 '3년에 한 번 조공을 바치라'고 했는데, 지금까지 계亥·묘卯·미未가 들어가는 해 정조에 말 50필을 진헌해 왔습니다"라며 의문을 제기했다. 즉 3년이 아니라 4년에 한 번씩이라는 것이다. 그러면서 자체 조사 결과를 함께 아뢰었는데, 그것이 황제의 말실수에서 비롯된 것임을 지적했다.[122] 그러나 조선은 굳이 이를 바로잡으려 하지는 않았다.

이렇게 해서 4년에 한 번씩 말 50필을 보내는 관행은 이후 조선과 명이 공존하는 거의 마지막 시기인 광해군 14년(1622)까지 내내 지속되었다.[123] 완전히 관행으로 굳어진 이후로 이 임무를 맡은 관압사에는 하정사나 하성절사에 비해 낮은 관직의 인물들이 임명되었다. 그사이 3장에서 살펴본《대명회전》에서도 "종마 3년마다 50필"이라고 명기했으나, 명 조정에서는 적어도 공식적으로는 한 번도 여기에 문제를 제기하지 않았다.

[소결]

양국 관계 초기에 제기되었던 세공 문제가 어떻게 해서 4년에 한 번씩 말 50필을 바치는 것으로 정리, 고착화되었는지를 짧게 요약해 보자. ① 1378년 겨울, 홍무제는 관계 개선의 조건으로 고려에 매년 막대한 양의 물자를 세공으로 바칠 것을 요구했다. ② 1384년, 고려는 황제의 요구대로 5년 치 세공, 말 5,000여 필 등을 완납했다. ③ 1385년, 고려는 6년차 세공을 납부하며 앞으로 이를 감면해 줄 것을 요청했다. 홍무제는 3년에 한 번씩 말 50필을 바치라고 하며, 다음 간격을 3년 후가 아닌 4년 후로 제시하는 실수를 범했다. ④ 이후 1622년까지 조선은 4년에 한 번씩 말 50필을 명에 조공으로 보냈다.

여기서 주의할 것은 앞서 살펴본 '3년 1행'과 ③에서 황제가 제시한 '3년 1공'이 완전히 다른 개념의 행위라는 것이다. 전자가 고려에서 너무 자주 사신을 보내 오는 데 대해 3년에 한 번씩만 오라고 내린 징계성 발언이었다면, 후자는 조공 물자 마련에 어려움을 호소하는 고려에 내린 '시혜적' 발언이었다. 전자는 의례적 사신의 간격에 관한 것이고, 후자는 물자를 바치는 간격에 관한 것이었다. 공교롭게도 "3년에 한 번"이라는 점에서 공통되는 탓에 현재까지의 연구에서 둘 사이의 차이점을 뚜렷이 구별해 내지 못했다. 이는 앞서 《대명회전》에서도 "홍무 연간의 3년 1행과 영락 이후의 1년 3행"을 대비시킨 듯한 표현에도 책임이 있다고 할 수 있다.

사행로: 요동 경유 사행로의 개통 과정[124]

1368년까지 개경을 떠나 몽골 제국으로 향했던 고려의 사신은 압록강을 건넌 뒤 요양遼陽-심양瀋陽을 거친 후 대녕大寧을 지나 현재의 내몽골 자치구 일대의 내륙을 거쳐 대도大都에 이르는 잠치[站赤] 경로를 따라 이동했다.[125] 1421년, 영락제가 북경으로 천도한 이후 서울을 출발한 사신은 기본적으로 압록강을 건너 요양·광녕廣寧을 거쳐 산해관을 지나 경사京師, 그러니까 북경에 이르렀다.[126] 둘 다 육로로만 이동하는 길이었다. 그렇다면 경사가 남경이었던 홍무 연간에는 어땠을까? 사행로 문제는 안 그래도 복잡했던 초기 고려-명 관계를 더 예민하게 만든 현안 가운데 하나였다. 이 문제에 관해 홍무제는 반복적으로 '해로'를 열었다 닫았다 했다. 그 각각이 지칭하는 바닷길이 하나가 아니었던 탓에 실체를 파악하는 데에도 상당한 어려움이 따른다.

간단히 요약하면 홍무 연간에 개경에서 남경으로 가는 길에는 크게 두 갈래가 있었다. 하나는 황해 횡단로, 즉 한반도 남서단에서 배를 곧바로 황해를 가로질러 양자강 하류를 통과해 남경에 이르는 길이었다. 다른 하나는 요동-산동로, 즉 의주에서 압록강을 건너 육로로 요양까지 이른 다음 서남쪽으로 방향을 틀어 개주蓋州-해주海州-복주復州-금주金州를 거쳐 요동반도의 서남단에서 발해를 건너 산동반도의 등주登州에 상륙하고, 다시 육로 또는 수로를 따라 남경에 이르는 길이었다. 공민왕 22년(1373)까지는 전자가, 이후로는 후자가 기본적인 사행로로 활용되었다.

우선 1369년 양국 관계가 성립된 이후 1371년까지 양국 사신은 모두 황해 횡단로를 통해 이동했다. 그러나 이 경로의 가장 큰 문제는 위험하다는 점이었다. 난파 사고로 사신이 익사하는 일도 적지 않게 일어났다. 게다가 이를 피하기 위해 바람을 기다리다가 사신이 제시간에 도착하지 못하는 사태도 종종 일어났다. 이에 공민왕 21년(1372) 고려는 새로운 길을 모색했다. 요동─산동로를 따라 남경에 이르는 길을 택한 것이다.

그러나 이는 홍무제의 진노를 샀다. 당시 명은 요동 방면으로 진출을 모색하던 참이었다. 북경을 거쳐 요동에 이르는 육로를 안전하게 장악하지 못한 명은 요동으로 가는 군사와 군수물자를 실어 나르기 위해 산동─요동 경로를 이용하고 있었다. 고려 사신이 거쳐 온 바로 그 길이었다. 홍무제는 고려 사신이 염탐을 위해 이 길을 굳이 택했다고 판단했다. 1372년 연말 나하추가 명의 전진기지였던 우가장牛家莊을 습격하여 궤멸적인 타격을 가하자, 황제는 고려가 나하추에게 군사 정보를 흘렸다고 의심했다.[127] 결국 황제는 앞서 살펴본 것처럼 3년에 한 번씩만 사신을 보내 오라고 하며, 그들로 하여금 "작은 배를 타고 황해를 건너 올 것"을 주문했다.

이어진 1373년 7월부터 12월까지, 고려는 무려 세 차례나 하정사를 파견했다. 첫 번째와 세 번째는 요동─산동로를 택해서 떠났으나 요동에서 길을 막아 실패했고, 두 번째는 황해 횡단을 시도하다가 조난을 당해 사신 주영찬周英贊이 사망했다.[128] 결국 이듬해 2월에 재차 파견된 사신단은[129] 기어이 황해를 건너 남경에 도착했다. 그들은 요동─산동로를 개통해 줄 것을 요청하는 문서를 지참하고 있었다.[130] 황제는 그들에게 산동을 거쳐 귀환할 것을 명했다. 그리고 그들 편에 "바닷길로 오라從海道來"는 내용의 문서를 전달했다.[131]

여기서 '바닷길'이란 요동과 산동 사이의 발해를 가리킨 것이었다. 적어도 당시 고려 조정은 그렇게 해석했다. 따라서 고려는 곧바로 "조공의 도로를 개통해 준 데 감사"를 표하는 임무를 주어 요동─산동을 통해 사신을 파견했다.[132] 이로써 이후 개경에서 남경으로 가는 사신은 더 이상 황해 횡단에 목숨을 걸지 않아도 되었다.

물론 우왕 대 이후 양국 관계가 경색되면서 요동에서 고려 사신의 입경을 가로막을 때에는 어쩔 수 없이 "바다를 건너서(황해 횡단로)" 남경으로 향한 일도 있었다.[133] 그러나 이 경로 이용은 당시로서는 오히려 예외적인 경우였다.

홍무제가 우려를 씻고 고려 사신의 요동–산동 경유를 허락한 이유는 무엇이었을까. 무엇보다 고려 사신단을 감시하고 통제할 수 있었다는 점을 고려했던 것 같다. 이 경로는 당시 명 조정에서 직접 통제하는 역로였다. 여기에 진입하는 고려 사절단의 여정을 결정하고 관리하는 권한이 명에 있었던 것이다. 상황에 따라서는 입경 자체를 막아 버릴 수도 있었다. 고려 사신이 황해를 건너 올 경우에는 기대할 수 없는 효과였다.

고려 입장에서는 요동–산동로를 경유할 경우, 반복되는 해난 사고를 걱정할 필요도, 또 바람을 기다리다가 제때 도착하지 못할까 걱정할 필요도 없었다. 이 정도면 명측의 감시와 통제를 받아야 한다는 점은 감수할 만한 이득이라고 판단했던 것이다.

고려는 왜 굳이 사신을 보내려고 했을까

본론에서 검토한 사신 파견 문제를 요약해 보자. 13세기 후반부터 한 세기에 걸쳐 고려는 몽골 제국에 매년 두 차례씩, 특히 마지막 15년 동안은 매년 세 차례씩 정기적으로 의례적인 사신을 보냈다. 중원의 주인이 몽골에서 명으로 바뀐 뒤에도 마찬가지였다. 고려는 황제와 황태자의 생일, 새해 첫날을 축하하는 사절 파견을 관철하기 위해 무진 애를 썼다. 반면 홍무제는 고려의 너무 잦은 사행을 탓하면서 3년에 한 번씩만 오라고 반복해서 지시했다. 고려는 그때마다 사행 빈도를 1년 3행으로 해 달라고 간절히 요청했다. 황제가 부득부득 오지 말라는데도, 고려는 왜 기어이 자주 사신을 파견하려고 했던 것일까?

이후 약 두 세기 반 내내 조선이 반복적으로 사신을 파견하고자 했던 의도가 어디에 있는지, 현재로서 필자는 적절한 답을 할 준비를 갖추지 못했다. 여기서는 오직 전환기라고 할 14세기 말에 대해서만 소견을 밝히고자 한다. 우선 분명히 해 둘 것은 고려의 사신 파견이 결코 경제적 이유에서 비롯되지는 않았다는 점이다. 막대한 양의 세공을 마련하는 부담은 말할 것도 없거니와, 황제의 생일 축하 잔치에 빈손으로 갈 수는 없는 노릇이었다. 모든 사신은 방물이라 불리는 선물을 지참하고 가야 했는데, 그것을 준비하는 것 역시 쉬운 일은 아니었다. 그렇다고 명 측에서 그에 걸맞은, 혹은 그 이상 가는 회답 선물을 내려주지도 않았다. 흔히 명이 후왕박래의 원칙에 따라 받은 것보다 훨씬 많은 답례를 했다고 알려져 있지만, 적어도 고려-명 관계에서는 그러한 설을 뒷받침해 줄 어떠한 근거도 확인되지 않는다.

게다가 사신으로 선발, 파견되는 이들의 부담도 엄청났다. 해난 사고로 죽는 경우가 적지 않았으며, 겨우 남경에 도착해서도 황제의 환대를 기대하기 어려웠다. 수많은 사신들이 억류되어 몇 년씩 귀환하지 못하기도 했고, 심지어 금의위錦衣衛 감옥이나 운남 등 멀리 떨어진 유배지에서 사망하기까지 했다.[134] 그러니 고려의 대신들은 사신의 임무를 맡지 않으려 애썼다. 임무를 완수하고 돌아와서도 문제였다. 특히 우왕 즉위 초에는 사신으로 갔던 인물 가운데 그때의 행적이 문제가 되어 처형된 이도 있었다.[135]

이런 모든 문제에도 불구하고 고려가 사신 파견에 매달린 이유는 무엇일까. 고려의 진짜 속내를 직접 보여 주는 언급은 찾아보기 어렵다. 고려는 자신의 행위가 '지성至誠'에서 나온 것이라고 누차 강조했지만, 그대로 믿기는 쉽지 않다.[136] 그렇다면 명측은 고려의 의도를 어떻게 파악하고 있었을까.

홍무제는 다른 모든 대상과 사안에 대해 그랬던 것처럼, 고려의 행동 역시 의심 가득한 눈으로 바라보았다. 그는 고려 사절단이 빈번하게 드나드는 것은 모두 염탐을 위한 움직임이라고 생각했다. 홍무 5년(1372) 연말에 쏟아 낸 이른바 '힐난 성지'에서 홍무제는 고려 사신이 요동─산동을 지나서 온 것도, 늦게 온 것도, 한인은 물론 몽골인이나 회회 사람을 만나서 대화를 나눈 것도 모두 중국의 사정을 엿보려 한 것이라고 몰아세웠다.[137] 고려는 당연히 펄쩍 뛰었다. 그러지 않았다면 오히려 더 이상했을 의심이었다.

200여 년이 지난 뒤 명은 대규모 군사와 물력을 동원하여 일본의 침입을 받은 조선을 구원했다. 늦어도 15세기 후반부터는 조선을 '예의의 나라'라고 추켜세우며 각종 우대 조치를 취했다.[138] 그러나 안정적이고 전형적인 조공관계의 이미지를 더 이른 시기로 끌어올려 적용해서는 곤란하다.

잊어버리기 쉬우나, 고려와 명은 전쟁 일보 직전까지 갔었다. 비록 위화도에서 회군하는 바람에 직접 충돌까지 가지는 않았지만, 우왕 14년(1388) 고려가 동원한 군사 5만 464명에 말 2만 1,682필은[139] 당시 고려의 국력을 총동원한 것이었다고 해도 결코 과언이 아니다. 명측의 군사적 동태가 심상치 않았으므로, 고려 조정은 이런 극단적 선택을 할 수밖에 없었다. 명은 건국 직후부터 요동 진출을 시도했다. 그러한 움직임에 일단 마침표를 찍은 것이 홍무 20년(1387, 우왕 13)의 나하추 정벌이었다. 최종 단계에서 이 작전에 동원된 명군의 수는 20만에 달했다.[140] 곧이어 명은 삼만위三萬衛, 철령위鐵嶺衛 등을 설치하면서 과거 몽골 제국에서 쌍성총관부를 두고 관할했던 현재의 함경도 일대까지 직접 관할하겠다는 의지를 피력했다. 고려가 물러설 수 없었던 것도 당연하다.

일시적으로 봉합되기는 했지만, 양국의 갈등은 수면 아래에 그대로 남아 있었다. 두 태조의 재위 마지막 해인 1398년에도 전쟁이 코앞까지 닥쳐 있었다. 조선에서 정도전이 중심이 되어 요동 공격을 준비하고 있었음은 잘 알려진 사실이다.[141] 같은 시기, 남경에서도 오군도독부五軍都督府가 황제에게 조선을 정벌해야 한다고 아뢰었다. 조선이 "누차 소란을 일으키고 있으니 청하건대 그들을 토벌하십시오"라고 주청한 것이다. 홍무제는 이를 말리면서도 조선에 "우리 조정에 적개심을 품은 장수나 죄를 물을 군사가 없는 것이 아니다"라고 협박했다.[142] 갈등은 두 태조가 모두 물러나면서 자연히 가라앉았다.

이때 말고도 홍무제는 여러 차례 고려에 군사 행동을 불사하겠노라고 협박했다.[143] 결과적으로 실현되지는 않았지만, 고려로서는 그대로 흘려들을 수만은 없었다. 고려의 입장에서 명과의 관계를 안정적으로 유지하는 것은, 경제적·문화적 이익 따위가 문제가 아니라 말 그대로 국가의 명운을 건 과제였다. 잦은 사신 파견은 명 황제와 조정의 환심을 사기 위한 것이었을 뿐만 아니라, 왕래하는 길, 명이 공격을 가해 올 경우 예상되는 바로 그 경로의 동태를 파악하기 위해서도 반드시 필요한 일이었다.

조영헌

북경 천도를 통해 재편된 조명관계와 '순망치한'

- '순망치한'의 한중관계는 언제 확산하는가?
- 북경 천도와 조선의 반응
- 조명관계의 재편: 태종과 영락제
- 해로에서 육로로의 사행로 변경
- 임진왜란에 대한 명군 파견의 요인:
  "1년도 안 되어 수도가 곤경에 처한다"
- '강간약지'의 안보 관념

'순망치한'의 한중관계는 언제 확산하는가?

"입술이 없으면 이가 시리다"는《춘추좌씨전春秋左氏傳》의 표현에서 온 '순망치한脣亡齒寒'은 오래전부터 한중관계의 특징으로 언급되어 왔다. 입술과 이의 관계처럼, 이해관계가 밀접하게 얽혀 있는 운명공동체를 말한다. 이는 조선 시대 중국과의 관계에서 서로의 안보 이슈가 대두될 때마다 상투적으로 등장하는 표현이었고, 20세기 중엽 한국전쟁 시기에 다시 소환되었다. 물론 중국에 순망치한의 관계는 조선뿐 아니라 남쪽으로 국경이 인접한 베트남과의 관계에서도 자주 언급되는 표현이다.[1]

그렇다면 언제부터 한국과 중국 사이에 '입술과 치아脣齒'의 관계라는 표현이 사용되어 보편화되었을까? 역사에서 그 용례의 기원을 정확히 짚어 내는 일은 결코 쉬운 일이 아니다. 더구나 이 표현은 춘추전국 시대부터 등장했고, 한반도와 중원 지역 사이의 긴밀한 관계 역시 오랜 역사를 지니고 있기 때문이다. 다만 기존 연구를 통해, 임진왜란 발생과 명군의 참전 시기에 양국의 문서에 이러한 표현이 자주 등장하는 것은 널리 알려져 있고, 청 시기의 중국과 조선 사이에도 이러한 표현은 자주 언급되었다.[2] 그런데 그 이전인 고려 시대에는 양국 사이에 이러한 표현은 거의 등장하지 않는다.[3] 이를 통해 대략 명 시기의 중국과 조선의 한국 사이에 서로에게 '순망치한'이라는 인식이 확산되었을 것이라는 추론이 가능하다.

이 글은 명과 조선 사이, 즉 14세기 후반에서 17세기 중엽 사이에 '순 망치한'이라는 표현이 확산했다는 잠정적 전제 가운데, 이러한 확산 계기를 명의 북경 천도로 볼 수 있는 근거를 제시하고자 한다. 중국과 한국의 지리적 위치가 옛부터 변함이 없었고, 늘 일부라도 국경을 접한 인접국이었음에도 불구하고 굳이 명 시기에 이러한 인식과 표현이 확산되었다면 뭔가 그 이유가 있을 것이다.

논의를 시작하기 전에 북경 천도가 있었던 15세기 초반의 역사를 전지적 작가 시점에서 바라보는 습관적 관행을 잠시 내려놓기를 제안한다. 즉 우리는 이미 15세기 초반 명의 수도가 남경에서 북경으로 천도한 뒤의 조명관계뿐 아니라 조청관계를 북경 중심으로 생각하는 것에 너무나도 익숙하다. 조선에서 중국으로 보내는 사신을 통상 '연행사燕行使'라 부르지만, 그것은 목적지를 북경, 즉 '연燕' 지방으로 보낼 때 가능한 표현이다. 주로 청 시기에 파견된 사신을 연행사라 부르는 이유이다. 만약 명 시기에 조선에서 파견한 사신을 연행사라 부른다면 틀린 말이 된다. 그렇다면 명 시기에 파견된 사신은 무엇이라 불렀는가 하면, '부경사赴 京使'이다. '수도로 가는 사행'이라는 뜻을 지닌 부경사로 부르면 큰 오류는 없지만, 수도인 '경'이 남경인지 북경인지 구분할 수가 없다. 이에 부경사라고 하면 대부분 북경으로 갔던 사신으로만 기억하는 이들이 많은데, 남경이 수도였던 명 초기에는 남경으로 갔던 사신도 부경사였다. 즉 명 시기에는 사행의 목적지를 북경으로 볼 수 없고, 특별히 그 초기는 더욱 그러했다. 문제는 남경과 북경은 거리가 1,000킬로미터가량 떨어져 있다는 점이다. 중국사에서 남경을 중심으로 한 왕조와 북경을 중심으로 한 왕조는 성격이 크게 다르다고 평가한다.

이에 필자는 전지적 작가 시점 대신 수도의 위치 변화가 양국 관계에 미친 영향을 그 당대의 관점에서 조금이라도 파악하기 위해 '낯설게 하기[ostranenie, defamiliarization]' 전략을 적용해 보고자 한다. 수도 북경이 라는 익숙하고 자명해 보이는 사실을 낯설게 보자는 것인데, 명의 개창 자 홍무제의 치세기를 살았던 이들처럼 수도가 북경이 될 것이라고는 전혀 예상할 수 없는 맥락으로부터 조명관계를 재검토해 보자는 뜻이 다. 그래야 명 시기(1368~1644)의 조명관계를 당시의 관점에서 포착할 수 있고, 그래야 새로운 해석도 가능하다.

명의 276년을 하나의 시대가 아니라 '남경 시대'와 '북경 시대'로 구 분하는 것도 이 때문이다. 중국의 역대 왕조는 수도의 위치가 장안, 낙 양, 개봉, 항주, 남경, 북경 등으로 끊임없이 변화했고, 수도의 위치에 따라 주된 통치의 범위와 인접국과의 관계도 크게 변동했다. 즉 수도가 남경에서 시작한 왕조와 북경에서 시작한 왕조는 통치 범주와 인접국 이 크게 달랐다. 그런데 이 두 지역을 모두 수도로 삼았던 왕조는 명이 유일하다. 그래서 명은 남경에서 시작해서 끝났던 왕조와도 다르지만, 북경에서 시작해서 끝났던 왕조와도 성격이 같지 않다. 기존 연구, 특 히 한중관계사 연구에서 간과되었던 부분이 바로 이러한 명의 특수성 이다. 조청관계에서는 전혀 고려하지 않아도 되는 '남경 시대'의 특수 성이 조명관계에 존재한다.

수도를 남경에서 북경으로 이전함으로써 북경과 가장 인접하게 된 이웃 국가 조선(고려)이 동북아에서 갖는 지정학적 중요성이 상승했다. 수도가 남경이었을 시기에 육로로 가장 가까운 이웃은 조선이 아니었 고, 아무래도 개경과 남경의 관계는 한양과 북경의 관계처럼 가깝고 긴 밀하기는 어려웠다. 북경 천도 이후 재편된 조명관계는 수도의 핵심

'안보'를 최우선 가치에 두고 진행되는 정치적 협상과 관행의 합작으로 도 볼 수 있는데, 이러한 문제의식을 염두에 두고 북경 천도를 계기로 포착되는 양국 관계의 긍정적 변화 및 사신 교통로의 변화를 정리한 뒤 임진왜란 시기 명군 파병의 요인을 재검토해 보도록 하겠다.

˙북경 천도와 조선의 반응

영락제의 쿠데타 성공

명의 수도는 1368년 건국 당시는 남경이었으나 중간에 북경으로 옮겨 졌다. 대체로 1421년을 전후로 명의 정무와 외교관계는 북경을 중심으로 이루어지기 시작했지만, 1421년 이후에도 다시 남경으로 수도를 옮기기 위한 시도는 이어졌다. 가령 '임시 수도'라는 뜻을 지닌 '행재行在'가 북경에서 완전히 사라진 시기는 1441년이다. 따라서 1368년 남경에서 시작된 명의 수도가 북경으로 정착되는 73년이라는 시간은 '험난한 여정'이라 부를 만했고, 1644년 명의 종료 이후까지도 북경을 명의 명실상부한 수도로 인정하지 않으며 북경 천도를 명의 멸망 요인으로 꼬집어 비판하는 황종희黃宗羲 같은 지식인들도 상당수 존재했다.[4]

조선은 1392년 개창 이래 줄곧 명 조정의 동향에 촉각을 곤두세우고 있었다. 조선 초기 명의 홍무제가 재위하던 시기에는 갈등 요인이 많았다. 특별히 조선의 개국공신이자 설계자였던 정도전과 홍무제의 갈등은 유명하다. 그런데 두 인물이 모두 1398년에 사망했기에(홍무제는 음력 6월 24일, 정도전은 8월 26일 사망), 홍무제 사후 명의 황위 계승 변동과 새로운 황제의 대조선 정책에 관해 조선은 빠르고 신속하게 정보를 입수하기 위해 노력했다. 가령 홍무제 사후에 태자로 책봉되었던 건문제의 등극과 동시에 발생한 연왕燕王(주체朱棣)의 쿠데타로 인한 3년 전쟁인 '정난靖難의 변'(1399년 7월~1402년 6월)에 대한 조선의 정보 입수는 대단히 신속했다. 조선은 조공 사절단의 보고를 통해 명의 상황 변화에 기민하게 대응하며 조명관계의 반전을 꾀했다.

조선의 가장 큰 관심사는 '정난의 변'이라는 쿠데타를 통해 결국 누가 황제가 되느냐의 문제였다. '정난의 변' 초기에 조선은 당시 황제였던 건문제에게 전마戰馬를 제공하며 지지 의사를 전달했다. 하지만 '정난의 변'에서 영락제가 승리하자, 바로 입장을 바꾸어 영락제의 즉위를 축하하는 사행단을 다른 외국보다 앞서 파견했다.[5] 모든 변화의 시작이 된 연왕 주체의 쿠데타 성공은 초창기에는 예상하기 힘들었다. 그러하니 그 이후 영락제의 예상외 조치인 북경 천도를 조선 초기에 예상했던 조선인은 아무도 없었다. 조선은 개창 초기에 남경 중심의 명 왕조에 맞추어 외교를 시작했던 것이다.

집권 초 영락제의 두 가지 프로젝트와 조선의 반응

영락제는 집권과 동시에 두 가지 정책을 추진했다. 하나는 '정난의 변'으로 황위를 강탈했던 경력으로 인한 통치의 정당성을 보완하기 위해 집권 초기부터 책봉국의 수를 늘리고 조공 사절단을 조속히 받아들이는 외교적 성과에 집착했다. 이를 영락제의 집권 초기부터 말기까지 일관된 '조공국 증가 프로젝트'라 부를 수 있다.[6]

다른 하나는 수도 남경을 유지하는 동시에 새로운 수도로 자신의 본거지였던 북경을 개발하는 '북경 천도 프로젝트'였다. 쿠데타로 남경에서 황제에 오른 주체를 바라보는 남경 조정 대신들의 태도는 우호적이지 않았고, 영락제 역시 이들과 계속 충돌했다. 이에 대한 돌파구로 영락제는 남경에서 정통성 회복을 꾀하는 상식적인 방법을 따르지 않고, 자신의 정치적 본거지인 북경으로 천도함으로써 새로운 정통성을 세우는 비상식적인 선택을 감행했다. 이러한 배후에 '정난의 변'을 설계했던 영락제의 책사이자 승려인 요광효姚廣孝를 중심으로 한 북경 경수사慶壽寺 중심의 불교 네트워크가 작동했다.[7] 왕조 중간에 수도를 옮기는 선례도 많지 않았지만, 경제 중심지에서 비非자족 도시로 1,000킬로미터 가까이 북상하는 천도는 중국 역사상 처음 있는 일이었다. 게다가 그곳은 요遼·금金·원元의 공통된 수도였기에 한족들에게는 '오랑캐'의 식민 신도시나 다름없는 지역이었다.[8] 많은 고위급 관료들이 반대 목소리를 냈기에 바로 천도를 단행하지는 못했지만, 영락제는 집권 내내 조심스럽고 단계적으로 천도를 준비해 나갔다. 그리고 집권 19년이 지난 1421년 정월에 가서야 북경에서 공식적인 조하 의식을 거행하며 '북경 시대'의 개막을 내외에 알렸다.[9]

명의 '북경 천도 프로젝트'에 대해서 조선은 관심을 기울이며 정보를 입수했다. 영락제가 집권 초기부터 암암리에 추진했던 북경 천도의 소식이 조선에 전달된 시기는 1409년(태종 9, 영락 7) 무렵이다. 1409년은 남경에서 황위에 오른 영락제가 처음으로 남경을 떠나 북경으로 순행을 떠난 시점이었다. 영락제의 북경 순행 소식을 접한 조선에서는 2월 28일 재빠르게 "황제가 북경에 순행함을 하례하기 위한" 사절을 '경사京師', 즉 남경으로 파견했다.[10] 명에서 돌아온 하정사 김로金輅 등은 황제의 조칙 두 통을 전사해 왔는데, 그 가운데 북경 천도에 관한 내용이 담겨 있었다.

① 영락 6년(1408) 8월 11일 조서詔書

성주成周는 낙양을 건설하여 비로소 두 왕도를 열었고, 유우有虞 (순 임금)는 백성에게 부지런하고 더욱이 순성巡省을 중하게 여겼다. 짐이 천하에 군림하여 공경히 떳떳한 전장典章에 따라, 통어統御하던 처음에 이미 순천부順天府를 북경으로 높이도록 했다. 지금 사해가 평안하고 국가에 일이 없으니 지방을 순성할 때이다. 장차 명년(1409) 2월에 북경을 순행하려 하여 황태자에게 감국監國을 명령하였다. 짐이 경과하는 곳에서는 친왕親王이 왕성王城만 떠나서 영접하고, 군민軍民과 아문衙門 관리들은 경내에서 조현할 것이요, 경과하는 곳이 아니면 지경을 나오지 말라. 도로에서의 일체 음식 공급의 비용은 모두 이미 준비되어 있으니, 백성을 번거롭게 하지 말고, 제사諸司에서도 진헌의 일로 인해 민중을 소요스럽게 하거나 수고롭게 하지 말라. 중외中外에 포고하여 모두 듣고 알게 하라.[11]

② 영락 7년(1409) 정월 초1일 칙서

근자에 북경을 영건營建함은 국가의 대사이므로, 부득이 군민軍民을 근로시키니, 너희는 마땅히 군민에게 무휼撫恤을 더하도록 하되 탐혹貪酷하여 곤궁함을 무겁게 하지 말라[12] (밑줄 강조는 필자).

조서 ①의 내용은 영락제가 자신의 집권 이후에 천하가 평정되었으니 고대의 순 임금이나 성주 시기와 같이 순행 정치를 펼치되, 북경을 시찰하는 것으로 시작하겠다는 선포이고, 칙서 ②는 국가의 대사인 도성都城 건설을 북경에 시작했지만 동원되는 군민들에게 부담을 주지 않겠다는 선언이다. 아울러 영락제의 북경 순행의 목표가 명목상으로는 막북漠北 지역에 자리하고 있던 몽골 세력에 대한 친정親征에 있었던 만큼, 몽골 군대의 이동 상황 및 북경 및 요동 지역의 치안 상황에 대한 보고도 이어졌다.[13] 요컨대 영락제의 북경 순행 및 막북친정에 대한 정보가 남경 혹은 북경을 왕래하는 사신들의 보고를 통해 조선 조정에 신속하게 전달되었다.

영락제의 북경 천도 프로젝트는 1421년 정월 봉천전奉天殿에서 대대적인 조하 의식을 거행하면서 일단락되었다. 그 자리에는 남경에서 감국하던 황태자와 황태손을 비롯하여 문무백관, 그리고 조선에서 파견한 사절을 비롯하여 정화의 원정대와 함께 귀환했던 호르무즈[忽魯謨斯], 아덴[阿丹], 말라카[滿剌加] 등 20여 국의 사신들이 참석했다. 이날 봉천전의 조하 의식은 그동안 남경과 북경으로 나누어졌던 제국의 두 중심을 일원화하는 상징적인 자리였다.[14] 실제 연장 1,800킬로미터에 달하는 대운하가 북경과 남경을 물리적으로 연결해 주었다.[15] '정난의 변'으로 황제가 된 영락제의 취약했던 정통성이 20년 만에 완전히 회복되었음을 국내외로 선포하는 순간이었다.

이 과정에 명의 북경과 조선 한양과의 교감이 주목된다. 명은 북경의 도성 건설이 마무리되는 1418년부터 조선에서 온 사신들에게 상서로운 현상의 등장, 즉 서상瑞祥의 출현을 연달아 선전했다. 예부터 이러한 서상의 출현은 현인의 등장과 태평의 도래에 동반하는 현상으로 인식되었다. 1418년 2월 북경에서 돌아온 하정사 김만수가 전사해 온 '행재소行在所(=북경)' 병부와 예부의 문서에 따르면, 영락 15년(1417) 11월에 섬서 지방에서 상서로운 토끼를 상징하는 서토瑞兔와 진귀한 영지靈芝

및 선초仙草 등이 발견되었고, 같은 시기 북경에서 건립된 봉천전과 건청궁乾淸宮에서 "오색의 서광瑞光과 경사스러운 구름"이 자욱하게 끼고 "이상한 상서祥瑞"가 연일 나타났다.[16]

그리고 1419년 12월에는 북경에서 돌아온 경녕군 이비李裶가 영락제로부터 받은 기린, 사자, 복록福祿, 수현사隨現寺, 보탑사寶塔寺를 그린 〈상서지도祥瑞之圖〉 5축軸(두루마리)을 가져와서 전했다.[17] 그러자 조선 조정에서는 12월 17일, 바로 서상의 출현을 경하하는 표문表文과 전문箋文을 북경으로 보냈다. 표문에는 "이 신기하고 이상한 산물은 태평을 이룰 징조에 합치되는 것이니, 기린은 오행의 정기요, 사자는 백 짐승의 어른이라, 하물며 복록이 아울러 나타난 것은 예전이나 지금이나 듣기 드문 일이라, 모두 화기和氣가 모임으로써 나타난 것이요, 세상을 잘 다스린 감응이라 하겠노라"고 기록했고, 전문에는 "이에 여러 가지 상서가 모두 나타나 길이 태평의 기초를 닦았으니, (이는) 옛적에도 드물었던 바로서 화하華夏와 이적夷狄이 모두 경하하나이다"라고 기록했다.[18] 이러한 표문과 전문이 비록 외교적 수사라 하더라도, 조선은 쿠데타로 황제가 되어 통치 정당성을 확보하려는 영락제의 욕구를 정확하게 파악하고 만족시켜 줄 수 있었다. 그리고 1421년 정월 북경에서의 조하 의식이 끝나자 조선에서는 영락제가 북경으로 수도를 옮긴 것으로 판단하고 천도를 축하하는 사절과 방물을 선별하여 진헌했다.

이러한 정황을 종합하면 조선은 명 영락제가 '정난의 변'을 통해 황위를 쟁취한 이후 북경 천도를 추진하는 전체 과정, 즉 북경 순행과 몽골 친정, 그리고 북경 도성 완성 즈음에 발생한 서상의 출현까지 비교적 신속하고 정확하게 정보를 입수했다. 그리고 영락제와 비슷한 시기에 왕위를 쟁취했던 태종은 영락제의 요구를 예측하고 말이나 물자 등의 물적 기반을 제공하거나 때맞춰 사신을 파견하여 황제의 공적을 칭송했다. 정도전이 실권을 행사하던 태조 시기와는 확연히 다른 기민하고 우호적인 반응이었다.

조명관계의 재편: 태종과 영락제

조선 태종의 통치는 1400년부터 시작되고, 명 영락제의 통치는 1402년 시작되었다. 태종이 2년 정도 이르다. 다만 영락제는 1399년 7월부터 '정난의 변'으로 거병하며 건문제의 통치를 인정하지 않았기에, 사실상 영락제와 태종은 모두 1400년 즈음하여 명과 조선의 국정 기조를 재조정하기 시작했다고 볼 수 있다. 국정 기조의 변화에 따라 대외 전략 역시 재편되는 것은 당연했다. 공교롭게도 두 사람 모두 명과 조선의 개조開祖인 주원장과 이성계가 가장 신뢰했던 아들이었음에도 불구하고, 개창자의 뜻과 사뭇 다른 방식으로 권력을 찬탈했고, 종국적으로 두 사람을 통해 명과 조선의 역사는 개창자의 뜻과는 확연히 다르게 전개된 것으로 평가받는다.

'막북친정 프로젝트'와 베트남 정벌

영락제는 집권 초기부터 '조공국 증가 프로젝트'와 '북경 천도 프로젝트'를 추진해서 소기의 성과를 거두었다. 여기서 주목해야 할 또 다른 프로젝트가 있는데, 바로 '막북친정漢北親征 프로젝트', 즉 몽골 정벌을 위한 대규모 전쟁이었다.

영락제는 24년의 치세 기간에 총 5차례 막북(고비사막 이북의 현재 외몽골 지역)으로의 친정을 거행했고, '친정'이라는 말 그대로 영락제가 직접 군대를 인솔해서 전장戰場에 나섰다. 영락제의 '막북친정 프로젝트'는 '북경 천도 프로젝트'와 밀접하게 연관되어 있었다. 영락제는 총세 차례 남경을 떠나 북경으로 순행을 떠나는데, 그 순행 기간에 다섯차례 몽골 친정을 시도했다. [그림 1]에서 잘 볼 수 있듯, 북경 순행 기간에 막북으로의 친정Campaigns을 감행했다.[19] 당시 북경 순행의 명분을 제공했던 것은 '불구대천의 원수'인 몽골에 대한 복수였고, 북경 순행을 통해 천도를 위한 준비 작업도 진행되었다. 따라서 '북경 천도'와 '북경 순행' 그리고 '막북친정'은 상호 연관된 일련의 북향北向 정책이었다. 물론 영락제는 5차 친정 도중 사망했으므로, 막북친정은 '무리한' 정벌에 대한 집착으로 평가받기도 하지만, 영락제 사후에도 수도 북경의 위상이 유지되었기에 영락제의 북향 정책은 명 조정의 정치·군사적 결정에 큰 영향을 미치게 되었다.

기존에 명과 불안정한 관계를 이어 오던 조선 입장에서 영락제의 무리한 몽골 정벌(막북친정)은 위기이자 절호의 기회였다. 다섯 차례나 반복되는 몽골 정벌 전쟁을 통해, 조선의 입장이 '이중 외교'인지 아니면 명확하게 명과의 일원적 동맹관계인지를 증명할 수 있는 기회가 부여된 것이다.

영락제는 홍무제와 달랐다. 홍무제는 치세 기간 문서나 말로써 주변국에 대해서 '문죄의 사'로 징벌하겠다고 위협만 했을 뿐, 실제 군사력을 동원하자는 군신들의 요구에 대해 대부분 "부정지국不征之國(정벌을하지 않는 국가)"이라는 일관된 논리로 미온적으로 대처했다.[20] 이에 비해 영락제는 실제 군사력 동원을 단행했다. "부정지국"에 포함되었던

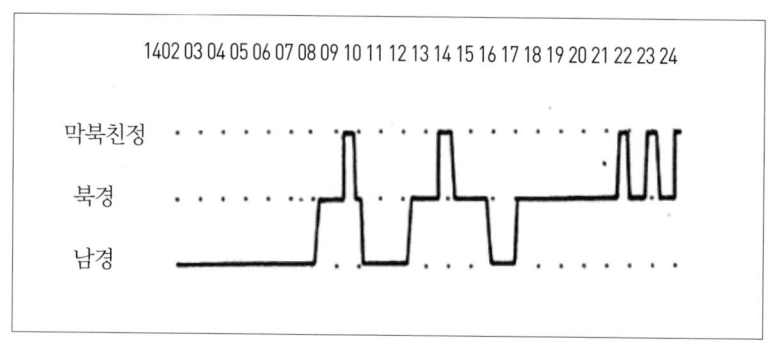

[그림 1] 영락제의 재위 기간 남경 체류, 북경 체류, 막북친정 시기

안남(베트남) 침공 및 지배는 그 대표적인 사례다. 영락제는 치세 4년 만인 1406년 광서廣西와 운남雲南 두 방향에서 약 '80만'이라고 알려진(실제로는 이보다 훨씬 적었을 것임) 대군을 동원하여 안남 영내를 침공한 뒤이듬해 안남을 '교지交阯'로 변경하여 중국 내지처럼 행정관을 파견하고 군사제도인 위소衛所를 배치했다. 이는 무례한 조공국에 대한 '문죄의 사'를 넘어 완전한 지배를 의미했다. "부정지국"에 포함되었다고 안심할 수 없게 된 것이다.

막북친정의 동선을 파악한 조선의 대응

영락제의 안남 정벌 및 지배는 '막북친정 프로젝트'를 앞두고 주변국에 확실한 시그널을 던져 주었다. 실제 명이 안남을 정벌한 직후인 1407년 4월에 조선 조정에는 "황제가 안남을 정벌할 때 안남 사람들이 속수무책으로 죽임을 당했고 대적할 자가 없었다"는 소식이 전해졌고, 이에 대해 태종은 "황제가 큰 것을 좋아하고 공功을 기뻐하니 우리나라가 조금이라도 사대의 예를 잃는다면, 황제는 반드시 군사를 일으켜 죄를 물을 것이다. 나는 생각하기를 한편으로는 지성으로 섬기고, 한편으로는 성을 튼튼히 하고 군량을 비축하는 것이 오늘날의 급무라고 여긴다"는 대응 방식을 제시했다.[21] 명에 대한 조선의 '지성사대'가 급변하는 국제정세의 분석 속에서 등장했음을 보여 주는 대목이다.

태종은 막북친정에 대해 '지성사대'의 입장에서 접근했다. 먼저 영락제의 동선을 민첩하게 점검했다. 영락 연간에 명에 파견된 조선 사신들은 황제의 이동을 빠짐없이 보고했고, 태종은 특별히 영락제의 북경 순행 및 막북친정에 발맞추어 대응을 달리했다. 먼저 조선에서는 영락제의 첫 번째 북경 순행을 앞두고 황제의 북순을 하례하는 사신을 1409년 2월 경사(=남경)로 파견했다. 명에서는 북경 순행 후 첫 번째 막북친정을 준비하며 1409년 9월 황엄黃儼을 칙사로 조선에 파견하여 말을 진헌하도록 요구했다. 이에 조선은 급히 말 1만 필을 준비하여 11월 예조판서 서유徐愈를 보내 북경으로 진헌했고, 막북친정에 사용될 말은 12월 말에 북경에 도착했다. 그리고 1차 막북친정이 이루어지자, 조선은 1410년 곧바로 조대임趙大臨 등을 보내어 영락제의 "오랑캐 평정[平胡]"을 축하하며 말과 방물까지 전달했다. 몽골을 친정하는 첫 번째 전쟁 프로젝트에 순순히 말 1만 필을 보내어 북정北征을 도와준 조선의 결정이 전쟁을 진두지휘하는 영락제에게 큰 힘이 되었을 것임은 불문가지다.

그러자 영락제 역시 환관 전가화田嘉禾와 해수海壽를 조선에 파견해서 "북로 정벌을 도운 것으로 인해 기뻐"하는 영락제의 마음을 태종에게 전달했다.[22] 1년 만에 상황이 급변한 것이다. 즉 1409년만 해도 요동에서 "조선이 군사를 일으켜 달단韃靼(몽골)을 돕는다"는 소문이 명 조정에 전달되어 조선의 상황을 탐문하기 위한 사절을 파견할 정도로 조선의 이중적 태도에 대한 명 조정의 의구심이 강했다.[23] 후에도 영락제가 군대를 통솔해서 몽골 정복전에 나갈 때마다 조선은 사절을 파견해 "오랑캐 평정"을 축하했고 말을 진헌했다. 당시 조선이 파견한 정례적인 사절단과 통사는 사실상 영락제의 북경 순행 및 막북친정을 염두에 두고 조선의 '지성사대'를 증명하고 명의 내부 사정을 정탐하는 이중적 매개자였다.

막북친정에 대한 조선의 사절 파견은 마지막 5차까지 이어졌다. 5차 막북친정 시기에 조선 사신이었던 신상申商과 원민생元閔生은 각각 영락제가 체류하던 군문軍門까지 찾아가 안부를 묻고 예물을 전달했다. 하지만 그로부터 두 달 후인 7월 18일 영락제는 마지막 전쟁터에서 돌아오던 중, 유목천楡木川이라는 곳에서 노환으로 사망했다(그림 2)[24] 참조).

공녀 요청에 대한 대응

영락제의 첫 번째 막북친정부터 마지막 죽음으로 이끌었던 다섯 번째 친정까지 조선의 사신들은 영락제의 동선을 따라다니며 영락제의 요구를 다양하게 채워 주었다. 그 가운데 북경 순행과 막북친정 기간에 조선에서 수행한 공녀 진헌도 간과할 수 없는 외교적 전략이었다. 조선 입장에서 볼 때, 영락제의 조선 공녀 요구는 위계질서를 악용한 영락제 개인의 사적 취향으로 평가하고 이를 중간에서 매개했던 조선(고려) 출신 환관이자 명의 칙사에 대해서도 부정적 평가가 대부분이다. 따라서 당시 조선에서 진헌색進獻色을 설치하고 아리따운 처녀를 선발하여 명에 보내는 행위 역시 명에 대한 굴욕적인 대응이자, 폭압적인 영락제를 거스르기 어려워 취했던 수동적 대응으로만 평가해 왔다. 하지만 이는

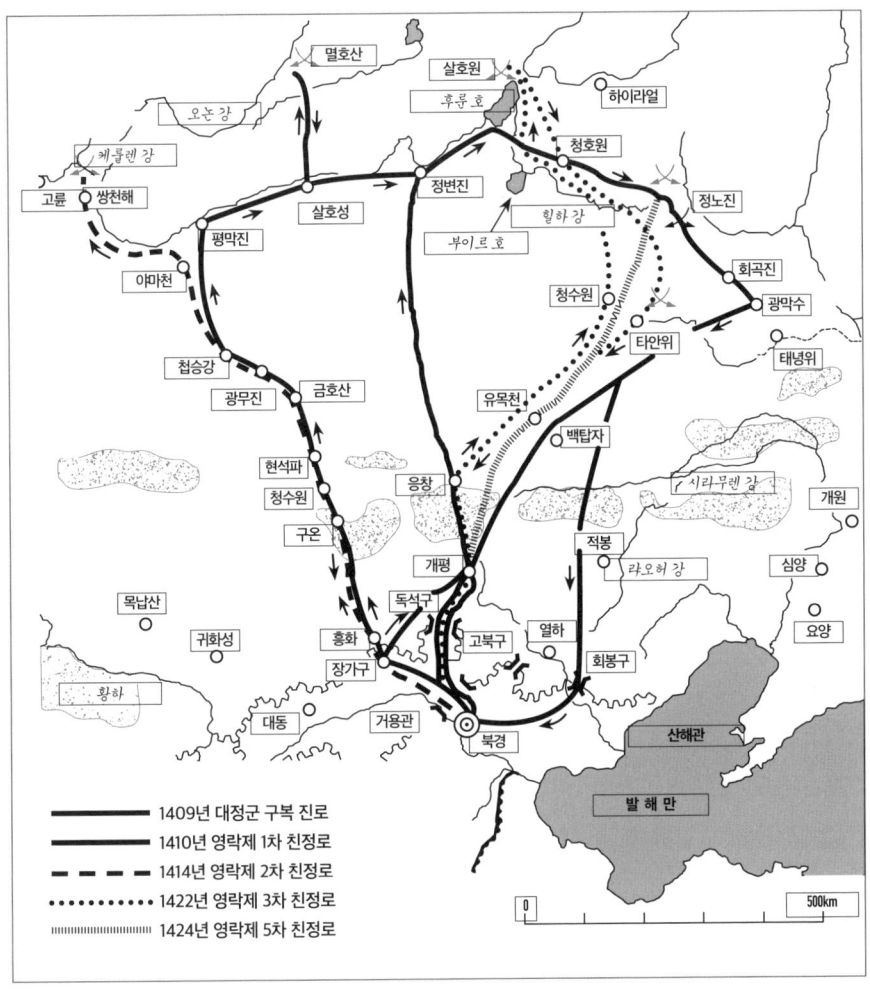

멸호산

오논강

케룰렌강

살호원

후룬호

하이라얼

고륜 쌍천해

정변진

청호원

정노진

평막진

살호성

힐하강

부이르호

야마천

첩승강

금호산

청수원

타안위

회곡진

광막수

태녕위

광무진

유목천

현석파

청수원

응창

백탑자

시라무렌강

개원

구온

개평

적봉

심양

목납산

귀화성

독석구

흥화

고북구

열하

라오허강

회봉구

요양

장가구

대동

거용관

북경

산해관

황하

발해만

────── 1409년 대정군 구복 진로
──── 1410년 영락제 1차 친정로
- - - - 1414년 영락제 2차 친정로
●●●●●●●● 1422년 영락제 3차 친정로
ⅢⅢⅢⅢⅢⅢⅢ 1424년 영락제 5차 친정로

0   500km

[그림 2] 영락제의 다섯 차례 몽골 원정도

사건 해석의 일면일 뿐, 태종의 대응을 보면 조선과 가까운 북경 인근에 머무르는 영락제의 환심을 사고 조명관계를 안정적으로 전환하는 카드로 공녀를 활용하는 전략적 측면을 발견하게 된다.

대표적인 사례가 1409년 조선에서 진헌한 권 현비權顯妃다. 물론 공녀 진헌은 영락제가 먼저 조선 출신 환관을 통해 비밀스럽게 요청한 것이 발단이다. 그런데 이러한 공녀 요청과 조선의 공녀 진헌이 이루어지는 시기가 영락제의 북경 순행(혹은 막북친정) 기간이고, 공간은 남경이 아니라 북경(혹은 북방)이라는 점이 주목된다. 즉 영락제는 1409년 2월 첫 번째 북경 순행을 떠나면서 조선에서 진헌한 권씨를 맞이하여 현인비顯仁妃에 봉하는 동시에 권씨의 오라비 권영균權永均에게는 정3품에 해당하는 광록시경光祿寺卿을 제수했다.[25] 이를 매개했던 조선 출신 태감 황엄이 "잘 생긴 여자[生得好的女子]"를 원하는 영락제의 뜻을, 기록으로 남는 문서가 아닌 구두 형태의 선유宣諭 성지聖旨로 조선에 전했던 시기는 1408년 4월의 일이었다. 이에 태종은 "어찌 감히 마음을 다해 명령을 받들지 않겠습니까?"라고 화답하며 경복궁에 진헌색을 설치하여 전국 8도에서 올라온 13세 이상 25세 이하의 양갓집 처녀 가운데 최종 선발자를 추렸다.[26] 마지막에 황엄이 뽑은 상위 5인 가운데 권집중權執中의 딸 권씨가 첫째로 손꼽혔다. 권 현비에 대한 영락제의 총애는 널리 알려진 사실로, 서徐 황후가 사망하자 영락제는 궁궐의 업무를 모두 권 현비에게 맡겼다. 영락제의 총애를 얻은 권 현비만 북경 순행 후 남하하는 황제를 따라 남경으로 내려가던 중, 1410년 10월 산동성 제남濟南 지방에서 사망했다. 그녀의 사망 소식은 당시 경사(남경)에서 돌아온 그녀의 오라비 권영균을 통해 조선에 전해졌다.[27]

권씨의 죽음이 권씨와 함께 조선에서 진헌한 여씨呂氏의 '독살'로 인한 것임이 조선에 알려진 시기 역시 4년 뒤 영락제의 2차 북경 순행 기간이었다. 흠문기거사欽問起居使인 윤자당尹子當과 그의 통사 원민생이 1414년 조선에 돌아와 보고한 내용에 따르면, 영락제는 북경에 도착한 후 원민생에게 구두 성지로 권씨 '독살' 사건을 알리며 권씨를 '독살'한 여씨 집안에 대한 처벌을 명령했다.[28] 조선의 공녀 진헌 사건과 영락제의 북경 순행이 연동된 것은 단순한 우연이 아니었다. 영락제는 조선과 인접한 북경에 순행하는 시기에 맞추어 개인적인 욕구와 필요를 조선에 전달했고, 그 방식 역시 명의 기록에는 남겨지지 않도록 조선어가 가능한 조선 출신 환관을 통해 구두 성지로 전달했다.[29] 그리고 다시 그로부터 5〜6년 뒤인 1420〜1421년, 궁녀들 사이의 일대 사건인 '어魚・여呂의 난'이 북경 자금성에서 발생하여 궁녀 어씨, 여씨를 비롯해 "연좌된 자 2,800명"이 죽임을 당했다. 이 사건이 발생한 시기 역시 영락제의 3차 북경 순행 기간에 해당하고, 관련 기록은 북경에서 돌아온 조선 사신을 통해 《조선왕조실록》에 남아 있을 뿐이다.[30] 영락제가 사망했을 때 영락제와 함께 장릉長陵에 순장당한 조선 후궁 가운데 한영정의 딸 한씨韓氏가 있는데, 한씨가 선발되어 북경으로 보내진 1417년 역시 영락제가 3차 북경 순행을 시작할 무렵이었다.[31]

　이처럼 영락제의 공녀 요청과 조선의 공녀 진헌이 원활하게 이루어지는 시기는 영락제의 북경 순행(혹은 막북친정) 기간에 집중되었고, 그 공간은 남경이 아니라 북경이었다. 조선의 태종 역시 이러한 상황이 초반엔 부담스러웠음이 분명했지만, 회피하거나 거부하는 방식이 아니라 오히려 적극적으로 영락제의 요청에 응대하는 방식으로 일관했다. 태종은 북경 순행 기간에 만나기를 원하는 공녀를 그 의도에 맞추어 선발하여 진헌함으로써 황제의 신뢰를 두텁게 했던 것이고, 이를 통해 태조 시기 험악하던 조명관계를 우호적으로 전환하려 했다. 태종은 중원의 패권국인 명과의 돈독한 관계가 조선의 국격 향상과 안보에 절대적으로 필요하다고 판단했다.[32]

결과는 대성공이었다. 1417년 영락제가 태종 이방원이 성실하게 직 貢職貢의 의무를 다한 것에 대해 기뻐하면서 사절을 조선에 보내어 백금 2,000냥과 비단, 말 등을 하사한 것은 그 반대급부라고 할 수 있다.[33] 앞선 1412년, 태종은 명으로부터 "본속本俗을 따르라"는 지침, 즉 조선의 사전祀典 문제에 개입하지 않겠다는 확인을 받아 낼 수 있었는데, 영락제의 막북친정에 적극적으로 호응한 외교적 성과였다. 이는 원 세조 쿠빌라이에게서 '불개토풍不改土風'이라는 원칙을 받아 낸 고려 말과 유사한 상황으로, 이제 조선은 명의 간섭을 걱정하지 않고 자신만의 사전체계를 만들 수 있게 되었다.[34] 이처럼 영락제 시대를 지나면서 조명관계는 현저히 안정되었다. 이는 뒤이어 등장한 조선의 지도자들이 명나라 황제가 조선을 공격하거나 점령하려는 의사가 없다고 확신했기 때문이었다.[35]

천도와 운하 준설의 유사성

태종과 영락제의 유사한 이해관계는 천도와 운하 준설 문제에서도 발견된다. 1418년 조선 조정에서는 중국의 역대 두 도읍의 사례로 주나라 시기에 호경鎬京(장안)과 낙양을 유지했던 것과 지금 영락제 시기 남경과 북경 사례를 언급했다.[36] 즉 조선에서는 명의 영락제가 북경으로 천도를 추진하면서 두 개의 수도를 운영하는 양경제兩京制의 전통을 따르고 있다고 파악했다. 이미 태종은 개경에서 한양으로의 환도를 추진하면서 이에 대한 관료층과 개경 상인들의 반발이 워낙 컸음을 인식하고 양도제兩都制라는 절충안을 생각해 낸 바 있었다. 즉 개경을 '구도舊都', 한양을 '신도新都'로 규정하면서 '양도兩都' 유지로 한양 환도 문제를 해결한 것이다. 그때도 태종은 선례로, 주나라 성왕이 새로 지은 낙읍에 종묘를 두었지만 실제 호경에 거주했던 사례를 내세웠다.[37] 1405년 한양 환도 이후 태종은 한양의 거의 모든 곳을 개축하면서 태조가 만든 한양을 새롭게 개조하는 데 성공했다.[38] 이 과정에서 명의 사정을 낱낱이 알고 있는 조선의 태종은 명의 영락제가 추진하는 북경 천도와 양경제에서 동질성과 영감을 동시에 느꼈을 것이다.

한양 환도 이후 반복되는 도심의 홍수 피해를 막기 위해 인공하천인 청계천 조성을 추진하여 완성한 시기는 1412년 2월이었다.[39] 그리고 한 달 뒤인 1412년 3월 명에서 돌아온 사신 정탁鄭擢이 북경 천도를 위해 운하가 재건되는 상황을 보고했다. "황제가 연도燕都(북경)에 새로 큰 운하를 파서 조운漕運을 통하게 하고, 또 궁궐을 경영하여 순행에 대비하였습니다"는 보고 내용은, 분량은 짧지만 '북경', '운하', '조운', '순행'이라는 영락제 통치의 기본 키워드가 모두 담겨 있었다. 게다가 1412년 3월은 정확하게 대운하에 대한 재정비 사업이 추진되는 시점이었다.[40]

이 소식을 접한 지 9개월 만에 태종이 신뢰하는 재상 하륜河崙은 충청도 순성蓴城에 운하를 뚫어 전라도의 조량漕糧을 한양으로 운송하는 안을 건의했다. 충청도의 운하 개착 안건은 안흥량安興梁의 운하 논의로 이어졌다.[41] 그리고 8개월 뒤인 1413년에 하륜은 다시 한양의 숭례문에서 용산강까지 운하를 개착하자는 안을 태종에게 건의했다. 숭례문~용산강 운하 안건에 대해서 태종은 "우리나라의 땅은 모두 사석沙石

이므로 물이 머물러 있지 않으니, <u>중국의 운하 개착을 본받을 수는 없다</u>. 명일 내가 장차 면전에서 의논하겠다"(밑줄은 인용자)고 대답하고, 결국 인력 동원의 어려움을 이유로 시행하지 않았다.[42] 그리고 다시 이 듬해인 1414년에 태종은 "중국에서 운하[渠]로 조운하는 것이 건강建康(남경)에서 북경에까지 달한다"고 전제한 뒤에, 조선에 운하 건설이 가능하겠냐는 의견을 대신들에게 물어보았다. 이에 문성부원군 유량柳亮이 "본국의 토성土性은 성기고 푸석하여 중국과 비교하기가 어렵습니다"라고 답했고, 태종 역시 조운선이 손상될 경우 사람이 많이 빠져 죽는 위험을 염려하여 더 이상 논의를 진전시키지 않았다.[43] 비록 실현되지는 않았지만, 영락제의 북경 천도와 운하 건설이라는 양대 프로젝트는 1405년 한양으로 환도하고 한양을 중심으로 새로운 통치 기강을 수립하려는 태종과 그 측근 세력에 적지 않은 영감을 주었다고 생각된다. 수도 이전과 운하 개착이 흔치 않은 국가적인 토목공사임에도 불구하고, 명과 조선 사이에 놀라울 정도의 동기화가 형성되어 있음을 보여 준다.

이방원은 왕위에 오르기 전인 1394년 사신 자격으로 남경을 왕복하는 과정에 연경(=북경)에 들러 당시 연왕이었던 영락제 주체와 우연히 마주친 적이 있었다. 비록 짧은 만남이었지만, 이후 전개될 양국의 국교 정상화와 협력관계 유지에 전조와도 같은 현상으로 《조선왕조실록》에 기록되었다.[44] 한편 《명실록》에는 두 통치자의 계승자에 대한 유사성을 암시하는 구절이 기록되었다. 1418년 태종이 세자를 양녕대군에서 나라 사람들이 촉망하는 충녕대군으로 교체하게 되었으니, 이를 인정해 달라는 요청을 영락제에게 전달했다. 이때 영락제는 "후사를 적장자로 세우는 것은 고금의 상도常道이다. 하지만 국가의 성쇠는 실로 후사의 현명함 여부에 달려 있다. 지금 현명한 자식을 후사로 세우고자 하니 왕의 선택을 허락한다"(밑줄은 필자)고 답변했다.[45] 이처럼 각각 쿠데타와 왕자의 난으로 최고통치자의 자리에 올라간 두 통치자 사이의 교감은 후계자 선정에 있어 적장자라는 원칙의 고수보다 오히려 적임자의 계승까지 허용하는 유연성까지 연결되어 있었다.

해로에서 육로로의 사행로 변경

북경 천도는 조선이 명으로 파견하는 사신의 교통로에 큰 변화를 가져왔다. 남경에서 북경으로 종착지가 변경된 것이다. 그런데 종착지 변경보다 조선 사신단에 더 중요한 사안이 있었다. 위험성이 높은 바다를 경유해야만 하는 사행 루트에서 바다를 전혀 경유하지 않고 육로만 이용할 수 있는 길이 열린 것이다. 바다를 조금이라도 경유해야 한다면 사행에 드는 기간과 비용, 그리고 무엇보다 생명의 위협은 육로 사행길과 비교할 때 너무 높아졌다. 대부분의 조선 사신들이 해로를 꺼리고 육로를 선호했던 것이나, 해로를 이용해야만 하는 특수한 상황에서 유서를 남기고 출발했던 것도 이러한 이유 때문이었다.

1409년 영락제의 경로 변경

길의 차이를 염두에 두고 사행로가 해로에서 완전히 육로로 전환되는 계기가 되었다고 인용되는 영락제의 언급을 살펴보자. 이는 태종 9년 (1409) 윤4월 진헌사 권영균이 한양으로 돌아와 보고한 내용으로, 영락제를 만나 하직 인사를 하면서 들은 말이다.

> 네가 다시 올 때에는 바다를 경유해서 오지 말고 육로로 오너라.
> 너희 나라에서 온 사신에게도 육로로 오라고 말하라.[46]

당시 동아시아 패권국인 명의 황제가 일개 조공국의 사신에게 구두로 왕래하는 경로를 변경시킨 것은 예사롭지 않다. 이 표현만 보면 보통 질책을 당하거나 경고를 받는 상황인 듯 싶다. 1373년(공민왕 22, 홍무 6)에 명이 고려에 보낸 성지聖旨에 "금후로는 바다로 와서는 안 된다"는 홍무제의 언설을 '힐난'이라고 받아들인(혹은 오인한) 고려인들의 전례도 있었다.[47] 그러나 당시 권영균은 황제로부터 "특별히 후한 대접[特厚]"을 받았다. 따라서 맥락을 보면 이 언사는 권영균이라는 조선 사신에 대한 황제의 따뜻한 배려 차원의 경로 변경이었다. 어떤 배경에서 이러한 언급이 나온 것일까?

먼저 권영균은 조선이 일반적인 의례에 따라 보낸 사절이 아니었다. 그는 조선에서 1409년 영락제에게 진헌했던 공녀 권씨의 오라비였고, 권씨를 보좌하기 위해 권씨와 함께 명으로 파견된 특별 사신이었다. 여러 공녀 가운데 권씨를 특별히 총애했던 영락제는 권씨를 '현인비'로 봉하고 그녀의 오라비인 권영균에게 광록시경을 제수했음은 앞서 언급한 바와 같다. 이때 영락제는 권영균에게 "특별히 후한 대접"을 하면서, 앞으로는 해로를 경유하지 말고 육로를 통해 오라는 말을 한 것이다. 덧붙여 이러한 경로 변경은 권영균 1인에 국한된 것이 아니라, 다른 조선 사신에게도 앞으로 해로가 아닌 육로를 통해서 조공을 오라고 전달하도록 했다. 이에 권영균은 이러한 황제의 구두 명령을 귀국 후 조정에 알렸다. "후한 대접" 끝에 나온 따뜻한 배려의 한 마디였기에, 당시 권영균을 비롯한 조선 사신들이 해로 사행보다 육로 사행을 선호한다는 사실을 영락제가 알고 이 말을 했다고 보는 것이 자연스럽다. 이전 홍무 연간인 1374년 고려에서 남경으로 사행을 보내면서 안전 등을 고려해 육로 이용을 허락해 주기를 간청했으나, 홍무제는 이를 거절하고 해로 이용을 명령했던 적이 있었다.[48] 실제 수많은 조선의 사행 인원들에게는 해로는 위험한 반면, 육로는 안전하다는 공감대가 형성되어 있었다. 해로 대신 육로를 통해 명에 조공하러 오라는 영락제의 말에 분노하거나 부정적인 감정을 가졌을 이들은 거의 없었을 것이다.

북경 시대를 대비한 영락제의 심산

그런데 과연 영락제의 사행로 변경(해로→육로)이 권영균을 비롯한 조선 사신들을 배려하기 위해서만 나온 발언이었을까? 당시 이 발언이 나온 시간과 공간을 보면 배후에 숨어 있는 영락제의 다양한 노림수를 읽어 낼 수 있다. 당시 《조선왕조실록》과 《명실록》의 기록을 비교·종합해 보면 권영균과 권씨 남매는 1409년 2월 남경에 먼저 도착하여 벼슬을 받고, 2월 9일 영락제와 함께 남경을 출발해서 15일에 봉양鳳陽, 27일에 제녕주濟寧州, 3월 9일에 하간부河間府를 거쳐 3월 19일 북경에 도달했다. 그리고 윤4월에 권영균이 북경에서 영락제에게 하직 인사를 하면서 "네가 다시 올 때에는 바다를 경유해서 오지 말고 육로로 오너라"는 말을 들었다.

여기서 1409년 영락제가 공녀를 받고 순행을 다니는 것에만 만족할 정도로 여유롭지 못한 상황임을 상기할 필요가 있다. 당시 영락제의 최대 관심사가 취약한 정통성을 만회하기 위해 암암리에 북경 천도를 추진하며 첫 번째 북경 순행과 몽골 친정을 성공적으로 마무리하는 데 있었음은 앞서 언급했다. 그런데 수도 남경의 분위기는 몽골 친정에 대한 관료들의 반발이 만만치 않았다. 당시 영락제의 친정을 반대한 호부상서 하원길夏原吉과 형부상서 오중吳中은 투옥되어 영락제가 죽을 때까지 석방되지 않았고, 병부상서 방빈方賓은 반대했던 죄가 미칠까 두려워 자살했다.

게다가 황제가 정벌하겠다고 선언한 막북 지역에는 몽골의 후예인 아수드부의 아룩타이阿魯台(Aruqtai) 세력과 마흐무드Mahnud가 이끄는 오이라트 세력이 대치 중이었다. 1409년 영락제는 구복邱福을 파견해 아룩타이를 제거하려 했으나 오히려 격퇴당했다.[49] 막북 지역의 배후지에 여전히 몽골 제국의 후예들이 산재해 있었으므로, 영락제가 이끄는 정벌군이 이들을 단번에 정벌하는 것은 누가 보아도 어려워 보였다. 1410년의 1차 막북친정을 통해 명은 오논강에서 벌어진 아룩타이 군대와의 전투에서 겨우 승리했고, 1414년 2차 막북친정을 통해 오이라트 세력을 우군화할 수 있었다. 그럼에도 불구하고 1424년 5차 막북친정까지 북원 세력과 오이라트 세력은 모두 명의 지배에 압도되지 않았고, 영락제 사후 강성해진 오이라트 집단이 주변 세력을 진압하며 1449년에는 토목보土木堡에서 명의 황제인 정통제正統帝를 생포하기에 이른다.[50] 그러므로 영락제는 순행과 친정으로 북방 문제를 단번에 해결하기를 바랐겠지만, 이러한 뜻을 함부로 드러내기보다는 반복적으로 추진하는 방식을 취했다. 다만 종국적으로 북경 천도를 완성하기 위해서는 재차 북경 순행과 몽골 친정을 계획하고 대비해야 했다.

이러한 상황에서 영락제는 북경과 육로를 통해 인접한 조선과의 연결 루트를 기존의 해로에서 육로로 전환했다. 앞으로 수도는 남경이 아니라 북경으로 이동할 것이고 모든 국정 운영이 북경 중심으로 재편될 것을 염두에 둔 영락제였기에 향후 '북경 시대'를 대비하여 사행로를 일찌감치 육로로 바꾸도록 조치한 것이다. '남경 시대'의 주된 사행로는 해로이지만, '북경 시대'의 주된 사행로는 육로가 안전하고 편리했기 때문이다. 무엇보다 사행로 변경은 조선(과 고려) 사신들이 오래전부터 원하던 바였다. 이에 영락제는 권영균을 우대하고 배려하는 것처럼 꾸민 상황에서 '북경 시대'를 예비하며 사행 노선을 바꾼 것이다. 영락제가 사적으로 원했던 조선 공녀의 수급 역시 해로보다 육로를 통해서 진행될 때 은밀하고 편리하게 진행될 수 있었다. 영락제는 권씨 외에도 조선 공녀들에 대한 애착이 남달랐고, 그녀들의 가족에게 관직을 제수하며 우대해 주었다. 원의 고려 공녀 조달로부터 시작된 황실 궁녀들에 대한 문학적 묘사인 궁사宮詞는 명 영락 연간에 절정에 달했다.[51] 영락제의 탐욕은 끝이 없었다. 그는 권씨와 5명의 조선 공녀를 들인 직후에도 다시 태감들을 조선에 보내 지난번에 보낸 여자들로는 만족이 안 되니 한두 명의 처녀를 추가로 선발해 오도록 했다.[52] 이제 그녀들은 물어 볼 것도 없이 멀고 위험한 해로가 아니라 짧고 안전한 육로를 이용해서 북경의 영락제에게 진헌될 터였다.

조선의 명 사행 교통로가 육로만 이용하는 루트로 변경된 변곡점은 북경 천도가 형식적으로 완성되는 1421년이 아니라, 1409년이었다. 그야말로 1409년 조선의 사행로 변경(해로→육로)은 영락제에게 조선 사행에 대한 배려, 북경 천도 준비, 조선 공녀 수급을 위한 일석삼조의 조치였다.

임진왜란에 대한 명군 파견의 요인:
"1년도 안 되어 수도가 곤경에 처한다"

명군 파병의 요인

북경 천도라는 정치적 사건은 이후 임진왜란이 발생했을 때 명군 파병
이 결정되는 과정에도 결정적인 영향을 미쳤다. 기존에 명군 파병의 요
인으로는 크게 세 가지 해석이 병존했다. 첫 번째, 조선이 명의 모범적
인 조공국이었기에 '자소字小'의 견지에서 '조선을 위해' 명이 원병을
보내 주었다는 전통적 해석이다(①). 두 번째, 명은 실제로 '자신의 안보
를 위해' 인접국인 조선이 위험에 처하자 파병했다는 현실적 해석이다
(②). 세 번째, 명의 황제였던 만력제가 동아시아 조공질서에 입각한 '명
의 패권을 발휘하기 위해' 능동적으로 파병을 결정했다는 현실적 해석
에 대한 수정주의적 해석이다(③).[53] 결국 파병의 핵심적인 내면 동기
가 ① '조선을 위해', ② '명 자신의 안보를 위해', ③ '명의 패권을 발휘
하기 위해' 가운데 무엇인가를 구별하려 한 것이다.

이 가운데 북경 천도는 명군 파병의 현실적 요인(②)과 관련된 요인이
다. 현실주의적 해석인 ②번 요인은 1장에서 언급한 '순망치한', 즉 "입
술(조선)이 없으면 이(명)가 시리다"는 논거의 기반이 되었다. 조공국이
자 인접국인 조선을 일본의 침략으로부터 구해야 명이 안전하다는 논
리다. 그런데 여기서 명의 수도가 어디에 있는지 혹은 북경 천도로 인
해 형성된 남경 시대와는 확연히 다른 북경 중심의 안보 관념이 간과되
었다.[54] 임진왜란은 명의 '북경 시대'에 발생한 사건이지만, 수도 북경
과 명의 파병이라는 자명해 보이는 사건을 '낯설게 하기'로 접근하면

기존 자료에서 간과된 강조점을 분별할 수 있다.

주변국이 안보상 위험에 처하면 본국 역시 위험에 직면하는 것은 너무나 당연한 이치다. 따라서 명이 임진왜란에 명군을 파견한 이유가 '순망치한'의 논리 때문이라는 해석, 즉 위험에 처한 인접국을 안전하게 구원함으로써 본국을 보호한다는 것은 크게 무리 없는 해석처럼 들린다. 하지만 이것이 대규모 파병을 결정할 정도로 충분한 이유가 되기엔 뭔가 부족하다는 것이 필자의 생각이다. 명과 같이 면적이 넓고 동서남북으로 다양한 주변국을 지닌 '대국'에게 주변국이 처한 위험이 본국에 주는 위험의 체감도는 나라마다 차이가 크기 때문이다. 실제 명은 모든 주변국의 위기 상황에 유사하게 대처하지 않았다. 사건과 인접국마다 구체적으로 따져 보아야 하는 이유다.

임진왜란 초기에 조선이 느꼈을 존망의 위기감이 절체절명이라고 해서 인접국인 명이 비슷한 위험도를 느꼈을 것인지는 재고할 여지가 있다. 가령 안남에서 반란이 발생했을 때, 절강의 도서 지역에서 왜구가 창궐하여 세력을 확보했을 때, 북방에서 투메드부의 지배자가 된 알탄 칸이 이끄는 몽골군이 북경 도성을 포위했을 때 명이 체감하는 안보의 위험도는 각각 다를 수밖에 없었다. 주변국과 교역이 있었다는 것과 교역이 상시적으로 이루어졌다는 것을 구별해야 하듯,[55] '인접국의 위기'와 '수도와 가장 가까운 인접국의 위기'는 구별할 필요가 있다. 다시 강조하지만, 파병 여부와 연관된 명의 안보 체감도를 결정짓는 기준은 '명'과의 인접성이 아니라 '수도 북경'과의 인접성에 있었다.

여곤의 상주문 분석

이미 오래전 한명기는 명군 파병이 조선을 위한다기보다는 "명 자체의 필요성"에 따라 이루어진 '명의 자구책'이라는 측면을 강조하면서, 조선의 구원이 '북경의 안위'와 관련이 있음을 지적한 바 있다.[56] 다만 파병의 배경이 되는 '북경의 안위'를 여곤呂坤(1536~1618)의 상소문의 일부를 인용하는 것으로 간단히 넘어갔기에, 명 조정이 느끼는 '북경의 안위'가 정확히 무엇인지에 대한 설명이 부족했다. 여곤의 상소문은 파병 결정의 메카니즘을 복기해 주는 대단히 중요한 자료이므로, 그때 인용된 부분을 포함한 전후 맥락을 명 '북경 시대'의 변화된 안보 관념과 관련하여 음미해 보자.

> 우리나라 적국의 외환으로는 오직 남쪽 왜적과 북쪽 오랑캐를 손꼽을 만합니다. 왜적은 대해大海 가운데 거하니 어찌 능히 자잘한 배와 돼지 같은 병사를 가지고 중원을 침범할 수 있겠으며, 어찌 절강과 복건을 통해 우리나라를 잠식할 수 있겠습니까! 다만 조선이 동쪽 변방에 붙어 있어, 우리의 왼쪽 겨드랑이와 가깝습니다. 평양은 서쪽으로 압록강과 이웃하고, 진주晉州는 (산동성의) 등주 및 내주를 직접 마주합니다. 만일 왜적이 조선을 공격하여 점거하고, 조선 백성을 빌려 군대를 만들어 조선 땅을 가지고 먹고 살고, 사람들을 모아 훈련해 우리나라를 엿본다고 한다면, Ⓐ 진격할 경우 조운을 단절하고 통창通倉(통주의 창고)을 점거하여 우리의 향도餉道를 끊을 것입니다. Ⓑ 그리고 물러난다면, 전라도와 경상도에 주둔하고 평양을 지키면서 우리의 요동

을 엿볼 것입니다. ⓒ 그러면 1년도 안 되어 수도(북경)가 곤란에 처할 것이니[不及一年, 京師坐困], ⓓ 이것이 국가의 큰 걱정거리입니다. 무릇 우리 명과 조선을 합하면 우리가 둘이 되는데, ⓔ 우리 둘은 오히려 승패를 함께하는 근심[勝負之憂]을 지니게 됩니다. ⓕ 왜적이 조선을 취하면 왜적이 둘이 되는데, 두 왜적은 더욱 지탱하는 힘[支持之力]을 발휘하게 됩니다. 신(여곤)은 조선을 한번 잃게 되면 분명 결전을 벌이게 될 것이므로, 이미 조선이 망한 후에 결전을 치르느니 차라리 조선이 아직 무너지기 전에 결전을 벌이는 것이 낫다고 생각합니다[57](강조와 단락을 나누는 영문 추가는 필자).

이 글은 임진왜란 시기에 도찰원都察院 도어사都御史와 형부시랑刑部侍郎을 역임했던 여곤이 병으로 퇴임하면서 1597년(만력 25) 만력제에게 올리는 10여 사안의 치국책을 담은 장문의 상주문 가운데 한 사안이다. 여곤의 핵심 주장을 이해하려면, 전체 상주문의 제목인 '위기를 근심하는 상소[憂危疏]'처럼 "국가의 큰 근심거리[國家之大憂]"(ⓓ)가 무엇인지부터 파악해야 한다. 관통하는 메시지는 '근심[憂]'이다. 여기서 위기를 느끼며 근심하는 주체는 여곤을 비롯한 명나라 사람이지만, 특별히 이 상주문을 읽고 정책 결정을 하게 될 북경의 황제와 고관들이다. 이러한 상주문의 전체 맥락을 염두에 두고 이 문장을 다시 읽어 보면, "국가의 큰 근심거리"의 내용은 조선이 무너지는 것이 아니라 "1년도 안 되어 수도가 곤란에 처할 것"(ⓒ)에 있음을 알 수 있다.

여기서 그동안 기존 연구에서 간과한 표현이 "1년도 안 되어 수도가 곤란에 처할 것"이라는 시간적인 절박함이다. 왜 이 부분이 중요할까?

여곤이 굳이 '1년'이라는 시간과 수도의 곤란함을 연동해서 표현한 이유를 이해하려면, 바로 앞 문장을 정확하게 해석해야 한다. 여곤은 "1년이 안 되어 수도가 곤란에 처할 것"의 이유를 일본의 조선 침략과 점령에 있다고 단순하게 해석하지 않았다. 일본의 조선 침략과 점령은 조선과 명의 신료들이 모두 느끼는 배경적 위험일 뿐이다. 이러한 배경이 종국적으로 "국가의 큰 근심거리"가 되는 근거를 그는 두 가지 조건으로 제시했다. 하나의 조건은 Ⓐ, 즉 일본이 명으로 진격해 올 경우 "조운을 단절하고 통창을 점거하여 우리의 향도를 끊을 것"이기 때문이고, 또 다른 조건은 Ⓑ, 즉 일본이 물러난다고 해도 "전라도와 경상도에 주둔하고 평양을 지키면서 우리의 요동을 엿볼 것"이기 때문이다. 여기서 간과하기 쉬운 부분이 '조운', '통창', '향도'라는 조건들과 '1년'이라는 시간, 그리고 '북경의 곤란' 사이의 긴밀한 연계 관계다. 이러한 표현은 한중관계사에서 자주 등장하는 용어가 아니라, 명의 사회경제사 내지는 수도 북경의 물자 유통과 관련해서 핵심적인 관련 용어들이기 때문이다. 여곤은 문학적인 수사로 이러한 표현을 사용한 것이 아니라 정책 입안자의 입장에서 당대 핵심적인 사회경제적 단어들을 선택하여 황제를 설득하기 위해 글을 썼다.

'조운', '통창', '향도', '1년' 그리고 '북경의 곤란'이라는 표현은 모두 수도 북경의 생명줄인 대운하의 물류 시스템을 논할 때 빠짐없이 등장하는 연관 검색어들이다. 먼저 '조운'은 물자가 풍부한 남방의 조량을 수도까지 수로를 이용해 운송하는 것을 말하고, '통창'은 북경으로부터 약 50여킬로미터 거리의 통주通州에 설치된 조량을 저장하는 곡물 창고를 말한다. 통주는 원대의 수도가 대도大都(북경)로 정해지고 남방에서 조량 운송을 위해 경항 대운하가 뚫리고 해로 조운이 가동하면서 형성된 '수도권'의 물자 집산로였다.[58] 명 시기 통주의 가장 중요한 역할은 조량의 저장과 수도로의 조달에 있었는데, 이를 위해 좌량청坐糧廳이라는 관청을 설치하고 창고 4개를 설치했다. 창고 관리는 중앙 호부戶部에서 직접 시랑侍郞을 파견하여 관리하게 했다.[59] '향도'는 문자적으로 군량을 운송하는 길을 뜻하지만, 군량이 곧 곡물이기에 '곡물을 나르는 길'로 해석해도 무방하다. 즉 북경의 인구와 북방의 군대를 먹여살리는 향도는 조운 루트인 대운하를 말한다.

'1년'은 어떤 의미일까? 이는 '북경의 곤란'과 연관하면 쉽게 해석된다. 임진왜란이 발생하던 16세기 후반 북경의 인구는 85만~120만 명까지 증가했고, 이처럼 인구가 급증한 북경을 안정적으로 유지하는 관건은 대운하를 통한 조량의 안정성 유지에 있었다. 반면 평화로운 시기에도 황하 범람으로 대운하가 막혀 조운이 중단되면 북경은 패닉에 빠졌다. 이를 잘 보여 주는 사례가 1570년에 회안부淮安府 비주邳州에서 범람한 황하로 인해 강소성 북부의 대운하 일부 구간이 막히며 조운선 800척이 전복되고 22만 석의 조량이 유실되자 1572년부터 해로를 통한 조운이 2년 동안 일시적으로 운영된 일이다. 22만 석은 총 400만 석의 조량 가운데 5.5퍼센트에 불과했지만 이 정도의 손실로도 북경은 패닉에 빠졌고, 부족한 조운을 조속히 회복하기 위한 조정의 논의가 들끓기 시작했다. 그래서 1415년 중단된 이래 157년 동안 한 차례도 시행되지 않던 해로를 이용한 조운을 일시적으로 허용해 준 것이다.[60] 이 정도로 명대 수도 북경과 연동된 대운하의 조운체계는 취약했는데, 이는 1415년 이래 조운 방식에서 해운을 단절하고 대운하로 일원화했기 때문이었다.[61] 대운하로 일원화된 조운체계가 바뀌지 않는 한(19세기 초반에 가서야 풀린다) 단 한 해도 대운하 물류가 중단되어서는 안 된다는 관념은 위정자들에게 사라지지 않았다. 임진왜란 시기에도 매년 최소 100만 냥 이상이 운하 유지를 위한 하공河工 비용으로 투입된 것은 결국 북경으로의 조량 운송에 조금이라도 차질이 생기면 안 되기 때문이었다.[62] 즉 1472년부터 1년 조운액이 400여만 석으로 확정되어 명말까지 큰 변동 없이 유지되었고,[63] 대운하로 일원화된 조운체계가 흔들리는 19세기 중엽까지 조량 하운河運에 대한 '집착'은 수도 북경의 경제적 안정을 위한 뿌리 깊은 관성으로 힘을 발휘했다.[64]

여기서 해석을 멈추면 여곤 문장의 진면목을 놓치게 된다. 여곤은 일본군이 명으로 진격할 경우(Ⓐ)만 언급하지 않고, 물러날 경우(Ⓑ)까지 고려한 후에 "1년도 안 되어 수도가 곤란에 처할 것"을 우려했다. 실제 일본군의 병력과 조선을 경유해야 하는 긴 병참로를 감안하면 인구 100만이 넘는 북경성을 직접 함락하는 시나리오는 현실성이 떨어진다. 하지만 일본군이 진격 작전을 통해 북경 인근의 통주까지 치고 빠지면서 조운로를 단절시키는 것은 얼마든지 가능했다. 조선에 웅거하면서 1년 정도만 버티면 말이다. 고위직을 역임했던 여곤은 이미 1,800킬로미터에 달하는 대운하의 한 구간이라도 차단될 경우 1년도 버티기 어려운 북경-대운하 연동 시스템의 취약성을 잘 알고 있었다. 1570년의 황하 범람의 전례보다 더 큰 이러한 사태는 그야말로 "국가의 큰 걱정거리"가 될 만했다. 일본군이 명의 방대한 영토를 점령할 필요는 없었다. 일본이 조선을 취하면 조선과 일본이 서로 "지탱하는 힘[支持之力]"을 발휘하여 장기전으로 돌입할 수 있었다(Ⓔ). 이에 덧붙여 일본군이 요동을 엿보아 통주의 창고를 습격하는 산발적인 도발만 반복해도 명의 수도인 북경은 패닉에 빠질 터였다. 그래서 여곤은 조선을 일본군에게 뺏기면 명까지 위태로운 근심, 즉 "승패를 함께 하는 근심[勝負之憂]"

을 하게 된다고 전망한 것이다(ⓔ). 만력제는 이러한 설득에 넘어가 파병을 결정한 것이다.

북경의 취약한 물류 구조와 원병 파견의 관계

다소 복잡하긴 해도, 이것이 오랜 정무 경험을 바탕으로 여곤이 파악했던 '북경 시대'의 안보 메커니즘과 사회경제적 구조였다. 어떤 맥락 속에서 명군의 조선 파병이 이루어졌는지를 이렇게 적나라하게 보여 주는 자료는 드물다. 조선인과 대면할 때는 명과 인접한 모범적인 조공국이라는 이념적인 측면을 강조하며 파병을 '아름답게' 분식했지만, 명의 고위관료와 황제 사이에서 명의 본질적인 '근심거리'가 적나라하게 노출되었다. 이를 후대에 '순망치한'이라는 오래된 사자성어로 치환하다 보니, 그 용어의 임팩트가 워낙 강한 나머지 실제 파병의 복잡한 메커니즘을 은닉하는 효과를 가져왔다. 이러한 분식 속에서 조선은 스스로의 역할을 "이무기나 악어 같은 섬나라[일본]의 저 족속이 수천 리에 달하는 소방小邦(조선)의 육지에 상륙하지 못하게 하는 일", 즉 명의 "동쪽 울타리[東藩]"로 자임했던 것이다.[65] 또한 선조가 명에 파견했던 정곤수鄭崑壽처럼 조선은 '순망치한'의 논리를 활용해서 명에 원군 파견을 요청하는 근거로 적극 활용하기도 했다.[66] 하지만 반복하건대, 파병 결정의 본질적인 이유는 일본이 조선을 점령했기 때문이 아니라 일본이 수도 북경의 취약한 물류체계를 건드렸기 때문이다.

이러한 명의 인식은 여곤만의 생각이 아니었다. 실제 명군의 총책임을 맡고 조선에 왔던 경략經略 송응창宋應昌(1536~1606)이 1594년 중국과 조선의 연해 지도를 제작하며 남긴 서문에서 일본군 전략의 핵심을 아래와 같이 분석했다. "이번에 저 왜노가 오초吳楚(장강 중하류)의 비옥한 땅을 버리고 조선에 흉포한 위세를 부린 것"은 왜인가? 송응창은 일본의 침략 노선이 이전과 달리 동남 연해가 아니라 조선부터 시작한 이유는 "교활한 계산[狡算]"이 있기 때문이라 파악했다. 송응창이 파악했던 일본군의 "교활한 계산"이란 조선 침공에서 끝나는 것이 아니라 명의 "왼쪽 배를 돌아서 그 목구멍을 틀어쥘 것"까지 계산된 것이었다. 송응창의 글에서 파악하는 사고의 중심은 수도 북경이다. 그리고 북경을 중심으로 "오른쪽 어깨[右脅]" 쪽으로 돌아 중심의 "등[背]"을 공격하는 이가 북쪽 오랑캐라면, 일본의 전략은 북경의 "왼쪽 배[左腹]"를 돌아서 "목구멍을 틀어쥐는 것[扼其吭]"이라고 보았다. "배와 심장[腹心]"인 북경에서 남면南面하면서 요동과 조선을 '왼쪽 겨드랑이'로 파악하는 용례로 볼 때, "왼쪽 배"는 북경과 인접한 요동 지역을 지칭한다. 그리고 북경의 "목구멍"은 곧 대운하 구간과 통주 지역 등을 말한다.[67]

송응창의 《경략복국요편經略復國要編》에 함께 실려 있는 직예순안어사 장응양張應揚(1583년 진사)이 만력제에게 상주한 논리도 이와 거의 비슷하다. "북경은 배와 심장[腹心]이고, 영하寧夏는 어깨와 등이고 조하漕河(대운하)는 목구멍[咽喉]입니다. 영하를 속히 제압하지 못하고 조하를 빨리 지키지 못하면 어깨와 등, 목구멍이 함께 병들 것이니, 배와 심장이 무사할 수 있겠습니까?"[68] 이에 장응양은 계주진薊州鎭의 병력을 서주徐州에서 통주를 잇는 대운하 구간으로 이동하여 "대운하를 수호[守護漕河]"할 것을 상주했다. 일본군의 침입을 방어하기 위해 영하 일대의 반란을 신속히 제압할 것과 함께 대운하 일대를 수호해야 함을 지적한 것이다. 일본군이 조선 침략을 통해 위협하는 수도 북경의 물류체계에 대한 방어책이었다. 이러한 장응양의 주장은 앞서 언급한 여곤의 논리와 정확히 일치한다.

여기서 주목할 시간적 포인트는, 북경 안보의 메커니즘이 "국가의 큰 근심거리"가 된 것은 일본의 조선 침공부터 시작된 것이다. 북경 천도 이후 임진왜란까지 약 170년 동안 대운하 물류 시스템이 황하 범람으로 위태로운 상황에 직면한 적은 있어도 외적의 침입으로 곤경에 빠진 적은 거의 없었다. 16세기 중엽 후기 왜구가 창궐할 때에도 왜구의 침략 지역은 주로 절강 이남에 집중되어 대운하 유통망을 위협하지 못했다.[69] 그런데 임진왜란을 통해 일본이 명나라의 복심인 북경의 목구멍을 제대로 차단할 수 있음을 비로소 체감한 것이다. 따라서 조선에 대한 파병이 비교적 빠르게 결정되었는데, 그 명분으로 '순망치한'보다 적절한 것은 없었다. 1596년 5월 공부낭중工部郎中 악원성岳元聲(1557~1628)이 "일본이 조선 땅을 넘겨 줄 것을 요청하는데, 우리가 만약 (조선을) 구원하지 않고 적에게 내어준다면 순망치한의 우려가 있다"고 언급한 것도 이 때문이다. 아울러 조선 방어선에서 제대로 막아 내지 못하면 북경까지 어떠한 안보의 위험에 처하게 되는지를 차례대로 제시하는데, 앞서 언급한 여곤, 송응창, 장응양의 논리와 일치한다. "만약 일본이 조선까지 침범하여 조선이 스스로 나라를 지탱하지 못하고 결국 항복하게 된다면 울타리 나라[藩籬]가 위태로워집니다. 만약 일본이 압록강까지 침범하여 요동 지역을 넘보면서 무방비 상태의 우리를 공략한다면 변경의 장벽[屛翰]이 위태로워집니다. 만약 일본이 직고直沽로 향하여 천진까지 빠르게 도달하고 기보畿輔(수도권)가 진동하게 된다면 겨드랑이[肘腋]가 위태로워집니다. 만약 일본이 동쪽의 등주와 내주로 침입하여 요충지를 가로막고 우리의 양식을 운송하는 길[粮道: 대운하]을 엿본다면 목구멍이 위태로워집니다. 만약 일본이 도성 밑까지 치고 올라와 속수무책으로 목표물을 향해 총포를 쏘아 댄다면 사직이 위태로워집니다."[70] 일본의 침략으로 조선→압록강→천진→산동→북경의 안보가 연쇄적으로 위태로워지는 상황을 묘사하는데, 일본군이 천진으로 진격하든 산동으로 진격하든 결국 양식을 운송하는 운하가 차단되면 수도의 '목구멍'이 막혀 위태로워진다는 '북경 시대' 안보 의식의 메커니즘을 보여 준다.

류큐에 대한 대처와의 뚜렷한 차이

'북경 시대'에 체감되는 안보 의식과 파병 결정의 상관관계는 또 다른 모범 조공국인 류큐琉球에 대한 대처와 뚜렷한 비교가 된다. 1372년 홍무제가 류큐 왕 사토察度(1350~1395)에게 사절을 보내면서 공식적인 조공-책봉 관계가 시작된 류큐는 이후 조선(혹은 고려)과 함께 명의 가장 충실한 조공국 역할을 인정받았다. 류큐인들도 1458년 수도인 슈리首里성의 정전에 건 '만국진량萬國津梁의 종'에 스스로를 명과 '덧방나무와 수레바퀴[輔車]'의 관계, 즉 떼려야 뗄 수 없는 관계로 새겨 넣었다.[71] 그러나 이처럼 모범적인 류큐가 1609년 일본 사쓰마薩摩의 시마즈씨島津氏의 침공을 받아 복속되었을 때 명은 류큐를 구원하기 위해 파병하지 않았다. 그러자 사쓰마에 항복과 복종문서를 제출한 류큐는 이후에도 명으로 조공을 보내면서 일본과 중국 양국에 동시에 복속된 시기를 1879년까지 이어 갔다. 본래 조공-책봉의 원리에 따르면 일본에 복속한 류큐의 조공을 명이 꾸짖거나 거절하는 것이 마땅하지만 그러지 않았던(혹은 못했던) 것이다. 일본의 침공을 받은 류큐에 구원군을 파견해야 한다는 명 내부의 의견이 있었지만, 결국 무대응으로 일관했다.[72]

10여 년 전에 일본의 침략을 받은 조선에 원병을 파견했던 명은 왜 비슷한 시기 점령을 당했던 류큐에는 파병하지 않았을까? 여러 이유가 있을 수 있겠지만, 류큐의 위험은 '북경 시대' 안보의 메커니즘을 전혀 건드릴 수 없었던 차이가 컸다고 판단된다. 류큐를 통해 일본이 명을 공략한다면 그 지점은 인접한 복건성이 될 것인데, 복건의 위기는 수도 북경의 취약한 물류체계를 거의 위협할 수 없기 때문이다.

　만약 명 전기처럼 수도가 남경이었다면 상황은 달라졌을 수 있다. 남경은 동남 연해와 인접한 도시이기에, 남경과 동남 연해는 '순망치한'의 관계라고 해도 과언이 아니다. 실제 후기 왜구가 창궐하던 16세기 중엽 왜구는 남경을 침공했고, 명말 해양의 정씨鄭氏 세력도 남경을 위협할 수 있었다. 하지만 동남 연해를 공략한 외적이 북경에 직접적인 위해를 가하거나, 항주부터 시작하는 대운하 구간을 위협하여 수도의 목구멍을 틀어쥐기는 아무래도 힘들었다. 그래서 왕재진王在晉(1564~1654)은 《해방찬요海防纂要》에서 16세기 중후반 왜구가 동남 연해를 침략한 것은 북경에서 볼 때 "수천 리 밖 일이기에 대수롭지 않은 작은 질병에 불과"했지만, 임진왜란 때 일본의 조선 침략은 "수백 리 안 일이기에 진실로 복심腹心(북경)의 근심거리"(밑줄은 인용자)라고 실토하며 "문죄의 사", 즉 토벌군을 파견해야 함을 역설했다.[73] 남경과 북경에서 느끼는 안보의 체감도는 이렇게 크게 달랐다.

'강간약지'의 안보 관념

초한전쟁楚漢戰爭을 배경으로 한 민속놀이인 장기는 전통시대 중국을 비롯한 동아시아 지역의 전쟁과 안보 관념을 반영하고 있다. 장기 승부에서 차車와 포包 등을 모두 잃어도 장군將軍만 빼앗기지 않으면 패배를 면하지만, 차와 포를 모두 가지고 있어도 장군을 빼앗기는 순간 승부는 패배로 결정된다. 이는 전통시대 전투에서 최고통수권자 황제(혹은 왕)의 거처인 수도의 안보적 중요성을 보여 준다. 비교적 큰 영토를 보유했던 중국도 고래로 수도의 방어 여부가 곧 전쟁의 승패를 좌우하곤 했다. 아무리 많은 영토가 공격을 당해도 수도만 잘 방어하며 버틸 수 있다면 언제든 상황을 역전시킬 수 있었다. 하지만 수도가 함락되는 순간 다른 모든 영토가 안전해도 왕조의 운명은 점령군에게 넘어갔다. 따라서 명의 수도가 남경에서 북경으로 왕조 중간에 변경되었다는 사실은 동아시아 패권의 지형도와 지정학이 모두 크게 변동되었다는 뜻이 된다.

조선과 명의 관계가 '순망치한'의 관계로 변할 수밖에 없는 결정적 계기 역시 영락제의 북경 천도를 통해 마련되었다. 본질적으로 조공–책봉과 관련이 없는 지정학적 변화의 결과였다. 영락제의 북경 천도로부터 약 170년 뒤, 임진왜란이 발생했을 때 명이 조선에 파병한 이유 역시 조선이 단지 '인접국'이거나 모범적인 '조공국'이기 때문이 아니라 조선이 수도 북경과 가장 인접해서였다. 명의 수도가 전기처럼 남경이라면 파병이 이뤄지기는 어려웠다. 문제는 북경의 취약한 물류체계에 있었다. 몽골이 지배하던 원의 수도 대도(북경)는 명의 북경처럼 물류체계가 취약하지 않았다. 대운하와 함께 바닷길을 병용했기 때문이다. 게다가 몽골은 대도를 잃어도 칸이 매년 왕래하던 상도上都가 대안적 수도로 존재했기에 대도의 안보에 목숨을 걸 필요도 없었다. 하지만 명의 북경은 원의 대도와 달랐다. 대운하를 제외한 대안적 물류인 해로를 폐쇄한 상태였고, 북경 외에 황제가 자주 왕래하는 대안적 도시가 존재하지 않았다. 5장에서 강조했듯, 일본의 조선 침략이 북경의 물류적 취약성을 위협했기에 "1년도 안 되어 수도가 곤경에 처한다"는 우려가 심각하게 체감되었고, 결국 북경을 보호하기 위해 파병이 결정된 것이다.

고래로 중원의 왕조들이 '강간약지强幹弱枝'를 국가 안보의 최우선 가치에 두었던 것도 이 때문이었다.[74] 줄기이자 복심인 수도 방어를 강화하고 그 안보를 최우선 가치로 두었던 반면, 수도와 먼 지역에 대해서는 느슨한 정책을 취함으로써 한정된 군사력을 가지고 큰 제국을 안전하게 유지하려 했다. 북경 천도를 통해 조선의 지정학적 위상은 수도와 "수천 리 밖"에 떨어져 있는 '가지[枝]'에서 "수백 리 안"의 '줄기[幹]'로 변화되었다. '줄기'인 수도 북경의 안보와 생명을 좌우하는 지정학적 핵심 지역에 요동과 한반도가 포섭된 것이다. 남경과 북경에서 느끼는 조선과 관련한 안보의 체감도는 이렇게 크게 달랐다.

청 시기에 편찬된 《명사明史》〈조선전〉에 실린 조명관계에 대한 마지막 평가를 상기해 보면, 명과 청의 지식인들이 조선과의 관계를 평가할 때 북경 천도를 얼마나 중요한 변수로 간주했는지를 새삼 느끼게 된다. "이때 황제가 이미 북경으로 천도하여 조선이 더욱 가까워지니, 사대의 예禮가 더욱 공손해졌다. 조정에서도 또한 각별한 예로 대우했으니, 다른 나라에서는 감히 바랄 수 없는 일"이다.[75] 수도가 북경으로 이어졌던 청 말기까지 조선의 지정학적 중요성은 청나라 사람에게 유사하게 체감되었다. 19세기 후반 일본 소재 청나라 공사관의 참찬관 황준헌

黃遵憲이 김홍집金弘集에게 전달해 준 《조선책략朝鮮策略》에도 조선과 청의 관계가 돈독한 이유로 수도 북경의 지리적 형세가 강조되었다. "지리적 형세가 서로 연접해 있어 신경神京(북경)을 끼고 호위하는 것이 마치 왼팔과도 같고 서로 휴척休戚(평안함과 근심)을 같이하고 환난을 함께 겪었기 때문이다. 따라서 중국과 월남 사이의 소원함이나 중국과 버마(미얀마) 사이의 편벽偏僻함과는 근본적으로 크게 다르다."[76] 청의 수많은 인접국 가운데 조선이 더 중요했다면, 이는 조선이 수도 북경의 안보와 생명을 좌우하는 지정학적 핵심 지역에 자리했기 때문일 것이다. 물론 다른 요소도 얼마든지 거론할 수 있겠지만, 한중관계를 '순망치한'의 관계로 전환시킨 핵심적인 요인 하나를 꼽으라고 한다면 주저 없이 북경 천도를 가장 앞자리에 놓겠다.

김경태

임진왜란기의 대명 사행
: 전쟁 직전~책봉 결정기

● '정상'과 '비정상'으로 보는 전시戰時 사행
● 전쟁 직전의 사행
● 전쟁 직후의 파병 요청
● 명군 수뇌부와의 갈등과 사행
● 일본 책봉 결정 후의 사행
● 전쟁과 사행의 변화

'정상'과 '비정상'으로 보는 전시戰時 사행

전통시대에는 사행이 외교업무의 주요 부분을 담당했다. 교통과 통신에서 일정한 한계가 있던 시기였기에 사행이 담당했던 외교 임무는 다양한 특성을 띠게 된다. 조선과 명의 관계가 설정된 후 외교 사절이 오가게 되고, 이 과정을 거쳐 사행의 형식에도 일정한 규정 내지 불문율이 마련되었다. 그런데 양국 관계가 200년 정도 흐른 시점에서 임진왜란이 일어났다. 이 시기에 조선과 명 사이에는 다양한 외교적 분쟁이 발생했다. 이 외교적 분쟁 속에 오간 사행은 조선 시대의 사행을 이해하기 위한 하나의 실마리가 될 수 있다. 이 글에서는 임진왜란기 조선이 명에 파견한 사행을 몇 단계로 나누어 살펴본다.

임진왜란기 조선의 '청병 외교' 및 명의 파병 과정에 대해서는 고전적인 한중관계의 관점에서 다루어진 바가 있다.[1] 임진왜란기 조선과 명군 사이의 갈등은 한국 학계의 주요 연구 주제였다. 관련 연구에서는 명의 파병 이유를 자국의 국경을 지키기 위한 것으로 좁혀 보거나 명군이 조선에서 행한 폐단을 강조하는 경향을 보이고 있다.

임진왜란 시기 조선이 명나라에 파견한 사행을 둘러싸고 벌어진 조명 갈등에 초점을 맞춘 연구도 있다. 이러한 연구에서는 사료에서 극적으로 드러나는 장면들—송응창의 저지, 고양겸의 봉공 주문 강요, 조선의 대응 방안 등―을 임진왜란이라는 전쟁사 및 조명관계의 맥락에서 어떻게 해석해야 할지에 대해 논의하기도 한다.[2]

한편 조선의 사행 경로, 북경에서의 활동 공간에 대해서는 다양한 학문 분야에서 연구가 진행되고 있다.[3] 청병 및 파병 과정에 대해서는 관찬 사료 중심의 연구를 넘어 사행에 참여했던 이들의 문집에 산재한 문서들을 종합적으로 검토하는 연구가 등장했다.[4] 조선의 외교 의례 및 외교문서 관련 제도에 대해서도 법전, 관서지 등을 기반으로 한 명료한 연구 결과들이 있다.[5] 이러한 제도가 외교 현장에서 적용되는 모습을 다양하게 살펴본다면 조선의 대명 외교를 촘촘히 재구성할 수 있을 것이다.

또한 사행 차원에서도 '정상과 비정상'이라는 흥미로운 구도를 발견할 수 있다. 규정과 관례가 '정상적'으로 작동하던 때와 그렇지 않을 때를 비교해 보는 과정을 통해, 그리고 '비정상적'인 사행이 이후 관례에 영향을 미치게 되는 단초를 관찰함으로써 조선 시대 대중국 사행의 진상에 가까이 접근할 수 있을 것으로 기대한다. 아울러 사행이 계획되어 파견에 이르는 과정, 노정에 오른 사행이 명에서 수행해야 할 관례, 혹은 체계를 재구성해야 한다. 어느 곳에서 어떤 인물을 만났는지를 넘어, 그러한 경로와 만남, 만남의 형식이 어떤 체계를 갖추고 있었는지를 명확히 밝혀야만 사행 전체에 대한 이해가 가능할 것이다.

이 시기 조선과 명 사이를 오간 외교문서는《실록》과 당시 외교문서 작성에 참여했던 이들의 문집뿐 아니라 외교문서집 속에 다양하게 남아 있다. 대표적인 것으로《사대문궤事大文軌》,[6] 《이문등록吏文謄錄》, 《괴원등록槐院謄錄》[7] 등이 있다. 명군 지휘관이 남긴《경략복국요편經略復國要編》,[8] 《경략어왜주의經略御倭奏議》도 외교 사행의 실상에 접근하는 데 도움을 준다.

전쟁 직전의 사행

임진왜란 이전 조선의 대명 사행은 정기 사행과 비정기 사행으로 나뉜다. 정기 사행은 정조사(1531년 이후 동지사로 변경), 성절사, 천추사로 해마다 세 차례 파견하였다. 비정기 사행은 외교 사안이 발생했을 때 보내는 사행이었다. 15~16세기 동안 조선은 정기·비정기를 합해 연간 4~8회의 사행을 파견했다. 명의 황제가 있는 북경으로 향하는 사행은 압록강을 넘어 요양, 광녕을 지나 산해관을 거쳐 통주를 지나 북경에 이르렀다. 요동도사가 소재한 요양은 중간 기착지로서, 이곳에서 5~10일 정도 머물렀다.[9]

사행 인원은 15세기 중후반 이후 정관이 30~35명, 종인이 5~10명 정도의 규모였다. 종인을 제외한 사행의 정관은 통상 정사, 부사, 서장관, 질정관이 각 1명, 이문 작성업무를 담당하는 학관이 2명, 통사가 10명 내외, 그리고 자제군관 일정 인원, 1~2명의 의원으로 구성되었다. 그러나 조정의 분위기, 사행의 목적 등에 따라 차이가 있었다. 황태자에게 전문을 올리는 임무가 있을 경우, 그리고 외교적으로 중대한 사안이 발생한 경우에는 부사가 파견되었다.[10] 이와 같은 사행 규정은 다소의 변용을 허용했다. 특히 임진왜란이라는 비상사태가 일어나자 조선과 명 사이에 긴박한 외교업무가 증가하면서 다양한 양상을 보이게 되었다. 이 글에서 주목하는 부분 중 하나가 바로 이러한 변화의 모습이다.

1587년부터 도요토미 히데요시는 쓰시마의 소씨[宗氏]를 통해 조선의 복속을 요구했다. 쓰시마 측은 이를 새로 등극한 일본 국왕을 축하하는 사절을 보내 달라는 요청으로 바꾸었고, 조선은 몇 차례 거절하다가 결국 1587년에 통신사를 파견했다. 조선 통신사가 목격한 일본은 명 침략을 준비하고 있었으며, 조선에도 협조를 요구했다. 이는 도요토미 히데요시의 국서에 분명히 나타나 있었다. 귀국한 통신사의 보고를 받은 조선은 관련 정보를 명에 보고해야 할지를 두고 고민에 빠졌다.

이 사건이 일어나기 직전, 조선 대명 사행에서 가장 중요한 이슈는 '종계변무宗系辨誣' 문제였다. 1589년 11월 윤근수가 《대명회전》을 가져오면서 오랜 기간 명에 잘못 기록된 이성계의 세계世系를 고쳐 달라고 했던 조선의 요구가 '해결'되었다. 이에 조선은 윤탁연을 사은사로 파견했다. 다음 해 1월 3일에는 칙서에 대한 답례를 논의했다. 근래 북경으로 오는 사신이 잦아 서로가 곤폐하고 중국 지방민도 괴로울 터이니 다음 사신 편에 붙여 보내자는 의견도 있었다. 매 사안마다 사신을 보내는 것은 서로가 피곤한 일이기도 하고, 모든 일을 보고할 필요도 없다는 견해였다.[11]

그러나 일본이 명 침략을 준비한다는 사안은 달랐다. 조선과 일본 사이의 일이라면 '인신무외교人臣無外交'를 어겼다는 혐의에서 다소 벗어날 수 있었다. 하지만 '상국上國'인 명을 침범하려는 움직임을 알게 되었음에도 보고하지 않는다면 어떻게 될 것인가. 문제는 거기에서 그치지 않았다. 명이 "어떻게 알게 되었는가"라고 되묻는다면 또 어떻게 할 것인가. 이는 더 이상 조선과 일본만의 일이 아니었다. 이렇게 일본의 명 침략 도모 사실을 명에 보고할지 말지 여부를 두고 조선 조정에서는 큰 논쟁이 벌어졌다.[12] 조선은 논의 끝에 성절사 김응남 일행을 보내 관련 소식을 전하기로 했다.[13] 별도의 사절을 구성하지는 않은 것이다. 다만 조선은 통신사가 일본을 방문했다는 사실은 밝히지 않고 표류했던 이가 가져온 정보라고 꾸몄다.[14]

그런데 이즈음 다른 경로로 일본의 명 침략 가능성이 명에 전해지고 있었다.[15] 이 정보에는 조선이 일본과 함께 명을 침략할 것이라는 허위 정보도 포함되어 있었다. 일본의 명 침략 위협을 보고하기 위해 파견된 김응남 일행은 전혀 예상치 못한 상황에 당황했다. 하지만 명 조정의 분위기는 조선 사절의 해명과 명 관원들의 협조적 자세 덕분에 우호적으로 흘렀고 곧 혐의는 해소되었다. 명 조정은 조선이 보고한 일본의 침략 위협이 류큐의 보고와 같다면서 상을 내리고 칭찬했다.[16]

김응남이 귀환하기 전인 8월, 명 조정에 퍼진 이와 같은 소문들이 요동도사의 자문咨文을 통해 조선에 전해졌다. 요동도사는 사실 여부를 물었고, 조선은 억울함을 밝히기 위해 즉시 한응인을 파견했다.[17] 사행단은 한응인, 신경진, 오억령[18]으로 구성되었다. 조선으로서는 다행스럽게도 명 조정의 분위기는 이미 바뀌어 있었고,[19] "조선이 다시금 조공하고 인질을 보내 명 침략을 재촉했다"는 일본 사츠마에 있던 허의후 등의 보고는 아직 도착하지 않은 상황이었다. 신종은 재빠른 보고와 변명에 만족하며 또다시 조선을 격려했다.[20]

그러나 이 정보와 사절 파견은 전쟁에 대응하기 위한 실질적인 방법이 되지는 못했다. 예상치 못한 사안에 이례적인 사행이 조직되었지만, 결과적으로 이전과 같이 충순한 속국이 종주국에 예를 바치고—향도론을 해명하고—종주국이 이를 기쁘게 받아들이고—조선 사절을 칭찬하는—상투적 행위가 반복되었다. 이 과정에서 일본의 명 침략 위협은 축소되었다.[21]

[•]전쟁 직후의 파병 요청

최초의 군사 요청: 요동

1592년 4월 13일, 일본의 대군이 부산에 상륙했다. 임진왜란의 시작이었다. 변방의 소식은 4월 17일 조선 조정에 전해졌다. 도요토미 히데요시의 명 침략 준비 소식에 어떻게 대처할지만 고민하고 있던 조선으로선 예상치 못했던, 그야말로 이전에 없던 사건이었다. 조선 조정은 피란에 나서 한성을 떠나 개성에 잠시 머무르다가 그곳을 떠날 즈음 요동도지휘사사에게 우선 급보를 알렸으며 평양으로 피란한 후 재차 급박한 상황을 전했다.[22] 명 조정에도 관련 정보를 알려야 했기에 유몽정을 정사로 한 성절사를 파견했다. 한성이 점령당하여 의물儀物을 갖출 수 없다는 내용의 자문咨文을 예부에 보내 일본의 침략 사실을 간접적으로 전했다. 조선은 직접 침략 사실을 알리는 주문奏文과 자문도 작성했으나, 이는 보내지 않았다.[23]

조선이 침략을 당했다는 소식은 성절사가 북경에 도착하기 전, 다른 경로를 통해서도 명 조정에 알려졌다.[24] 조선의 급보를 전달받은 요동총병관 양소훈과 명 조정은 우선 요동 군병의 일부를 국경 근처로 이동시켰다.[25] 이는 조선의 구원 요청이 있기 전의 조치로, 압록강을 건너라는 명령은 아직 내려지지 않았다.[26]

요동에서는 최세신과 임세록을 보내 침략 사실을 확인하려 했으나, 의주부사 황진黃璡이 이들을 돌려보냈다. 조선 조정에서는 이를 두고 논란이 벌어져, 윤근수가 요동에 직접 가서 설명하고 임세록 등 일부만 오게 하는 것으로 결정했고, 6월 5일, 평양에서 이들을 맞이했다.[27] 조선은 비상 상황에서 어떤 사절을 보내서 어떤 정보를 어떻게 알려야 하는지 고민했을 뿐만 아니라, 조선으로 들어오는 명의 사절을 어떻게 대우해야 하는지도 정하지 못한 상태였다. 명에 군 지원을 요청하는 청병을 두고 반대하는 윤두수와 찬성하는 이항복 등이 대립했다.[28] 결국 유근을 보냈으나 그는 영위사로 의주까지만 간 듯하다.[29]

평양에서 일본군을 확인한 명 관전보 부총병 동양정은 전쟁 소식을 명 조정에 빨리 전달하기 위해 의주에서 평양까지 파발을 설치하라는 지시를 내렸다.[30] 선조는 요동으로 건너가 직접 구원병을 청하겠다는 의지를 밝히기도 했다.[31] 곧 요동에서 병사를 파견해 압록강을 건널 예정이라는 소식이 전해졌고, 최초 병력이 6월 15일 압록강을 건너왔다.[32] 명 조정의 명령을 받고 예부의 건의로 요동의 병력 2부대와 2만 냥의 지원을 결정하여 급히 보낸 병력과 지원금이었다.[33] 이때 구원병을 요청하기 위해 6월 15일에 탕참湯站까지 갔던 심희수가 돌아왔다.[34] 임진왜란 시기 요동까지 파견된 사절의 지위(관직)가 북경으로 파견되

[표 1] 임진왜란 직전과 직후의 사행과 청병 사행(1592)

연번	사절명	사행원	1592											
			1	2	3	4	5	6	7	8	9	10	11	12
1	성절사	유몽정					출발 (평양?)			북경?				귀환 (의주)
2	청원사	이덕형						출발 6.17 의주 6.21 요양	귀환					
3	진주사	정곤수 심우승 (서장관)								출발 (의주)	북경	북경		귀환 (의주)
4	동지사	민준 이상신 (서장관)								출발 (의주)		북경?		

는 정식 사행이 아니었음에도 평시의 정식 사절급이었다는 사실은 주목할 필요가 있다.

이후 송응창·이여송이 파견되기 전까지 전역에 참가한 명군의 지휘관을 맡게 된 양소훈은 7월 초 압록강을 건너온 윤근수와 홍진 등을 탕참에서 만났다.[35] 통역관이 명에서 파견한 하급 관리, 장교와 만나 실무 교섭을 하는 수준이 아닌, 대신급 인원이 사실상 상주하며 명의 지휘관을 만나 논의하는 형식이 만들어진 것이다.

한편 조선은 압록강을 건너온 명의 병력이 충분하지 않다고 판단했다. 조선 조정은 추가 병력 지원을 요청하기 위해 평안남도 숙천에서 이덕형을 청원사請援使로 뽑아 요동으로 파견했다.[36] 6월 21일, 이덕형이 요양에 도착하여 자문을 올렸다. 걸음을 두 배로 서둘러 압록강을 건넌 지 4일 만에 도착했다고 한다. 그는 자문을 바친 후, 또 정문呈文을 올려 군사를 청하고[37] 회보를 기다렸으나 답이 내려오지 않았다. 이덕형은 곧 도착한다는 광녕도어사와 요동총병관 양소훈을 기다려 정문을 올리려 했지만, 양소훈이 회보를 보내 빨리 돌아가 본국에 보고하도록 하여 돌아오게 되었다. 이덕형은 군사 요청 외에 선조가 압록강을 건너 요동으로 들어가는 내부內附 건으로도 정문을 올렸다.[38] 요동에서는 자문을 상급 관청에 통보할 것이라고 답하면서 내부에 대해서는 회보를 받기 전이라도 위급한 일이면 강을 건너오라는 지시를 내렸다.[39]

한편 이덕형의 사행은 명의 관서에 전달하기 위해 미리 작성해 가는 자문과 사절이 현지에서 직접 작성해서 올리는 정문呈文으로 문서체계가 나누어져 있었다는 점도 알려 준다.[40] 자문은 중국에서 비슷한 급의 관청 사이에 주고받는 문서 형식이었다. 당시 조선 국왕의 명의로 명의 고위 관청에 외교문서를 보낼 때 주로 사용했다. 정문呈文은 하급 기관이 상급 기관에 제출하는 문서의 형식으로, 조선 사신은 공식 외교문서인 자문 외에 현지에서 구체적 요청이 필요할 때 정문 형식을 사용했다.

조선은 왜 곧장 북경으로 청원사를 보내지 않았을까. 일본군에 일방적으로 밀리던 조선 조정은 명에 내부할 계획까지 고려하던 상황이었다. 조선의 사행 속도로는 북경을 왕복하는 동안 일본군이 조선 전역을 장악해 버릴 우려가 있었다. 따라서 조선에서 가장 가까운 행정 및 군사 구역으로 실제 병력을 운용하고 있던 요동도지휘사사가 최선의 선택이었다. 또한 이례적인 사안이어서 어떤 명목으로 사행을 보내야 할지도 고민이 되었을 것이다. 1590년 통신사 파견 시에도 사행을 보낼지 여부를 두고 논쟁이 벌어진 적이 있었다.

군사 요청을 위한 정식 사행

1592년 7월, 1차 명군은 평양성 전투에서 일본군에 패배했다. 당시 명군을 이끌던 부총병 조승훈은 패전 책임을 조선에 돌렸다. 조선은 명에 다시 원군을 요청하는 동시에 오해를 해명하기 위해 노력해야만 했다. 우선 윤두수와 심희수가 구련성에 가서 양소훈을 만나 위문하고 해명했다. 이후 이성중이 역관 홍순언과 구련성으로 가서 평양 재공격을 요청했다.[41] 이후로도 대신급 특정 인물들이 명군 지휘부에 파견되어 머무르거나 조선 조정을 오가며 실무 교섭을 하거나 북경에 파견되었다. 이는 이 시기의 독특한 양상으로, 그들의 직급, 교섭 능력, 언어 능력 등이 고려되었을 것이다. 1592년에 명에 파견한 사행은 [표 1]을 참고하기 바란다.

이즈음 사은사 신점이 귀환했다.[42] 신점은 한응인의 사행이 위로를 받은 데 대한 사은사였다. 이들은 북경에서 조선이 침략당한 사실을 알게 되자 자신들에게 주어진 임무를 넘어서는 활동을 전개했다. 신점은 서장관 정기원, 역관 홍순언과 함께 의논하여 궁각, 염초를 사 왔고, 힘을 다해 원군을 요청하기도 했다. 이에 명 조정은 원병을 약속하고 은을 지급했다.[43]

한편 심희수는 1차 평양성 전투가 끝난 후인 7월 20일에 구련성의 양소훈에게 다녀왔다. 1차 평양성 전투가 패배로 돌아간 직후 조선이 명군 지휘부가 가까이 와 있는 요동에 사람을 보내 위급을 고하며, 동시, 다층적으로 군사를 요청했다. 구련성을 넘어 요동으로 달려가 명군을 요청하기로 했고, 윤근수는 동양정을 만나 군사를 청하는 정문을 올리기로 했다. 그러던 중 예유격을 만나 정문을 올리라는 조언을 받았다. 이후 이덕형이 또 동양정에게 가서 일본군의 문서 등을 보여 주며 요동도사에게 외교문서를 보내게 했다. 이덕형–동양정이라는 경로를 통해 자문, 정문을 상부 기관에 알리고, 심희수에게는 요동에 가서 동양정에게 간청했다는 내용도 포함하여 주선하게 하는 등 동시적·다층적 방법을 사용하기로 했다.[44] 정문을 전달한 후 대화는 주로 역관을 통해 이루어진 것으로 보이는데, 동양정의 경우는 대화를 싫어해 역관만 건너오게 했다.[45]

압록강 근방이나 요동에 있는 명측 장관들에게 군사를 요청하는 방식은 속도 면에서 유리했으나, 명 정부에 직접 요청하는 것보다는 효과적이지 못했다. 자문이나 정문은 편집될 위험이 있었고, 명군 장관들이 조선의 거듭된 요청을 귀찮아하기도 했다. 조선은 명에 직접 청병 사절을 파견하기로 하고 곧 진주사를 준비했다. 정곤수가 정사, 심우승이 서장관에 제수되었다.[46] 임진왜란 이후 전쟁을 사안으로 한 최초의 사행이었다. 8월 25일 의주에서 출발한 이들은 9월 18일 북경에 도착했다.[47] 이전에는 의주에서 북경까지의 일정이 통상 40~50일 정도 소요되었는데, 정곤수의 사행은 서둘렀기에 23일 만에 북경에 도착할 수 있었다.[48] 사행단은 북경에서 예부와 병부 등에 정문을 올려 위급을 호소하면서 원군의 출발을 독촉하고, 병부상서 석성을 만나 읍소했다. 귀환길에는 요양에 있던 송응창과 만났다.[49] 12월 8일 의주에 도착해 선조에게 북경에서 있었던 일을 보고했다.

정곤수 사신단이 북경에 들어간 날은 마침 이여송이 영하寧夏를 평정한 날이었다. 정곤수는 선조에게 급히 서면으로 치계馳啓를 올렸다. 자신의 요청으로 병부상서 석성이 파병을 열심히 주장하여 명이 송응창을 경략으로 삼고 영하에서 방금 돌아온 이여송을 제독으로 삼아 군사를 편성하여 보낸다는 내용이었다.[50] 《국조보감國朝寶鑑》에는 조금 더 자세한 기사가 보인다. 정곤수가 북경에 도착해 주문을 올리자 황제가 즉시 병부에 내려 복의覆議하게 했다. 정곤수는 병부에도 글을 올려 거듭 간곡히 요청했고, 석성을 만나 통곡하며 호소했다. 이에 감동한 석성이 원병 의논을 이끌고 황제의 윤허를 얻어 군사를 편성해 파견하게 되었다는 내용이다. 황제는 마가은 3,000냥을 내려 궁각弓角과 화약을 사서 보냈고 사신들을 후하게 위로했다.[51] 정곤수의 사행록과 전반적으로 일치하는 내용이다.

정곤수 사행 및 그의 처절한 호소가 명이 빠르게 구원병을 보내도록 하는 데 영향을 주었을 수 있다. 하지만 명 조정은 이미 7~8월에 파병을 결정한 상태였다. 부총병 조승훈이 이끄는 병력이 조선에 진입했다가 평양에서 패배했다는 소식이 전해진 후,[52] 명 조정에서의 구원군 논의는 파병 쪽으로 기울어졌다.[53] 명은 즉시 병부우시랑 송응창을 문관

지휘관으로서 경략[欽差經略薊遼保定山東等處防海禦倭軍務]에 임명하고,[54] 조선에 행인사 행인行人 설번薛藩을 파견하여 명 조정의 구원 계획을 알렸다.[55] 이어 각지에서 병력과 군량을 조발하고,[56] 영하의 변을 수습한 이여송을 무관 지휘관으로서 제독[欽差提督薊遼保定山東等處防海禦倭軍務總兵]에 임명했다.[57] 평양성 탈환 후 정곤수는 심우승, 서성, 홍가신 등과 함께 가자加資되었는데, 명의 파병 결정은 그가 북경에 도착하기 전에 이미 결정된 사안이라며 비판의 목소리가 나오기도 했다.[58]

한편 명도 조선에 정식 사행을 파견했다. 설번이 조선을 구원하기로 결정했다는 신종의 칙서를 들고 조선에 왔다. 칙서에는 "대대로 동번을 지켜 온 공순한" 조선이 어려움을 당했으니, 문무대신 두 사람이 오직 이의 해결을 위해 10만을 통솔해 가서 토벌하게 했다는 내용이 담겨 있었다. 또한 "하늘의 명명明命을 주재하여 중화와 이적의 군주로 있는" 황제로서 류큐, 섬라暹羅 등의 나라에 선유宣諭하여 수십 만 군사를 동원해 일본을 곧바로 정벌한 후 우두머리의 머리를 베어 만국 사해가 평안해지도록 하겠다는 내용도 들어 있었다.[59]

명의 칙사가 들어오기 전, 선조는 그들을 맞는 모양새를 서울에 있을 때보다 간략하게 해서 의례를 제대로 치를 수 없는 상황처럼 보이라는 지시를 내렸다.[60] 설번 역시 조선이 병화를 입고 있다 하여 연회를 생략하게 하고, 조신들의 관복도 구비되지 않았다 하여 융복으로 행례하도록 했다.[61] 칙서를 받은 선조가 통곡하고 설번은 귀환 예물을 끝내 받지 않았다.[62] 원접사 이덕형, 관반사 이성중, 전위사 윤근수가 칙사를 협강까지 전송했다.[63] 의주라는 새로운 장소, 의물을 갖추지 못한 간략한 의례, 울음으로 장식된 접견은 분명 이례적인 모습이었다.

이 시기에도 정례적인 사절은 파견되고 있었다. 9월 14일 동지사가 출발했으며,[64] 성절사 유몽정도 9월에 의주로 귀환했다. 조선으로 파견되는 명 장관과의 협조 태세도 유지되고 있었다. 한응인, 윤근수 등을 요동으로 파견하여 자문을 전달하는 활동도 계속했다. 윤근수는 요동에서 총병관 양소훈과 순무어사에게 글을 올려 강화 반대론을 펼치면서 일본 침략의 주된 목표는 중국이라고 호소했다.[65]

이윽고 송응창과 이여송 등 명군 지휘부가 조직되어 조선으로 향하자, 조정에서는 이들을 만나기 위한 관원을 파견했다. 12월 조선의 관원이 요동에 있던 송응창, 이여송과 만났다. 자문을 들고 송응창에게 향한 이산보는 12월 8일 출발하여 중강–구련성–(적강 서촌)–봉황성–탕참–첨수참을 거쳐 13일에 요양에 도착했다.[66] 심희수는 12월 19일 출발하여 봉황성까지 온 이여송을 만나고 12월 23일에 돌아왔다. 명군이 가까이 오자 조선은 수시로 사람을 보내 전투 상황을 알리고 '독촉'했다.

12월 25일, 선조가 의주에서 이여송을 접견했다. 이에 앞서 비변사는 송응창과 이여송은 다른 장수에 비할 바가 아니라면서, 송응창은 윤근수, 이여송은 김수, 한응인이 접대하게 하자는 건의를 올렸다. 선조는 먼저 재신 한 사람을 보내 조처하게 했다.[67] 칙서를 들고 오는 정식 사절은 아니었지만 황제의 명령을 받아 조선에 파견된 고위급 인물들을 접대하기 위해 새로운 '의례'를 고민하는 장면이다.

명군 수뇌부와의 갈등과 사행

평양 수복에 대한 감사 사행

이른바 청병 외교를 위한 사행은 명 조정에서 조선 구원에 대한 긍정적인 여론을 불러일으키는 데 도움을 준 듯하다. 명군의 파병 이후 전쟁 진행 과정에서 조선은 여러 차례 사행을 파견했다. 1593년에 조선에서 파견한 사행은 [표 2]를 참고 바란다. 명 조정에서 오직 조선을 구원하기 위해 조직한 군사는 1593년 1월, 평양성을 탈환하는 데 결정적인 역할을 했고, 일본군은 한성까지 후퇴했다. 조선은 명의 도움에 감사하는 사행을 준비했다.

첫 번째는 평양 수복에 대한 사은사였다. 사은사 파견 논의는 1593년 1월 24일부터 시작되었다. 평양성 탈환은 큰 전과였지만, 아직 영토의 일부만 되찾은 상태에서 감사 인사를 올린다는 것에 대해 약간의 고민이 있었던 듯하다. 그러나 이여송이 평양성 탈환 후 이를 보고하기 위한 사람을 보내려 한다는 정보를 듣고, 우선 파견을 결정했다. 한성을 수복하면 그때 또 보내기로 했다.

사은사는 한준이었다. 조선은 문서 형식을 표문으로 할지 주문으로 할지 고민하다가 주문으로 결정했다. 평양성 탈환 이후 조선 조정은 의주에서 조금씩 남하하기 시작했다. 당시 정주에 머물고 있던 조정은 주본을 한준에게 전했다. 영하 평정을 하례하고, 평양 탈환에 감사하며, 끝까지 마무리해 달라고 하며, 한성 환도 후 다시 사례하겠다는 내용이었다.[68] 사은사는 1593년 2월 10일 정주에서 출발했다([표 2]). 그런데 압록강 건너편에 있던 송응창이 사은사를 구류한 뒤, 조선이 사은사 파견을 자신에게 알리지 않았다는 점을 힐난하면서 주본을 자신에게 보이게 했다. 한준이 주본의 초본을 보여 주자 "이 주초奏草는 무방하니 배신은 가도 된다" 하여 요동에서 북경으로 향할 수 있었다고 한다.[69] 전쟁기 조선 사행에 대한 견제는 이때부터 시작되었다.

명 조정 내에서는 조선 파병을 두고 이미 논쟁이 벌어졌다. 송응창과 이여송을 견제하는 이들도 있었다. 전쟁을 수행하던 중 약간의 오점만 보여도 탄핵의 근거로 삼을 수 있었다. 이미 평양성 전투의 전공을 두고 남병과 북병 사이에서 갈등이 발생한 상황이었다. 산동도어사 주유한과 이과급사중 양정란이 평양성 전과를 비난하는 건의를 올리기도 했다.[70] 조선이 보낸 주본이 평양성 전투를 어떻게 논할지 촉각을 세울

[표 2] 조선과 명군 지휘부 갈등기-1(1593)

연번	사절명	사행원	1593												
			1	2	3	4	5	6	7	8	9	10	11	윤11	12
1	사은사	한준	출발정주				북경			귀환					
2	사은사	홍인상			출발의주					북경			귀환		
3	사은사	정철 유근					출발영유?		도강		북경		귀환		
4	주청사 사은사	황진 김정목(서장관)							출발영유?	의주	봉황성→의주				광녕→의주
5	동지사	허진									출발		북경		
6	사은사	최립											출발	임무변경	
7	사은사	김수 최립													출발

* 연번 5, 6, 7의 1594년 사행 일정은 [표 3]을 참고 바람.

수밖에 없었다.

개성 수복에 대한 감사 사행

평양성 전투에서 패배한 일본군은 개성을 수비하지 않고 한성까지 물러났다. 조선은 개성 수복에 감사를 표하는 사은사를 파견하기로 했다.[71] 사행원은 홍인상이었다. 3월 4일 의주를 출발한 이 사행은 송응창이 저지했으나 결국 1593년 8월 북경에 도착했으며, 그해 11월 귀환했다([표 2]).

이 사행은 개성 수복에 대한 사은을 내세웠으나, 군사와 식량을 요청하는 내용도 포함되어 있었던 것으로 보인다.[72] 송응창은 주본 내용을 문제삼아 사행이 의주에서 건너오지 못하게 막고, 자문을 보내 조선을 질책했다.[73] 송응창은 식량이 부족하다는 말을 가장 듣기 싫어했다고 한다.[74] 명 조정에서 군량을 보내 주었으므로, 운송 과정에서 생긴 문제는 곧 자신의 잘못과 마찬가지였기 때문일 것이다. 또한 군사 요청에 대해서도 "병마가 계속 나오니 청병은 불가하다"는 입장이었다.[75]

그런데 마침 병부상서 석성이 이여송에게 보낸 글에, 조선이 사은하지 않는다며 질책하는 내용이 담겨 있었다. 평양성 전투 후 전공 보고를 두고 공격을 받고 있던 이여송은 조선에 사정을 물었고, 조선은 송응창이 보고를 저지하고 있다는 사실을 알렸다.[76] 석성의 재촉 때문이었는지 홍인상의 사행은 북경까지 갈 수 있었다. 하지만 송응창은 가만히 있지 않았다. 홍인상이 북경에서 보고 들은 상황에 의하면 송응창이 석성에게 일본군의 정세를 직접 보고했다는 것이었다.[77] 이에 선조가 "지금의 적세에 대해 중국 조정이 매번 경략(송응창)에게 속고 있으니 이번의 주문 내용에서 명백히 통절하게 알려야 한다"고 한 것으로 보아, 송응창의 보고는 조선의 보고를 방해하기 위한 것이었음을 짐작할 수 있다.[78] 명군은 1593년 1월 말 벽제 전투 이후 일본군 공격에 소극적인 모습을 보이다가 강화교섭을 시도하기 시작했다. 이에 반대하는 조선이 명군 지휘부를 설득했으나 공격으로 이끌지 못하자 사신을 파견해 명 조정을 설득하려 했다. 명 조정의 명군 지휘부 질책으로 이어질 수 있었기에 송응창이 조선의 사행을 견제한 것이다.

1593년 10월에 선조는 한성으로 환도했고, 강화교섭이 한창 진행 중이었다. 11월 28일에 귀환한 홍인상이 명 조정은 일본군이 모두 물러간 것으로 여긴다는 소식을 보고했다. 홍인상이 북경에 있던 9월 중순에 조선에서 홍인상 다음으로 보낸 사은사인 정철 사행이 도착했다. 이들이 가지고 간 표문에 적힌 '삼도수복, 강역재조三都修復, 疆場再造' 문구를 본 신종이 "조선의 주문을 보고 짐의 마음이 기뻤다"고 반응했다고 한다.[79] 명 조정의 분위기가 조선의 보고로 인해 바뀐 것이다. 명 조정의 이러한 '오해'를 호기로 삼아 강화교섭을 추진하고 주둔군을 줄이려는 송응창 등 명군 지휘부에 조선 조정은 분노했다. 조선은 실상을 알리고 다시 군사와 군량을 요청하고자 했다.

1593년 11월 28일 홍인상은 "위급을 고하는 문서가 주달되기를 기필할 수는 없지만 요동에 순무巡撫와 순안巡按이 모두 다 있고 이목耳目이 없지 않습니다. 혹 두 가지 주본을 만들거나 혹 한 가지 주본을 만들되 마땅히 위급을 고하는 내용을 급선무로 하여 시급히 들여보내야 한다고 여깁니다"라는 의견을 내놓았다. 송응창이 방해하더라도 다른 장관들을 통해 간접적으로 알리는 방법 및 주문과 주문 내용을 여럿 만드는 방법 등을 제안한 것이다.

'삼도 수복'에 대한 감사 사행

1593년 4월 중순, 일본군이 명군과의 협상 끝에 한성에서 물러났다. 조선은 이에 감사를 표하기 위한 사은사를 준비했다(표 2). 정사에 정철, 유근 등으로 구성된 사은사 일행은 1593년 5월 말 출발하여 그해 9월 북경에 도착했고 11월에 귀환했다.[80] 사행의 임무는 그 명칭에 국한되지 않고 대단히 복잡해졌다.

그 과정을 살펴보자. 5월 20일, 사은 표문을 올리는 의식이 행해졌다. 장소는 영유의 객사였던 것으로 추정된다. 그런데 사은 표문의 내용에 "죽지 않아서 제齊나라의 70성城을 수복하여 거의 다시 나라를 보존하게 되었으니[收齊七十城, 庶保再造, 祝堯崗陵壽, 倍殫三呼]"라는 문구 등이 포함되어 있었다. 마치 조선의 상황이 다 회복된 양 읽힐 수 있는 부분이었다.[81] 이런 내용에 대해서는 이미 조선에서도 우려하는 목소리가 제기되었다. 윤근수, 홍진 등은 사은 표문에 나라 안에 왜적이 없어진 것처럼 쓴 점이 문제가 될 것임을 지적했다. 이에 대해 선조는 사은 표문에 적이 남아 있다고 쓸 수는 없다는 의견을 냈다.[82]

조선 사행이 북경에서 맞닥뜨릴 수 있는 질문에 대한 답변도 미리 준비했다. 이는 명의 장관들이 조선을 오가면서 조선의 서적(법전, 지리지 등)들을 구해서 보려 했고, 여기에 적힌 일부 내용을 문제삼을 소지가 있었기 때문이다. 먼저 묘호廟號 사용에 대해서는 고려 이래로 사용했는데 지금까지 고치지 못했으며, 사대문서 등에는 쓰지 않는다고 답하기로 했다. 일본에 보낸 통신사의 경우, 일본과 통호하려는 것이 아니라 1590년에 일본에서 조선의 표류민을 송환했기에 단 한 번 보내고 적정을 정탐했을 뿐이라고 해명하기로 했다.[83] 이전부터 부산에 왜호가 존재하고 있었다는 '부산 왜호설(倭戶說)'에 대해서는 이즈음 송응창이 물어 봐서 조선이 해명한 바가 있었다.[84] 전쟁 초부터 조선과 일본이 협조한다는 의심이 언제 다시 재연될지 모르는 일이었다. 실제로 명은 조선이 강화교섭을 반대할 때마다 이를 다시 끄집어 냈다.

송응창은 이 사행도 멈추게 했다. 자신이 조선에서 철병하지 말 것을 요청하여 철병을 중지했는데, 지금 오히려 국토를 회복했다고 하여 사은하면 자신을 의심하는 구실로 삼을 것이라는 이유였다.[85] 이전의 저지와 맥락이 약간 다르지만, 여전히 자신에 대한 탄핵 논리에 신경을 쓰는 모습이었다. 그러나 조선은 명 조정에서 사은이 늦는다고 문제삼고 있으니 보내야 한다는 생각이었다.[86] 비변사는 사은사로 하여금 중도에 며칠 머무르게 하다가 일이 마무리된 후 움직이게 하자는 의견을 냈다.[87]

이때 한성을 버리고 도망간 일본군을 추격하던 이여송이 일부 병사는 남겨야 하지만 근래 논의를 보니 모두 철수해야 한다는 의견이 있다고 명 조정에 보고했다. 반면 송응창은 일본군이 명군의 위세에 눌려 봉공을 요청하며 떠났으나 조선과 협조하여 당분간 주둔해야 한다는 의견이었다.[88] 둘 사이에는 갈등이 발생하고 있었다.[89] 송응창은 사실 이러한 내용을 조선의 주문(조선이 만든 것은 표문)에 포함하고자 했던 것으로 보인다. 송응창은 조선에 주본을 요구하며 이를 참고로 자신도 주본을 올리겠다고 했고,[90] 이 때문에 조선은 다음 사행을 준비하게 되었다.

정철의 사행은 적어도 7월 초에는 조선을 떠난 것으로 보이며, 북경에 도착한 것은 9월 중순이었다(9월 25일 고명과 면복 사안으로 예부에 정문을 올렸다).[91] 11월 16일 정철과 유근의 치계가 조선 조정에 도착했

다. 사은을 완료했고 (분실한) 고명과 면복 요청도 주선했다는 보고였
다. 고명과 면복을 요청하자는 의견은 1592년 8월에도 제기되었고, 정
철의 사행 때도 함께 요청하자는 의견이 있었으나 선조의 반대로 보류
되었다.[92] 선조는 지시 없이 이를 요청한 것은 온당치 못하다며 불쾌해
했다.[93]

그러나 이보다 더 큰 문제가 발생했다. 조선이 보낸 '삼도 수복' 사은
주문이 명 조정에서 일본군이 모두 철수했다고 증명하는 근거로 사용
된 것이다. 사은사는 윤11월에 조선으로 복귀한 상황이었다. 조선은 명
조정에서 일본군이 모두 물러갔다는 '오해'를 사실처럼 여기고 있음을
송응창과 석성의 제본[94] 등을 통해 알게 되었다. 정철과 유근이 명 조
정에서 일본군 철수를 인정한 것은 아니었다. 도리어 그러한 '오해'를
해명했다. 예를 들면 부산에 있다는 경계비의 곡절을 해명했고, 일본군
이 부산과 동래를 점거하고 있으며 전라도를 침탈하려 한다는 등의 사
실을 호소했다.[95] 석성이 만들어 낸 "일본군이 모두 물러갔다"는 여론
은 송응창이 의도적으로 왜곡한 보고를 '증거'로 한 것이었다.

주청사에서 사은사로: 파견되지 못한 사행

송응창은 조선에 유병留兵을 요청하는 주문奏文을 요구했다. 조선은 곧
사행을 준비했다.[96] 그러나 조선은 송응창의 요구를 그대로 들어 줄 생
각은 없었다. 강화교섭이 본격화되고 명군 철수가 단계적으로 시행되
었지만 일본군은 그대로 조선에 남아 있었다. 위기를 느낀 조선은 사행
을 통해 이를 명 조정에 '사실'로 전하려 했다.

황진 등이 포함된 사행은 1593년 7월에 출발했다(「표 2」). 표면적인 목

적은 삼도 회복, 8도 수복, 왕자 송환과 유병에 대한 감사 등이었다. 사행의 명칭은 몇 차례 바뀌었는데, 송응창의 방해를 피하기 위한 방편이었다. 그러나 이 사행단은 불운하게도 북경에 도착하지 못했다. 몇 차례 전진과 후퇴를 거듭하다가 광녕까지 가긴 했으나 송응창에 의해 저지당한 후 돌아오고 말았다.

이 사행은 송응창의 요구에서 시작되었지만, 주문에는 송응창이 바라는 것 외에도 조선이 알리고자 하는 내용을 가능하면 많이 넣고자 했다. 주요 쟁점은 심유경이었다. 7월 초, 심유경이 일본 장수 소서비小西飛 등을 데리고 한성으로 북상하고 있었다. 조선은 일본과의 "거짓 화친", 한강을 경계로 조선을 나눈다는 설, 심유경이 일본인을 거느리고 와서 정세를 탐지한다는 내용 등을 주문에 넣고자 했다.[97] 당연히 송응창이 그러한 내용을 용납할지 고민하게 되었다. 결국 조선은 송응창이 완성된 주본을 보고 돌려보내는 일이 발생하는 것보다는 송응창에게 초고를 보여 주고 의향을 묻는 쪽을 택했다.[98]

황제에게 올리는 주문 외에 정문도 미리 준비하기로 했다. 주문에 구체적인 내용을 쓸 수 없더라도, 현지에서 명의 부서에 전달하는 정문을 통해 실상을 알리자는 의견이 보다 적극적으로 제안되었다. 정문에 담으려 했던 실상은 심유경에 관한 내용 및 도요토미 히데요시가 귀순할 리 없다는 내용 등이었다.[99] 선조는 주문이 아닌 만큼 "당당한 천조로서 조공을 받아들이고 적을 놓아 주니 무엇으로 사이四夷에게 보여 주겠습니까. 불가한 것 아닙니까" 등과 같이 과격한 내용도 넣고자 했으나, 승문원에서는 "중국을 핍박하는 것처럼 쓰지 않는 것이 좋을 듯합니다"라며 완곡한 어조를 바랐다.[100]

예상대로 송응창은 주문의 수정을 요구했다. 조선은 심유경에 관한 내용을 포함하면서도 이것이 송응창의 공이라는 식으로 작성해 그의 허용을 유도했는데, 송응창은 그것이 자신의 공이 아니라며 삭제하라고 요구했다. 조선의 의도를 파악한 것이었다. 그뿐 아니라 송응창은 "조공 논의에 대한 내용과 철병, 진병 등의 말"도 삭제하도록 했다. 조선은 심유경이 일본인을 대동하여 한성으로 왔다는 내용을 대략적으로라도 진술하고, 송응창의 접반인 윤근수와 사신 황진에게 주선해 달라고 했다.[101] 최립이 작성한 이때의 주문 내용은 그의 문집에도 수록되어 있다.[102]

조선의 논의는 강경론을 펼치는 선조와 내용을 온건히 해 설득하자는 신료라는 구도로 나뉜 듯하나, 선조도 강경론을 관철하지 않았고 승문원도 분노를 표출하곤 했다. 외교문서를 담당하던 승문원은 주청사 문서 건으로 송응창과 4~5차례나 왕복했는데, 아무리 소국의 국서라 하더라도 심한 일이며, 일일이 개찬하는 것은 마땅하지 않다는 의견이었다. 승문원은 송응창의 의도는 유병 한 가지 일만 요청하라는 것이지만, 이는 한준의 사행([표 2]) 때 이미 허가된 것이므로 접반사(윤근수)와 황진을 통해 강경한 입장을 전하자고 제안하기도 했다. "국서를 매번 개서할 수 없다. 유병에 관한 일은 이미 전일에 진주陳奏하여 황상의 윤허를 받았고, 병부에서 경략 아문에 이문移文했으니 경략이 스스로 봉행해야 한다"는 뜻을 하유下諭하자는 것이었다.[103]

물론 강경론만으로는 막힌 시국을 뚫을 수 없었다. 승문원 역시 강화하려는 사실을 숨기는 것이 송응창의 본심임을 알고 있었다. 그렇기에 강화에 대해 언급한 조선의 문서를 모두 막고 있다는 것이었다. 그러나 다른 길을 통해 이 사실을 자세히 진술하면 송응창이 진노할 것이니, 회자回咨를 고쳐 짓되 일본군이 바다를 건너간다는 말은 빼고, 심유경이 일본 진영을 오가며 강화교섭을 진행하고 있는 상황을 대략 진술하자고 했다.[104] 주문이 아닌 자문에서 구체적인 내용을 진술하려 한 것이었다. 이 자문은 허징이 작성했다.

그러나 선조는 자문 내용에 불만을 표하면서 심유경의 강화 추진, 진주성 함락 사실도 포함하라고 했다. 승문원은 사정을 전달해야 하나 다 담아 낼 수 없다며 설득했다. 자문에는 진주성이 함락되어 조선인이 살육당했다는 내용을 포함하기로 했다. 선조는 강화와 납공이 부당하다는 내용을 반드시 넣으라고 지시했다.[105]

송응창이 조선의 사행을 막은 근본적인 이유는 청병 문제가 아니었다. 이여송의 항의 때문도 아니었다. 조선의 주문에 강화교섭의 양상, 일본군의 주둔 사실 등 송응창이 명 조정에 알려지는 것을 꺼리는 내용이 직간접적으로 포함되어 있고, 주문을 수정하더라도 사행이 정문의 형태 등으로 명 조정에 '고발'할 수 있기 때문이었다. 조선은 병부와 예부에서 정문 혹은 구두로 문답할 준비까지 하고 있었다. 송응창이 이 정황을 낱낱이 파악하고 있지는 못했을 것이다. 하지만 조선의 사행이 이전에도 명 조정에 '호소'한 사실을 알고 있었기에, 사행을 아예 가지 못하게 하는 편이 안전하다고 판단했던 것이다.

조선과 송응창 사이의 갈등이 고조되었다. 조선의 명분이 우위에 있었음은 분명하나 송응창은 곧장 사행 외 사안으로 조선을 압박했다. 송응창은 일본군이 경주를 공격한다는 소문이 실재했음에도 불구하고[106] 관량관 김윤국이 경주에 적의 경보가 있다는 '허위 보고'를 올렸다며 처벌을 요구했다. 지휘부의 마음에 드는 정보만을 신뢰하겠다는 모습을 노골적으로 드러낸 것이다. 배신陪臣 한 사람을 지목하여 처벌을 요구하는 송응창의 처사는 과한 것이었다. 송응창은 또한 자문을 보내, 광해군으로 하여금 지역을 차례로 순찰하도록 하고 모두 자기 결재를 받으라고 지시했다.[107] 일본군이 도망가 돌아가기를 애걸했고 따라서 조선이 원상으로 회복되었는데도 군사를 머무르게 하며 지키게 했는데, 유정劉綎의 군량이 부족하다고 하니 이 상태로는 조선을 위해 힘을 다하기 어렵다는 이유를 들었다. 세자 광해군을 거론하여 선조를 압박한 것이다.

조선은 주청사를 보내기 위한 방안을 고민했다. 우선 직접적으로 요청, 설득하는 방법이 있었다. 조선은 송응창에게 자문을 보내 사행을 빨리 보내 줄 것을 청했다. 송응창이 8월 1일에 사행이 떠나는 것을 허락해 의주까지 도착했으나, 압록강을 건너려 할 때 다시 돌아오게 한 상황이었다. 조선은 일본군이 떠나지 않고 8개의 성에 머물러 있기에 위급을 알리려 하는 것이며, 조선과 중국은 자식과 아버지의 관계이니 원통한 일이 있으면 호소하는 것이 당연하다는 논리를 내세웠다.[108]

조선의 강화교섭 반대와 진군 요청에 송응창은 크게 분노했다. 비변사는 그의 뜻을 거스르며 주청사를 보내기는 어려운 형편이지만 일본군이 모두 물러갔다고 하여 명군이 철수하는 것을 두고 볼 수는 없다는 의견을 제시했다. 그러면서 사은사로 임무를 바꾼 후 주본의 끝에 적이 아직 경내에 웅거해 있으니 즉시 물리쳐 황은을 다하기를 바란다는 문구를 넣자고 제안했다. 사절의 명칭이 사은사로 바뀌었다.[109]

송응창의 불만은 가라앉지 않았다. 윤근수의 치계에 따르면, 송응창은 자신에게 전달된 자문과 게첩에 불만을 가지고 있었다. 특히 자문 내의 "왜적이 8개의 성에 가득하다"라는 문구를 두고 부당한 말이라며 지적했고, 군량이나 잘 준비하라며 면박을 주었다. 그뿐 아니었다. 자문을 지은 자를 벌주겠다며 위협하는 한편, 조선이 원하는 유병과 군량을 정하여 자문을 고쳐 오라고 했다. 그 자문에 의거하여 주본을 올리

겠다는 것이었다.[110]

송응창이 중국으로 되돌아갈 때가 다가오면서 갈등의 분위기는 더 고조되었다. 9월 19일, 윤근수 등을 만난 송응창은 왕세자를 현지에 보내라는 지시를 이행했는지부터 확인했다. 조선 신료들은 왜적이 아직 부산 등 8개 성을 차지하고 있는데, 송응창이 건너간 다음 일본군이 밀고 올라온다면 어떻게 할 것인지 물었다. 송응창은 자신에게 대책이 있으며, 석성 등은 모두 군사를 철수시키려고 하는데 자신만이 철수를 반대한다면서, 자신의 통제를 따르지 않으면 남은 군사도 철수하겠다고 위협했다.[111]

9월 하순, 송응창이 국경을 넘어 조선을 떠났다. 사행은 여전히 나아가지 못하고 있었다. 선조는 주문을 수정하자는 의견을 제시하기도 했다. 그러나 사은사라는 명분을 내건 이상, 병력 증강 등 여러 사안을 추가하기는 어려웠다. 조선은 동시에 다른 사행을 준비했다.[112]

사은사 황진은 압록강을 건너 봉황성까지 갔으나 다시 길을 돌려 조선으로 돌아왔다. 조선 조정은 송응창의 저지라고 생각했다. 하지만 윤근수는 황진이 가지고 가는 주문이 사은이기는 하나 청병에 중점을 둔 것으로, 요동까지 가더라도 저지될 것이고 괜히 마음만 거스를 것 같아 의주로 돌아오게 한 것이라고 했다. 그리고 황진을 다시 보내되 사은문서는 다시 짓자고 했다.[113] 조정에서는 곧바로 임무를 완수하지 못하고 돌아오는 사행을 처벌하자는 요구가 불거졌다.[114]

윤근수는 사은에 주력해야 하지만 사실에 의거해 "왜적이 바닷가 여러 고을에 있는데도 천병이 지켜 주어 우리 소방이 지탱 보존하고 있으니 천은이 아닌 게 없다"며 완곡하게 지어야 하며, 자신이 작성하겠다고 했다.[115] 조선 조정에서는 이 의견에 따라 황진의 사행길을 일단 멈

추게 하고 주문도 다시 짓기로 했다.[116]

다시 출발한 황진의 사행은 이번에는 광녕까지 도달했다. 황진은 명 조정이 일본군에 대한 공격이 소극적이고 재물을 허비했다는 이유로 송응창을 파면하고 이여송을 체직했다는 소식을 들었다.[117] 그러나 황 진의 사행은 결국 요동을 넘어서지 못했다.[118] 송응창이 황진을 돌려보 내도록 한 것이었다.[119] 조선 조정에서는 송응창이 북경으로 들어간 후 다시 사행을 파견할지 논의했으나 결국 귀환시키기로 했다. 황진은 의 금부 도사에 의해 잡혀 오는 신세가 되었다.[120]

만력 21년, 허진의 동지사

이처럼 사행을 둘러싸고 조선과 명군 사이에 치열하게 충돌하고 있었 으나, 정례적인 사행은 일정대로 준비되고 있었다. 허진을 정사로 하는 동지사가 1593년 9월 출발하여 1594년 3월에 귀환했다([표 2], [표 3]). 정 기적으로 보내야만 하는 사절이므로 조선은 이를 이용할 수 있었을 것 이다. 그러나 《선조실록》에는 동지사에 관한 논의 사실이 보이지 않으 며, 1594년 3월 10일이 되어야 관련 기사가 등장한다.

허진에게는 동지사 외에도 다른 임무가 맡겨진 것으로 보인다. 허진 은 북경에서 일본군의 정세를 알리고, 무기도 사 왔다. 적의 정세를 알 리는 방법으로는 정문이 활용되었다. 허진은 정문을 한 건 작성한 후 베껴서 예부와 병부에 바쳤고, 군기 무역을 요청하는 정문에서 정세를 진술했다. 그러나 병부상서 석성은 그러한 내용을 꺼리며 답하지 않았 다. 뿐만 아니라 병부에서 복제覆題하여 황제에게 주문할 때에는 삭제 하고, 자기 의견을 허진의 정문 내용인 양 꾸몄다고 한다.

허진은 자신이 목격한 명 조정의 정황을 조선에 전했다. 석성이 일본 군의 형세를 알고 있으나 송응창과 한 패이기에 일본군이 물러갔다고 한다는 것이었다. 명 조정에서는 왜노倭奴를 제후에 봉하는 봉작과 왜 가 중국에 예물을 바치는 조공에 대해 반대 의견도 있으나, 병부상서 석성이 봉작과 조공을 주장하고 있다는 정보도 전했다. 게다가 허진은 동관東關에서 송응창의 후임인 고양겸의 행차를 만났는데, 조선이 군병 을 조련하지 않으면서 무기를 무역해 봤자 누구에게 줘서 사용하게 하 려는 것이냐며 조롱했다고 한다.

한편 선조는 북경에서 제독주사부사提督主司副使 양일민楊逸民이 주선 해 준 공로가 있으니, 훗날 조선 사신이 들어갈 때 예물로 사례하라고 했다. 북경 내에서 원래 임무 외의 '외교 활동'이 어떤 방식으로 이루

[표 3] 조선과 명군 지휘부 갈등기-2(1594)

연번	사절명	사행원	1594											
			1	2	3	4	5	6	7	8	9	10	11	12
1	동지사	허진	의주→한성		귀환									
2	사은사	최립												
3	사은사	김수 최립		북경				귀환						
4	청량사→진주사	허욱 한회(서장관)	출발			요동	소환		한회 출발		북경			귀환
5	고급사	이정형	출발			요동→소환								

*연번 1, 2, 3의 1593년의 사행일정은 [표 2]를 참고 바람.

어지는지, 조선이 원활한 '외교'를 위해 어떻게 사적인 조치를 활용했는지 알 수 있는 대목이다. 동지사 허진과 서장관, 통사는 모두 포상을 받았다.[121] 이 기간에 파견된 사행 가운데 칭찬을 받은 드문 예였다.

임무가 변경된 사은사

명 조정은 조선에 5,000명의 군사를 주둔하기로 결정했다. 조선에서는 더 많은 군사를 요청하는 주문을 올리기로 했다. 당시 사행 노상에 있던 황진은 이미 사은사로 바뀌었기에, 군사 요청은 별도의 사행을 준비하기로 했다.[122] 단순히 군사 요청만이 아니라, 일본군의 정세를 진술하여 군사가 반드시 필요하다는 사실을 부각하기 위해서였다.[123] 저지당하더라도 기필코 주달하고, 중도에 돌아오지 말 것을 강조했다.[124] 정사에는 최립이 선정되었다.[125] 1593년 11월 출발했지만 윤11월에 임무가 변경되었다. 뒤에서 자세히 언급하겠지만 최립은 김수가 정사인 사행의 부사로 변경되었다([표 2], [표 3]).

주청사 최립은 외교문서 작성 능력이 뛰어나 이번에는 직접 정사로서 사행을 이끌게 되었다.[126] 최립은 주문의 초본을 보고 선조에게 계청했다. 먼저 초본에 "싸움에 나온 장관들을 신칙申飭하여 소방小邦의 병력과 협동, 시급히 진격해서 치게 해 달라"는 문구가 있는데, 이는 조선이 할 일을 하지 않으면서 명측에 불만을 가지는 것처럼 보이므로 적절치 않다고 평했다. 뒤이어 병부나 예부에서 자신에게 조선의 관군이 싸우지 않는 까닭을 물어 본다면 대답할 말이 없을 듯하다고 지적했다. 그리고 만약 황제가 주본을 보고 군사를 보내 준다면 군량이 필요할 텐데, 인신印信을 준다면 군량을 요청해야 하는 상황이 발생했을 때 작성하여 올리겠다고 덧붙였다.[127] 비변사의 반대로 인신을 가져가지는 못했지만, 명과의 외교에서 이례적인 상황을 헤쳐 나가야 했던 조선의 궁리가 엿보이는 대목이다.

비변사는 최립의 건의를 두고, 사은과 고급告急을 다룬 주본을 각각 하나씩 준비하자는 의견으로 해석했다. 그러나 앞서 가고 있는 황진 사행에 사은 내용(3도와 8도 수복, 왕자와 배신이 돌아온 일, 유병에 대한 감사)이 이미 있어서 월은月銀 하사에 대한 내용을 추가하여 별도로 사은 주본을 만드는 것은 중복되는 듯하므로, 사은과 고급을 합쳐 하나의 주본으로 만든 것이라고 했다. 다만 명측을 닦달하는 듯한 문구는 부적절하니, "군사 1만으로는 현재의 적에 대적하기 어렵다", "군량을 요청하려 하나 이전에 준 군량이 이미 많아서 다시 청하기는 민망하다"라는 식으로 작성하여 군량이 필요하다는 점을 넌지시 드러내자고 했다. 또한 일본군 동향을 넣는다면 송응창의 저지를 받을 것이니, "송응창이 강을 건넌 다음 적세가 다시 치열해졌다. 그래서 위급을 고하지 않을 수 없었다"는 내용의 자문을 따로 작성하자고 했다.[128]

그러나 조선에 대한 송응창의 압박은 거세지고 있었다. 송응창은 자문을 보내 자신이 조선에 지시한 사항—군사 훈련, 군기 제조와 군량 저축—을 수행하지 않으면 철수하겠다고 협박했다. 일본군은 스스로 온 것이 아니라 조선의 군신이 끌어들였다거나, 국왕이 어진 임금이 되어야 한다거나, 자신이 국왕도 참주參奏할 수 있다는 등의 극언을 하기도 했다. 선조는 선위 표명으로 맞받아쳤다.[129]

11월 18일 길을 떠나려는 최립을 선조가 불러 만났다. 송응창의 협박이 거세고 황진이 봉황성에서 돌아오고 있다는 소식이 전해진 상황이었기에, 주문을 다시 수정하기로 했다. 유성룡은 최립의 파견에 앞서 초본을 먼저 들고 가서 송응창의 반응을 보자는 등 온건한 방법을 제안했다. 이에 선조는 주문에 원하는 내용을 다 담을 수 없는 현실을 인식하고 최립에게 북경에 가면 자세히 정문을 하고 (구두로) 설명하여 곡절을 명백히 밝히라고 지시했다.[130]

송응창은 단순히 사은만 하기를 원했다. 활로가 막힌 상황에서 조선은 명군 장수 척금에게 조언을 듣기로 했다.[131] 척금은 조선이 보고하면 송응창이 처벌을 받을 것이므로 들어 줄 리 없다며, 사은만 하고 배신이 형편을 보아 주선하는 편이 나을 것이라고 조언했다. 송응창이 주본 초본을 보면 허락할 리 없다는 반응도 보였다.[132] 최립의 사은사가 준비되고 있을 당시, 황진은 임무를 수행하지 못한 채 돌아온 상황이었다. 그런데 황진이 돌아오기는 했지만 사행을 취소한 상황은 아니었다. 황진과 최립 사행은 비슷한 목적을 가지고 동시에 준비되고 있었다고 보아야 할 것이다.

이즈음 홍인상이 돌아왔다([표 2]). 선조는 대신들과 함께 사행에 관해 논의했다. 의견은 대체로 사은을 먼저 하고(황진 사행), 최립에게는 위급을 고하는 임무를 맡기자는 쪽이었다. 유성룡은 사은할 때(홍인상과 정철의 사행)에도 수복한 것을 주로 하되, 적의 정세를 알렸어야 하는데 이를 전혀 하지 않아 송응창의 술책에 빠졌다고 보았다. 선조는 바닷길을 통한 방안까지 제안했으나 유성룡 등은 이에 반대했다.[133]

이때 명 칙사 사헌司憲이 들어오면서 분위기가 바뀌었다.[134] 칙서가 오면 그에 대한 사은이 뒤따라야만 했다. 또 송응창의 지휘체계에 속하지 않는 사헌에게 직접 '사실'을 호소하는 방법도 사용할 수 있었다.[135] 조선은 사헌이 한성에 들어오기 전부터 사은문서를 준비하기 시작했다.

사은 주문은 황진 혹은 최립에게 맡겨 보내기로 했다. 다른 사신을 차출하면 늦을 것이라는 우려 때문이었다. 그리고 최립이 사행길 도중에 있으니 사헌이 귀환한 후에 위급을 고하는 문서도 함께 지닌 사은사로 하여금 사헌의 뒤를 따라가게 하면 송응창도 막지 못할 것이라 기대했다. 아울러 승문원에서 위급을 고하는 문서를 어필御筆로 써서 감동을 이끌어 내자고 했고 선조도 이에 동의했다.[136]

칙서에 대한 사은사

1593년 윤11월 당시 사행 경로에는 황진이 들고 있는 주문, 고쳐서 황진이 들고 가기로 한 주문(적의 정세만이 서술되어 있으며, 최립이 가지고 있던 것), 환도를 사은하는 주문(윤근수가 작성한 것. 황진에게 미치지 못했고, 최립이 가지고 가기도 어려우니 보내지 않기로 한 것) 등 적어도 세 건이 있었던 것으로 보인다. 조정의 논의에서도 전후의 곡절과 날짜에 착란이 많아 북경에서 문제가 발생할까 걱정할 정도였다.[137] 조선은 사행의 명목을 사헌이 가지고 온 칙서에 감사하는 사행으로 정했다. 최립을 정사로 하는 앞서의 사행 계획은 곧 변경되었다. 김수를 정사, 최립을 부사로 하여 사은사를 구성하였다. 사은에 더해 1593년 6월까지의 일본군의 동향을 보고하는 내용도 담았다. 이 사행은 1593년 12월 출발하여, 1594년 2월에 북경에 도착했고, 6월에 귀환했다([표 3]).[138]

이 사행의 성공 과정에는 여러 난관이 있었다. 먼저 사은사가 가지고 갈 주문의 내용과 사행이 경로에서 취할 행동에 대해서였다. 사행의 명목은 사은사였지만 조선은 일본군의 정세를 기필코 포함하고자 했다. 12월 5일 선조는 주문의 초본에 적정을 상세히 기록한 것은 좋지만, 진주성 전투에 송응창과 유황상이 간여한 듯 서술한 것은 삭제해야 하며, 송응창이 일본에 사람을 보내서 모욕당한 것은 포함시키라고 했다.[139]

그러나 12월 7일 자 기사에 실린 주문(표문) 내용을 보면 선조의 지적을 받은 내용은 모두 삭제된 듯하며, 일본에 사람을 보낸 내용도 보이지 않는다. 주문은 조선을 구원하여 환도하게 해 준 황제에게 감사하는 내용이었다. 이와 함께 일본군이 아직까지 변방의 10여 구역에 주둔하며 돌아가려 하지 않는 상황을 알리고 있었다. 아울러 조선은 오직 명군만을 믿는데 군대는 지치고 적은 강력하니 형세가 더욱 어려워지고 있다면서, 간접적으로 구원을 호소하고 있었다.[140]

이번 사행 역시 송응창에 의해 저지될 수 있었기에, 현지에서 사절이 취해야 할 대응 전략이 더욱 구체적으로 논의되었다. 선조는 김수에게 북경에서 해야 할 일을 상세히 기록하여 전달하고, 반드시 명으로부터 군사를 낸다는 허락을 받아야 한다고 지시했다. 병부뿐 아니라 과도관에도 글을 올려 애절하게 호소할 것이며, 이 주문을 송응창과 이여송에게는 보이지 말고 은밀히 가지고 가라고 했다.[141] 명목은 사은사였지만 고발과 주청에 무게를 실은 것이었다.

선조는 매일같이 지시를 내렸다. 요동의 주유한과 광녕의 한취선에게 다급함을 고하고, 당시 영평에 있는 송응창과 이여송에게도 아울러 자문을 보내자고 했으며, 주문 내용도 점검했다.[142] 사행이 응대할 내용도 미리 준비하게 했다. 조선군의 집결 상황을 보고하되 군사가 충분하다는 오해를 하지 않게 할 것, 벽제 전투의 승패를 사실대로 보고할 것, 일본군이 줄곧 조선에서 물러나지 않고 있다는 것 등 주문(표문)에 기재되지 않은 상세한 내용이었다.[143] 12월 13일, 사은사 서장관 유공진이 표문을 받들고 출발했다.

12월 19일, 황진이 광녕에서 저지당했다는 소식이 전해졌다. 유성룡은 죽을 각오로 순안(어사)에게 호소하지 않고 묵묵히 광녕으로 갔기에 저지당한 것으로 평했다.[144] 조선은 김수 사행의 성공에 "사활을 걸게" 되었다. 선조는 사은사가 북경까지 갈 수 있는 방안을 모았다. 거짓 주본을 만들고 조선이 말하고자 하는 바를 기록한 주문과 자문은 옷속에 숨겨서 가자, 세자의 책봉을 청하자, 잃어버린 고명과 면복을 내려주기를 청하자는 등의 의견이 나왔다. 일단 북경까지 도착한 후 그곳에서 여러 방법으로 호소하자는 것이었다. 선조는 거짓 주본 방안에 긍정적이었으나, 비변사는 이에 우려를 표했다. 선조는 자신이 선위하고 이 건으로 사행을 보내는 편이 나을 것이라며 역정을 내기도 했다.[145]

조선의 사행과 별개로 송응창 등 명군 지휘부는 명 조정의 거센 비난을 받았고, 이에 송응창은 자리에서 물러났다. 1593년 12월 송응창의 후임으로 고양겸이 임명되었다.[146] 그사이에 노정을 이어 가서 1594년 2월 북경에 도달한 김수 사행이 올린 주본은 고양겸이 논핵당하는 데 영향을 미쳤다.[147] 김수가 가지고 간 주본은 고양겸이 조선에 나오기 전까지의 정세를 보고한 것이었지만, 명 조정에서는 현 책임자였던 고양겸을 탄핵하는 근거로 이용했다.[148] 이에 분노한 고양겸은 조선에 일본에 대한 봉공을 요청하라고 강요했다.[149] 고양겸은 명 조정 내 강화 반대론자들로부터 (김수의 보고 내용을 근거로) 공격을 받았고, "전투와 수비에 힘쓰지 않고 봉공(책봉과 조공)만 주장한다"는 비난도 받았다. 고양겸은 정치적 압박에서 벗어나기 위해 자신이 공격받게 된 책임을 조선에 전가하고 조선 스스로 해결하라는 논지로 조선으로 하여금 일본에 대한 봉공을 명 조정에 요청하게 했던 것이다.

사은사 김수는 비교적 오랫동안 북경에 머물다가 1594년 6월 산해관으로 나와 주사主事 장간張揀을 만났다. 장간은 병부상서 석성과 어떤 대화를 나누었는지 물었다. 김수는 석성에게 여러 번 위급한 상황을 말했으나, '봉공 문제'를 의정 중이기에 준허가 나오지 않았다고 했다. 아울러 석성이 호부에 외교문서를 보내 양곡 2만여 석을 지급하게 했고 운송은 조선이 담당하기로 했다는 사실을 전했다. 장간은 석성이 겉으로는 그랬겠지만 해결해 줄 것이라며 사절을 안심시켰다.

그는 중국에 나돌던 소문을 확인하기도 했다. '부산 왜호설'이었다. '부산 왜호설'은 원래 부산이 일본 구역이었으므로 일본군이 떠나지 않는 것은 당연하다며 그 주둔을 정당화하는 근거로 사용되고 있었다. 이에 김수는 삼포왜란의 전말을 들려주었다. 장간은 이전에 유황상이 《(동국)여지승람》을 근거로 이러한 주장을 했고, 명에도 이 책을 가져간 이들이 있다는 이야기를 들려주었다. 유황상이 "쓰시마 개시를 조선도 편히 여긴다"고 했다는 정보 등도 알려 주었다. 김수와 장간은 군량의 어려움을 함께 이야기하기도 했다.[150] 당시 사행이 공식 문서 외에 명의 관원들과 '사적' 교섭도 했음을 보여 주는 대목이다.

김수는 6월 26일 조정으로 귀환하여 선조와 만났다. 황제가 일을 하지 않아 조회가 없다는 것, 중국의 기강이 차츰 해이해지고 있다는 것, 남쪽에 반란이 발생했다는 소식, 명 조정이 봉왕은 허락하고 조공은 허락하지 않기로 결정했다는 등의 보고를 올렸다.[151] 명군 지휘부와 일본군은 1593년 4월 이후 본격적인 강화교섭을 시작했다. 병부상서 석성과 명군 지휘부는 일본에 국왕 책봉을 해 주고 조공을 허락하여 전쟁을 끝내고자 했다. 명 중심의 세계질서 아래에서 전쟁을 마무리하고자 한 것이다. 그런데 명 조정 내부의 논의에서는 조공 허가에 대해 반발이 있었고, 명나라 해안에서 문제를 일으킬 수 있다는 우려도 컸다. 따라서 최종적으로 도요토미 히데요시의 일본 국왕 책봉만을 허락하기로 했다.

군량을 요청하기 위한 사행에서
일본 책봉에 대한 주문사로

김수와 최립의 사행이 출발한 후, 조선은 명 조정에 군량을 요청하기 위한 사절을 준비했다.[152] 1594년 1월 9일 출발한 청량사 허욱이 지닌 주문은, 지난해 내려준 산동의 곡식은 해로가 험해 아직 도착하지 않았고 수량도 적으며, 명이 이미 구원병과 군량을 보내 주었으나 그럼에도 궁핍하다는 사정을 담고 있었다. 그러나 이 사행은 김수가 북경에서 보고한 내용으로 인해 논핵을 받은 고양겸에 의해 저지당했다. 이후 임무가 바뀌어 7~8월부터 서장관 한회와 함께 다시 사행길에 나섰고, 9월에 북경에 도착했다. 황제는 이를 "봉공 요청"으로 받아들였다. 사행은 1594년 12월 귀환했다([표 3]).

　1월에 출발한 허욱은 4월부터 움직이지 못하고 있었던 것으로 보인다. 고양겸은 허욱의 주문 내용에서 일본군 주둔과 관련된 내용을 모두 뺄 것을 요구했다. 조선은 사행의 본래 임무가 청량사이기에 양보하기로 했다.[153] 마침 허욱이, 명에서 금주와 복주의 군량을 보낸다는 소식을 전하자 조선 조정은 허욱을 일단 불러들이고 주본을 다시 작성하기 시작했다.[154]

　고양겸은 더 나아가 조선에 일본의 봉공을 요청하는 주문을 만들도록 요구했다. 그는 휘하인 호택을 보내 이를 직접 요구했다.[155] 당연히 조선은 거부의 뜻을 밝혔으나 고양겸과 호택의 요구는 집요했다. 허욱은 도사都司[156]에게 간청하여 고양겸을 설득해 주길 요청했지만 요동 도사 역시 주문을 바꿀 것을 요구했다. 명 조정에서 봉공 논의가 분분하나 요동의 관원들은 그 내용을 알려 주지 않았다. 다만 고양겸이 조

선 관련 사안마다 화를 내고 있다는 것만은 알 수 있었다.[157]

조선은 결국 주문 작성에 착수했다. 작성은 이호민이 담당하기로 했다.[158] 조정에서는 비록 명 조정의 봉공 결정이 기정사실이라 할지라도 조선이 직접 봉공을 요청할 수는 없으며, 대부분의 의견이 조용히 사세를 살피자는 입장이었다.[159] 그러나 고양겸이 강경한 태도를 보이고 조선에 있던 호택이 닦달을 하자, 논의는 온건하게 봉공을 인정하는 문구를 넣는 쪽으로 모아졌다. 명 조정의 정쟁에서 피해를 입고 있는 명군 장관들을 구제해야 한다는 입장도 있었다.[160] 조선은 명 조정, 명군과의 사이에서 자국의 입장을 알리고 관철하기 위해 노력했으나, 그 갈등이 극한으로 치닫는 것만은 막으려는 태도를 견지했다. "명나라가 다 돌아서는 것은 막아야 한다"는 생각이었다.

선조는 주문 내용에 불쾌감을 드러내면서,[161] 주문 문구를 일일이 검토했다. 주문 내용에 대략 만족한다면서도, "대의를 잊기 어렵다[大義難忘]"는 부분을 "기어이 독기를 뻗쳐 삼키려는 데 목적이 있다[期在逞毒和噬]"로 바꿀 것을 제안하기도 했다.[162] 선조가 반대만을 고집한 것은 물론 아니었다. 선조는 "어쩔 수 없다면 빨리 보내야 한다. 그러나 봉공을 받고도 왜적이 돌아가지 않으면 송응창과 이여송뿐 아니라 우리에게도 죄가 돌아오지 않을까", "(봉공 요청을) 주문한 일을 명 조정에서 그르다고 하지 않을까" 걱정했다.[163] 또한 "중국 장수를 구원하되, 과도관의 말을 침해하지 않도록 하자"는[164] 등 국왕으로서의 균형 감각과 정치력이 돋보이는 판단을 내리기도 했다.

1594년 5월 과도관의 공격을 받던 고양겸은 결국 사직했고, 후임으로 손광이 임명되었다. 이 소식이 조선에 전해지자[165] 분위기가 잠시 바뀌었다. 삼사를 중심으로 주문을 취소하자는 의견이 이어졌다. 주문의 초본을 호택에게 보인 비변사를 추고, 치죄하자는 건의도 있었다.[166] 윤근수 등 대신과 비변사에서도 파견을 재고하자는 의견이 나왔다. 이에 논의가 재개되었다.[167] 봉공을 삭제하고 일본의 동향만을 보고하자는 것으로 의견이 모이는 듯했다. 1593년 6월 18일, 조정에서는 열띤 논의가 펼쳐졌다. 중론은 주문을 보내는 것에는 찬성하나 봉공에는 반대였다. 유성룡은 고양겸이 조선에 결자해지를 시키려는 의도로 보았다. 다만 봉공을 직접 요청해서는 안 되며, 명의 판단에 맡긴다고만 하자는 견해였다. 선조는 당시의 주본 역시 비록 직접 봉공을 청하고 있지는 않지만 그러한 뉘앙스라는 점을 지적했다.[168] 사헌부 등 삼사에서는 여전히 반대 의견을 이어 갔다. 명 조정에 맡긴다는 표현은 봉공 찬성과 같다며 비난하기도 했다. 조선의 주본이 명 조정의 논의를 격화시킬지 모른다는 두려움도 있었다. 손광이 제기했다는 정동행성 설치론 또한 걱정이었다.[169]

호택은 출발 예정일을 알리며 조선을 압박했다. 비변사에서는 그가 화가 난 채로 가게 해서는 안 된다며 주문 완성을 재촉했다. 조선 내 논의가 정리되지 않은 상황이었기에 승문원도 어려움을 겪었다. 승문원은 여러 자문 내용(조선을 비난하는 명 조정의 논의 내용 등)을 참고하여 최대한 온건하게 작성하자는 의견을 표했다.[170] 선조는 주문 초본을 본 뒤 "왜가 실제로 통관하기를 원한다[倭實求欵]"는 문구 등을 지적했다.

6월 25일, 호택은 조선이 주문을 보내기로 했다는 것을 확인하고 모화관을 떠났다. 호택은 주문 내용을 확인하고 만족한 듯하다. 그는 의주에 있다가 주문사와 함께 압록강을 건너 조선으로 오는 손광을 만나겠다고 했다.[171] 주문 내용은 이후에도 수정되었는데,[172] 아마 호택이 확인한 주요 내용은 수정하지 않았을 것이다.

명 조정에서 벌어지는 정쟁, 명군 지휘관의 교체는 조선을 불안하게 했다. 고양겸과 손광이 동시에 지시를 내릴 경우 누구의 지시를 따라야 할 것인지, 고양겸이 조선으로 하여금 강제로 주문을 보내게 했는지 물어올 경우 어떻게 답해야 할지 고민했다. 조선은 손광이 저지하더라도 나아갈 것이며, 고양겸에 대해서는 갈등을 일으키지 않도록 적당히 답하자고 했다. 기타 사항은 사신이 임시로 형편에 따라 처리하기로 했다.[173] 이 주문은 호택의 감시에 의해 '만들어진' 주문이라 위급한 상황을 재차 알리는 자문을 따로 준비하기로 했다.[174]

허욱과 한회는 9월에 북경에 도착했다. 명 조정은 봉공 논의를 중단한 상황이었다.[175] 그러나 허욱이 가져간 주본으로 상황은 일변했다. 주본은 먼저 1594년 2월 이후 일본군의 정세에 대해 보고했다. 뒤이어 일본군이 진주성 공격 이후 명의 봉공 허락을 기다린다며 반년 넘게 움직이지 않고 있지만 속임수가 아닐지 두렵다고 했다. 나아가 징계인가 봉공 허락인가의 결정은 오직 황제가 판단할 것이지 신臣(=선조)이 미칠 바가 아니라고 진술했다.[176] 9월 12일 성유聖諭가 내려졌고 신종은 이를 "조선 국왕이 왜이를 위해 책봉을 청하여 사직을 보존하려 했다[上以朝鮮國王爲倭夷請封以保社稷]"[177]는 것으로 판단했다. 명 조정에서 봉공 파기를 결정한 이후 이러한 주문이 올라왔으나, 신종은 재논의 및 조사를 명했다.[178]

《선조실록》에는 조선의 주문이 명 조정에 올라간 후 성유가 내려졌다는 사실을 포함한 요동도지휘사사의 자문이 10월 10일 기사에 실려 있다. 자문은 조선으로 하여금 일본군의 정세를 정탐하여 "현재 어디에 주둔하고 있으며 무슨 이유로 저희 소굴로 돌아가지 않는지, 병력이 대략 얼마나 되는지, 다시 침범할 정세는 없는지"를 조사하여 보고하게 했다. 선조는 조선의 주문이 호택의 협박으로 보낸 것임을 황제가 알지 못했고 조선을 깊이 믿어 왔기에 이런 성지를 내렸다며 한탄했다.[179)]

한편 10월 10일 기사에는 조선 조정의 논의 내용이 보이지 않는다. 관련 논의로 추정되는 기사는 10월 24일 이후에 나타난다. 허욱의 장계는 10월 25일 자 기사에서 언급된다. 이에 대해서는 두 가지를 추정할 수 있다. 첫 번째, 10월 10일에 자문이 전해졌으나 관련 기사를 수록하지 않았을 가능성이고, 두 번째, 10월 24일에 허욱의 장계와 함께 전해졌고 11월 5일에 조정에 도착했을 가능성이다.[180)] 후자였을 가능성이 크다고 생각된다.[181)] 허욱이 주문을 올리고 신종의 성지가 내려진 시점과 비교하더라도 한 달 이상 차이가 나는 점은 의아하다. 아마도 명 조정에서의 논의가 급변하고 있었기에 허욱이 바로 장계를 올리지 못했고, 요동도지휘사사 역시 그러한 이유로 자문이 늦어졌을 가능성을 고려해 봐야 할 것이다.[182)]

허욱의 사행은 1594년 12월에 귀환했다. 조선의 주문이 북경에 전해진 이후 전개된 급박하고 복잡한 논쟁은 자문 등으로 전해졌으나, 조선은 자세한 상황을 파악하기 어려웠던 것으로 보인다.[183)]

사행에 실패한 고급사

이정형의 고급사는 1594년 초부터 준비되어 1월 29일 출발한 것으로 보인다.[184)] 그는 1593년 12월까지 경기감사로 일하다가 사절로 차출되었다. 하지만 이 사행은 요동까지 전진했다가 고양겸과 요동도사를 만나 일본군의 정세를 과장한다는 질책을 받고는[185)] 그대로 귀환하고 말았다 ([표 3]).

요동도사와 만난 자리에서 이정형은 불공대천의 원수인 왜적과의 사이에서 화和라는 한 글자는 입 밖에 낼 수 없을 뿐더러, 왜적이 강화하려는 것은 속임수라며 강경한 태도를 보였다. 이에 요동도사는 저들이 봉공을 애걸하니 성사되지 않을 리 없으며, 지금 강화를 하고 후일 복수를 도모할 수 있고 침략해 온다면 다시 도와줄 것이라면서 사절을 달랬다.[186] 요동에서 보낸 이 치계가 조선 조정에 도착한 것은 이정형이 압록강을 건너서 돌아온 4월 23일의 일이었다.[187] 이덕형은 사은사(김수의 사행)가 한참 시끄러울 때 파견되었기에 고양겸이 화를 낸 것으로 분석했다.

일본 책봉 결정 후의 사행

항표문의 진상을 알리려 했으나 실패한 사행

명 조정에서의 논의는 일본에 대한 책봉으로 귀결되었다. 명 조정은 책봉사 파견 전에 도요토미 히데요시의 항표문을 받기로 했다. 심유경이 이른바 도요토미 히데요시의 항표문을 들고 일본의 소서비小西飛, 즉 나이토 조안과 함께 명으로 향한다는 정보를 접한 조선은 진주사(주청사) 허성을 파견하여 도요토미 히데요시 항표문의 진상을 알리고자 했다. 그러나 이 사행은 시행되지 못했고, 허성은 임무가 바뀌어 고양겸의 접반부사가 되었다.

항표문은 명 조정 내에서 강화론이 우위를 차지하기 위해 필요한 도구였다. 송응창이 이를 위해 일본군 진영으로 담종인을 파견했으나 항표문을 얻어 내지 못했다. 1593년 윤11월 하순 심유경이 직접 고니시 유키나가와 만난 후, 이듬해 1월 하순에 항표문을 가지고 나왔다.[188] 이 항표문은 송응창에게 전달된 후 후임자 고양겸에게 전해졌다. 최종적으로는 나이토 조안이 명 조정에 바칠 계획이었다.[189]

병부상서 석성은 나이토 조안을 북경으로 불러들였고, 명 조정은 나이토 조안에게서 도요토미 히데요시의 항표문을 받았다.[190] 1594년 12월의 일이었다. 명 조정의 입장에서 보면 도요토미 히데요시의 항복 절차는 이를 통해 완료된 것이나 마찬가지였다. 신종 황제는 이듬해 1월 히데요시에게 내리는 칙유와 책봉문을 지참한 책봉사를 파견했다.[191]

이에 앞서, 항표문이 명으로 향한다는 소식을 들은 선조는 사신을 차출해서 심유경을 따라가라는 지시를 내렸다. 곧 항표문에 대비한 진주사가 준비되었고, 허성을 보내기로 했다.[192] 선조는 항표문이 거짓임을 강력히 호소하고 송응창을 비난하자는 입장이었으나, 승문원에서는 온건한 방안을 제안했다.[193] 또한 선조는 심유경이 항표문을 가지고 갈 것으로 예상하여 진주사를 그보다 빨리 보낼 방안을 모색했다. 심유경의 짐바리 운송을 거부하여 행로를 늦추는 방법까지 제안하기도 했다.[194]

다음으로 주문사가 들고 갈 주문의 내용에 대한 논의가 이루어졌다. 도요토미 히데요시가 제시한 강화조건은 명나라와 일본의 혼인, 조선 영토 할양 등이 포함되어 있었다. 이 조건은 명은 물론 조선에도 유출된 상태였다. 그러나 명군 지휘부를 통해 명 조정에 공식적으로 전달된 일본의 요청은 책봉이었다. 조선은 일본의 '실제 요구'를 명 조정에 전달하여 강화교섭의 '허위성'을 고발하려 했다.

주문의 초본은 이호민이 작성했는데, 승문원에서는 완곡한 어조로 수정할 것을 요구했다.[195] 2월 16일, 진주사 허성이 주문을 가지고 북경으로 출발했다. 주문에는 여러 정탐 상황을 근거로 일본의 강화 의사는 거짓이며, 항표문의 진실 여부도 부정적으로 보는 내용을 담았다.[196]

비록 주문에 일본의 '강화조건'에 대한 내용을 포함하지는 못했지만, 선조의 의지는 꺾이지 않은 듯하다. 선조는 고양겸 이하 장관들에게 보낼 자문에 혼인과 할지割地 등의 내용을 포함하라고 했다.[197] 그러나 명군 장수 문유聞愈 등이 자제를 권했다. 명 조정에서의 논쟁이 격화된 상태이므로 명군 지휘부와 다투어서는 안 된다는 의견이었다. 문유는 조선의 사행을 항표문보다 1개월쯤 늦추라는 제안을 했다.[198]

비변사에서도 선조에게 신중론을 건의했다. 명측에서 이미 일본군의 주둔 상황을 알고 있는 데다가, 명 조정에서 명군 지휘부를 둘러싼 논쟁이 격화되는 시점에 기름을 붓는 듯한 사신을 보내서는 안 된다는 것이었다. 비변사에서는 별도의 재신에게 군량과 명의 남병 요청 임무를 맡겨 차출하고, 허성은 진주사의 임무를 해제하고 고양겸에게 일본군 상황을 전하는 역할을 맡기자고 제안했다. 선조는 고집을 꺾고 따랐다.[199] 1594년 3월 허성은 평양에서 대기하다가 고양겸이 봉황성에 도착했다는 소식을 듣고 접반부사로 파견되었다([표 4]).[200]

만력 22년의 성절사

조명관계가 긴장상태에 있던 이 시기에도 정례 사절은 파견되었다. 성절사 황우한은 1594년 5월 1일 배표례를 한 후 출발하여 8월에 북경에 도착했고, 그해 12월 귀환했다([표 4]). 황우한은 제독주사와 문답할 때 심유경의 공을 칭찬하여 후일 조선 조정에서 문제가 되기도 했다. 이 사절은 정례 사절이므로 명군 지휘부 등의 노골적인 방해를 받지는 않을 것이고, 따라서 조선의 의도를 전하기 위해 활용했을 가능성을 예상할수 있다. 그러나 '별도 임무'에 대한 논의 내용은 보이지 않는다. 정례사절의 주문에는 원칙적으로 별도 내용을 넣지 않았던 것으로 보인다. 비변사를 비롯한 조선 내부에서 명군 지휘부에 대한 직접적인 고발을 자제하자는 여론이 강한 편이었다는 점도 염두에 두어야 한다. 준비를했으나 공개되지 않았을 가능성도 배제할 수 없다. 이어지는 동지사에서는 조선의 의도를 전하려는 노력이 보이기 때문이다. 1594년 5월 27일에 사퇴한 고양겸은 7월 6일에 요동으로 출발하여 광녕으로 떠났으며, 후임자 손광은 7월 10일 북경에서 출발했다.[201]

[표 4] 일본 책봉 결정 이후-1(1594)

연번	사절명	사행원	1594											
			1	2	3	4	5	6	7	8	9	10	11	12
1	진주사 (주청사)	허성		출발	평양 취소									
2	성절사	황우한 박순남 (서장관)				출발			북경					귀환
3	동지사	민여경								출발			북경	
4	고급사 주청사	윤근수 최립 신흠								출발			북경	

[표 5] 일본 책봉 결정 이후-2(1595)

연번	사절명	사행원	1595											
			1	2	3	4	5	6	7	8	9	10	11	12
1	동지사	민여경			귀환									
2	고급사 주청사	윤근수 최립 신흠			귀환									

*연번 1, 2의 1594의 사행일정은 [표 4]를 참고 바람.

만력 22년의 동지사

1594년 7월, 정례 사절인 동지사의 파견을 준비했다. 사신은 민여경閔汝慶이었다([표 4]). 사행은 8월 9일 배표례를 하고 출발한 후 11월에 북경에 도착했다.[202] 조정에서는 세자 책봉 요청을 동지사 편에 붙여 보내기로 했다.[203] 그런데 이때 황제가 봉공을 파기했다는 소식과 함께, 명군의 추가 파병을 결정했다면서 조선의 수비와 군량 대책을 묻는 요동도지휘사사의 자문이 전해졌다.[204] 유성룡은 선조와 만난 자리에서, 동지사 편에 적의 정세를 보고하고 군사와 군량을 요청하는 회자를 함께 보내자는 의견을 내놓았다. 동지사의 임무가 점점 늘어나고 있었다.[205]

회자는 최립과 이호민이 작성했고, 유성룡 등이 수정을 맡았다. 선조는 사대事大문서는 지나치게 어려운 말을 써서는 안 된다면서 고쳐야 한다면 빨리 고치라고 지시했다. 유성룡도 모든 문서는 황제의 열람을 거치므로 어렵게 지으면 안 된다는 의견을 제시했다.[206] 이 논의는 외교문서 작성은 전담하는 이가 있으나 여러 명이 함께 작성하기도 했다는 사실, 조선과 명나라 관서 간의 외교문서가 황제에게도 보고될 수 있었다는 사실을 알려 준다. 또한 선조는 동지사가 북경에 가서 예부와 병부에 위급한 상황을 하소연할 수 있도록 정문을 지어 주도록 했다. 승문원은 묻는 말에 대답해야 할 경우 미리 지은 정문으로 대응하기 어려울 것이니, 사신으로 하여금 임시로 짓게 하되 관련 정보 등을 베껴 보내서 참고하게 하자는 의견을 냈다.[207]

요동에서 온 자문 내용에 대해서는 회자뿐 아니라 주문도 짓고 있었다. 이 주문을 동지사로 하여금 들고 가게 할지 논의하다가 최종적으로는 따로 보내기로 했다. 선조는 동지사 편에 부친다면 황급해하는 뜻으로 보이지 않을 것이라 판단했다.[208] 이 임무는 윤근수의 주청사에 맡겨졌다.

군사 대책과 세자 책봉을 요청한 사행

1594년 8월, 조선은 앞선 동지사와 별도의 주청사를 준비했다. 정사는 윤근수, 부사는 최립, 서장관은 신흠으로 정해졌으며, 세자 책봉을 요청하는 임무도 겸하게 되었다([표 4]).[209] 당시 조선에서 귀국을 앞두고 있던 명군 지휘관 유정은, 사신을 보내 조선의 위급한 상황을 명 조정에 전하라고 조언하면서 윤근수를 직접 지목하기도 했다.[210]

주문은 요동도사의 자문을 비평하면서 조선의 의향을 전하는 내용이었다. 우선, 최선의 계책은 일본군을 모두 몰아내고 조선군과 명군 수천 명이 함께 육지와 바다에서 지키는 것이라고 전제했다. 뒤이어 당시 일본군의 주둔과 조선군의 방어 현황을 보고하면서, 조선의 미약한 군사력과 군량의 필요성을 호소했다. 한편 중국이 오랑캐를 막는 방책은 전투와 방어 두 가지이나 둘 다 불편할 때에는 '기미'(=일본 책봉)도 가능하다면서도, 조선이 영구히 안정되기 위해서는 군사의 위력으로 몰아낼 필요가 있음을 강조했다.[211] 명 조정의 의향이 기미로 돌아서고 있음을 인정하면서도, 현지에서 조선의 주장을 펼치기 위해 사전준비가 필요하다는 점을 공유하고 있었다.[212] 사신이 출발한 후에도 '예상 질문'에 대한 논의 사항들이 사행길의 사신에게 전달된 것으로 보인다.

그러나 명 조정에서는 일본 책봉을 결정했다. 1594년 10월 24일 허욱이 보낸 장계에서 이 소식이 전해졌다. 12월 4일, 석성의 차관들이 책봉 허락을 내린 성지를 받들고 고니시 유키나가에게 가기 위해 한성에 도착하면서 이 사실은 확실해졌다. 12월 말, 비변사는 명 조정의 결정을 사실로 파악하고 책봉 사신을 맞이할 준비를 하기로 했다.

1595년 1월 4일 전해진 병부의 자문에는, 조선이 일본의 봉왕을 대신 청해 허락을 받은 것이라는 내용과 함께, 일본군의 철수를 확인한 후 조선 국왕이 사신을 보내 그 사실을 알리라는 황제의 지시가 있었다. 이 지시와 함께 책봉사가 북경을 출발했다. 조선은 조선의 주문이 일본 책봉의 결정적 명분이 되었음을 확인했다.

윤근수는 맡은 임무를 완수하지 못했다. 세자 책봉 요청은 예부에서 반대 의견을 내서 인가받지 못했다.[213] 조선은 명에서 한 번 거절했으므로 장자 원칙을 내세운 뒤 다시 요청하면 받아 줄 것이라 기대했지만,[214] 결과적으로 안이한 생각이었다.[215] 한편 도요토미 히데요시에 대한 일본 국왕 책봉이 결정된 이상, 군사 증원이나 군량 지원은 당연히 기대하기 어려워졌다.

광해군의 세자 책봉을 허가하지는 않았으나, 그에게 내리는 칙유는 있었다. 윤근수가 가지고 온 이 칙유는 원칙적으로 국왕인 선조가 받아야 했다. 선조는 반대했으나 결국은 직접 받들게 되었다. 내용은 광해군으로 하여금 신하를 대동하여 전라도와 경상도 지역에 머물며 군무를 총괄하도록 하라는 것이었다. 내용도 내용이었지만 "부왕의 실패를 만회하여 보존하도록 도모하고[幹蠱圖存]"라는 문구는 선조를 뼈아프게 했을 것이다.[216] 선조는 물론 조선 정부로서도 이 사행을 통해 원하는 것을 얻지 못했다. 조선은 사행 외교를 통해 입장을 전하고 원하는 바를 얻어 내려 했으나, 명측의 반격에 다시 벽에 부딪히고 말았다.

며칠 후 사헌부는 윤근수 등 사신들이 자신들의 임무를 완수하지 못했을 뿐더러 시일을 지체했다는 이유를 들어 파직을 요청했다.[217] 사행에 나섰던 사절이 이처럼 많은 비난을 받은 것도 이 시기의 특징이라고 할 수 있다. 이후 조선의 왜적 철수 주문을 요구하는 명, 일본군의 주둔 현황을 낱낱이 보고하려는 선조, 이를 조율하려는 비변사 사이의 논쟁은 계속되었다. 그리고 사행을 통한 외교도 이어졌다.

전쟁과 사행의 변화

임진왜란은 조선과 명, 두 나라가 이전에 겪어 보지 못한 사태였다. 200년간 축적된 양국의 외교 관례는 일본의 침공이라는 거대한 충격 앞에서 근본적인 변화를 맞을 수밖에 없었다. 전쟁의 발발과 그에 따른 군사적·외교적 요구는 기존의 정례적이고 의례적인 사행의 성격을, 현실적인 이해관계가 첨예하게 대립하는 갈등과 협상의 장으로 바꾸어 놓았다.

전쟁 시기 조선의 대명 사행은 단순한 외교 행위를 넘어 국가의 운명을 건 처절한 투쟁의 과정이었다. 조선은 명군 지휘부의 정보 통제와 간섭에 맞서 전쟁의 실상을 알리고자 했으며, 이 과정에서 사행 자체가 저지되거나 사절의 임무가 변경되는 등 수많은 실패와 좌절을 겪었다. 역설적이게도, 조선의 이러한 외교적 노력이 명 조정의 강화 및 책봉 논의에 결정적인 명분을 제공하는 결과로 이어지기도 했다. 전쟁이라는 비상 상황은 사행에 담긴 의례적 요소보다 현실 외교의 비중을 극적으로 높였고, 외교문서의 문구 하나하나가 양국 관계에 즉각적인 파급력을 미치는 중요한 변수가 되었다.

전시 외교의 이러한 특징은 향후 연구를 위한 새로운 무대를 열어 준다. 앞으로의 연구는 다음과 같은 방향으로 진전될 필요가 있다. 먼저, 전쟁이라는 특수 상황이 외교 관례의 '변용'과 '재구성'에 미친 영향을 심층적으로 추적하는 작업이 요구된다. 전시 상황에서 기존의 외교 문서 형식과 절차가 어떻게 변화했는지, 특히 현장에서의 필요에 따라 정문이나 게첩과 같은 비공식적 소통 방식이 공식화되는 과정은 주목할 만한 연구 주제이다.[218] 이는 평시와 전시의 외교 시스템이 어떻게 다르게 작동했는지를 비교 분석하는 과정을 통해, 조선 시대 외교의 유연성과 한계를 동시에 규명할 수 있는 계기가 될 것이다.

다음으로, 외교 주체에 대한 다층적이고 구체적인 접근이 필요하다. 정사나 부사와 같은 고위관원뿐 아니라, 외교문서 작성에 관여한 승문원 관료, 현장에서 긴박한 소통을 담당했던 역관 등 다양한 인물들의 역할에 주목해야 한다. 특히 최근 번역·출간되고 있는《사대문궤事大文軌》,《이문등록吏文謄錄》,《괴원등록槐院謄錄》을 비롯한 외교문서 자료와 사행에 참여했던 인물들의 문집을 교차 분석한다면, 공식 기록 뒤에 가려진 개개인의 고뇌와 전략, 그리고 이들의 활동이 외교 현장에서 어떤 결과를 낳았는지 생생하게 복원할 수 있을 것이다.

마지막으로, 조명관계라는 틀을 넘어 동아시아 국제관계라는 거시적 시각에서 당시의 외교전을 조망할 필요가 있다. 조선 사행을 둘러싼 명군 지휘부와의 갈등은, 명 조정 내부의 복잡한 정치 역학과 무관하지 않았다. 특히 조선의 사행과 외교문서는 명 중앙 정계의 정쟁에 영향을 미치는 중요한 변수였으며, 반대로 명의 내부 사정은 조선의 외교 전략에 직접적인 영향을 주었다. 이처럼 조선의 대명 외교를 조명관계에 국한하지 않고, 당시 동아시아 전체의 역학 구도 속에서 입체적으로 바라보는 연구가 이루어져야 한다.

요컨대 임진왜란 시기 대명 사행에 대한 연구는 전쟁사 연구의 범위를 확장하고, 조선 시대 외교사의 실상을 보다 깊이 있게 이해하는 중요한 열쇠이다. 외교문서에 담긴 치열한 논리와 분투를 재조명하는 작업을 통해, 우리는 절체절명의 위기 속에서 나라를 보존하려 했던 외교관들의 노력을 복원하고, 나아가 전근대 동아시아 국제질서의 작동 원리를 더욱 충실히 이해하게 될 것이다.

장정수

조명 사행에서 조청 사행으로
: 조선과 후금의 사신 파견과 접대

- 잊혀진 조금관계 환기하기
- 선조·광해군 대 차관 파견과 호차 접대
- 정묘호란 이후 사신의 파견 양상
- 접대소를 통한 금차 접대의 정례화
- 과도기가 아닌 공식적 국교로 존재한 조금관계

[•]잊혀진 조금관계 환기하기

병자호란 이후 청은 외교문서의 서식, 사신의 접대·파견 등 외교 관련 사안에서 '명조구례明朝舊例'를 따르라고 조선에 요구했다.[1] 명을 상국 上國으로 대하던 방식을 원용해 달라는 의미였다. 자신들을 '이적夷狄'으로 여기던 조선의 태도를 더 이상 용납하지 않겠다는 의지의 표명이기도 했다. 조선이 이를 수용함으로써 조청관계는 외형상 조명관계와 유사한 형태로 자리 잡게 되었다.

조선이 청을 명과 동일시한 것은 아니다. 19세기 초까지도 조선은 청나라의 만주족을 '여진女眞'의 후예로 여겼다.[2] 조선인들은 후금과의 국교를 조청관계의 전신으로, 만주족은 여진족의 확대 버전으로 인식했다.[3] 의례상 '사대'하면서도 실제로는 청나라를 '오랑캐의 나라'로 치부한 셈이다.[4] 조선은 청과의 관계를 조명관계의 연장이 아닌 여진→후금과의 관계에서 이어지는 구도로 이해했고, 그 안에서 스스로 중화의 적법한 계승자라는 논리를 만들어 갔다.[5] '한중관계'의 틀로 보면, 조금관계는 조명관계에서 조청관계로 전환되는 과정의 연결고리로 이해할 수 있다.

조명관계에서 조청관계로의 변화에서 단연 두드러진 부분은 정묘년 이후 조선과 후금의 공식적인 국교 수립이다.[6] 이전까지 조선은 주로 변신邊臣의 명의로 건주여진建州女眞·후금과 제한적으로 교섭했고, 정묘호란 이후에야 후금과 공식적인 외교관계를 수립했다. 당시에는 이웃 나라[隣國]와의 국교 행위를 통신通信이라고 했다. 통신은 이웃 나라와의 교제가 신의에 기초한다는 '교린이신交隣以信'에서 비롯된 용어로서, 명에 대한 '사대이성事大以誠'과 대비된다.[7] 이전까지 일본과의 국교에 사용되던 '인국' 개념을 정묘호란 이후 후금에도 적용하였고, 이를 통해 공식적인 국교임을 표방하되 명과는 다른 차원에서 전개된 외교 관계임을 분명히 한 것이다.

한편, 신사信使는 이웃 나라에 파견하는 사신으로서 신의에 기반한 통교通交를 상징하는 존재였다.[8] 대표적으로 일본에 파견한 통신사通信使를 들 수 있는데 이 역시 신사의 한 갈래였다.[9] 후금에 파견된 조선 사신 역시 신사라고 했으나, 통신사와 달리 봄과 가을에 연 2회 정기적으로 파견했기에, 각각 춘신사春信使·추신사秋信使라고 했다. 그 밖에 별사別使의 성격을 가진 회답사回答使도 빈번히 파견되었는데, 이들은 신사의 왕래를 통해 미처 매듭짓지 못한 현안들을 해결하기 위해 파견되었다. 후금 역시 조선에 파견한 사신을 신사라고 하였는데[10] 자국의 국서를 전하고 회답을 받아오는 것이 이들의 주요 역할이었다.

신사의 접대 역시 중요한 문제다. 사신 접대는 그 자체로 상대국의 호의를 확인하는 지표로 간주되었다. 그런데 조선의 후금 사신 접대는 종래 여진인의 상경上京, 내조來朝와는 차원이 다른 문제였고 정해진 방식이 있지도 않았다.[11] 일본과의 관계에서도 통신사의 파견에 상응한 일본의 '국왕사國王使' 접대는 아주 드물었고, 이른바 왜차倭差는 중앙 정부 차원에서 접대하지 않았다. 결국 조선은 당차唐差의 예[12]에 준하여 접대소에 별도의 구관소句管所를 두어 '금차金差'를 접대하게 된다. 조선은 통신사를 원용하여 신사 파견의 정식을, 당차의 예를 따라 후금 신사 접대 방식을 마련한 것이다. 금나라와의 관계를 명나라와의 관계와 동등한 선에 두지 않으려는 고심의 결과였다고 할 수 있다.[13]

이처럼 정묘호란 이후 조선과 후금의 관계를 이해하기 위해서는 사신의 파견 및 접대에 주목해야 한다. 10여 년간 지속된 양국 관계는 병자호란 시 청나라의 '명조구례' 요구로 인해 조청관계로 탈바꿈하게 된다. 하지만 조청관계의 전신은 조금관계였고, 전후는 연속적인 구도 안에 있었다. 따라서 병자호란은 명에서 청으로 사대의 대상을 변경한 것이라기보다는 후금과의 국교를 청에 대한 사대로 개편하면서 조명관계를 원용한 것이 된다. 이러한 차이는 조선 후기 대청 사대와 존주대의의 미묘한 공존을 가능하게 했다.

그동안 조선과 후금의 관계에 대한 연구는 꽤 있었지만, 신사의 파견과 접대를 다룬 경우는 드물다.[14] 정묘호란 이후의 10년 국교를 조명관계에서 조청관계로 전환되는 과도기로 치부한 결과이다.[15] 아울러 양국의 불안정한 관계가 병자호란을 유발시켰다는 결과론적 해석은 조금관계의 전개 방식에 대한 심층적 분석의 필요성을 희석시켰다.[16] 조선이 명·청에 시행한 사대의 의례적 유사성에 주목해 온 것도 전후 시기의 연결고리인 조선과 후금의 국교를 제대로 파악하기 어려운 이유였다.

명청 교체를 중심으로, 조선과의 관계는 부수적으로 다루는 연구사적 경향도 지적할 수 있다. 최근까지도 이 분야의 연구는 후금의 건국이나 사르후 전투의 직접적인 계기가 된 무순의 함락부터 분석하는 경우가 대부분이다.[17] 이는 청과 조선의 사신 왕래를 다룬 연구도 마찬가지인데, 조선이 파견한 최초의 사절이 심하 전역深河戰役 이후 평안도관찰사 명의로 파견된 양간梁諫으로 서술되어 있다.[18]

그러나 이 시기 명·청과의 교섭을 정리한 《존주휘편尊周彙編》에서는 최초의 사절을 차관 신충일申忠一로 기록하고 있으며, 신충일은 《존주휘편》 전체에서 가장 먼저 등장하는 인명이기도 하다. 비슷한 시기에 1595·1619·1627·1637년의 4시기로 조청관계의 수립 과정을 정리한 성해응成海應도 신충일의 파견을 중요한 사건으로 기록했다.[19] 요컨대, 후금·청의 전신을 건주여진으로 보는 조선의 관점에서는 교섭의 시작점이 후금의 건국 이전에 있었다. 조선의 관점을 정확히 이해하려면 조선과 건주여진의 관계부터 시작해야 한다는 의미가 된다.

이 글은 신사의 파견·접대 문제를 중심으로 조선과 후금의 관계를 조망한 것이다. 2장에서는 선조와 광해군 대에 건주여진·후금에 파견된 차관들을 살핀다. 이때까지만 해도 건주여진이나 후금 사신들은 만포나 회령에 머물렀으므로 분석 대상에 포함하지 않았다. 3장에서는 정묘호란 이후 조선의 사신 파견 양상을 살펴보았다. 4장에서는 접대소를 통한 조선의 후금 사신 접대가 정례화되는 모습을 정리했다. 이를 통해서 병자호란 발발 이전 조선과 후금의 국교가 단순히 과도기적인 형태가 아니라, 점차 체계화·정례화되던 공식적인 외교관계였음을 확인할 수 있을 것이다.

선조·광해군 대 차관 파견과 호차 접대

16세기 말, 조선의 대여진 정책에는 큰 변화가 있었다. 이때까지 조선이 주로 접한 여진 세력은 육진六鎭의 번호藩胡들이었다. 여진인들의 내조는 점차 감소하는 추세였지만, 번호들은 우호적인 세력으로 남았다.

이들은 일종의 울타리[藩籬]로서 심처호深處胡를 막아 내는 일차적 방어선으로도 간주되었다. 그렇다고 해서 번호들이 늘 우호적인 것은 아니었다. 이들도 자신의 이익을 위해서 종종 불온한 태도로 변경을 위협했고, '니탕개의 난'으로 일컬어진 1583년의 대규모 소요사태 이후에는 꽤 빈번하게 침입했다.[20]

평안도의 강변 일대도 예외는 아니었다. 압록강은 창성昌城을 기준으로 수하水下·수상水上으로 나뉘는데, 강계江界에 이르는 수상은 건주여진과 마주한 지역이었다. 강계부터 함경남도 갑산甲山에 이르는 연강 이북은 기주위歧州衛·온하위溫河衛의 영역이었는데, 1589년부터 누르하치Nurhaci(奴兒哈赤)가 이 지역을 장악해 가는 움직임이 조선에도 포착되었다.[21] 건주여진과의 접경 지역 확대는 조선에 위협적인 현상이었다.

이 무렵 누르하치는 여진의 대표자로서 조선과의 공식적인 접촉을 시도했다. 1595년 누르하치는 자신이 확보한 범월犯越 조선인들을 먼저 송환하는 우호적 태도를 취하는 동시에 서신을 갖추어 향후 범월의 처리를 위한 교섭을 요구했다. 조선은 명의 금법禁法을 이유로 거절하면서도 나름의 회답을 모색했고, 그러던 중 압록강 상류 지역에서 조선인들이 한 무리의 여진인들과 조우하여 다수 살상하는 사건이 벌어졌다. 누르하치가 복수를 다짐한다는 첩보가 확인되자, 조선은 명의 요동아문에 이를 보고하는 한편 국내에 머물던 명군 장수 호대수胡大受에게 중재를 의뢰했다. 이러한 조치들과는 별개로 조선은 범월 문제에 대한 교섭 요구에 일부 호응하고자 무관 신충일을 차관으로 파견하게 된다.[22]

1595년 12월 22일 만포첨사滿浦僉使의 군관으로서 파견된 신충일은 이듬해 1월 5일까지 건주여진에 체류하며 교섭과 정탐의 두 가지 임무를 충실히 수행했다. 그는 만포첨사 명의로 작성된 서신을 전달했고, 다시 건주좌위建州左衛의 인신印信이 날인된 누르하치의 답서를 가지고 귀국했다. 아울러 신충일은 그가 파악한 현지 정보를 글과 그림으로 정리하여 보고서를 올렸는데, 그것이 바로 《건주기정도기建州紀程圖記》이다.[23]

신충일의 파견은 조선과 건주여진·후금·청의 관계에서 시발점이 되는 사건이었다. 조선이 여진에 파견한 최초의 차관이었지만[24] 만포첨사 차원의 교섭으로 연출한 대목에 주목해야 한다. 신충일은 만포첨사 명의의 서신을 지참했고, 또 누르하치의 회답을 가져왔다. 하지만 서신의 수발에 관한 제반 사안들은 모두 비변사에서 논의하여 결정되었다. 《존주휘편》에서 이 사건을 만포첨사의 '통첩通帖'이라고 기술한 것도 이 때문이었다.[25]

외교문서의 성격을 가진 변장邊將의 서신을 지참한 차관 파견은 조선의 대여진 관계에서 처음 벌어진 일이었다. 그로부터 25년이 지난 뒤에야 차관 양간이 평안도관찰사 군관이라는 명목으로 파견되었음을 감안하면 특수한 사례가 아닐 수 없었다.[26] 조선이 당시 건주여진의 세력 확장을 얼마나 의식했는지 보여 준다. 만포첨사·평안도관찰사 명의의 서신을 지참한 차관 파견을 신사 파견의 전 단계로 보아야 하는 이유이기도 하다.

1606년 훌룬Hūlun(忽剌溫)에 파견된 정충신鄭忠信도 빼놓을 수 없다. 1605년 발발한 건퇴 전투 이후 조선은 번호의 예를 차용하여 훌룬에 직첩과 녹봉을 지급하여 화친하기로 했다. 이때 교섭을 담당했던 인물이 정충신이었다.[27] 이보다 한참 뒤인 1621년 정충신은 후금에도 파견되는데, 이때 누르하치가 그의 지위 고하를 묻자 조선 통사는 "이 사람은 일찍이 중국中國(명)에도 다녀왔고 일본과 훌룬에도 다녀와 극히 식견이 높은 자이다"라고 답하였다.[28] 선조 대에는 신충일과 정충신이 각각 건주여진과 훌룬에 차관으로 파견되었고, 정충신은 훗날 차관의 명목으로 후금을 방문한다.

건주여진·훌룬도 조선에 차관을 파견했다. 이들에 대한 호칭은 정해져 있지 않았다.[29] 조선이 이들을 기미羈縻의 연장선에서 번호의 예로 접대했기 때문이다. 이들은 조선 전기의 수직야인受職野人처럼 상경하여 북평관北平館에 머물지는 못했지만, 변진邊鎭에서 일정한 접대를 받았을 것으로 추정된다. 건주여진의 차관은 만포, 훌룬의 차관은 종성鍾城에 꽤 장기간 체류했음이 확인되기도 한다. 이 무렵 번호에 대한 연향 등의 접대는 회령과 함흥에서 이루어졌는데, 함흥에서의 접대가 상경에 대신한 성격을 가졌던 점을 고려하면[30] 건주여진·훌룬의 차관을 국경 안으로 들이지 않았음을 알 수 있다. 건주여진과 훌룬을 번호규례藩胡規例에 입각하여 대했기 때문이다.[31]

광해군 시기에는 건주여진·후금과의 관계가 좀 더 진전되었다. 1613년 건주여진이 훌룬을 병합한 뒤에도 번호규례는 한동안 지속되었다. 하지만 이때 조선이 마주한 '여진'은 누르하치의 구심력 아래 일원화된 상태였으므로 사실상 외교관계나 다름없었다. 조선이 건주여진에 지급하던 녹봉 역시 심하 전역(1619) 당시는 물론 1620년에도 지급된 사실이 확인된다.

조선은 번호규례의 외피로 건주여진·후금과의 관계를 기미책의 일환으로 포장했지만, 사실상 외교관계였다. 만포첨사 명의로 이루어졌다고 하지만 누르하치와의 서신 왕래가 지속되었고 교섭 내용 자체를 비변사에서 논의하여 결정했기 때문이다. 후금 건국 이후, 명과의 전쟁을 본격적으로 시작하기 전에 누르하치가 자신을 한汗으로 기재한 서신을 보낸 점도 참고할 만하다. 조선 조정 내부에서 신충일의 전례를 들어 후금에 차관 파견을 고려한 것은 바로 이때였다.[32) 조선은 차관을 통한 후금의 동정 파악 및 현안 교섭이 불가피하다고 여겼다.

심하 전역 이후 조선은 후금에 적지 않은 차관을 파견했다. 1619년 양간, 1621년 정충신, 1622년 박규영·문희현 등이 후금을 방문하였다. 양간은 평안도관찰사의 군관, 정충신은 만포첨사 자격으로 후금을 방문했지만 박규영과 문희현은 사실상 국왕사였다. 국서와 차관이 누르하치의 요구였다는 점과 이들의 파견 배경 및 임무를 살펴보면 조선과 후금의 관계가 단계별로 진전되고 있었음이 감지된다.

양간의 파견은 심하 전역 이후, 누르하치가 조선 포로 정응정鄭應井을 돌려보내면서 서신을 전한 것에 대한 대응이었다. 누르하치는 이 서신에서 명과의 단절, 양국의 화친 등을 요구했다.[33) 조선에서는 이를 두고 격론이 벌어졌다. 논란 끝에 광해군은 만포첨사나 회령부사보다 한 단계 높은, 평안도관찰사의 명의로 서신을 발송하되 차관 대신 통사를 파견하라고 지시했다.[34) 그러나 후금과의 교섭이 불가피하다고 인지한 광해군은 다시 당하堂下의 무관을 박엽의 군관으로 가칭, 차관으로서 평안도관찰사 명의의 답서를 가져가도록 했다.[35)

이 사건은 꽤 중요한 의미를 가진다. 대제학 이이첨李爾瞻은 설령 답서를 보내더라도 차관의 파견은 불가하다고 주장했다.[36) 통사가 아닌 차관의 파견은 통교를 의미하는 것으로 오해받을 수 있었기 때문이다. 갑론을박이 펼쳐졌지만 광해군과 비변사는 이미 차관 파견을 결정한 상태였다. 차관으로는 경험 많은 정충신이 물망에 올랐으나 병으로 몸 겨눕자 양간으로 교체되었다.[37) 신충일의 사례와 마찬가지로 교섭 내용은 조정에서 지휘했다.

조선의 차관 파견은 파격적인 결정이었다. 누르하치가 이미 명과 전쟁 중이었다는 점에서 신충일의 파견보다 한층 더 중대한 사안이었다. 누르하치가 조선 국왕을 수신자로 설정한 서신을 보냈으므로 양간의 파견이 곧 통교의 수락을 뜻하지는 않는다.[38] 그럼에도 조선으로서는 교섭의 주체를 만포첨사에서 평안도관찰사로 격상한 것 자체가 나름의 양보였다.

누르하치 역시 이 사실을 알았지만 조선의 화친 의사를 확인했다면서 맹약을 요구했다. 또 다르한 히야는 누르하치의 답서를 가지고 귀국하려는 양간에게 "회답서에 국왕의 인장[御印]이 찍혀 있지 않거든 다시 올 필요 없다"라고 말했다. 이 무렵 체찰부사 장만張晚이 올린 장계에 의하면, 누르하치는 양간에게 고위관원[大官]을 사신으로 보내어 회답할 것을 요구했다.[39] 국서, 높은 지위의 사신, 맹약 등 세 가지를 요구한 것이다.[40]

얼핏 보면 강한 압박으로 느껴지지만, 이는 화친을 서둘러 일단락하려는 의도로 해석해야 한다. 명의 역공을 대비해야 했던 그로서는 조선이 배후에서라도 교섭할 의사를 밝힌 것 자체가 전략적 이점을 제공받은 것이었다. 누르하치라고 해서 조선이 즉시 명과의 관계를 단절하리라고 생각하지 않았을 것이며, 따라서 화친 자체보다는 적대적 관계의 해소 및 이를 통한 배후 위협의 감소가 주요 목적이었다고 보는 편이 자연스럽다.

조선의 대응은 어땠을까. 결론부터 말하자면 국서·맹약·사신 요구를 모두 들어주지 않았다. 양간의 파견이 명 요동아문의 첩보망에 감지되어 당장 이를 변무해야 할 처지에 놓였기 때문이다.[41] 조선은 평안도관찰사 명의로 회답했을 뿐이고, 차관이 아닌 역관을 통해 전달했다고 주장했다.[42] 비변사에서는 차관 파견을 중단해야 한다고 했지만, 광해군은 국서는 아니라도 서신 왕래를 지속해야 한다고 고집했다.[43] 신하들은 모두 회답의 중단을 주장했고, 한동안 침묵하던 영의정 박승종이 상소를 올려 "호서胡書는 대의大義를 거슬렀기 때문에 답서를 보낼 수 없습니다. 이해利害를 따져 보아도 병화를 늦춘다는 보장이 없고 오히려 사단만 일으킬 것입니다"라고 거부 의사를 밝혔다.[44] 급기야 명 조정에서 서광계徐光啟 등 일부 인사가 조선을 의심하여 감호론監護論을 제기했다는 소식이 전해지자, 이정귀를 진주사로 파견하여 해명하게 된다. 동시에 후금과의 차관·서신 왕래는 중단하고 통사를 활용한 제한적 교섭으로 대신했다.[45]

1621년 정충신의 파견은 예상치 못한 시점에 이루어졌다. 그해 3월 후금이 심양·요양을 함락하자, 요동 지역의 한인들이 대거 조선의 경내로 진입했다. 같은 해 5월에는 이영방李永芳과 우르구다이Urgūdai(武爾古岱)가 군사를 거느리고 압록강을 건너 의주의 옥강보玉江堡와 수구보水口堡 인근에서 수백 명의 한인을 살육했다. 이른바 '옥강의 변'이다.[46] 후금의 요동 점령과 옥강의 변 이후, 조선과 후금 간에도 전운이 감돌았다.

이때쯤 후금은 만포가 아닌 의주를 통해서 조선과 교섭하겠다는 의사를 밝혔다. 후금이 요동을 장악한 이상 굳이 멀리 만포로 갈 이유가 없다는 의미였다. 조선은 옥강의 변을 힐난하는 한편, 의주가 '천조국문天朝國門'이라는 이유로 거절했다. 의주와 만포를 사이에 두고 양국의 입장이 첨예한 갈등을 빚게 되자, 조선에서는 만포첨사 정충신을 파견하여 후금의 동정을 살피자는 방안이 제기되었다. 후금의 차관 요구를 수용하는 대신 의주의 길을 열어 달라는 새로운 요구는 거절할 요량이었다.[47]

정충신은 7월에 출발할 예정이었다. 그런데 마침 요동순무 왕화정王化貞이 파견한 모문룡毛文龍이 후금의 점령하에 있던 의주 대안의 진강성鎭江城을 습격하는 사태가 벌어졌다.[48] 오래지 않아 후금군의 역습을 받고 조선에 들어온 모문룡은 노골적으로 군사 협력을 요구했다. 이 같은 상황에서 조선이 후금에 차관을 파견한다면 모문룡의 의구심을 자아낼 것이 분명했다. 후금 문제를 총괄하던 찬획사贊畫使 이시발李時發은 장계를 올려 정충신 대신 통사를 만포로 들여보내야 한다고 주장했다.[49] 의주 대신 만포에서 차관이 아닌 통사를 들여보내야 한다는 의미였다.

이처럼 모문룡이 입국하면서 조선은 그간 진행하던 후금과의 교섭에도 차질을 빚었다. 이때 한준겸韓浚謙이 도원수로 임명된 것은[50] 모문룡의 존재가 후금과의 전면전을 가져올 중대 사안으로 인식되었음을 뜻한다. 이시발은 후금의 침입을 사전에 저지하기 위해 정충신의 파견이 불가피하다고 주장했다. '옥강의 변'을 따진다는 명분으로 모문룡의 입국 이후 누르하치의 태도 변화가 어떤지 살피고 '양국상호兩國相好', '각수봉강各守封疆'을 강조하여 후금의 군사 행동을 사전에 저지하려는 의도였다.

1621년 8월 28일, 정충신은 후금으로 출발했다.[51] 출발지는 조선과 명·후금의 긴장상태가 최고조에 달한 의주가 아닌 만포였다. 아이러니하게도 모문룡으로 인해 차관·국서·맹약 등 후금의 세 가지 요구 가운데 첫 번째를 수용하게 된 것이다. 《광해군일기》에서는 이 사건을 두고 "만포첨사 정충신을 보내어 오랑캐 진영[虜營]과 화친했다"라고 기록했다.[52] 이때 조선은 정탐 목적의 파견이라고 모문룡에게 양해를 구했다.

정충신은 후금에서 환대를 받았다. 물론 그는 "이제 와 차관을 보낸 이유가 무엇이고, 그 와중에 국서도 지참하지 않은 이유는 무엇이냐"

라는 힐문을 들어야 했다.[53] 하지만 명과의 본격적인 전쟁에 돌입한 후금으로서는 조선의 차관 파견이 싫을 리 없었다. 조선과의 교섭 자체가 배후의 위협을 경감시키는 효과가 있었기 때문이다.

정충신은 어르더니Erdeni(額爾德尼)·바두리Baduri(巴都禮)·우르구다이·동양성修養性·이영방 등과 회담을 벌였다. 어르더니는 맹약을 요구했으나, 정충신은 조정의 지침이 없다는 이유로 거부했다. 이어서 어르더니가 명[南朝]과의 관계를 단절할 것을 종용하자, 정충신은 "임금은 의리로 섬기는 것이고 이웃 나라는 신의로 통교하는 것인데 그 뜻은 같다"라고 답했다.[54] 정충신은 인국隣國의 도리로 통교하고 각자 봉강을 지키자는 의견을 전하였고, 맹약이나 명과의 단절 등 후금의 추가적인 요구는 거절했다.

며칠 뒤, 정충신은 누르하치를 접견했다. 누르하치는 조선에서 차관과 예물을 보내 준 사실에 사례하고, 장차 자신도 사람을 보내어 상경시키겠다고 제안했다. 정충신은 일본과도 통교하지만 일본 사신이 국경 안에 들어오지는 않는다면서 사신 왕래의 규례는 자신이 정할 수 없다고 답했다. 다하이Dahai(達海)는 정충신을 따로 만나서 자신들의 차관을 거부하고 서신에도 회답하지 않은 이유를 물었다. 정충신은 이때도 자신이 거론할 수 없는 사안이라고 답했다. 그 뒤로 모문룡에 대한 원조 여부, 강홍립 등 조선 포로[55]의 속환가贖還價를 논하는 등 꽤 많은 사안을 논의했다. 누르하치와의 접견은 조선이 명과의 단절 요구 등을 따르지 않을 것임을 충분히 짐작하고 있고, 그 대신 조선과의 공식적인 외교관계의 수립을 희망하고 있음을 보여 준다. 물론 양국의 외교관계 수립 자체가 조선과 명의 공조체제를 위협하게 되리라고 계산했을 것이다. 하지만 정충신은 어떤 요구에도 확답을 주지 않았다.

정충신은 다시 누르하치와 접견하고 후금 관원들과의 회담을 거쳤으며 떠나기 전에는 재차 다하이와 회담을 가졌다. 정충신은 모문룡 문제와 관련하여 조선이 군사적으로 개입하지 않을 것임을 천명하고, 만포가 아닌 의주를 통해 귀국하라는 요구는 받아들였다. 마지막으로 어르더니와 다하이는 조선이 명에 보낸 자문에 후금을 비난한 내용이 포함된 점을 따진 뒤, 향후 우호적으로 차관의 왕래를 추진하자고 제안했다. 이 대화를 끝으로 정충신은 진강을 경유하여 의주로 돌아왔다. 명과의 단절 요구를 수용하지 못하더라도 모문룡의 후금 도발에 동조하지는 않겠다는 정충신의 발언은 누르하치의 실제 의도에 부합하는 답변이었을 것이다.

이상 정충신의 행적을 다소 길게 다룬 것은 그가 후금 측과 굵직한 사안들을 논의했음을 강조하기 위해서이다. 이 회담은 《청태조실록》에는 보이지 않고, 《만문노당》에도 큰 비중이 없는 기사지만 정충신을 '정 판서ting pan ši(鄭判書)'라고 기록한 점이 흥미롭다.[56] 정충신이 판서는 아니었지만, 후금 측에서는 조선이 꽤 높은 지위의 관원을 파견했다고 인식했던 것 같다. 파견 당시 정충신은 만포첨사였는데, 이 역시 중요한 의미를 가진다. 만포첨사 군관→평안도관찰사 군관→만포첨사 본인으로 점차 조선 차관의 격이 점차 높아졌기 때문이다.

정충신의 파견은 앞서 신충일이나 양간의 사례와 다소 결이 다르다. 국서·고위급 차관·맹약 등 후금의 요구를 일괄 거부하던 조선은 당상관인 만포첨사를 차관으로 파견했다. 자국 내의 한인과 모문룡 등을 내줄 수 없었던 조선은 이를 무마하기 위해 고위급 차관을 보내라는 조건 하나를 들어준 것이다. 누르하치는 정충신이 국서를 지참하지 않았다는 이유로 예물을 수령하지 않고 돌려보냈다. 그는 재차 국서를 요구하면서, 정충신을 통해 '후금국한치서조선국왕전하後金國汗致書朝鮮國王殿下'라고 쓰인 서신을 전했다.[57] 조선과의 화친 가능성을 낙관했던 것인지, 이례적으로 '전하'라는 문구를 삽입한 것이 특징이다.[58]

이상의 흐름을 감안할 때, 누르하치의 실제 목적이 조명관계의 단절은 아니었을 것으로 짐작할 수 있다. 선제적으로 수용 불가 수준의 초강수를 둔 뒤, 요구조건을 낮추는 형태로 조선과의 대등한 국교를 수립하려는 의도였음을 시사한다. 물론 이마저도 조선과 명의 상호 신뢰를 무너뜨리고 군사 공조를 와해하려는 '이간책'의 일환이었음은 분명하다. 명과 후금의 전쟁, 조선과 명의 군사 공조, 조선과 후금의 국교가 공존할 수는 없기 때문이다. 다시 말해, 조선과 후금의 공식적 외교관계 수립은 그 자체로 조선과 명의 관계에 치명타를 입히게 되고 후금에는 전략적 이점을 주게 되는 구도였다.

한편, 박규영과 문희현의 파견은 전쟁이 일촉즉발로 치달으면서 이루어졌다. 1621년 12월, 대大 버일러 아민Amin(阿敏)이 모문룡을 체포하기 위해 군사를 거느리고 압록강을 건너와서 한인 수백 명을 도륙한 '임반林畔의 변'이 일어났다. 감군 양지원梁之垣의 명나라 수군이 조선 인근 해상에 도착하면서 후금의 위기감이 높아진 탓이었다. 아민이 거느린 후금군은 모문룡 체포에 실패했지만, 청천강 이북을 횡행하면서 한인들을 색출하고 살육했다.[59]

임반의 변 이후 조선과 후금의 관계는 험악해졌다. 후금은 조선이 모문룡을 비호한다고 판단했다.[60] 조선은 모문룡에게 가도椵島에 들어가도록 종용하는 한편, 대비책 마련에 나섰다. 광해군은 늦게라도 후금에 회답할 것을 지시하기도 했다.[61] 결국 1622년 2월 통사 하세국河世國 등이 의주부윤의 명의로 작성된 답서를 가지고 파견되었다. 차관 대신 통사를 파견한 것은 모문룡의 이목을 피하기 위해서였다. 그러나 누르하치는 조선의 태도가 오락가락한다면서 분노를 표하고 하세국 일행 12명 가운데 10명을 살해하고, 나머지 2명은 눈·코·귀를 잘라 돌려보냈다.[62]

그 무렵 감군 양지원이 60여 척의 병선과 4,000여 명의 군사를 거느리고 조선에 도착했다. 후금도 진강 일대에 군사를 파견하여 대비하게 했다. 긴장상태가 한없이 고조되자, 조선은 차관 파견을 결정한다. 차관은 심하 전역 당시 도원수 강홍립의 별장別將으로 참전했다가 포로가 된 박난영朴蘭英의 형인 박규영朴葵英이었다. 박규영은 1622년 4월에 후금으로 파견되었으나 억류되었다. 이때 박규영은 만포첨사 정충신 명의의 서신을 가져갔던 것으로 보이는데, 어르더니는 이 답서를 받고 찢어 버렸다고 한다.[63] 이 같은 후금의 극단적인 행동은 모문룡·양지원 등으로 인해 조명 군사 공조의 재개가 가시화된 것에 대한 불만에 기인한다.

1622년 8월 후금에 억류된 박규영은 "국서를 보내어 화호和好할 뜻을 강한 어조로 말한다면 필시 급박한 화를 조금 그치게 할 수 있을 것입니다"라는 내용의 소지小紙를 보냈다.[64] 차관 외에도 국서라는 또 다른 조건을 듣지 않을 경우, 후금의 군사적 위협이 지속될 것이라는 의미였다. 이때까지만 해도 광해군은 국서를 보낼 의사가 없었다. 1622년 6월 평안감사 박엽과 예조참의 목장흠이 상소를 올려 답서에 자신의 명의를 사용하지 말라고 요청한 것으로 보아, 이전처럼 '평안도관찰사' 혹은 예조의 명의로 작성하려고 한 듯하다.[65] 답서를 가져갈 차관으로는 문희현文希賢이 내정되었다. 문희현은 1617년 누르하치의 서신을 수령했던 인물이거니와 심하 전역 당시 후금의 포로가 되었던 중영장 문희성文希聖의 친형이기도 했다. 때마침 양지원의 군대가 조선을 떠나 조금은 명의 이목에서 자유로워지자, 문희현에게 국서를 주어 파견하는 것으로 방침을 바꾸었다.

조선의 국서에는 '후금국가한後金國可汗'이 수신자로 기재되고 어보御寶를 날인하기로 결정되었다.[66] 후금을 명에 속한 건주위建州衛가 아닌, 독자적인 국가로 인정한 셈이다.[67] 하지만 《계록》에서 확인되는 실제 서식은 '조선 국왕이 후금국 운운云云에 치서한다[朝鮮國王 致書于云云後金國]'이었다. 여기서 '운운'이 어떤 글자를 생략한 것인지는 불분명하다. 다만, 본 서신이 광해군의 명의로 발송되었고, 수신자로는 후금국이라는 국호를 사용하되 '한' 혹은 '가한'은 표기하지 않았음을 알 수 있다. 국서에는 '치서'라는 표현을 써서 대등한 지위임을 표시했다. 말미에는 '이만 줄인다[不宣]'고 적은 뒤 일자는 명의 연호인 천계天啓로 기재했다.[68]

다만, 문희현이 들고 간 서신은 형식만 국서였지 실제로는 주로 하세국의 살해, 차관 박규영·통사 황연해의 억류 등을 따지는 내용이었다. 또 모문룡은 조선과 무관하므로 양국 간 흔단의 빌미로 삼아서는 안 된다고 주장했다. 우회적이지만 분명하게 '모문룡의 압송' 요구를 거부한 것이다. 그해 10월 귀국한 문희현은 공갈 협박에 가까운 누르하치의 답서를 들고 왔다.

문희현의 파견은 이전의 차관들과 다르다. 그는 국왕사 자격으로 국서를 지참하고 노정에 올랐다. 그의 파견은 국서·차관·맹약 요구 가운데 2개를 수락한 것이 된다. 물론 이 무렵 누르하치는 '모문룡 압송'이라는 새로운 조건을 추가했으므로 4개의 요구 조건 가운데 2개를 충족시켰다고 할 수 있다. 만포첨사 군관[신충일], 평안감사 차관[양간], 고위 관원 파견[정충신], 국서를 지참한 차관[문희현]으로 위기 때마다 한 가지씩 요구사항을 들어준 셈이다. 박규영은 눈앞의 전쟁을 미봉하기 위해 급파된 경우지만 정확한 정황은 확인되지 않는다. 이렇듯 선조~광해군 대 조선은 건주여진·후금에 여러 차례 차관을 파견했고, 자의 반 타의 반으로 양국 관계는 진전되었다. 광해군 대 말에는 국서 요구까지 수용함으로써 국교 수립 가능성마저 열렸다. 그러나 이듬해 발생한 인조반정으로 인해 양국 관계는 원점으로 돌아가게 된다.

˙정묘호란 이후 사신의 파견 양상

인조반정 이후, 조선은 '친명배금親明排金'을 표방했다. 인조 정권은 명 측에 반정이 의거義擧임을 피력하기 위해 다방면으로 노력했고, 그 안에는 모문룡의 적극적인 포섭도 있었다. 모문룡은 바닷길로 연결된 조선과 명의 연결고리였고, 따라서 상당한 영향력을 가지고 있었다. 인조 정권은 모문룡에게 정문呈文을 보내어 광해군의 실정을 일일이 열거했는데, 이 글에서 눈에 띄는 부분은 "신사信使가 끊이지 않았다"라는 대목이다.[69] 앞 장의 내용을 염두에 둔다면 이는 상당히 과장된 내용이다. 광해군이 보낸 여러 차관 중 신사로 볼만한 사례는 적극적으로 해석해도 문희현 정도였다. 어쨌든 조선이 후금과 접촉을 지속한 사실만으로도 명에 대한 배신으로 인식될 수 있었음은 알 수 있다.

   인조 정권이 표방한 친명배금은 반정 이후 능양군의 책봉을 이끌어내기 위한 정치적인 성격이 강했다. 하지만 1624년에 발발한 '이괄의 난' 이후에는 군사적 한계를 절감하고 또 인조의 책봉이 성사되면서 뚜렷하게 변했다. 기조에는 변함이 없었지만, 친명배금을 외교정책 차원에서 추진한 것은 아니었다. 1625년에는 모문룡과 첩보를 공유한다는 전제하에 강홍립과 박난영의 아들을 후금에 파견하려는 움직임도 있었다.[70] 실현되지는 않았지만, 후금과의 관계를 단절하고 모문룡과 함께 요동을 수복한다던 초기의 호언장담은 사라진 지 오래였다. 정묘호란 직후, 후금과의 화친이 급물살을 타게 된 것도 친명배금의 기조가 희석된 결과로 보아도 무방하다.

정묘호란 이후 조선과 후금은 신사를 주고받게 되지만, 사실 신사는 1621년 윤2월 만포첨사 정충신을 만난 후금 차관 숄롱고ŝolonggo(小屎兎)의 발언에서 이미 한 차례 등장한다. 이시발의 장계에 수록된 숄롱고의 발언은 다음과 같다.

> 제가 훌룬에 있을 때부터 후금으로 온 이후까지 조선에 드나든 것이 이제 16년입니다. 일찍이 한 마디라도 뒤집었다면 지금까지 조선에 용납될 수 있었겠습니까. 이제 70세가 넘은 나이로 오래지 않아 땅에 들어가 하늘의 해를 마주 볼 터인데, 어찌 감히 터럭만큼이라도 저버림이 있겠습니까. 저도 조선이 천조를 부모처럼 여긴다는 것을 알고 있습니다. (하지만) 만약 세 나라가 서로 화친하여 신사信使가 왕래하며 입공하고 무역하여 서로를 싫어하지 않게 된다면 어찌 좋은 일이 아니리오. 이는 모두 제 간절한 마음에서 나온 것이지, 결코 저의 추장이 억지로 시킨 것이 아닙니다.[71]

정충신과 숄롱고의 회담 이후, 한 달도 지나지 않아 누르하치가 심양을 함락했음을 감안하면 그 진의를 온전히 신뢰하기는 어렵다. 하지만 아직까지 신사로 여길 만한 사신이 왕래하지 않고 있다고 여긴 점, 신사 왕래가 양국 관계의 안정을 가져오게 될 것이라고 강조한 점은 주목할 만하다. 차관과는 결이 다른, 국교를 뜻하는 신사의 왕래야말로 적어도 당시까지 후금이 바라던 바였음을 알 수 있다.

신사는 대등한 국가의 군주들이 주고받는 사신이다. 정묘호란 이후 조선과 후금을 오간 사신들은 신사로 보아도 무방하다. 조선이 처음부터 후금에 파견한 사신을 신사라고 칭한 것은 아니며, 초기에는 차관·회답사回答使·회답관回答官이라는 명칭을 썼다. 이 세 명칭은 서로 격이 달랐다. 화친에 동의했지만, 신사라는 표현을 쓰기 싫었던 조선은 가급적 회답관이라는 명칭을 쓰려고 했다.[72] 정묘호란 이후에도 조선은 한동안 회답사라는 명칭을 고집했고, 1628년 12월 춘신사春信使로 파견된 오신남吳信男이 신사를 사용한 첫 번째 공식적 사례이다.

조선과 후금의 화친이 성사된 이후에도 국교의 얼개가 형성되기까지는 꽤 많은 시간이 소요되었다. 국교의 상징이라고 할 수 있는 국서의 경우, 연호 표기를 회피하기 위해 계첩식揭帖式을 사용했다가 1629년 9월 이후에야 '조선 국왕朝鮮國王'과 '금국한金國汗'을 발신 및 수신자로 표기하는 국서의 형식을 갖추었다.[73] 각하閣下나 전하殿下 등의 표현도 한두 차례 쓰였으나 이후 서식에서는 빠졌다.[74] 신사가 지참한 국서는 치서致書·봉서奉書, 회답사가 지참한 국서는 봉답奉答·회답回答 등으로 표기되었으며 이는 모두 양국 관계가 대등함을 뜻하는 서식이었다.

사신의 왕래는 다른 차원에서 논의 대상이 되었다. 파견 횟수의 다소는 조선이 화친에 얼마나 진정성을 가지고 있는가 그리고 명나라와의 관계를 얼마나 의식하고 있는가를 보여 주는 지표였기 때문이다. 조선은 연 1회를 정식으로 삼자고 했으나, 후금은 연 2회 이상을 요구했다.[75] 결국 후금의 요구대로 연 2회 신사를 보내는 것으로 결정되었으

나 실제로는 이보다 빈번하게 사신을 주고받았다.[76]

　정묘호란 이후 조선과 후금의 사신 왕래는 빈번했고, 빈도 면에서 보자면 조선 왕조 역사상 그 어느 대외관계보다 활발했다. 양국 사신은 의례보다는 주로 범월·교역·세폐·쇄환·명나라 등 정치적 현안을 조율하기 위해 파견되었다. 조선과 후금이 맹약 이후에도 의례문서보다 실무문서를 압도적으로 많이 주고받았던 것도 이 때문이었다.[77]

　화친 이후에도 양국 간에는 조율해야 할 사안들이 적지 않게 남아 있었다. 그중에서 국서 문제, 사신의 파견과 개시의 빈도 수를 정하는 문제가 핵심이었다. 이들은 범월의 처리, 세폐, 쇄환, 명을 둘러싼 문제 등과 비교할 때 상대적으로 협상이 용이한 사안이었다. 국서 문제가 양국 관계를 상징하는 의례 문제였다면, 사신과 교역은 좀 더 현실적인 문제였다. 특히 사신·차관 문제는 대화의 창구이자 의례의 핵심인 국서를 전달하는 수단이었다는 점에서 더욱 중요하다. 따라서 신사·회답사라는 명칭을 좀 더 면밀히 검토해 볼 필요가 있다.

　조선이 후금에 파견한 사신은 크게 절사節使에 해당하는 신사와 별사에 해당하는 회답사로 대별된다. 전자는 연 2회의 공식 사신인 춘신사·추신사였고, 후자는 회답사와 위문사慰問使 등이었다. 그런데 신사의 파견이 연 2회로 정해졌던 사실을 후금의 입장 관철로만 이해해서는 곤란하다.

　본래 조선이 명에 보내는 사신이나 훗날 청조에 파견하는 사신, 일본에 파견하는 통신사 등은 주로 의례적인 사안으로 파견되었다. 동지사冬至使·성절사聖節使·진하사陳賀使 혹은 진하사進賀使·진위사陳慰使·고부사告訃使 등 각종 사신의 명칭은 자신이 띠고 있던 임무, 즉 의례의 성격에 따라 결정되었다. 일본에 보내는 통신사도 알고 보면 쇼군의 승습을 축하하는 사절로 한정되었다.

그러나 조선이 후금에 파견한 춘신사·추신사·회답사는 전혀 성격이 달랐다. 먼저 이들은 의례보다는 현안의 교섭에 적극 활용되었다. 명칭과 관계없이 양측 모두 파견 목적이 동일했다. 후금과의 국교가 정례화되면서 회답사는 춘신사와 추신사가 미처 해결하지 못한 현재진행형의 사안들에 회답하기 위한 목적에서 연속적으로 파견되었다. 사신들은 개별 사안을 가지고 출발하지 않고, 이전 사신이 받아 온 회답에 재차 회답하는 형태로 꼬리에 꼬리를 물고 파견되었으며, 이는 신사와 회답사 모두에게 동일한 패턴으로 적용되었다.

춘신사와 추신사는 '연 2회'라는 형식을 준수하기 위해 설정된 명칭일 뿐이었다.[78] 국교를 정례화하는 과정에서 마련된 원칙에 불과했지, 절사와 별사가 뚜렷하게 구분되지는 않았다. 즉, 사신 파견이 실제로는 연 2회 이상이라도 형식적으로 양국 사이에 일정한 규례를 마련해 둔 것이었다. 신사를 '춘·하·추·동'으로 늘리지 않는 대신 절사에 해당하는 춘신사와 추신사가 미처 마무리하지 못한 문제는 별사인 회답사가 처리했다. 춘신사→회답사→추신사→회답사의 형태였고, 회답사는 신사 간의 연결고리였다. 이는 맹약 이후에도 불안정했던 양국 관계의 실상을 보여 주는 동시에, 그럼에도 국교로 일정한 틀을 구축하려는 조선의 노력 그리고 이 같은 흐름에 어느 정도 부응하려는 후금의 의도를 잘 보여 준다. 조선은 이러한 분위기를 활용하여 국교의 정례화를 모색하며, 무력의 우열이 분명한 가운데 후금의 정치적 압력과 요구를 예측 가능한 선으로 묶어 두고자 했다고 할 수 있다. 사신 파견의 정례화는 조선과 후금의 국교가 화친 단계에서 국교 수립 단계로 전환되는 중요한 계기였다.

한편, 회답사는 임진왜란 이후 조선이 일본에 파견한 '회답겸쇄환사回答兼刷還使'에서 차용한 명칭이다. 춘신사와 추신사의 명칭이 통신사에서 비롯된 것과 같은 맥락이다. 임진왜란 이후 1636년 통신사 파견을 재개할 때까지 조선은 1607·1617·1624년 등 3차례 회답겸쇄환사를 일본에 파견했다. 회답겸쇄환사는 임진왜란으로 국교가 끊어진 상태에서 보낸 사신이며, 1636년 통신사의 파견은 국교의 재개를 뜻한다.[79]

임진왜란 이후 조선이 일본에 통신사 대신 회답사를 보낸 데는 이유가 있었다. 조선은 형식이나 의례에서 무척 세심하게 접근했기 때문에, 회답사와 통신사는 비단 명칭의 차이만 있는 것이 아니었다.[80] 1624년 회답사로 일본에 파견된 정립鄭岦은 "왜노는 원수의 나라로서 사신을 보내 회답하는 것은 실로 부득이한 상황에서 나왔다"라고 말했다.[81] 이는 조선의 회답사 파견이 국교 재개와 무관했음을 의미한다. 임진왜란은 조선과 일본의 '화친'이라는 단계를 거치지 않고, 일본군의 일방적인 철수로 종결된 전쟁이었다.

조선에서 일본과의 국교 재개까지 고려하지 않았음에도 회답사를 누차 파견한 것은 일본의 요구를 따르는 형식을 취하면서, '일본의 동정倭情'을 탐지하려는 데 목적을 둔 것이다. 여기에 더하여 전쟁 때 발생한 조선 피로인의 쇄환도 중요한 현안이었다.[82] 그러나 이미 30여 년이 경과한 시점이었던 만큼, 피로인의 쇄환은 적국의 사신 파견 요구에 응하는 명분이었던 것으로 보아야 한다. 실제로 정립의 피로인 쇄환 성과는 미미했으며, 이미 일본에 정착한 피로인들 대부분이 귀국을 거부했다. 조선 회답사의 주목표는 왜정 탐지였고, 실제로 정립이 돌아온 뒤 인조는 일본의 분위기를 묻는 데 여념이 없었다.[83]

회답사와 신사는 명칭과 파견 목적에서 본질적으로 달랐다. 회답사는 상대의 요구에 회답하는 차원에서 파견된 사절이고, 화친이 성사되지 않은 적국에 대한 사절 파견은 '쇄환'이라는 명분을 통해 정당화되었다. 반면, 신사의 파견은 두 국가 간의 공식적인 통교체제, 즉 국교가 성립 내지 재개되었음을 의미한다. 상대국이 비록 요청하지 않아도 관례적으로 특정 사안이 발생하면 자발적으로 보내는 사신이 신사였다. 다시 말해, 회답사는 상대의 요구에 부응하는 일방향의 성격을 가지고 있었고, 통신사는 '양방향'의 통교가 전제된 사신이다.

조선의 대후금 사신 파견 역시 같은 맥락에서 분석이 가능하다. 조선은 애초부터 후금과의 국교를 대명관계가 아닌 대일관계를 염두에 두고 구축해 갔다. 명의 독점적인 지위를 인정해야만 후금과의 화친을 정당화할 수 있었기 때문이다. 조선에서 한동안 신사 대신 회답사를 고집한 이유도 분명했다. 맹약의 실행 이후에도 조선은 후금과 국교를 수립할 의사가 강하지 않았다. 조선의 회답사 파견은 자신들이 후금과 화친한 것이 본뜻과 다름을 피력하는 방법이었다. 그러나 대후금 사신 파견이 정례화되면서 춘신사·추신사라는 명칭이 나타나게 되고, 연 2회의 신사 파견만으로 충족될 수 없는 사안들을 해결하기 위한 별사를 회답사로 유지한 것이다.

이렇게 조선과 후금의 국교는 조선-일본의 국교에 비해 신속하게 체계화되었다고 볼 수 있다. 통신사에 대한 회답 사신을 일본 에도 막부에서 보낸 사례가 없음을 감안할 때, 조선과 후금의 국교는 명이나 청에 대한 사대 외교와 비교해도 더욱 빈번했다. 그 이유는 무엇일까.

임진왜란은 일본의 침입, 일본의 거부로 인한 강화의 결렬, 정유재침(1597)으로 이어지고 다시 도요토미 히데요시의 죽음으로 일본군이 철수하면서 종결된다. 반면, 정묘호란은 '맹약'이라는 형식의 화친 성사로 매듭지어졌다. 화친은 조선과 후금의 정기적 교섭 창구가 마련되는 계기였고, 사신이 지참하는 국서로 각자의 사정을 전달, 절충·조율할 수 있었기에, 신속하게 국교로 발전할 수 있었다.

조선과 일본의 국교가 회답겸쇄환사에서 통신사로의 명칭 변경과 연동된 것이라면 조선과 후금의 국교 역시 회답사가 신사로 전환되면서 정례화된 것이라 보아도 무방하다. 회답사에서 춘·추신사[절사]+회답사[별사]로의 전환은 조선이 후금과의 화친 이후부터 국교의 정례화에 이르기까지의 변화를 보여 주는 좋은 지표가 되는 셈이다. 실제로 [표 1]을 보면 이러한 현상이 뚜렷하게 나타난다.

[표 1]은 《인조실록》, 《승정원일기》(인조), 《청태종실록》, 《만문노당》(태종), 《조선국내서부》 등을 활용하여 정리한 조선의 사신들이다. 표에서 보듯 정묘호란 직후에는 주로 후금의 서신에 대한 회답이 주를 이룬다. 이는 초기의 불안정한 관계를 시사하는데 사실상 최초의 공식 사절이었던 진창군 강인의 경우, 처음에는 회답사로 임명되었다가 이후 회답관으로 명칭이 바뀌기도 했다.[84] 조선이 후금과의 화친 이후에도 한동안 회답사라는 호칭을 사용한 것은 아마도 후금의 요구에 대응하는 방식으로 전개된 기존의 관행에 익숙했고, 또한 화친의 성사 당시에는 국교 성립까지는 예상하지 못한 탓인 것 같다. 반면, 1628년 12월에 시작된 조선의 신사 파견은 설령 후금에 답할 일이 없더라도 봄과 가을에 파견하는 정기적인 사신이었다. 따라서 이는 조선과 후금의 국교가 정례화되는 중요한 시점이라고 할 수 있다.

[표 1]에서 추가로 확인되는 몇 가지 사실은 다음과 같다.[85] 먼저 차관 대부분이 단사單使였다는 점이다. 화친 직후 4회를 제외한 모든 신사·회답사가 단사였다. 다음으로 문관의 비중이 극히 낮은 점이다. 문

[표 1] 조선에서 파견한 차관·사신 현황(1627~1636)

발송 시기	사행 명칭	사신 1	사신 2	비고
1627. 1	차관	박립朴雴	강숙姜璹	정묘호란
1627. 2	회답관	강인姜絪	–	정묘호란, 문관
1627. 6	회답관 (회답사)	신경호申景琥	박난영朴蘭英	박난영은 호행관
1627. 10		박난영	–	무관
1628. 1		이란李灡	박난영	무관(2)
1628. 6	회답사	정문익鄭文翼	박난영	문관·무관
1628. 12	춘신사	오신남吳信男	–	무관
1629. 5	추신사	박난영	–	무관
1629. 8	회답사 (회답관)	김대건金大乾	–	무관
1630. 1	춘신사	박난영	–	무관
1630. 4	위문사	선약해宣若海	–	무관
1630. 6	추신사	오신남	–	무관
1630. 12	춘신사	박난영	–	무관
1631. 3	회답사	위정철魏廷喆	–	무관
1631. 8	회답사	박로朴簹	–	문관
1631. 12	춘신사	정익鄭榏	–	무관
1632. 8	추신사	박난영	–	무관
1632. 10	회답사	원숙元翽	–	문관
1632. 12	춘신사	신득연申得淵	–	문관
1633. 2	회답사	김대건	–	무관
1633. 4	춘신사 회답사	박로	–	문관
1633. 10	회답사	나덕헌羅德憲	–	무관
1634. 2	춘신사	이시영李時英	–	무관
1634. 10	추신사	나덕헌	–	무관
1634. 12	명칭 불명 (회답사)	이정헌李廷獻	–	무관(선전관)
1635. 2	춘신사	이준	–	무관
1635. 8	추신사	박로	–	문관
1636. 2	춘신사	나덕헌	–	무관
1636. 3	회답사	이확李廓	–	무관
1636. 12	추신사	박로	–	문관

관은 3명, 무관은 14명이었다. 박로가 4차례나 파견되었지만 모두 합해도 파견 횟수가 6회에 불과하여 25회인 무관과 큰 차이를 보인다. 다음은 심하 전역 이후 오랜 기간 후금의 포로였던 인물의 비중이 높은 점이다. 여기에 해당하는 이는 박난영·오신남 등 2명뿐이지만, 박난영은 8회, 오신남은 2회로 전체 31회 파견과 비교하면 4분의 1가량이다. 마지막은 한 번 보냈던 인물을 다시 보내는 경향이다. 2번 이상 파견된 인물은 5명이지만, 31회 가운데 박난영 8회·박로 4회·나덕헌 3회·오신남 2회, 김대건 2회로 15회이다. 이 중에서도 박난영·박로·나덕헌 등 3명은 17명 가운데 절반을 차지한다.

　이상의 특징들은 조선의 관료들이 후금으로 가는 사행을 꺼렸음을 극명하게 보여 준다. 박난영·오신남이야 이미 절개를 잃은 인물들로 치부되었지만, 문관은 물론 대부분의 무관들도 후금 차관으로 임명되는 것을 노골적으로 꺼렸다. 문관 박로는 예외적인 경우라고 할 수 있는데, 그는 후금의 문관 파견 요구에 응하기 위해 적극 활용되었고 국내에서도 접대소 금차구관당상을 지내는 등 '후금통'이 되었다. 박난영과 박로는 후금 사행에 가장 많이 참여했던 인물들로서 이 두 사람의 비중은 전체의 3분의 1 이상이었다. 이들은 신사 혹은 회답사로서 조선의 국서를 전하고, 후금국한의 국서를 가져오는 임무를 충실히 수행했다.

접대소를 통한 금차 접대의 정례화

사신 접대는 사신 파견만큼이나 중요한 사안이었다. 심하 전역 이후 누르하치는 조선의 태도를 가늠하는 하나의 지표로, 자신이 파견한 사신에 대한 조선의 접대를 면밀히 관찰하였다. 조선 전기에 종종 이루어진 여진인들의 상경이 폐지된 이후, 조선은 한동안 변경의 관원들이 번호나 내조하는 호인들을 접대했다. 광해군 대 말 숄롱고는 처음으로 만포진의 관사에서 접대를 받은 사례인데 정묘호란 이후에는 후금 사신들이 자연스럽게 조선을 드나들게 된다.

조선에서는 후금 사신을 금차金差라고 불렀고 호차胡差라는 표현도 함께 썼다.[86) 드물게 노사虜使로 칭하기도 했다. 가장 먼저 파견된 '금차'는 정묘호란 당시 강화도로 온 유해劉海 혹은 유흥조劉興祚였다. 그는 인조를 접견한 최초의 금차였으며 사신으로서 공식적인 대접을 받았다. 이 시기 후금 사신은 조선 사신 이상으로 빈번하게 파견되었는데, 입경한 사신 외에도 변경에 머물며 개시를 주관하는 등의 임무를 맡기도 했다. 또한 중강 개시中江開市 외에도 함경북도 회령會寧 지역으로 파견되어 교역을 관장하는 경우도 있었다. 이 가운데 입국했던 사신들의 현황을 《인조실록》, 《승정원일기》(인조), 《청태종실록》, 《만문노당》(태종), 《조선국내서부》에서 추출한 것이 [표 2]이다. 후금 사신은 10년 동안 29회, 연평균 2.9회 정도 조선을 방문했다.

[표 2]에서 보듯, 후금의 사신 파견에도 몇 가지 특징이 있다. 동일한 인물의 재파견이 잦다는 점, 조선 출신 둥나미Dungnami(董納密)의 역할과 비중이 매우 높은 점, 잉굴다이Inggūldai(英俄爾岱)와 마푸타Mafuta(馬福塔)의 방문 빈도가 잦은 점 등이다. 잉굴다이는 사실상 '조선통'이었고, 마푸타 역시 그와 보조를 맞추었던 인물이며 둥나미라는 이름을 쓴 조선인 박중남朴仲男은 초기 양국 관계에서 일종의 가교 역할을 했다. 이러한 점들은 조명관계와는 전혀 다른 조금관계의 특징이라고 할 수 있다.

조선의 금차 접대 방식도 정례화되는 추세였다. 사신 파견과 달리,

접대 규정은 대일 국교에서 참고할 만한 부분이 적었으므로 명의 차관인 당차에 대한 접대 방식을 원용했다.[87] 당시 조선은 명의 사신과 차관 외에 타국 사신을 접대한 경험이 전무했다. 비록 조선의 관직을 받은 야인이나 왜인의 상경이 종종 허용되었지만, 이들은 사신이 아니라 내조한 것이었다. 또 일본에서는 조선의 통신사에 대한 회답으로 '국왕사'를 파견한 적이 없었으므로 접대 규정 역시 마련되어 있지 않았다. 따라서 접대 방식 문제는 예외적으로 당차에 대한 방식을 적용했다.[88]

본래 조선의 사신·차관 접대 방식은 세 가지였다. 먼저 칙사勅使에 대한 규정이 가장 정례화되어 있었는데, 영접도감迎接都監을 설치하여 도성에는 관반館伴을 두고 의주에는 영접사迎接使를 파견하여 사신을 대동하고 벽제·모화관慕華館을 거쳐 입경하도록 했다. 그 과정에서 의주·정주·안주·평양·황주·개성·벽제 등 7곳에서 영위연迎慰宴을 열었다. 다음으로 황제의 칙사는 아니지만 특정한 임무를 부여받고 온 흠차관欽差官을 접대하는 방식이 있었다. 이는 예외적인 경우로서 임진왜란 때, 흠차경략欽差經略·흠차제독欽差提督 등이 국내에 들어와 머물면서 신설된 규례이다. 이때는 영접도감이 아닌 접대도감接待都監을 두었으며, 접반사接伴使를 임명하여 동행하도록 했다. 규정 외의 차관은 접대소에서 접대하게 하고 접반관을 배속시켰다.

금차에 대한 접대 역시 접대소에서 담당했다. 접대소는 광해군 대에 이르러 요동아문 차관, 인조 대 이후 동강진 차관들을 접대하는 과정에서 상설화되다시피 했다.[89] 조선은 금차를 접대하면서 이 규례를 원용했으며, 이로 인해 접대소는 당차구관소唐差句管所와 금차구관소金差句管所로 양분된다.[90] 당차와 금차에 대한 접대소는 외병조·남별궁·태평관 등에 배설되었으며 뚜렷한 구분 없이 상황에 따라 배정되었다.

[표 2] 후금에서 파견한 사신 현황(1627~1636)

도착 시기	사신 1	사신 2	사신 3	비고
1627. 1	아분	둥나미	–	같은 날 2차례 발송
	자누	코보이	–	
1627. 2	유해劉海	–	–	유흥조劉興祚
1627. 2	유해	쿠르찬	–	유흥조劉興祚
1627. 5	유흥조 (유해)	잉굴다이		
1627. 8	아시다르한	바키란	–	
1627. 12	잉굴다이	바키란	–	
1628. 6	둥나미	–	–	
1628. 12	잉굴다이	차하라	만다르한	
1629. 2	만다르한	아주후	둥나미	
1629. 8	아주후	둥나미	–	
1629. 10	둥나미	놈치	–	
1630. 6	아주후	둥나미	–	
1630. 10	아주후	둥나미	김돌시[金乭屎]	
1631. 3	아주후	둥나미	–	
1631. 6	만다르한	둥나미	–	
1631. 10	둥나미	–	–	
1631. 윤 11	쿠르찬	만다르한	둥나미	
1632. 5	둥나미	–	–	
1632. 10	만다르한	–	–	
1632. 11	바두리	차하라	둥나미	
1633. 4	잉굴다이	로키	–	
1633. 6	잉굴다이	다이숭가	–	
1633. 9	잉굴다이	이순	장구타이	
1634. 4	잉굴다이	마푸타	–	
1634. 12	마푸타	롤로	–	
1635. 4	마푸타	보로호이	–	
1635. 12	마푸타	무후	–	
1636. 2	잉굴다이	마푸타	니칸	

당차에 대한 접대는 접반관을 차송하고 하마연과 익일연, 상마연을 설행하는 형태였다. 금차 접대 역시 이를 본떠서 규정화하려고 했다. 당차를 접대하는 기본적인 규정을 보면, 참장과 유격 이상에게는 접반관을 교외로 보내어 영위하고, 도사 이하에게는 하지 않았다.[91] 조선의 금차 접대는 참장과 유격 급의 당차에 맞추어 조율된 것으로 보인다.

한편, 정묘호란 당시 유해에 대한 접대는 당차에 준하여 이루어졌지만 처음부터 접대소를 둔 것은 아니었다. 이때 유해가 도착한 장소가 한성이 아닌 강화도였기 때문이기도 하지만 그의 파견이 첫 번째 접대 사례로서 관련 규정이 없었기 때문이다. 강화도에서 후금 사신을 접대할 때는 접대소의 존재가 보이지 않지만, 접대재신接待宰臣을 두어 담당하게 했음은 분명하다.[92] 접대재신은 호차접대관胡差接待官·호차접대당상胡差接待堂上으로 불리기도 했다. 1627년 2월에 처음 등장하는 접대재신은 이정귀·김신국·장유였고[93] 이들은 맹약이 실행되기까지 관련 업무를 담당했다. 동년 3월에는 윤휘·목대흠, 5월에는 이경직이 접대재신으로 확인되는데[94] 이는 일정한 시간적 간격을 두고 접대재신이 교체되었음을 뜻한다.

인조가 환도還都한 이후 금차는 한성으로 오게 되며, 이에 따라 접대 규정도 마련되었다. 그동안 회령이나 만포·삼수의 가을파지·의주 등지의 변경 관원들이 '호차'를 접대해 왔음을 고려할 때, 금차의 상경은 관계상의 큰 진전이었다. 맹약을 맺고 환도한 뒤, 예조에서 후금 문제를 관장하여 접견례를 처음 마련했다.[95] 원칙적으로는 《국조오례의》의 '연인국사의宴隣國使儀'에 따라야 했지만 후금 사신들이 이를 준행하지 않았으므로 변용이 필요했다. 다만, 하마연과 상마연을 베풀고 오래 머물 경우 3일마다 잔치를 베풀기로 하는 등 '당차'에 준한 방식을 적용한다는 원칙은 고수되었다.

강화도에서 서울로 돌아온 뒤 접대소가 처음 등장한다.[96) 이전의 명 차관에 대한 접대소와 마찬가지로 당상과 낭청으로 구성되었다. 금차 구관소 혹은 금차접대소는 1629년부터 그 존재가 확인되는데 처음에 는 '호차소胡差所'라고 불렸다.[97) 호차접대재신이라는 표현은 1628년까 지 등장하다가[98) 이후에는 금차구관당상으로 바뀌게 된다. 1628년 6월 에는 조선 출신의 둥나미를 여느 차관과 동일하게 접대할 수 없다면서 '금인구관당상金人句管堂上'을 별도로 둔 경우도 보인다.[99) 접대소의 물 품은 당차와 금차 모두 예빈시禮賓寺에서 담당했다.[100) 이는 당차와 금 차 모두에게 동일하게 적용되었다. 금차구관소가 1629년 2월에 등장한 것은 조선에서 처음으로 후금에 신사信使를 파견한 1628년 12월과 시기 적으로 같다. 추신사의 귀국 및 그와 동행하는 금차를 접대하기 위한 기 구였기 때문이다. 이렇듯 사신 파견과 접대 방식은 동시에 정비되었다.

조선은 금차를 맞이하기 위해 영후관迎候官을 파견했다.[101) 이들은 명 사신을 접대하는 영위사迎慰使, 당차에 대한 접반관, 왜차에 대한 접 위관接慰官과 같은 임무를 수행했다.[102) 영후관은 벽제역과 모화관에서 금차를 맞이했다.[103) 또 벽제에는 무관 접대재신이 나가고, 모화관에는 2명의 접대재신이 배치되었다.[104) 벽제와 모화관에서 영접한 뒤, 관소 로 들어갈 때는 국왕이 선전관을 파견하여 안부를 묻는 사문賜問이 있 었다.[105)

하마연과 상마연은 모두 모화관에서 설행하고, 3일 간격으로 연향을 제공했다.[106) 이처럼 금차에 대한 접대는 당차와 거의 유사했고 차이가 있다면 익일연翌日宴을 베풀지 않은 정도이다. 국왕의 접견도 이루어졌 는데, 이때 입시한 승지는 금차가 전달한 국서와 예단禮單을 받아서 봉진했다.[107] 접견은 숭정전이나 인정전 등 궁궐의 정전正殿에서 이루어졌는데 이 역시 당차에 대한 접견례와 동일한 것이었다.

공식적인 절차가 끝나면 경중에서 교역을 시행했으며, 상마연을 행한 뒤 모화관에서 금차구관당상이 전별했다. 금차가 돌아갈 때도 선전관이 파견되어 안부를 묻고,[108] 전별연을 시행했고 호행관護行官이 동행하였다. 호행관 혹은 호송관은 정묘호란 이후의 원창군과 함께 후금으로 돌아간 잉굴다이에게 처음 배정되었는데[109] 이는 청천강 지역에서 활동하던 동강진 세력의 습격에 대비한 조치였다. 병조에서 차출한 호행관은 금차 및 그와 동행하는 조선 사신을 압록강까지 호위하는 임무를 맡았다.[110]

금차가 상경하지 않을 경우, 영후관 대신 접응사接應使를 변경에 파견했다. 1634년 김대건이 접응사로 회령에서 다이숭가Daisungga(代松阿)와 랑키오Langkio(郞球)를 응대한 경우가 확인된다.[111] 1630년에는 박난영이 호차선위사胡差宣慰使, 1631년에는 박난영과 정익이 선유사宣諭使로 활동한 바 있다. 이들은 영후관과 달리 도성 이외의 지역에서 금차를 수행하는 임무를 맡았다.

이상에서 살펴보았듯이, 정묘호란 이후 조선은 후금의 사신을 금차로서 접대하게 되었다. 명의 칙사와는 구분하여 영접도감을 설치하지 않고, 동강진 사신 즉 당차의 접대례를 차용했다. 다만, 후금에서는 점차 명에 준한 대우를 요구했으므로 갈등이 불거지기도 했다. 조선과 후금의 관계에서도 점차 외교 의례라고 할 만한 형태가 나타났지만, 홍타이지의 칭제稱帝로 인해 양국의 국교는 순식간에 와해된다.

과도기가 아닌 공식적 국교로 존재한 조금관계

조선과 후금의 국교는 명청 교체기의 한 과도기적 국면으로 이해된다. 조선 시대의 대외관계는 조명관계와 조청관계로 한중관계를 양분하는 경향이 있기 때문이다. 그 안에서 조선과 후금의 관계는 과도기로 이해되어 왔다. 10년이라는 길지 않은 기간 존속했지만 양국의 국교는 어느 때보다도 빈번했던 왕래에 기반한 공식적인 관계였다. 아울러 기존의 통설은 조금관계를 조청관계의 전사前史로 보고, 조명관계의 소멸 내지 조선→명으로 중화의 계승자가 바뀌었다는 조선 후기 사람들의 인식과는 다소 거리가 있다. 의례를 중심으로 관계의 외면을 살핀다면 조청관계가 조명관계와 유사해 보이지만, 명과 청을 전혀 다르게 인식한 조선인들의 관념도 반영되어야 마땅하다.

이 글에서 가장 고민한 부분은 조선의 관점이다. 필자는 조선과 후금·청의 시각을 모두 설명해 낼 수 있는 혜안을 가지고 있지 못하지만, 그동안 조선의 입장보다는 명·청 혹은 후금을 중심으로 한 서술이 주를 이루는 가운데 약간의 공백을 메우고 간극을 좁히고자 했다. 조선의 관점과 명·청의 관점을 두루 살피려면 좀 더 실증적인 연구가 되어야 한다고 생각한다.

한편, 필자는 국교라는 표현을 사용했다. 정묘호란 이후 조선과 후금의 관계를 형제관계, 맹약체제, 준종번, 반번속 등으로 설명해 온 것과는 차이가 있다. 결론부터 말하자면 조선과 건주여진·후금의 교섭상 최고의 현안은 국서였기 때문에 국교라는 표현이 가장 적절하다고 생각한다. 형제관계는 '형제'에 대한 양국의 인식이 상이했으므로 관계의 본질을 설명하기에는 충분하지 않다. 맹약체제의 경우, 맹약이 양국 관계를 규정한 조항으로 이루어져 있지 않기 때문에 부적절하다. 이 글에서도 일부 살폈듯이 양국 관계의 정례화는 맹약 의례의 설행과 무관하게 1628~1629년 사이에 이루어졌다. 특히 금차의 접대 문제는 이후에도 계속 논의·조정되었고 세폐나 개시 역시 마찬가지였다.

준종번·반번속은 한중관계를 종번관계로 규정한 결과론적 해석이다. '반'이나 '속'과 같은 용어를 외교관계에 적용한 것은 도리어 조선과 후금의 관계에 종번이나 번속을 적용할 수 없음을 자백한 것과 다름없다. 조선이 명의 독점적인 지위를 유지하기 위해서 후금과의 관계를 정례화한 것이므로 조명관계를 종번관계로 이해할 경우, 조금관계는 종번이나 번속이라는 키워드로 설명할 수 없다.

이 글에서 살폈듯이 조선은 호칭·국서·사신에서는 일본과의 외교를, 참고할 만한 내용이 없는 사신 접대는 동강진 차관들에 대한 규례를 차용하여 제3의 외교관계를 만들었다. 그것이 조금관계이다. 10년간 조선은 사신 왕래의 횟수를 최소화하고 국서식을 정제하며 접대 시 영접도감이나 접대도감 대신 접대소를 설치하는 등 후금과의 관계를 일정한 틀 안에 두고자 부심했다. 후금과의 친밀도를 높이기 위한 것이 아니라, 그래야만 대명 사대와 뚜렷하게 구분할 수 있기 때문이었다.

조금관계는 조선국과 후금국의 공식적인 국교였다. 서로를 인국이라고 표현한 것은 조선과 여진의 관계에서 진전한 것이고, 또 조선의 입장에서는 파격적인 양보였다. 흥미롭게도 국교의 기본 골격은 조선이 유도한 대로 형성되어 갔다고 해도 과언이 아니다. 다만, 홍타이지가 청의 황제로 등극했을 때 대등한 국교는 붕괴되었다. 조선이 국교를 맺은 대상은 청이 아닌 후금이었기 때문이다. 아울러 조선은 명의 독점적 지위를 보장하려는 목적으로 후금과의 관계를 정제하려고 했던 것이므로, 후금이 청으로 국호를 바꾸고 황제를 칭한 이후에는 양국 관계가 일순간 형해화할 수밖에 없었다. 병자호란을 계기로 조선은 청에 신속하여 대명 사대와 동일하거나 유사한 형태로 외교 의례를 전개하게 되지만, 조선인들의 인식 속에 청인淸人은 여전히 '여진인'이었다.

[2]

사행
운영과
노정

구
도
영

조선 전기 대명 사행의
조직 운영과 외교적 역할

- 외교의 연속성, 사행을 주목해야 하는 이유
- 사행의 종류와 파견 횟수
- 사행의 역할과 인적 구성
- 사행원의 북경 일정과 외교 활동
- 대명 외교, 조선의 국가 안보를 최우선으로

외교의 연속성,
사행을 주목해야 하는 이유

원元에서 명明으로 이어지는 중국 대륙의 권력 교체 과정은 결코 순탄하지 않았다. 조선은 그 과정에서 군사적 충돌 위기까지 내몰릴 정도로 극심한 몸살을 겪었다.[1] 명은 14세기 말에는 '당唐에 신종臣從하지 않았던 고구려'와 비교하며 조선을 믿을 수 없는 나라로 여겼지만, 15세기 후반에는 조선을 '예의지국禮義之國'이라 부르며 다른 외국들보다 예우했다. 수십 년 만에 명이 조선을 바라보는 시선이 크게 바뀐 것이다.

조선 전기 국가 이미지는 조선과 명이 만나는 사행使行의 역할과 활동이 큰 영향을 미쳤다. 이 글의 목적은 조선이 명과 만나던 외교 경로, 사행의 인적 구성과 활동을 통해 조선 외교의 목적과 운영 양상을 이해하는 데 있다.

명은 국초 외국과의 자유로운 민간 교류를 금지하고, 대외관계를 조공관계로 일원화했다. 이에 외교는 물론, 무역과 문화 교류 등 조선이 명과 행하는 모든 접촉이 조공 사행朝貢使行을 통해 이루어지는 구조가 만들어졌다. 따라서 조선의 대명 외교를 이해하기 위해서는 무엇보다도 명의 창구 역할을 담당했던 사행의 종류 및 구성과 역할, 사행 구성원들의 구체적인 활동, 그리고 이 사행 파견을 통해 조선 정부가 궁극적으로 달성하고자 했던 목적이 무엇인지 규명해야 한다.

조선과 명나라의 관계는 1392년 이후부터 1637년 병자호란까지 약 250년간 이루어졌다. 이 글은 그중 15세기 초중반부터 1592년 임진왜란 이전까지, 약 200년간 명에 파견된 조선 사행의 대체大體를 다룬다. 1592년 거대한 동북아 전쟁이 발발한 이후 명나라 관료들이 전쟁 관련 업무 협의를 위해 수시로 조선을 오가는 동안 사행 파견 및 외교 행위에 구조적인 변수들이 다수 발생했다. 이런 점에서 15~16세기 조명관계의 기본적인 사행 운영 틀을 이해하는 것은 매우 중요하다.

그간 조선 전기 대명 사행 연구는 다양하게 진행되어 왔다. 사행의 종류와 성격, 외교 절차 등을 정리한 연구가 있고,[2] 사행단의 구성원인 통사通事, 화원畵員 및 복식 형태를 논의한 글도 있다.[3] 기행문인《조천록》을 통해 조명관계의 양상을 파악하는 논문도 있고,[4] 정기 사행에 대한 기존 연구의 오류를 밝히면서《조천록》을 통해 사행의 임무와 제도를 보다 구체적으로 살핀 연구도 있다.[5] 조선 사행의 입국 절차를 여타 동아시아 국가와 비교 고찰한 글도 있고,[6] 조선 사행의 정보 활동과 정보력 수준을 검토한 연구도 있다.[7]

하지만 사행의 외교적 활동과 역할에 한정해서 살펴보면 관련 연구는 그리 많지 않다. 이 글은 기존 연구를 수렴하여 15~16세기 조선이 대명 외교의 핵심이었던 사행의 제도와 절차를 어떻게 갖추었는지 확인하고, 어떤 목적을 위해 그렇게 구성한 것인지 살펴보고자 한다. 2장에서는 사행의 종류와 파견 빈도, 사행단의 역할 등 사행의 형태에 대해 제도적 접근을 하는 한편, 사행 파견 빈도를 동아시아 국가들과 비교하여 파견 횟수가 의미하는 조선 사행 외교의 특징을 확인한다. 3장에서는 사행단의 인적 구성과 역할을 살펴본다. 이는 조선 사행의 목적과 방향을 이해하는 데 도움이 될 것이다. 4장에서는 《조천록朝天錄》을 통해 사행단이 북경에서 어떠한 공식 절차와 외교 활동을 전개하는지 파악하여 사행 활동을 보다 생생하게 들여다본다. 마지막으로 조선 사행의 파견 목적과 의미를 정리한다.

사행의 종류와 파견 횟수

정기 사행과 동아시아 국가들과의 비교

국초에 정립된 '조선-명'의 정기 사행 종류와 횟수는 '고려-명' 관계의 전례를 계승한 것이다.[8] 조선과 명의 관계에서 정기 사행은 정조사正朝使(16세기 동지사冬至使로 바뀜), 성절사聖節使, 천추사千秋使 세 가지이고, 4년에 한 번씩 가는 관압사管押使가 있다.

　정조사는 설날을, 동지사는 동지冬至를 하례하기 위해 파견되는 사행이고, 성절사는 황제의 생일, 천추사는 황태자의 생일을 축하하기 위해 보내는 사행이다. 이 세 가지 사행을 정기 사행이라 인식하게 된 것은 《대명회전》과 《통문관지通文館志》의 기록 때문이다. 주의할 것은 이들이 모두 동일한 횟수로 파견되지는 않았다는 점이다. 정조사(동지사)와 성절사는 매년 정기적으로 파견되지만, 천추사는 황제가 황자를 낳고 태자 책봉까지 이뤄져야 사행을 파견했다. 15세기 동안에는 천추사를 약 60퍼센트 정도 파견했고, 16세기에는 명 황제에게 자녀가 아예 없거나 정치적 이유로 태자 책봉을 미루는 경우가 있어 천추사 파견이 약 20퍼센트 수준에 그쳤다. 실제로는 정기적 파견이 아니다.

한편 관압사는 4년에 한 번씩 말 50마리를 보내는 사행으로, 정조사와 동행했다. 관압사는 분명 정기적으로 파견되는 사행이었다. 하지만 매년 파견되는 정기 사행과 차이가 있고 말을 진공하는 임무 특성상 사행의 위계도 상대적으로 낮아서인지 조선과 명의 기록(《통문관지》, 《대명회전》)에서 '1년 3사使'에 포함되지 않았다.

15세기에는 명에 매년 정조사와 성절사를 파견하고, 황태자가 있을 경우 천추사를 파견하는 1년 3사 체제가 지속된다. 그러다가 1531년(중종 26, 가정 10) 정조사가 동지사로 바뀌는 변화가 일어난다. 1521년(중종 16, 가정 즉위) 황제에 오른 명 가정제嘉靖帝는 예禮에 관심이 많아 각종 예제를 변경한 황제로 널리 알려져 있다. 그는 도교에 빠져 동지에 천단天壇에서 상제에게 제사 지내는 행사를 중시했고 관련 예제를 개편했다. 오늘날 북경에서 볼 수 있는 환구단은 명초부터 있었던 건축물이 아니라 가정제 시기 새롭게 축조된 것이다.[9] 가정제가 동지절을 강조하자, 명 예부는 1531년 조선에 자문을 보내 정조正朝에 진하하던 것을 동지로 옮기라고 했다.[10] 이때부터 조선은 한양에서 10월에 출발했던 정조사 파견을 중지하고 두 달 앞당겨 8월에 동지 사행을 파견하게 된다. 동지사의 외교문서는 동지 하표冬至賀表로 작성되었지만, 조선 사행은 명의 정조 행사에도 참여했을 것이다.

정조사가 동지사로 바뀌면서, 조선 조정은 정조사와 동행했던 관압사를 동지사와 동행하게 하겠다고 명에 문의했다. 조선의 의견에 명 조정도 "그간 조선의 관압사가 정조사와 함께 예궐했는데, 지금 정조의 하례가 동지로 고쳐졌으니 말을 바치는 사신도 동지에 함께 하례하는 청을 받아들인다"고 했다.[11] 정조사가 동지사로 대체되기는 했으나, 조선 사행은 명말까지 줄곧 1년 3사의 원칙을 유지했다.[12]

그렇다면 조선 사행의 1년 3사에 어떤 외교적 의미를 부여할 수 있을까? 그간 역사학계에서는 조선의 사행 횟수가 다른 나라보다 많았던 점을 무역 이익과 연관지어 해석하면서 조선 사행 파견이 경제적 측면에서 실리적이었다고 강조했다. 그러나 조선의 1년 3사는 고려 시대 관행을 계승한 것이다. 따라서 결과적으로 경제적 이익이 있었다 하더라도, 조선이 다른 나라보다 사행을 많이 파견한 이유가 경제적 이익을 얻기 위해서라고 주장하기는 곤란하다. 목적과 결과는 구분지어 설명해야 한다. 조선은 오히려 사행 파견을 늘리기보다 줄이려고 노력했다.

조선의 정기 사행 횟수의 '외교적' 의미는 다른 동아시아 나라들과 좀 더 세심하게 비교해야 그 의미를 파악할 수 있다. 조선의 정기 사행은 단순히 횟수의 많음이 아니라 '존속성'에 주목해야 한다. 국초에 정해진 정기 사행 횟수는 결코 불변의 원칙이 아니었기 때문이다.

명은 15세기 초·중반 이후 여러 나라에 정기 사행 횟수를 줄이라고 명했다. 영락제, 선덕제 시대를 지나 정통제正統帝(1435~1449, 1457~1464) 시기에 이르러, 조공국의 사행 파견 횟수를 축소하려는 움직임을 보인다. 예컨대 점성占城(베트남 남부)은 사행을 1년 1회 정도 파견하고 있었는데, 명은 1437년(세종 19, 정통 2) 섬라暹羅[태국]의 예에 따라 3년에 1회만 정기 사행을 파견하라고 명했으며,[13] 1446년(세종 28, 정통 11) 7월에도 3년 1회만 파견할 것을 재차 주문했다.[14] 뿐만 아니라 명은 1443년(세종 25, 정통 8) 7월 조와爪哇[자바] 국왕에게 칙서를 내려 "잦은 사행 파견이 조와와 명 광동廣東 지역을 매우 번거롭고 소요스럽게 한다", "해외 모든 나라들이 3년 1회 조공한다"는 사실을 강조하며 3년 1회 파견을 종용했다.[15]

이후 사행 파견 횟수를 보면 점성의 경우 1430년대에는 총 10회를 파견했지만 1450년대 3회로 감소했고, 조와도 1430년대 총 7회 파견했지만 1450년대에는 3회로 감소했으며, 섬라도 1430년대 총 5회에서 1450년대 3회로 감소했다. 사행 파견 빈도가 3년 1회에 가까운 상태가 된 것이다. 15세기 초·중반 이후 명은 조공국의 사행 파견 횟수를 감소시키려는 자세를 명확히 하고 있었다.[16]

류큐는 15세기 전반 정기 사행의 경우 1년에 한 번씩 파견했는데, 1475년(성종 6, 성화 11) 류큐 사행단 일행이 복건 지역에서 중국인을 죽이고 재물을 약탈한 사건을 계기로 명은 류큐의 정기 사행 횟수를 2년 1회로 줄였다.[17] 일본도 예외가 아니었다. 명은 1436년(세종 18, 정통 1) 일본 사행단을 접대하는 절강 시박市舶 제거사提擧司 관리를 3분의 2나 삭감했다.[18] 일본은 사행 파견 시에 지나치게 많은 인원과 선박을 동원하여 명과 무역 마찰을 빚었기에, 명은 15세기 초·중반 일본에 10년에 1회만 사행을 파견하도록 했다.[19]

이처럼 외국 여러 나라의 정기 사행 파견 횟수는 정통제 시기를 거치면서 바뀌어, 15세기 중후반에는 [표 1]과 같이 자리 잡게 된다. 요컨대 15세기 중반 이후 명은 외국 사행의 잦은 방문을 반기지 않았다. 명 내

[표 1] 15세기 중후반 이후 각국의 정기 사행 파견 횟수

국명	정기 사행 파견 횟수	국명	정기 사행 파견 횟수
조선	1년 3회	점성占城[베트남 남부]	3년 1회
류큐	1년 1회→2년 1회	조와爪哇[자바]	3년 1회
일본	10년 1회	노미魯迷[오스만투르크]	5년 1회
안남安南[베트남]	3년 1회	합밀哈密[신장 위구르]	1년 1회→5년 1회
섬라暹羅[태국]	3년 1회	살마아한撒馬兒罕[사마르칸트]	5년 1회

에서 외국 사신이 폭동, 소요를 일으키면 정기 사행 횟수를 축소하는 방식으로 책임을 묻기도 했다. 반면 조선은 사행을 가장 많이 파견했는데도 조명관계가 유지되는 동안 횟수가 축소되지 않았다. 이는 동아시아의 관점에서 보면 매우 특별한 것이었다. 즉 조선의 사행 파견 횟수가 주목되는 것은 그것이 처음에 1년 3회로 정해졌다는 데 있는 것이 아니라, 조명관계가 끝날 때까지 지속되었다는 점에 있다. 조선은 사행 파견 횟수가 정립된 이후 외교적 부침 없이 이를 유지했다. 그 결과 누적된 사행 파견의 지속성, 현저성이 조선 대명 사행의 특수성을 형성했다.

비정기 사행

비정기 사행은 조선에 특정 사안이 발생했을 때 파견한 사행을 말한다. 특정 사안이기 때문에 비정기 사행의 이름이 명확히 정해지지는 않았다. 대표적으로 주문奏聞, 주청奏請, 사은謝恩, 진하進賀, 진위陳慰, 진향進香 등의 일로 파견되었고,[20] 흠문欽問, 고부告訃, 문안問安, 진헌進獻 등 다양한 명목의 사행이 있었다. 사행의 명칭이라는 것이 고유명사처럼 명확히 정해져 있던 것은 아니어서 기록자마다 차이가 있기도 한데, 시간을 거치며 대개 다음과 같이 관행화되었다.

주문사奏聞使는 명에서 사건의 진상을 물어 왔을 때 이에 대해 해명하거나 조선 국내의 특정 사건들을 알릴 때 보내는 사행이다. 예컨대 세종 대 조선은 여진인 문제로 명과 긴장관계가 조성되었는데, 이때 조정은 '여진인 양목답올楊木쯤兀을 포획하기 위한 노력과 어려움'을 명 황제에게 아뢰기 위해 주문사를 파견했다.[21] 몽골 정복을 위해 여진초무女眞招撫에 적극적으로 나섰던 영락제와 이를 예의주시한 조선 사이의 민감한 외교 사안을 해결하기 위한 사행이었다. 중종 대에는 명에서 '영파寧波의 난亂'을 일으킨 일본인 나카바야시中林 등이 악풍惡風을 만나 조선에 표류하자 이들을 모두 중국으로 보내면서 주문사를 파견했다.[22]

주청사奏請使는 사실을 아뢰는 데서 더 나아가 명에 특정 사안을 요청하는 사행을 일컬었지만, 큰 틀에서 보면 주문사의 한 종류여서 주문사라 칭해지기도 했다. 대표적으로 세종 대 조공품에서 은銀을 면제해 달라고 요청하기 위한 사행,[23] 《대명회전》에 잘못 기록된 종계宗系 등을 고쳐 달라는 변무주청辨誣奏請을 위한 사행이 있었다.[24] 주문 및 주청 사행은 성격상 정치적으로 민감한 사안일 가능성이 크기 때문에 조선에서는 각별한 주의를 기울였다. 《경국대전》에 주문 문서는 승문원의 도제조都提調와 제조提調가 사신이 여정에 오르는 날 한 차례 더 검사, 대조한다고 되어 있을 정도였다.[25] 당시 명 조정과의 의사소통에서 외교문서의 역할은 매우 중요했다. 이에 조선은 주문 문서에 대해서는 재검토 과정을 한 번 더 두어 완벽을 기하려 했던 것이다. 주문사와 주청사의 중요성을 짐작할 수 있는 대목이다.

사은사謝恩使는 조선에서 주청한 것을 명에서 허락해 주면 답례로 파견하는 사행이었다. 명에서 조선에 특별한 상을 주거나 명이 조선인 표류인을 송환해 주었을 때, 반대로 조선이 명의 표류인을 쇄환하여 명에서 고맙다는 칙서를 내렸을 때에도 사은사를 보냈다. 즉 감사함을 표현하는 사행이었다. 사은사는 특정 성격을 띠지 않고 여러 사안과 결부되어 있어서, 비정기 사행 중 가장 많은 숫자를 차지했다.

진하사進賀使는 명 황제의 등극, 황후의 책봉과 황태자의 건저建儲 등 길사吉事가 있을 때나 명에서 반란을 평정하는 등의 경사가 있을 때 축하하기 위해 보내는 사행이었다. 진위사陳慰使는 황제나[26] 황태후,[27] 황후의[28] 상喪을 위로하기 위해 파견했으며, 보통 진향사進香使를 함께 보내 조문했다. 진위사進慰使는 명에 비극적인 일이 발생했을 때 파견하는 사행이었다. 정통제가 토목보의 변으로 몽골에 포로가 되었을 때 보냈으며,[29] 명의 구묘九廟에 화재가 났을 때도 위로차 진위사를 파견했다.[30]

흠문기거사欽問起居使는 황제가 병이 들거나 지방을 순행할 때 황제의 안부를 묻기 위한 사신이며, 고부사告訃使는 조선의 왕이나 왕비가 사망했을 때 그 사망 사실을 알리기 위해서 명에 보내던 사절로 보통 다른 사행과 겸행했다.

진헌사進獻使는 지정된 공물 이외에 중국에서 별도로 요청하는 공물을 진헌하기 위해 보내는 사행이었다. 주로 15세기에 집중되어 파견되었으며, 세종에서 성종 대에 이르기까지 명의 환관이나 조선 공녀 출신 궁인 한계란韓桂蘭 등이 매[鷹], 공녀, 화자火者, 각종 기물 등을 요구하여 진헌사 파견이 잦았다. 연산군 이후에는 거의 파견되지 않았다. 16세기에는 명의 가정제가 조선의 표문지表文紙와 자문지咨文紙를 요구하여 종이를 진헌하는 사행이 간혹 파견되는 일이 있었다.[31]

특별한 사안을 다루는 만큼 비정기 사행의 파견 횟수와 목적은 당시 국제정세와 외교 현안을 반영했으며, 명 황제의 성향 역시 중요했다. 비정기 사행의 파견 횟수는 15세기 약 5~7회 내외였다가 15세기 후반 성종 대 1.56번으로 감소했고, 이 양상은 16세기 동안 유지되었다.[32]

사행의 역할과 인적 구성

사행단은 외교업무를 수행하는 인적 구성원이다. 명과의 관계를 격식 있는 절차와 방법으로 표현하는 의전儀典적 성격을 지니는 동시에 조선의 공식적 입장을 효과적으로 전달하고 명의 현지 상황을 파악하는 실무적 성격을 띤다. 따라서 사행단 구성은 효과적인 외교를 위한 수행 능력의 적절성, 구성 인력의 직급과 밀접하게 연관된다. 한편 장거리 사행길에서 소요될 적지 않은 경상비 지출과 사행 규모에 대한 현실적인 문제도 감안해야 했다. 이런 점에서 조선이 사행단의 규모와 구성원을 어떻게 정했는지 살펴보는 것은 명과의 외교업무를 수행하기 위한 조선의 고민을 확인하는 데 유용하다.

사행의 인적 구성은 크게 정사正使·부사副使·서장관書狀官의 3사三使, 종사관從事官 등으로 구성된 정관正官, 짐을 나르고 허드렛일을 도맡을 종인從人, 의주에서 요양까지 사행단의 안전을 지켜 줄 호송군護送軍으로 이루어진다. 정사와 부사는 사행업무와 일정을 총지휘하고, 서장관은 사행단을 관리, 감찰하는 동시에 사행 과정을 기록하는 임무를 맡았다. 종사관은 사행업무에 필요한 실무 관료들로 구성되는데, 통역과 공무역, 정보 수집 등의 실무 활동을 맡은 통사가 가장 많은 비중을 차지했다. 종사관의 구성은 시기에 따라 조금씩 달라지기도 했다. 조선이 해당 시기 중국에서 습득해 올 분야에 따라 화원, 천문관, 공예 기술자, 화포장 등을 종사관 신분으로 명에 보냈다. 종인의 수는 많지 않았고, 호송군은 조선 후기보다 전기에 많았다.

정사·부사

정사는 사행을 대표하는 인물이다. 사행의 중요성에 따라 정사의 품계와 인물 배정이 달라졌다. 명에서도 정사의 품계에 따라 조선의 외교 사안 해결 의지를 다르게 이해했으며 사행단의 대우에도 차등을 두었다.[33] 정사의 품계는 당해 사행의 중요성을 가늠할 수 있는 척도이기 때문에 정규定規가 있었다. 《통문관지》에 의하면, 절행의 경우 정사는 정2품의 품계를 임시로 올려 종1품으로 삼고, 부사는 정3품 품계를 종2품으로 올렸으며, 서장관은 정5품 품계를 정4품으로 올렸다고 기록되어 있다.[34] 그러나 《통문관지》는 조선 후기 편찬물로 조청관계의 관례가 주로 반영되어 있어, 조선 전기 대명관계와는 일정 부분 차이가 있다. 조선 전기 정2품 관리가 정사에 임명되는 경우는 국초에 한정되었다. 15세기 중반 이후부터 16세기에 이르기까지 정기 사행의 정사는 대개 종2품 관원에서 선정했고, 마땅한 종2품 관료가 없을 경우 정3품 관료를 종2품의 직함을 띠고 보내기도 했다.[35] 관압사는 말을 전달하는 사행이기에 다른 사행보다 위계가 낮아 정3품 관료 중 임명했다.

비정기 사행인 사은, 주청, 진하, 변무 등의 사행은 정사와 서장관의 품계가 가장 높다.[36] 주청사는 조선의 외교적 필요성에 의해 파견하는 사행이라 간절함과 중요성을 나타내기 위해서였고, 사은사는 황제가 내린 은혜에 감사하는 뜻을 보이는 사행이 다수여서 품계가 높았다. 또한 명에 새로운 황제가 등극하면 영의정, 우의정과 같은 1품 관료를 하등극사賀登極使로 파견했다.[37] 즉 황제 등극, 황제의 은혜에 감사함 표현, 종계변무 주청 등 주요 외교 사안이 있을 경우에 한해 정사의 품계를 올렸다. 고위급 사신 파견을 남발하면 외교 현안의 중요도를 구분하기 어려워지므로 조선 전기에는 특별한 사안 외에는 비정기 사행도 정기 사행과 마찬가지로 대개 종2품 관료를 정사로 파견했다.

사행단을 대표하는 정사의 주요 임무는 외교 문제 해결과 정보 수집이었다. 특별한 외교 사안이 없는 정기 사행의 경우 명에 대한 정보 탐문이 주요 임무였다. 정사는 통사들이 수집해 온 소식을 정리하여, 사실 확인이 더 필요하다고 판단되는 부분을 더 자세히 탐문해 오도록 명령하는 등 정보 수집을 총지휘했다. 일차적이고 광범위한 정보 획득은 통사들이 담당했지만, 이들이 수집한 정보들을 분류하고 정제하여 추가로 확보해야 할 것을 지시함으로써 조선이 필요할 만한 내용에 접근시키는 것은 정사의 몫이었다. 귀국 후 사행단의 정보 습득이 부족했다고 평가되면 사행단의 총책임자인 정사가 죄를 받았다.

부사는 정사보다 한 품계 낮은 관원 가운데서 선정되었다. 부사가 파견되는 경우는 제한적이며, 조명관계 동안 부사가 파견되지 않고 정사 홀로 파견되는 경우가 더 많았다. 부사를 파견하는 경우는 첫째, 정기 사행 중에는 정조사, 그것도 황태자가 책봉된 경우에만 부사가 동행했다. 부사가 황태자에게 전문箋文을 올리기 위한 임무를 띠고 있어서였다. 이런 이유로 태종 대에 영락제가 북경을 순행하여 황태자와 함께 있지 않게 되자, 부사는 파견하지 말아야 한다는 의견이 제기되었다. 단종 대에는 파평위 윤암尹巖이 종1품인 고위관료로 정사에 임명되었지만 당시 명에 황태자가 책봉되지 않아서 부사 없이 단사單使로 가는 일도 있었다.[38] 명 황제 중 정덕제 시기에는 재위 기간 동안 정기 사행에 한 번도 부사를 파견하지 않았다. 후사가 없었기 때문이다. 황태자의 생일을 축하하기 위한 천추사는 정사만 있고 부사가 없다.

둘째, 비정기 사행의 경우, 중대한 외교 사안이 발생하면 황태자 유무와 관계없이 정사의 임무를 돕고 명에 사안의 중요성을 강조하기 위해 부사를 파견했다. 사은 겸 종계변무 주청사,[39] 은 세공歲貢 면제 주청사,[40] 황제의 등극을 하례하는 등극사,[41] 성종의 친부에 대한 작위 및 시호 하사 요청 주문사,[42] 중종반정 후 왕위 승습사承襲使,[43] 황태자 책봉 진하사[44] 등에 부사가 동반되었다. 사안의 중요성에 대한 판단은 보통 전례에 따르지만, 사안에 대한 신료들 간의 입장 차가 있을 수 있으므로 부사 파견과 관련하여 논란이 빚어지기도 했다. 가령 1539년(중종 34) 권벌을 종계변무 주청사로 파견했는데 부사도 뽑아서 일을 맡길 것인가를 두고 이견이 있었다. 당시 영의정 윤은보尹殷輔는 "종계 주청이 처음이라면 정사·부사를 선출하여 보내는 것이 당연하지만 오류의 개정만을 청하는 지금은 그럴 필요가 없다"고 주장하여 의견 차이를 보였다.[45] 이렇듯 비정기 사행에서는 사안의 중요도에 따라 부사 파견 여부가 결정되었다. 정사, 부사가 동반 파견되는 것이 정식인 것으로 이해하는 경우가 많은데, 부사는 일정한 여건이 성립해야 파견이 결정되었다.

서장관: 수집 정보 기록화, 사행의 불법 행위 감찰

서장관의 임무는 크게 두 가지였다. 첫째, 사행 과정에서 수집한 명나라 정보를 정리하여 보고서를 제출하는 것이다. 조선은 대외적으로 명을 예로써 사대했으나 명의 정국 동향을 주시하며 그들의 움직임을 기민하게 파악하기도 했다. 명과 인접하고 있는 조선 입장에서 대국인 명에서 일어나는 다양한 정보들은 국가의 안위에 무엇보다 중요했다.

명과 군사적 긴장감이 고조되었던 조선 초기에는 은밀히 첩보원을 파견할 정도로 공격적인 정보 수집 활동을 벌이기도 했다.[46] 명과의 관계가 점차 안정된 후에는 첩보원 파견과 같은 활동은 지양되고 명의 관내로 합법적으로 들어갈 수 있는 사행을 통해 정보를 수집했다. 한양에서 북경 사이를 왕복하는 사행 여정은 5~6개월 정도 걸렸다. 약 4개월여는 북경 밖에서 체재했고, 명의 수도인 북경에서는 한 달 이상 머무를 수 있었다.[47] 사행 파견이 감소한 15세기 후반 이후에도 조선은 사행을 연간 약 4회 파견했으므로[48] 1년에 조선 사행 수행원들이 요동에서 북경에 이르는 경로에 머문 기간은 총 16개월에 이른다. 먼저 파견된 조선 사행단과 이후에 파견된 사행단이 명 현지에서 일정 기간 함께 머무는 일도 있었다. 이로써 조선 사행단은 명 지역에 일 년 내내 존속하며 정보를 지속적으로 입수할 수 있게 되었다. 선발로 간 사행단은 귀국하는 도중에 다른 목적으로 파견된 또 다른 조선 사행단과 조우하여 상호 정보를 공유하기도 했으며,[49] 두 사행단이 북경에서 행사 일정을 함께 소화하기도 했다.[50]

그렇다면 이 시기 조선은 어떤 정보에 주안점을 두고 수집했을까? 조선은 명에서 접한 다양한 정보를 모조리 취하는 망라 수집을 진행했다. 어떤 정보가 국익에 도움이 될지 미리 판단할 수 없었기 때문에 일단 종류를 가리지 않고 다양한 정보를 확보했다. 그런 뒤에 사안에 따라 중요하다고 판단되는 것에 대해서는 추가 세부 수집이 진행되었다. 이에 따라 명의 정치적 역학관계, 변란, 각종 예제와 기술 등 다양한 분야의 정보가 수집되었다.

정보 수집 활동에서 서장관의 임무는 수집된 정보를 대외관계 정책에 지속적으로 활용할 수 있도록 기록화하는 일이었다. 서장관은 선래통사先來通事의 문서와 별도로, 사행 기간 중 얻은 여러 정보를 정리한 문견사건聞見事件을 승정원에 반드시 제출해야 했다.[51] 서장관의 이러한 임무는 태종 대 문강공文剛公 조말생趙末生이 북경에서 돌아와 수집 정보를 정리하여 조목별로 태종에게 아뢰면서 시작되었다.[52] 이후 서장관의 문견사건은 대외 정보를 파악하는 정식 문서로 세세하게 정리되어야 했으며, 대외관계에서 활용되는 보존 기록물이 되었다.[53] 선래

통사의 문서가 조선 조정에 정보를 보다 빨리 전달하기 위한 시의적 기록의 성격이 강했다면, 서장관의 문견사건은 대명 외교의 중장기 대응을 위해 잘 정리된 보존 기록물로서의 성격을 지녔다. 서장관의 정보 정리는 외교 기록 관리 측면에서 매우 중요했다.

둘째, 서장관은 사행의 불법 행위를 감찰하는 역할을 했다. 국초에는 사헌부 관원이 출국 전 의주 등에서 사행단의 불법 행위를 감찰했으나,[54] 사행 기간이 수개월에 이르는 만큼 사행과 동행하며 감찰할 필요성이 제기되자 서장관이 이 감찰 역할을 맡도록 했다. 이는 아래의 1421년(세종 3) 기사를 통해 확인할 수 있다.

> 서장관을 검찰관檢察官이라 겸칭하여, 사신이 갈 적에, 만약 모리謀利하는 사람이 있거나 나쁜 사건이 있으면, 비밀히 기록하여 돌아와서 사실대로 위에 아뢰고, 아울러 본부에도 알려서 의거하여 고찰하도록 하며, 법을 어겨 범한 자가 있으면, 일찍이 내린 교지敎旨대로 시행할 것이오며, 서장관이면서 고하지 않은 자는 사신에 대한 예例에 의거하여 논죄할 것입니다.[55]

위 기사를 보면, 태종 대까지는 정보 기록물 정리가 서장관의 주된 업무였으나, 세종 대에 사행 감찰업무가 추가되었음을 알 수 있다.[56] 이후 서장관을 종6품인 사헌부 감찰 중에서 임명하는 조치도 뒤따랐다.[57] 서장관을 사헌부 관원으로 임명하는 것은 그 역할의 성격을 고려한 것이었다. 서장관의 임무가 사행단의 불법 행위를 저지하고 감찰하는 것이어서, 조선 조정은 성품이 강직한 사람을 선정하고자 했으며,[58] 만약 이 업무를 제대로 수행하지 못한 경우 추고했다.[59]

서장관을 사헌부 감찰로 임명하는 것이 원칙이기는 했으나,[60] 매년 4차례 이상 파견하는 사행을 감찰직만으로 채우는 것은 어려웠다. 때에 따라 정4품인 장령,[61] 종3품인 성균成均 사성司成,[62] 정4품인 홍문관 응교[63] 등을 임명하는 경우도 있었다. 16세기 초에는 서장관에 장령이나 지평 등 고위급 사헌부 관원을 임명하는 것을 비판하는 목소리가 나오기도 했다.[64]

질정관·압마관·학관: 중국어 독해와 회화 능력 키우기

종사관에 대해 살펴보면, 문관에서 임명되는 질정관과 압마관이 있다. 질정관은 명의 이문吏文과 한어漢語 중 조선에서 해독하지 못하는 문장이나 자료를 뽑아 의미를 파악하여 주석하는 일을 담당했다.[65] 이러한 임무 때문에 조선은 명에 질정관의 관호官號를 숨기고 압물관押物官에 넣다가 1535년(중종 30)에 비로소 질정관이라는 이름으로 비문批文에 채워 넣었다.[66] 질정관은 승문원의 관료,[67] 홍문관 교리,[68] 이조정랑,[69] 공조정랑[70], 사간원 사간[71] 등 서장관과 비슷하게 5~6품 문신 관료 중에서 선발했다. 중국 공문서 번역에 뛰어났던 최세진도 질정관으로 여러 번 참여했다.[72]

중국어를 잘 하지 못하는 젊은 문신관료에게 질정관 업무를 맡기는 경우도 있었다. 그러다 보니 명나라 문사文士들과 면담해서 알아 보지 않고 통사通事에게 질문지를 주어서 질정해 오게 하는 일이 많아졌다. 질정이 큰 의미를 갖지 못하게 된 것이다. 이런 문제를 보완하기 위해 질정관을 한어와 이문을 잘 아는 문신 중에서 뽑자는 논의가 있기도 했다.[73] 하지만 한어와 이문을 잘 아는 문신관료가 많지 않아 이 문제는 근본적으로 해결되기는 어려웠다.

압마관은 사행길에서 공마貢馬를 이끄는 임무를 담당했다. 명에 가서 한어를 직접 익힐 수 있는 기회를 주고자 한학漢學 습독관習讀官 2원員으로 임명했다.[74] 습독관은 중국어 능력을 제고하기 위해 사행에 포함된 인원으로, 중국 공문서인 이문吏文 독해 능력과 고급 중국어 통역 능력이 요구되었다. 당시 중국 공문서는 고대 백화白話와 같은 특유의 문체가 섞여 있어, 조선 관료들이 해독하기 어려운 부분도 있었다. 대표적인 인물로 최세진, 안처륜, 어숙권 등이 있고,[75] 서얼 출신들이 많았다. 습독관들은 압마관이나 학관으로 사행길에 참여하여 중국어 회화에 대한 실전 경험을 쌓았다.

해독이 잘 되지 않는 문장을 뽑아 질정해 오는 질정관의 임무는 그 성과나 필요성이 뚜렷한 일은 아니어서 시간이 지날수록 다른 관원에 비해 필요성이 줄어들었다. 16세기 사무역의 확대로 역로驛路의 폐단이 문제시되자 사행원을 감축해야 한다는 분위기가 조성되었고, 질정관을 파견하지 않는 경우가 증가했다.[76] 질정관과 압마관의 역할이 비슷해서, 사행원 숫자를 줄이는 일이 검토되면 질정관을 제외하고 압마관만 보내는 경우도 있었다.[77] 질정관이나 압마관 모두 명의 문서 독해나 언어 능력 향상을 위한 자리였다는 점에서 중국으로 유학생을 보낼 수 없던 당시 중국어 회화와 독해 수준을 꾸준히 유지할 인재를 키우는 하나의 산실이기도 했다.

질정관과 압마관 외에 양반 자제들로 구성된 자제군관이 있다. 자제군관은 사행의 긴 여정 동안 정사와 부사를 수행하기 위해 동행하는 인물로, 관료가 아니었다. 정·부사의 무재武才가 있는 친인척이나 친자제를 데리고 가는 것이 원칙이었다.[78] 정·부사가 자신이 데리고 갈 자제를 직접 선정하여 통보하면, 의정부에서 이들의 신원을 확인하여 등록했다.[79] 조선 후기 연행록으로 잘 알려진 홍대용, 박지원도 정·부사와의 사적 인맥으로 자제군관에 선정되어 북경에 다녀온 경우였다. 자제군관은 북경 견문록인 연행록을 많이 남겨 현대인들에게 비중 있는 사행 구성원으로 인식되고 있지만, 실제로 특정한 임무는 없었다.

조선 전기에는 사무역에 욕심이 있는 정사들이 자신의 서얼 자식이나 상인들을 자제군관으로 데려가 사무역을 시키는 일이 종종 있었다.[80] 이에 친자식이나 친조카 등의 양반 자제만을 자제군관으로 데려가고 서얼을 데려가지 못하도록 해야 한다는 의견이 강조되기도 했다.[81]

통사: 통역, 정보 수집 실무, 무역 담당

사행단에서 가장 실무적 활동을 많이 하는 관원은 통사이다. 중국어 통역이라는 전문성을 보유하고 있던 통사들은 사행 활동에서 여러 가지 중추적인 역할을 담당했다. 북경 내에서 활동이 제한되어 공식 활동을 제외하면 숙소인 옥하관에 머물러야 했던 정사나 서장관과 달리 통사는 활동이 자유로웠다. 이런 이유로 통사는 정사의 손발이 되어 실질적인 외교 활동을 전개했다. 정보 획득 면에서도 통사는 대표적인 정보 요원이었다. 사행의 총책임자인 정사는 사행마다 늘 바뀌었지만 통사들은 순서에 따라 사행길에 번갈아 나서면서 언어뿐만 아니라 중국 지리와 중국 관리 등 현지 사정에 가장 익숙했다. 따라서 통사는 일차적으로 중국의 정보를 파악해 오는 역할도 맡았다. 뿐만 아니라 국가에서 필요로 하는 물품을 무역해 오는 일 또한 통사의 몫이었다. 요컨대 통사는 외교 활동, 정보 습득, 공무역 등 사행단 임무의 실질적인 행동요원이었다.

통사는 종사관 중 가장 많은 숫자를 차지했다. 상통사上通事를 필두로 질문통사質問通事, 압물관, 타각부打角夫, 선래통사 등에 임명되었으며, 왜통사倭通事, 몽통사蒙通事, 여진통사女眞通事들도 사행단에 포함되어 동행했다. 상통사는 사행단에 파견되는 통사들 중 벼슬이 가장 높고 사행 경험이 풍부하고 능력 있는 자에게 부여되었다. 질문통사에는 주로 젊은 통사들을 임명하여 한어를 갈고 닦게 했다. 명 지역에 체류하는 긴 시간 동안 현지 경험을 통해 중국어 실력을 향상시키려 했던 것이다. 압물관, 타각부는 사역원司譯院의 도목정都目政 취재取才에서 받은 등급의 순서대로 임명되었으며,[82] 사행길에서 공물 등 짐바리와 기구들을 단속했다. 타각부는 반드시 통사로 임명해야 할 만큼 중요한 직책은 아니어서 두 명 중 한 명은 통사로, 한 명은 외부인으로 임명했다. 사신의 자제를 데리고 가거나,[83] 약재를 무역할 의원 또는 천문지리 서책을 수입할 천문직 관원,[84] 혹은 사무역의 이득을 꾀하고자 하는 상인들이 고위 관료에게 청탁하여 타각부에 뽑히기도 했다.[85]

사행단의 인적 구성을 살펴보면 외교 문제 해결, 정보 습득, 공무역 등과 통사의 중국어 능력 배양이 주요 임무라는 것을 알 수 있다. 사행단은 정사, 부사, 서장관을 주축으로 하여 질정관, 상통사, 압마관, 질문통사, 압물관, 왜통사, 몽통사, 여진통사, 타각부, 자제군관, 의원, 화원 등의 종사관으로 구성되었다.[86] 이들 정관은 명의 조참 행사에 참여했다. 국초에는 10명 이하였으나 세조 대에 30여 명으로 점차 증가했고,[87] 이후에도 이 숫자가 유지되었다.[88]

통사 외 종사관(의원, 화원, 공예기술자, 천문학관, 화포장 등)

의원은 5~6개월의 긴 사행 여정 동안 사행원의 건강을 살피고, 약재 공무역 수행 시 약재 품질을 감별했다. 약재 공무역은 통사와 의원이 함께 수행했으므로 의원 역시 약재 공무역을 진행하면서 개인적으로 약재를 구입했을 가능성도 매우 크다.[89]

화원은 통사의 공무역에서 물감이나 회회청回回靑[코발트] 등 미술 관련 물품의 구입을 지원하는 임무를 맡았다. 또한 그림을 모사해 오는 임무도 수행했다. 다만 조선 조정에서 사행원 수가 증가하는 것을 지양했기 때문에 필수적으로 파견되는 인원은 아니었다.[90]

명에서 특정 기술을 수입하려 할 때 관련 전문가를 사행에 포함해 제대로 배워 오게 하기도 했다. 가령 의상을 화려하게 만들 때 금박을 수놓는 경우가 많은데 가금이 선명한 금빛을 내게 하는 기술을 유입하기 위해 조선의 장인을 보낸 일이 있었다.[91]

16세기 후반에는 사행에 화포장火砲匠이 포함되었다. 화포장은 명에서 총포를 수입하고 사용법을 파악하는 업무를 담당한 인력으로 보인다. 화포장은 이전 시기에는 보이지 않아서, 16세기 후반 사행 인원에 추가된 것으로 판단된다.

이처럼 조선은 명에서 특정 기술을 유입해야 할 때 전문가를 사행에 대동시켰다. 따라서 시기마다 포함되는 전문가가 달랐다. 천문관, 공예기술자, 화포장 등이 대표적이다.

총 사행 인원

사행 인원 범위는 사료나 연구마다 차이가 있다. 정관의 수를 가리키기도 하고, 넓게는 종인까지 포함한 모든 인원을 지칭하기도 한다.

사행의 정관 인원은 시기나 사행마다 조금씩 차이가 있었지만, 대체로 30~35명 내외였다. 15세기 초에는 사행 인원이 많지 않았던 것으로 보인다. 1465년(세조 11, 성화成化 1) 중추원 부사 이변李邊은 국초에는 사행원이 8~9명, 세종 초까지도 15명 수준이었다고 언급했다.[92] 실제 기록에 남은 사행 인원을 살펴보면, 1429년(세종 11) 성절사는 9인, 1430년(세종 12) 성절사 13인, 1433년(세종 13) 주문사 10인이었던 사례가 확인된다. 1407년(태종 7) 세자 이제李禔가 사신이 되어 파견되었을 때는 111인,[93] 1429년(세종 11) 금·은 면공 등 중요한 주청사가 파견되었을 때에는 77명이라는[94] 많은 인원을 보낸 적도 있었다. 이런 특정 사례를 제외하면 15세기에는 대개 22~45인 내외로 구성되었고, 16세기에는 대부분 30~35명 수준이었다.[95] 명 요동 지역의 관찬서《요동지遼東志》에서도 조선 사행 인원을 30명이라 기록하고 있다.[96] 조선 전기 사행 인원의 최소치와 최대치가 모두 15세기 전반에 있었다는 사실이 확인된다.

그렇다면 사행단의 종인 수는 어느 정도였을까. 대략 5~10명 수준이었던 것으로 보인다. 1522년에는 정조사와 관압사가 겸행했는데, 사행 인원이 모두 48명이었고 여기에서 관원이 42명, 종인이 6명이었다.[97] 임진왜란 이후의 한 사례이기는 하지만, 1604년(선조 37, 만력 32) 동지사 윤경립尹敬立 일행의 기록에는 사행원 전체 인원으로 33명이 언급되었고, 이 중 7명이 노비였다.[98] 종인은 약 5~10명이었던 것으로 보인다.

종인의 수가 적었던 이유는 조선 전기에는 후기처럼 사무역을 용인하지 않았던 데다, 사행길에서 식사를 마련하는 것 외에는 노복이 그다지 필요하지 않았기 때문으로 판단된다. 압록강 도강부터 요양까지는 짐을 운반하는 기재지騎載持와 최소 100명 이상의 조선 호송군이 사행단을 호위하며 함께 짐을 운송했다. 요양부터 북경까지는 명에서 수레를 지급하여 운송을 책임졌으며, 호송군 수백을 보내서 조선 사행을 호위했다. 간혹 조선 사행에게 예상치 못한 일이 발생하여 일꾼이 필요하면 명 현지에서 중국인을 직접 고용했다.[99]

요컨대 조선 사행의 정관은 15세기 중·후반 이후 일반적으로 30~35명 내외 정도였고, 종인은 약 5~10명이었던 것으로 보인다. 사행 인원이 증가하면 국가 경비도 증가하기에 조선 조정은 이를 늘 경계했다.[100]

호송군: 사행단 군사 호위

조선의 사행단은 의주에서 압록강을 건너 요양, 광녕, 산해관을 거쳐 북경에 이르는 장거리 육로를 경유했다. 사행단을 총지휘하는 사신은 2품 고위직 관료였고, 사행단은 조선 국왕이 명 황제에게 보내는 외교문서 표문 및 조공품, 약 5개월의 사행 기간 동안 사용할 경비와 각종 무역품들을 방대하게 소지하고 있었다. 이런 점 때문에 사행단은 위험에 노출될 가능성이 컸다. 즉 사행단은 조선의 고위직 관료가 포함되어 있어 장거리 이동에서 '외교적 공격의 표적'이 될 수 있었고, 고가 물품을 소지하고 있어 도적의 '약탈 대상'이 될 소지가 다분했다.

특히 사행 구간 중 의주와 요양 사이의 요동팔참 일대는 15세기 말

명이 장악해 나가기 전까지 조선과 명 모두의 행정력이 미치지 않는 국경 완충지대였다. 거리도 약 420리로 짧지 않았다.[101] 15세기 말 명이 동팔참 지역에 보堡를 만들고 군사를 주둔시키긴 했지만, 요동의 모든 구역이 아니라 특정 보에만 군사를 배치했기 때문에 조선 사행단을 안전하게 보호해 주기는 어려웠다.[102] 이에 조선은 압록강을 건너 요양까지 420리 구간에서 여진 혹은 달적의 위험으로부터 사행단을 호위할 병력을 구성해야 했다. 이들이 '호송군'이다.

호송군은 구체적으로 무슨 일을 수행했을까. 첫째, 북경행 조선 사행단을 의주에서 요양까지 호송했다. 조선 측 호송군은 사행단이 동팔참 지역을 지나는 동안 호위하고, 요양에 도착하면 명군에게 사행단을 인계한 후 의주로 복귀했다. 조선 호송군이 사행단을 요양까지만 호위한 이유는 요양에 요동도사의 치소治所가 있고,[103] 도지휘사사都指揮使司가 이 지역의 군정을 관장하여[104] 요양부터 사행단의 짐바리를 운송하는 수레와 군마를 지급받을 수 있었기 때문이다. 요양부터 북경까지 조선 사행단의 신변 안전과 짐바리 운송은 명군의 책임이었다. 둘째, 귀국하는 조선 사행단을 호송했다. 임무를 마친 사행단이 북경에서 출발하여 요양에 도착하면, 호송군은 다시 요양으로 가서 이들을 맞이해 돌아왔다. 호송군은 사행단의 '출국'과 '귀국'을 위해 요양을 두 번 왕래했다.[105] 셋째, 조선은 국초 만산군漫散軍 송환이나 세종 대 이후 피로被擄 중국인 송환 등 요동도사와의 외교업무로 인해 요양까지 가는 사행을 별도로 파견해야 했는데, 호송군은 이와 같은 요동사행 호위에도 동원되었다.[106] 세종 대 이후에는 여진이 요동 지역에 침입해서 중국인들을 사로잡아 가는 사례가 적지 않았다. 여진에게 잡혀갔던 중국인들 중 일부는 탈출하여 조선으로 오기도 했다.

조선은 이들을 다시 요동으로 송환해야 했다.[107] 이를 위해 압해관이 연간 수차례에 걸쳐 지속적으로 요양에 파견되었는데, 이때 호송군이 동원되었던 것이다.

사행단에 동원된 호송군 인원을 살펴보면, 국초에는 30명 혹은 40명 정도가 원칙이었다.[108] 세종 중엽부터는 강력한 북방정책 추진으로 여진과의 갈등이 심화되면서 호송군 수가 급격히 증가했다. 《경국대전》에 사행단이 의주를 출발하여 요양까지 갈 때에는 호송군 100명을, 사행단이 북경에서 돌아와 요양에서 압록강까지 영송할 때에는 호송군 50명을 보내기로 정했으나[109] 제대로 지켜지지 않았다. 수백 명에서 많게는 1,000여 명 장정이 호송군역으로 차출되기도 했다.[110] 호송군 수는 북방 변고 정보와 사신의 품계에 따라 가변적이었다.

사행원의 북경 일정과 외교 활동

북경에서의 공식 일정

북경에 도착한 사행단은 어떤 절차를 밟으면서 외교업무를 수행했을까. 우선 모든 사행단이 황궁에 도착하면 공통적으로 수행해야 하는 공식 절차를 살펴보자. 1539년(중종 34) 주청사(동지사 동행), 1574년(선조 7) 성절사의 일정을 [표 2], [표 3]과 같이 간단하게 정리했다.

[표 2]는 1539년 동지사와 겸행한 주청사 권벌의 사행록을, [표 3]은 1574년 성절사 서장관 허봉과 질정관 조헌의 사행록을 간단하게 정리한 것이다. 내용을 살펴보면, 조선 사행단은 북경 도성에 도착하면 숙

소인 옥하관에 들어가 짐을 풀었다. 다음 날 통사가 조선 사행의 인적 사항이 적힌 보단報單을 홍려시에 제출하면 광록시에서는 보단에 적힌 사람 수만큼 쌀과 고기, 채소, 차 등을 옥하관으로 보내 왔다. 조선 사행은 식료품을 확보하고 난 뒤 외교문서와 방물을 올렸다. 이 일은 사행단의 가장 우선적인 임무였다.

이후에는 곧이어 있을 성대한 절일(정조 또는 동지, 성절) 행사를 위해 조천궁朝天宮에서 미리 의례를 연습했다. 연습이었지만 간단한 규모가 아니었다. 의식 연습은 조선 사신은 물론 명 조정의 관원들 1,000여 명과 국자감생, 승려들까지 참석하는 거대한 규모로 진행되었다. 황제가 참여하는 행사에 절대 착오가 벌어지지 않도록 정식 행사 일정과 동일하게 연습했다. 명은 실수 없는 행사를 위해 의례 연습을 두 번이나 기획했고, 이틀 동안 진행되었다. 반면 비정기 사행은 절일 행사도, 행사 대비 연습도 없었다. 비정기 사행은 조선의 특정한 외교 사안을 해결하기 위해 파견되는 사행이므로 정사의 업무 난이도가 높았을 가능성이 크지만, 공식 일정은 정기 사행보다 단순했다.

[표 2]를 보면, 동지사와 겸행한 주청사 권벌도 동지사와 마찬가지로 이틀 동안 의식 연습에 참여했고 동지 의식이 열리는 날에도 참가했다. 동지나 성절 의식 이후에는 상賞을 받았고, 다음 날 하마연下馬宴이 행해졌다.[111]

이후에는 조선 통사가 무역을 하겠다는 개시開市 통장通狀을 통정사通政司에 보냈다. 그러면 예부 주객사에서 회동관 개시를 허가하는 고시告示를 내주는데, 이 기간 동안 조선 사신은 국자감과 천단 등을 관광했다. 표문과 방물을 바치고 동지 하례, 하마연까지 큰 행사를 모두 마친 터라 조금 여유가 있었다. 이 시기에 관광과 무역을 진행했다. 다수의

[표 2] 중종 34년(1539) 동지사·주청사의 북경 체류 시 공식 일정

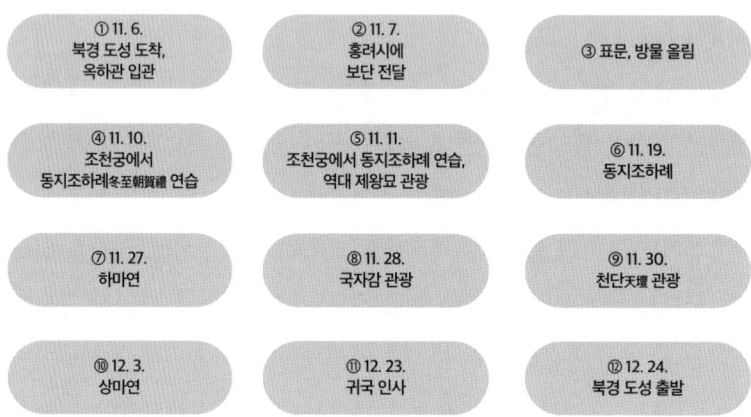

① 11. 6.
북경 도성 도착,
옥하관 입관

② 11. 7.
홍려시에
보단 전달

③ 표문, 방물 올림

④ 11. 10.
조천궁에서
동지조하례冬至朝賀禮 연습

⑤ 11. 11.
조천궁에서 동지조하례 연습,
역대 제왕묘 관광

⑥ 11. 19.
동지조하례

⑦ 11. 27.
하마연

⑧ 11. 28.
국자감 관광

⑨ 11. 30.
천단天壇 관광

⑩ 12. 3.
상마연

⑪ 12. 23.
귀국 인사

⑫ 12. 24.
북경 도성 출발

※출전:《충재집冲齋集》

[표 3] 선조 7년(1574) 정기 사행 성절사의 북경 체류 시 공식 일정

① 8. 5.
북경 도성 도착,
옥하관 입관

② 8. 7.
홍려시에
보단 전달

③ 8. 9~10.
표문,
방물 올림

④ 8. 13.
조천궁에서 성절조하례 연습,
역대 제왕묘 관광

⑤ 8. 14.
조천궁에서
성절조하례 연습

⑥ 8. 16.
하마연

⑦ 8. 17. 성절조하례

⑧ 8. 20. 국자감 관광

⑨ 8. 21. 회동관 개시

⑩ 8. 25. 천단 관광

⑪ 8. 26. 상마연

⑫ 9. 5. 귀국 인사,
칙서 받음

⑬ 9. 6. 북경 도성 출발

※출전:《하곡집荷谷集》,《중봉집重峰集》

사행이 하마연과 상마연 사이에 관광을 했다. 1533년 진하사, 1534년 동지사, 1537년 성절사의 경우 상마연까지 끝난 후에 국자감을 관광했다.[112] 위의 표와 같이, 조선 사행의 관광지와 일정 순서는 큰 틀에서 비슷했지만 완전히 똑같지는 않았다. 조선 사신은 표문과 방물을 바치고 절일 조하 연습, 절일 조하, 하마연 등 주요 행사가 끝난 후에 관광하는 경우가 일반적이었다.

팍팍한 사행 일정에서 관광은 사행의 거의 유일한 재미였을 것이다. 명은 조선 사신의 관광을 공식화한 초반에는 조선 사신 보호뿐만 아니라 관광 접대도 제공했다. 명의 서반은 관광 안내인 역할을 했다. 서반은 음료와 음식을 준비해서 조선 사행에게 제공하고, 조선 사신보다 관광지에 먼저 도착해서 기다리는 등 관광이 원활하게 이루어지도록 도왔다. 방호防護와 관광 보조 역할 모두를 수행했던 것이다. 이 외에 관광 해설사도 있었다. 국가제례를 관리하는 정6품 태상시승은 천단에 별도로 파견되어 천단에 대해 자세하게 설명해 주었다. 역대 제왕묘, 조천궁, 해인사에서는 도사나 승려 등 관리자가 조선 사행을 대접하고 해당 건축물에 대해 설명해 주었다. 조선 사신들은 이들과 함께 차나 술을 마시며 관광의 즐거움을 누렸다.[113]

사행에서 빼놓을 수 없는 또 하나의 중요한 업무는 무역이었다.[114] 무역은 명의 개시 허가 후에 회동관에서 이루어졌다. 무역까지 이루어지면 조선 사신이 귀국길에 오르기 전 명에서 상마연을 열었다. 명에서 연회를 열면, 다음 날 조선 사신은 대궐에 가서 연회에 대한 감사 인사를 전했다. 이후 황제에게 상을 받으면 다음 날 이에 대해 사은했다. 상사까지 받으면 조선 사행단은 돌아갈 준비를 했다. 병부兵部 거가사車駕司에 사완장事完狀을 올려 돌아갈 때 사용할 수레를 신청했다. 그러면

제독주사提督主事와 병부주사兵部主事가 조선 사신의 숙소 옥하관에 와서 조공국 사행단이 혹시 금지품을 가지고 가는지 짐바리를 검사하는 험포驗包를 시행했다. 짐바리 검속까지 끝나면 사행단은 칙서가 언제쯤 완성되는지 확인한 뒤 홍려시에 사단辭單을 올려서 칙서를 받고 조선으로 되돌아왔다. 이러한 일련의 과정이 사행단이 북경에서 행하게 되는 공식 절차이다.

사행단의 외교 활동 사례

조선 사행원들은 북경에서 외국인이 거쳐야 할 공식 절차를 소화하면서 사행 본연의 외교 임무를 수행해야 했다. 사행의 핵심 외교 임무는 외교문서와 방물 전달, 정보 수집, 특정 외교 사안 해결이었다. 특정 외교 문제 때문에 사행길에 나섰을 경우 해당 사안 해결이 사행의 가장 중요한 과제가 되었다. 외교 분쟁이 늘 있던 것은 아니었기에 조선 사행단의 외교 활동에서 항상 존재하는 임무는 정보 수집이었다.

먼저 특정 외교 문제가 발생했을 때 조선 사행의 활동상을 구체적으로 살펴보기 위해 1539년(중종 34) 변무 문제 해결을 위한 주청사의 활동 양상을 사례로 들어보자. 전근대 동아시아 외교는 일정한 외교문서를 미리 작성하여 이를 전달하고 답서를 받아 가는 형식으로 진행되었다. 그렇다고 준비해 간 외교문서를 명측에 전달하는 것만이 주청사의 직무는 아니었다. 조선이 원하는 회답을 얻을 수 있도록 노력해야 했다. 1539년 종계변무를 해결하기 위해 파견된 주청사 권벌의 북경 활동을 살펴보면, 사행단의 공식 일정을 제외하면 대부분의 시간을 주청 사안의 해결에 할애하고 있다.[115] 외교 문제 해결을 위한 주청사의 비

공식 일정을 정리하면 [표 4]와 같다.

[표 4]와 같이, 주청사는 10월 19일 도성에 도착하여 10월 23일 예부 당상 현관례, 표문表文 납부를 시작으로 공식 활동을 시작했다. 이날 바로 예부낭중에게 종계변무의 일을 고했다. 예부에 종계변무를 설명하는 일은 한 번으로 끝낸 것이 아니라 통사를 예부에 매일같이 보내서 조선의 주청이 관철될 수 있도록 그들을 설득하고 상황을 확인했다. 명 조정의 업무는 지체되는 경우가 다반사였다. 예부상서 엄숭이 논박을 받아 출근하지 못해서 상마연이 뒤늦게 열리게 되었다. 그리고 황제가 이미 종계변무의 성지聖旨를 윤허해 내각으로 보냈는데도 칙서가 도출 되기까지 오랜 시간이 걸렸다. 칙서의 하사는 열흘이 걸리는 것이 일반 적인데,[116] 11월 16일에 제칙製勅하는 일로 예부에서 내각, 한림원으로 보내진 복본覆本과 성지는 12월 9일에나 완성되었으니 매우 늦은 편이 었다. 이 때문에 조선은 매일같이 예부에 통사를 보내서 일정을 점검해 야 하는 수고를 치러야 했다.

조선은 이렇게 예부 관리들을 설득하고 그들의 대응 양상을 꾸준히 확인하는 한편, 10월 24일부터 조선에 사신으로 온 적이 있었던 공용경 龔用卿, 화찰華察, 설정총薛廷寵 등의 집에 통사를 보내 선물을 주면서 종 계변무가 잘 해결될 수 있도록 도와 달라고 부탁했다. 일종의 로비다. 조선에 우호적인 인맥을 최대한 동원하여 조선이 원하는 방향으로 문제 가 해결될 수 있도록 한 것이다. 특히 명사 중《대명회전》을 편찬하는 직무를 수행하던 공용경에게는[117] 지속적으로 찾아가 종계변무 내용을 설득했고, 사행 일정을 마치고 돌아오는 길에도 찾아가 인사를 전했다. 이처럼 공식적인 조명 사행 외교는 양국 간 문서 교환을 통해 진행되었 지만, 그 이면에는 조선 사행단이 예부 관리들과 접촉하며 조선의 주청

[표 4] 북경에서 권벌의 활동(1539. 10. 19~12. 16)

날짜	사 행 일 지	
	공 식 일 정	비 공 식 일 정
10.19	• 황궁 도착	
10.20	• 상통사가 홍려시에 보단 전달	
10.21	• 오문午門에서 오배삼고두례 • 광록시에서 식품 제공 • 관례인 예부상서 인사 하루 연기	
10.23	• 좌·우 시랑에 표문 올림(예부상서 인사함) • 주객사에 동지 방물 납부	• 통사를 보내 예부낭중에게 종계변무 고함
10.24		• 통사를 공용경龔用卿, 화찰華察, 설정총薛廷寵 집에 보내 종계변무 고함
10.25	• 조천궁에 가서 동지 의례 연습 참여	• 설정총이 가인家人을 통해 음식물을 보내 옴
10.26	• 조천궁에 가서 동지 의례 연습 참여	
10.27	• 어마감御馬監에 공마貢馬 진헌	
10.28		• 통사를 공용경, 설정총 집에 보내 선물을 주고 종계변무 고함 • 통사를 예부에 보내 복본覆本 여부 탐문
10.29		• 통사를 예부에 보내 예부낭중에게 종계변무 고함
11. 1	• 주객사에 방물 납부	
11. 2		• 통사를 화찰 집에 보내, 선물 주고 종계변무 고함
11. 3	• 동지례 참여, 상 받음	
11. 4	• 광록시에서 연회 참여 • 통정사에 개시 통장 올림	• 공용경, 화찰이 음식물을 보내 옴 • 《대명회전》 집필 관리인 예부주객사 외랑 왕상王相, 마증馬證, 이학기李學夔 등이 뇌물 징색
11. 5		• 통사를 예부에 보내 복본 탐문 • 통사를 공용경 집에 보내어 답례
11. 6	• 회동관에서 하마연 참여	• 예부상서에게 주청 관련 복본 요청
11. 7	• 국자감 관광	
11. 9		• 통사를 예부에 보내 복본 탐문 • 낭중 허윤許倫이 '복본의 초본'을 보내 옴

날짜	사행 일지	
	공식 일정	비공식 일정
11.10	• 개시 허가 문서 나옴	• 돌아가는 천추사, 호송 서반 서충徐充, 서반 임경화任景和, 부사府司 안희晏曦와 술자리
11.11		• 통사를 예부에 보내 '종계 복본'을 베껴 옴 • 제본에 조선을 '오랑캐[夷人]'라고 지칭한 것을 발견하여, 낭중에게 청하여 '외국外國' 이라고 정정
11.13		• 예부 외랑이 '성지聖旨의 초본'을 가져옴 • 통사를 공용경 집에 보내어 종계변무 고함 • 서반 임경화, 부사 안희와 술자리
11.15		• 통사를 예부에 보내어 복본과 성지 가져옴
11.20	• 천단 관광	
11.21	• 회동관에서 상마연 참여	• 예부상서에게 《대명회전》 완성 여부 물어 봄
11.22	• 동지 사신 예궐하여 감사 인사	
11.23	• 예부에서 홍려시에 문서 보내, 조선 사행 반송伴送 서반 차정 요청	• 예부낭중에게 복본과 성지의 초본에 오류 가 있음을 전했지만 이미 수정 불가
11.26		• 차정된 반송 서반 호방胡芳이 옥하관 방문 • 통사를 예부에 보내어 칙서, 상의 일 탐문
11.27		• 공용경이 가인을 보내 문서로 종계변무 일 을 알림
11.29		• 서반 임경화, 호방, 부사 안희 등과 술자리 • 통사를 예부에 보내 칙서와 완제 선물의 일 을 탐문
11.30		• 공용경이 사람을 보내 내각에 나아가 칙서 가 언제 완성되는지 알아봐 주겠다고 함
12. 1		• 통사를 예부에 보내 칙서와 상사의 일 탐문 (4~5일 간에 받을 수 있다는 답변)
12. 2	• 통사를 통정사에 보내 귀국한다는 문 서 올림	
12. 3	• 통사를 예부에 보내어 역서曆書 받아 옴	
12. 4	• 예궐하여 황제 선물 받음	
12. 5	• 예궐하여 황제에 감사 인사 • 예부에 가서 일이 끝났음을 알리는 회신 문서 받아 옴	

날짜	사행일지	
	공식 일정	비공식 일정
12. 6	● 사완장事完狀을 병부 거가사車駕司에 올림	● 동지사의 병이 깊어 차량에 타지 못하여 구례에 따라 가마 탈 일로 예부에 정문
12. 8		● 예부에서 교군轎軍 수본 받음
12. 9	● 통사를 병부에 보내 차량 공문 요청 ● 서반이 칙서가 이제 끝났으니 사조辭朝하는 날 받을 수 있을 것이라 함	
12.10	● 짐바리 검속	
12.11	● 통사를 병부에 보내 차량 공문 요청	
12.12	● 통사를 병부에 보내 차량 공문 올림	
12.13	● 통사를 체운소遞運所에 보내 차량 독촉	
12.14		● 통사를 공용경, 화찰, 설정총 집에 보내어 돌아간다고 인사
12.15	● 황제가 정전正殿에 어거御去하여 칙서 받지 못함	
12.16	● 통사를 홍려시에 보내 사단辭單 올림 ● 황제 칙서 받음	

사항을 끊임없이 설득하는 비공식 외교 활동도 병행되었다.[118]

　명 조정과의 직접적인 소통은 일반적으로 옥하관 밖 출입이 용이하고 통역이 가능한 통사를 통해 이루어졌다. 복잡한 사안의 경우 정사가 예부에 직접 문서를 올려 의견을 소상히 아뢰기도 했다. 이런 이유로 주문·주청 등 조선에 중요 외교 사안이 발생하면 정사 중에 문장력이 뛰어난 자를 선발했다. 돌발 상황에 적절하게 대응하기 위해서는 문서로 명 정부의 공감을 이끌어 낼 수 있는 정사의 문장 실력이 중요했던 것이다. 통사는 명 관료와 일상적인 의사소통은 가능했지만, 종계변무와 같이 복잡하고 전문적인 문제는 통역하기 쉽지 않았다. 따라서 중대하고 어려운 외교 난제가 발생했을 때 조선은 최고의 문장가를 정사로 임명했다.[119] 1518년(중종 13) 종계변무 문제 주청을 위해 간 주청사 남곤南袞, 1533년(중종 28) 문금 해제 임무를 맡고 간 진하사 소세양, 1557년(명종 12) 종계변무 문제 해결을 청하기 위해 간 주청사 조사수趙士秀 모두 당대 저명한 문장가였다. 무관 출신들은 정사로서의 자격에 제한이 가해졌다. 무관은 보통 명나라와 별다른 외교 현안이 없는 시기에 진행된 정기 사행의 정사에 임명되었다.

위의 사행 일정 중에서 주목되는 것은 서반序班과의 술자리가 자주 있었다는 점이다. 서반은 홍려시의 종9품 말단 관원으로, 조정의 의례 가운데 시반侍班, 제반齊班, 규의糾儀, 전찬傳贊 등의 일을 관장했다.[120] 조선 사행단의 대표인 정사가 명의 말단 관리인 서반과 여러 차례 술자리를 함께한 이유는 무엇일까? 서반이 조선의 정보 수집 과정에서 가장 많은 도움을 주기 때문이다. 서반은 외국 사행단의 잡다한 사무를 도와주는 일을 맡고 있었기 때문에 사신 일행과 접촉할 기회가 많아 조선의 정보 수집 활동에 자연스레 노출되었다. 따라서 그들과의 친교는 명 조정의 정보를 획득하는 차원에서 간과할 수 없는 비공식 사행 일정이었다.

다음으로 정보 수집 활동을 살펴보자. 조선 사행단의 정보 습득체계를 보면, 정사는 정보 탐문을 총지휘하고, 통사는 정사의 지휘 아래 정보 습득의 1차적인 손발이 되었다. 서장관은 습득 정보에 대한 정식 보고서를 제출했고, 이는 대명 외교의 중장기 대응에 활용하는 보존 기록물이 되었다.

조선 사행단의 정보 수집 방법을 살펴보면 다음과 같다. 한양과 북경을 왕복하는 과정에서 만나는 여러 행인들을 통해 기초적 정보들을 수집한 뒤, 요동 및 북경의 관료들과의 대화를 통해 교차 대조하면서 기초 정보의 사실 여부를 검토했다. 나아가 요동과 북경 등지에서 명의 공문서를 받아 명 내 정치적 실상을 확인하는 과정을 통해 정보가 정확한지를 재차 알아 보고 좀 더 상세한 정보를 얻어 냈다. 명은 자국의 정보가 외국으로 유출되는 것을 금지했지만, 조선 사행단이 명 내 공문서를 반출하는 것은 공공연한 비밀이었다. 1년에 네 번씩 파견되는 모든 사행단이 이 과정을 반복하면서 동일 사안을 재차 확인했다.[121]

　조선은 명 현지에서 다양한 내용의 정보를 광범위하게 확보했다. 대표적인 자료로 황제와 명 조정의 정국 동향에 대한 정보를 들 수 있다. 황제의 역량과 통치 방식은 국가체제 전반을 좌지우지할 만큼 중대한 것이므로 필수적인 수집 대상이었다. 조선의 국정 운영에 참고 및 활용하기 위해 명의 정치 운영, 예제, 기술 등의 자료도 다방면에 걸쳐 수집했으며, 명의 군사 안보 정세 등도 수집했다. 조선은 정보 수집을 매우 중시했고, 사행단이 명에서 수집 조사해 오는 각종 정보를 분석하며, 대명 외교 안보에 촉각을 곤두세우고 있었다.[122] 조선 정부의 대명 외교는 중국 왕조와 외교적 안정을 지속하여 국가의 안녕을 유지하는 것이 가장 중요한 목적이었다.

대명 외교, 조선의 국가 안보를 최우선으로

조선 초 조정은 명과 원만한 관계를 유지하고 외교 사안을 효과적으로 해결하기 위해 정기 사행과 비정기 사행을 활발히 파견했다. 사행단의 주요 임무는 외교 문제 해결, 정보 수집, 공무역 수행 그리고 중국어 능력 배양과 각종 기술 습득이었다. 사행 구성원은 고작 정관 30여 명, 종인 약 5명으로, 수백 명 규모였던 조선 후기 대청 사행과 뚜렷한 대조를 이룬다. 이는 조선 전기 사행이 경제적 측면인 무역보다 외교에 집중하고, 외교 경비 절감을 꾀한 효율적·실용적 운영체제를 지녔음을 보여 준다.

조선 사행은 황궁에 입성하면 조공국 사행단의 공식 일정을 수행했고, 그 외 대부분의 시간은 외교 현안을 해결하고 정보를 수집하는 데 집중했다. 이들은 문서 교환에 의존하는 명의 외교질서에 안주하지 않고, 조선의 이해에 부합하는 방향으로 사안을 조정하기 위해 명 관리들과 지속적으로 접촉하며 설득을 시도했다. 때로는 불법 논란의 소지가 있음에도 명 관료의 자택까지 찾아가 탄원하는 등 적극적인 활동을 전개하기도 했다.

조선 초 신료들은 국가 안보와 직결되는 중국 왕조와의 안정적 관계를 최우선 과제로 삼았고, 무역은 그에 비해 부차적인 문제라 여겼다. 이는 중국 대륙의 정치적 지각 변동이 한반도의 안전을 직접적으로 위협할 수 있다는 사실을 역사적 경험을 통해 인식하고 있었기 때문이다. 이러한 맥락에서 조선 정부의 외교 역량과 정보 수집은 일본·여진 등 여러 대외관계 가운데 특히 명과의 관계에 압도적으로 집중되었다.

양국 관계는 단발적 외교 사건이 아니라 지속적 상호 작용의 과정 속에서 형성되고 변화한다. 조선의 사행 외교 운영은 이를 가능케 한 제도적 기반이었다. 이를 통해, 14세기 말 요동정벌론의 대두 등 긴박한 군사적 갈등 속에서 출발한 조선과 명의 관계는 15세기를 거치며 동시대 어느 나라보다 안정적이고 공고한 외교관계로 나아갔다.

이규철

조선 초기 대명 정보의
수집·활용과 사행 파견

- 15세기 국제관계 변화와 사행의 역할 확대
- 정난의 변에 대한 조선의 정보 수집
- 영락제 즉위와 조선의 대명 사행
- 조명관계 안정화 이후 사행 파견 방식의 조정
- 15세기 초반 조선과 명의 관계 변화 속 사행의 역할

15세기 국제관계 변화와
사행의 역할 확대

조선 태종과 세종의 재위기는 대명관계를 안정시키면서 양국의 교류체제를 완성한 시기였다. 조선은 건국 직후 명과 외교 대립을 거듭했다. 태조와 정종을 이어 즉위했던 태종은 명과의 대립 상황을 해결할 필요가 있었다. 하지만 복잡한 국제관계 속에서 이는 간단한 일이 아니었다.

조선은 건국 직후부터 사대事大를 강조했다. 자연스럽게 명은 상징성을 가진 외교 대상이 되었다. 조선은 명에 상당히 자주 사행을 보냈던 것으로 알려져 왔다. 그러나 조선과 명의 사행이 실제로 빈번하게 왕래했던 시기는 길지 않다. 태종 재위기와 세종 재위기 중 전반기 정도만 사행 왕래가 잦았다.

명은 조선에 비해 사행을 자주 파견하지 않았다. 다만 건문제(재위 1392~1398)와 영락제 재위기(1402~1424) 동안은 상당히 자주 사행을 파견했다. 특히 영락제는 재위 22년 동안 조선에 40차례나 사행을 파견했다. 명이 조선에 파견했던 전체 사행 빈도가 1년에 0.6회인데 영락제가 재위한 동안에는 1년에 1.8회 정도 사행을 보냈다.[1] 조명관계 전체로 봤을 때 영락제 재위기는 매우 독특한 성격을 지닌 시기였다. 가장 중요한 원인은 명에서 발생했던 '정난의 변'이라 판단한다. 정난의 변은 홍무제를 이어 즉위한 건문제의 삭번정책 등에 반발한 연왕燕王 주체朱棣가 군대를 일으키면서 발생한 내전이었다. 연왕은 전쟁에서 승리해 새로운 황제로 등극했다. 당시 조선과 명은 건국 후 국가체제를 확립하지 못한 상황이었다. 국가 운영에 대한 경험도 아직 부족했다. 명이라는 영향력 큰 나라에서 발생했던 내전은 동아시아 국제관계에도 많은 영향을 주었다.

이런 상황에서 조선은 명의 내전을 활용해 조명관계를 개선하고자 노력했다.[2] 건문제 역시 정난의 변 때문에 조선의 도움이 필요했다. 건문제는 조선과 전마戰馬 무역을 했다. 또한 연왕의 근거지와 지리적으로 가까웠던 조선의 협조를 바랐다. 이런 이유로 당시 건문제는 조선이 요구했던 외교적 사안들을 비교적 쉽게 허락했다. 여기서 중요한 역할을 담당한 것이 '사행'이다.

태종 재위기 동안 조선이 명에 파견했던 사행의 특징을 살펴보면, 우선 조선은 관심 사안에 대한 정보를 수집한 뒤 이에 맞춰 가급적 신속하게 사신을 보냈다. 주목할 점은 공식 통보가 없더라도 조선이 먼저 정보를 파악한 뒤 사행을 파견한 사례가 많았다는 사실이다. 명의 입장에서는 조선이 자국의 사정을 엿본다는 점에서 충분히 불쾌할 수도 있었다. 하지만 영락제는 조선의 사행 파견 방식을 긍정적으로 평가했다. 연왕군이 내전에서 승리했을 때, 새로운 황제로 즉위할 때 조선은 수집한 정보를 바탕으로 신속하게 사행을 파견했다. 이에 대한 영락제의 호의적 반응은 조선의 사행 파견 방식에 큰 영향을 주었다. 하지만 조선의 방식은 명의 반발을 야기할 수 있는 가능성을 내포하고 있었다. 어떤 명분을 제시하더라도 조선이 명의 내정이나 사정을 지켜보고 있다는 지적에서 자유로울 수 없었기 때문이다.

정난의 변에 대한 조선의 정보 수집

조선과 명의 긴장관계는 홍무제 이후 건문제가 즉위하면서 전환되었다. 건문제는 조선의 사행을 막지 않았고, 별다른 외교 문제를 제기하지도 않았다. 조선은 이 기회를 활용해 홍무제 때 거부당했던 인신印信(도장)과 고명誥命(왕으로 임명한다는 임명장)을 다시 요청했다.[3]

양국 관계가 개선된 가장 큰 배경은 표면적으로는 황제의 교체였다. 그러나 좀 더 중요한 이유는 연왕의 거병으로 인한 '정난의 변'이었다. 연왕 주체는 홍무제 사망 당시 생존한 아들 중 가장 연장자였다. 그는 명의 건국 과정 및 몽골 세력과의 전투에서 많은 공적을 세웠다. 뛰어난 통솔력과 전투 경험이 풍부한 병력을 보유했던 연왕의 입장에서 조카 건문제가 자신을 대신해 황제로 즉위하는 상황을 인정할 수 없었을 것이다. 그는 황제 주변의 간신들을 제거하겠다는 명분으로 출병했고, 이는 곧 대규모 내전으로 격화되었다.[4]

조선의 기록에서 정난의 변에 관한 정보가 처음 등장한 것은 정종 1년(1399) 3월이었다. 《정종실록》에는 요동 동녕위에 소속된 조선 출신 군인이 부역 일을 피해 도망오면서 제공한 정보가 기록되어 있다.[5] 기록에 따르면 조선 출신 군인은 연왕이 홍무제에게 제사 지내고자 군대를 인솔하고 수도에 이르렀다는 중요 정보를 알려 주었다. 또한 건문제가 연왕을 홀로 성에 들어오도록 조치하자 이에 반발한 연왕이 본거지로 돌아가 황제 곁의 악한 자들을 추방하겠다는 명분을 내세우며 군대를 일으켰다는 정보도 전했다. 그런데 이 기록을 그대로 받아들이기에는 몇 가지 의문이 남는다. 우선 정보 내용이 너무 상세하고 정확하다. 요동에서 도주한, 이름도 확인되지 않는 병사가 당시 명의 내전 발생

전황을 어떻게 그리 자세하고 확실하게 전달할 수 있었는지 의구심이 든다. 더욱이 정종 1년 3월은 연왕의 실제 거병보다 4개월이나 빠른 시점이다.[6] 무엇보다 조선이 명의 내전 상황을 요동에서 도망온 군인의 정보로만 파악했을 것 같지는 않다.

조선은 정종 즉위 직후 건문제에 대한 하등극사賀登極使와 홍무제에 대한 진향사進香使를 함께 파견했다.[7] 이에 앞서 조선은 설장수偰長壽를 계품사計稟使로 파견했으나 요동도사遼東都司에서 3년 1행의 시기에 맞지 않는다며 입경을 거부당한 바 있었다. 이에 의주로 돌아온 설장수가 사행 파견 시기를 조정하거나 진향사로 바꿔 파견해 달라는 의견을 내자 이를 반영한 조치였다.[8] 여기서 주목되는 점은 계품사 설장수가 요동까지 갔다가 의주로 돌아왔다는 것이다. 이 과정에서 설장수 등이 이미 명 내부의 정세가 불안하다는 정보를 조정에 보고했을 가능성도 있다.[9]

하등극사와 진향사 일행은 6월에 함께 복귀했다. 명에서 보내 온 자문咨文에는 홍무제가 허락했던 성교자유聲教自由(임금의 교화는 조선의 사정에 맞게 자유롭게 하라)의 원칙을 그대로 유지한다는 내용이 담겨 있었다.[10] 물론 이 기록에는 명의 정세에 관한 내용은 없었다. 하지만 사행이 왕래하는 6개월 동안 명의 정세에 관한 정보를 파악했고, 관련 내용이 조정에 보고되었을 것이라는 점은 충분히 예측 가능하다.

조선에서 여러 경로를 통해 명의 내전 관련 정보를 수집했다는 점은 정종 2년의 경연 때 국왕과 경연관들의 대화를 통해서도 확인할 수 있다. 경연에서 동지경연사 전백영全伯英이 정종에게 연왕이 거병하여 중국이 혼란스러운데 만약 정료위定遼衛 병력이 항복해 온다면 어떻게 조치할 것인지를 물었다. 정종은 고민이 필요하지만 받아들이지 않는 편이 좋겠다는 의견을 밝혔다. 지경연사 권근權近도 정료위의 항복을 받아들인다면 연왕이 내전에서 승리해 문죄할 경우 대처할 수 없다면서 정종의 의견에 동의했다.[11]

정종과 경연관의 대화는 정난의 변 전개 과정에 대한 조선의 인식을 잘 보여 준다. 이 기록에서 크게 주목되는 것은 두 가지다. 첫 번째, 조선이 명의 내전에 대한 정보를 파악하고 있었다는 점이다. 두 번째, 연왕의 승리 가능성을 언급했다는 점이다. 권근은 정료위의 항복을 불허해야 하는 이유로 연왕의 승리를 거론했다. 이는 조선이 수집한 명의 내전 정보를 분석하면서 연왕군이 승리할 가능성이 크다고 판단했음을 보여 준다. 실제 전황이 연왕군에 유리하게 전개된 점을 생각하면 조선은 상황을 제대로 파악하고 있었던 셈이다. 같은 해 9월 정료위의 인원 12명이 도망해 와 건문제 측이 크게 혼란스러워졌고 연왕군이 계속 승리하고 있다는 소식을 전했다.[12] 연왕 측이 승기를 잡았음을 엿볼 수 있는 기록이다. 조선은 이 정보를 통해 연왕군의 승리 가능성을 더욱 크게 점쳤을 것으로 보인다.

명은 태종 즉위 후에도 조선에 대해 우호적 태도는 유지했다. 정종 재위 때 파견한 성절사 일행의 서장관 최윤崔潤은 먼저 복귀해 건문제가 자신들을 후대했고, 위화도회군이 막대한 공적이라며 조서詔書와 상사賞賜를 전하는 사신을 보냈다고 보고했다.[13] 건문제가 파견한 사신은 예부주사 육옹陸顒과 홍려 행인 임사영林士英 등이었다.[14] 그런데 당시 건문제가 보낸 조서의 대상은 태종이 아니라 정종이었다. 성절사 이지李至는 정종의 재위기에 파견되었다.[15] 실제 건문제가 조선에 보낸 조서의 내용에는 권지국사 이경李曔이 명시되어 있었다. 특히 조서에는 종실宗室이 조용하지 못해 전쟁이 그치지 않았다는 언급 등이 수록되었다.[16] 명의 내전 상황을 직접 언급하며 조선의 사대 외교를 칭송할 수밖에 없는 건문제의 입장이 반영된 것이었다.

같은 달 태종은 삼사우사 이직李稷과 우군총제 윤곤尹坤을 사은사로 명에 파견했다.[17] 아울러 명과의 말 무역을 계속하도록 지시했다.[18] 명은 조선에 사신을 보내 자신들이 내전을 겪고 있다는 점을 공식적으로 알렸다. 조선은 사행이 계속 남경을 왕래하는 상황이어서 명의 내전 관련 중요 정보들을 이미 보고받았을 것이다. 태종이 사은사 파견과 말 무역을 지속했던 것은 명에 관한 정보를 수집하려는 의도가 강하게 반영된 조치로 보인다.

3월에는 태종의 왕위 계승을 알리고 새로운 고명과 인신을 요청하기 위해 파견했던 판삼사사 우인렬禹仁烈과 첨서의흥삼군부사 이문화李文和 등이 예부의 자문을 가지고 복귀했다. 당시 건문제는 조선의 요구사항을 모두 들어 주었다. 태종이 정종의 후계자가 되는 것을 인정해 준 것은 물론 조선에서 요청한 인신과 고명도 허락했다. 다만 자문에는 조선의 국왕이 갑자기 동생으로 교체되는 상황을 의심하는 내용도 기록되어 있었다.[19] 태조-정종-태종으로 조선의 국왕이 짧은 기간 동안 두 차례나 교체되는 상황에 대해 명 역시 의구심을 지우기는 어려웠을 것이다. 다만 명의 국내 사정이 너무 복잡했다. 당장 조선과의 외교관계를 안정시켜야 했다. 더 나아가 조선의 도움까지 필요한 상황이었다. 이런 이유로 건문제는 조선의 요구를 모두 들어 줄 수밖에 없었을 것이다.[20]

명에서는 조선의 요청에 따라 통정시승 장근章謹과 문연각대조 단목례端木禮 등을 사신으로 보내 고명과 인신을 하사했다.[21] 태조 대와 비교할 수 없을 정도로 조선과 명의 관계는 급격하게 개선되었다. 이에 더해 서로 사행을 계속 주고받을 정도로 외교 교류도 활발하게 이루어졌다. 심지어 조선에서 무역을 통해 명에 보냈던 말의 상태가 좋지 않아 건문제의 병력이 연왕군과의 전투에서 퇴각할 때 기병이 보병에 뒤처지는 곤란한 일이 발생하기도 했다. 그렇지만 명에서는 별다른 외교 문제를 제기하지 않았다.[22] 명의 내전 상황을 고려해도 홍무제 재위기에 비해 건문제 재위기 동안 조선과 명의 관계가 크게 개선되었다는 점은 부정하기 어렵다.

조선 역시 명에서 전쟁에 필요한 말을 확보하기 위해 제안한 무역 요구를 모두 받아들였다. 명은 사신을 통해 이미 무역했던 말 3,000필 이외에 새로 말 1만 필의 무역을 요구했다.[23] 조선은 우선 1,000필의 말을 중국으로 보내기 위해 준비했다.[24] 명사 축맹헌은 조선의 형세를 보니 갑자기 1만 필을 준비하기는 어려울 것 같다며, 이 사정을 자신이 직접 황제에게 아뢰겠다고 제안했다. 태종은 조선에 원래 말이 많지 않다는 점과 왜구 대비를 위한 기병의 필요성을 언급하며 5,000필을 준비하겠다고 말했다.[25]

12월에는 예제禮制를 청하기 위해 파견되었던 영의정부사 이서李舒 등이 귀국했다. 이서는 자신이 남경에 있으면서 건문제가 직접 군대를 점고하는 상황을 봤는데, 주변 사람들이 장차 연왕을 토벌하려고 준비하는 것이라 말했다고 보고했다.[26] 짧은 기록이지만 조선이 명의 내전 상황을 파악하는 데 매우 중요한 정보였다고 판단한다. 건문제가 남경에서 직접 군대를 점검했다는 사실을 통해 연왕군의 병력이 근처까지 남하했다는 점과 황제 주변의 친위부대가 출동해야만 하는 상황이었다는 점을 추정할 수 있다. 연왕의 병력이 건문제 병력을 압도한 것은 물론 남경의 병력들이 황제에게 직접 점고를 받아야 할 정도의 상황까지 이르게 된 것이다.

3월 하성절사로 파견되었던 참찬의정부사 최유경崔有慶은 내전 정세에 대한 중요 의견을 보고했다. 최유경은 연왕군의 군세가 강하고 승기를 탔기 때문에 병력이 많은 황제의 군대와 싸우지만 결국 승리하게 될 것이라는 의견을 진술했다.[27] 특별히 주목되는 점은 최유경이 건문제의 병력이 연왕군보다 많지만 패배할 것이라고 예측했다는 사실이다. 이는 단순히 개인의 의견이 아니라 전세가 명확하게 연왕군 측으로 기울어진 상황에서 판단한 것을 전달한 듯하다.

이와 더불어 의주로 도망온 요동군 주경朱景 등이, 지난 2월 18일 연왕군을 공격하다 패배한 건문제 군의 군사와 말이 도망하면서 흩어졌는데 이들이 일반 백성들의 집을 약탈한다는 소식을 알렸다. 태종은 더 자세한 상황을 파악하기 위해 판내자시사 유귀산庾龜山을 의주로 파견했다.[28] 다음 날에는 연왕군을 피해 요동에서 조선으로 도망온 인원들을 강원도와 동북면 지역에 나누어 배치했다.[29] 월말에는 만산군漫散軍 2,000여 명이 강계에 이르렀다는 사실도 조정에 보고되었다.[30]

명의 내전은 계속 확대되었다. 연왕의 근거지와 가까운 요동 지역은 물론 남경 일대에도 전장이 형성되었다. 내전의 여파는 명 내부에만 그치지 않았다. 요양 지역의 군인이나 민호民戶가 계속 도망오는 등 조선에도 영향을 끼쳤다. 이에 조선 또한 대명 사행들의 정보 보고를 받으며 명의 내전 전개 양상에 더욱 촉각을 곤두세울 수밖에 없었다. 여기에서 주목할 것은 내전이 격화되는 상황에서도 조선과 명이 계속 사행을 파견했다는 점이다. 명의 내전 상황이 다양한 경로를 통해 조선 조정에 시시각각 보고되는 급박한 시기였음에도 명의 사행단은 한양에 머무르고 있었다. 말 무역 문제를 처리하기 위해서였다. 명 조정의 급박한 상황을 보여 주는 정황이다.

명의 내전 상황이 확대되고 그 여파가 조선에도 미치자 말 무역과 도망오는 요양 지역의 백성들을 받아들이는 조치에 반대하는 의견도 나타났다. 내서사인 이지직李之直과 좌정언 전가식田可植은 명의 내전 상황이 확대되고 국내에도 재변이 계속 발생하고 있음을 지적하면서 말 무역을 중단하고 요양 지역의 이주 백성들을 돌려보낼 것을 제기했다. 태종은 의정부와 관련 부서들의 의견을 구했다. 이들은 이미 진행되고 있는 말 무역을 갑자기 중단할 수 없다고 판단했다. 또한 요양 지역의 도망자들을 받아들인 조치 역시 대신들과 논의를 통해서 결정했다는 점을 언급하며 기존대로 시행하자는 의견을 제시했다.[31]

영락제 즉위와 조선의 대명 사행

명의 내전 상황은 더욱 악화되었다. 조선이 파견했던 사행 노숭盧嵩 등이 개주참開州站에서 도적을 만나 진헌품과 말 등을 모두 빼앗기는 사건도 발생했다. 태종이 이 사실을 명의 사신 단목지에게 알리자 그는 두렵고 걱정이 되어 잠을 이루지 못했다.[32] 조사 결과 이 도적 무리들은 연왕군에 패배한 건문제 군의 병력들로 밝혀졌다.[33] 전쟁을 피해 조선으로 도망온 인원들을 추격하는 명의 군사가 국경을 넘어오려고도 했고,[34] 건문제 군의 패잔병들이 황제에게 보내는 사행의 진헌품을 약탈하는 일까지 발생했다. 이런 상황에서 조선도 더 이상 말 무역을 진행하기 어려웠다.[35]

이에 더해 서북면 도순문사 이빈李彬은 사람을 보내 동녕위 천호千戶 임팔라실리林八剌失里가 조선에 귀부 의사를 밝혔다고 보고했다. 그는 명을 배신하여 심양·개원 두 衛(위)의 군사를 다수 죽인 뒤 3,000여 호를 거느리고 도망온 것이었다.[36] 명으로 복귀하려던 축맹헌과 사은사 노숭 등이 요동에서 길이 막혀 모두 한양으로 돌아오기도 했다.[37]

태종은 대신들에게 임팔라실리 문제를 논의하도록 지시했다. 귀부를 받아들이자는 의견보다 일단 변경에 머무르도록 조치하고 상황을 파악하자는 의견이 더 많았다.[38] 하지만 태종이 이들을 외면한다면 조선에 해를 끼치거나 굶어 죽을 수도 있다는 의견을 내자 모두 받아들이기로 결정했다.[39] 이렇듯 여러 문제가 연이어 터지자 사람들은 상황을 보다 심각하게 받아들이기 시작했다. 심지어 대명 사행사로 정해지자 병을 핑계삼아 임무를 거부하다가 직첩이 회수되고 유배당하는 인물까지 나타났다.[40] 명사 축맹헌과 단목지 등은 조선에 1년 넘게 머무르다가 겨우 복귀하게 되었다.[41] 8월에는 사은사로 파견되었던 박돈지朴惇之가 길이 막혀 남경까지 가지 못하고 중도에 황제의 조서를 베껴서 돌아왔다. 건문제의 조서에는 연왕군이 회수淮水를 넘어 남경을 직접 공격하려 한다는 점과 자신을 도울 근왕병을 모집한다는 내용 등이 수록되어 있었다.[42] 황제가 직접 근왕병 모집을 호소한다는 것은 연왕군이 전쟁의 승기를 확실하게 잡았다는 사실을 증명해 주는 근거였다. 동시에 건문제와 그의 군대가 매우 어려운 상황에 빠졌다는 점도 알려 주는 소식이었다.

태종은 복귀한 박돈지의 보고를 받은 다음 날 바로 성절사를 파견했다.[43] 조선 사행이 전란으로 인해 길이 막혀 명으로 가지 못하고 복귀하는 상황이었지만 태종은 꾸준하게 대명 사행을 파견했다. 건문제의 근왕병 모집에 대해서 아무런 반응도 하지 않았던 조선이 황제에 대한 배려심 등의 이유로 사행을 파견한 것으로 보이지는 않는다. 명의 내전 상황에 관련된 정보를 계속 수집하면서 정세를 파악하려는 목적이 더 우선한 조치였을 것이다.

결국 태종 2년(1402) 9월, 연왕의 승전 소식이 전해졌다. 서북면 도순문사는 통사 강방우康邦祐의 보고 내용을 급하게 전달했다. 지난 6월 13일 연왕이 승리했고, 건문제가 봉천전에 불을 지르게 한 뒤 대궐에서 스스로 목을 매어 죽었다는 내용과 9월 17일에 새 황제가 즉위했다는 소식을 전하는 사행이 파견되었다는 내용이었다.[44]

내전의 종료와 새로운 황제의 등극을 확인한 태종은 즉시 관련 조치를 시행했다. 제일 먼저, 명의 사신이 태상왕의 안부를 확인했다는 이야기를 듣고 회암사에 머무르던 태조를 모셔 왔다.[45] 다음으로 건문 연호의 사용을 중지하도록 지시했다.[46] 그리고 새로운 황제의 즉위를 축하하는 하등극사 파견 문제를 대신들과 논의했다. 정승 이무李茂와 김사형金士衡이 병환 중이라 멀리 다녀오기 어렵다고 해 하륜河崙이 직접 자청해서 사행 임무를 맡았다.[47]

명의 도찰원 첨도어사 유사길兪士吉과 홍려시 소경 왕태汪泰 등이 새 황제의 조서를 가지고 한양에 도착했다. 조서에는 군대를 일으켜 건문제 세력을 제압한 이유와 과정 등이 상세하게 담겨 있었다. 아울러 홍무 연호의 복귀와 다음 해부터 영락 연호를 사용할 것을 요구하는 내용도 적혀 있었다.[48] 조서를 받은 조선은 사흘 후 영락제 즉위를 축하하는 사행을 하정사와 함께 파견했다.[49] 조선이 파견한 하등극사의 도착 사실은 명의 기록에서도 확인된다.[50] 이때 조선의 하등극사 파견 과정에서 주목되는 점은 신속함이다. 영락제의 즉위를 공식적으로 알리는 명의 사행이 한양에 도착한 지 사흘 만에 축하 사행을 파견한 것이다. 명의 사행이 한양에 도착한 날과 조선의 사행이 출발한 날을 제외하면 양국 사행 파견의 간격은 이틀 정도에 불과하다. 이는 조선이 공식 통보 이전에 새로운 황제의 즉위를 축하하기 위한 사행을 준비하고 있었음을 의미한다. 조선은 건문제 즉위 후 조명관계를 크게 개선시켰다. 이를 위해 명에서 요청했던 말 무역을 충실하게 이행했다. 조선은 자신들이 보낸 말이 전쟁에 쓰인다는 점을 분명하게 알고 있었다. 더욱이 내전이 확대되면서 요양 지역에서 조선으로 도망온 대규모 인원을 돌려보내지 않고 자국의 민호로 만들고자 했다.

조선이 건문제 재위기 동안 시행한 조치들은 영락제 입장에서는 언제라도 문제삼을 수 있는 외교 사안들이었다. 홍무제 때 경색된 조명관계를 생각해 보면 건문제 때 개선된 외교관계가 새로운 황제를 중심으로 다시 악화될 가능성도 충분했다. 그렇기 때문에 조선은 명의 새로운 황제와도 우호관계를 형성할 필요가 있었다. 영락제는 격렬했던 내전에서 승리해 새로운 황제가 되었다. 조선은 이 부분을 강조하면서 영락제를 인정한다는 의사를 적절하게 밝혀야 했다.

태종은 즉위 후 명의 내전 상황에 주목하면서 수시로 사행을 파견했다. 명의 내전이 격화되어 요동에서 길이 막히거나 진헌품 등을 탈취당하는 사건이 발생했음에도 사행 파견은 계속되었다. 일차적으로 명의 내전에 관한 정보를 수집하고, 대응 방안을 찾기 위한 목적이었을 것이다. 동시에 어려운 환경에서도 대명관계를 유지하기 위함이었을 것이다. 태종은 이런 목적에서 사행을 적극적으로 활용했다.

조선 측이 수집한 정난의 변에 관한 정보의 내용과 흐름을 살펴보면 내전 발생 후 전세가 점차 연왕 측에 유리해진 정황을 충분히 파악했을 것으로 보인다. 하지만 건문제 세력 역시 무시할 수준은 아니었기에 조선의 입장에서는 어느 한쪽에 모든 것을 걸 수는 없었을 것이다. 내전이 격화되는 과정에서 조선과 명이 서로 사행을 계속 주고받았고, 전쟁용 말이 대규모로 무역되었다. 심지어 건문제가 파견한 사신들이 돌아가는 길이 막혀 조선에 1년 넘게 머무르기까지 했다.

이런 상황에서 조선은 건문제의 패배와 새로운 황제의 즉위를 파악하자마자 누구보다 먼저 하등극사를 파견했다. 영락제의 즉위를 알리는 명의 사신이 도착하고 사흘 만에 하등극사를 출발시켰다. 이는 내전의 결과가 확인되었을 때 조선이 취할 조치가 이미 결정되어 있었음을 의미한다. 조선이 수집했던 대외 정보를 바탕으로 어떠한 외교적 자세를 취할지 미리 논의했다가 결과를 보고 즉각적으로 반응한 것이다. 조선은 명에 대한 정보를 계속 확보하면서 가장 유리한 방향이라 판단되는 외교적 조치를 바로 시행했다. 명의 주변국 중 조선을 제외하고는 아무도 채택하지 않았던 외교 방식이었다.

조선의 외교 방식은 만산군漫散軍 문제에서도 그대로 나타났다. 조선은 명에서 사신을 파견해 요동에서 도망온 군인들을 붙잡아 명으로 돌려보낼 것이라는 정보를 입수했다. 이에 바로 전국에 문서를 보내 각지에 분산, 안치한 요동 군인들을 확보하도록 지시했다.[51] 영락제의 즉위 사실을 파악하고 명의 요청이 있기 전에 먼저 이들을 추쇄하여 돌려보낼 준비를 했던 것이다. 이 과정에서 조선은 요동에서 이주해 온 많은 수의 민호들을 받아들였다가 다시 돌려보내는 것에 대한 미안함 같은 감정을 전혀 보이지 않는다. 조선은 대명관계를 안정시키기 위해 필요한 모든 조치를 취하고자 했을 뿐이었다.[52]

조선이 만산군 추쇄에 선도적으로 나선 일은 관련 내용을 전달하기 위해 조선에 온 명의 사신도 높게 평가했다. 명사 왕득명王得名은 조선이 임팔라실리를 우선 송환한 일에 대해 태종이 명 조정을 공경하는 뜻이 지극하다고 칭찬했다.[53] 명사 왕미실첩王迷失帖 역시 태종이 성지聖 旨가 도착하기 전에 명의 백성들을 돌려보낸 일을 높게 평했다.[54] 왕득 명은 만산군 복귀와 관련해 영락제의 포상을 받기도 했다.[55]

하등극사 하륜·이첨李詹·조박趙璞 등은 조정에 복귀해서 황제가 자 신들을 보고 크게 기뻐했고, 직접 파견했던 사신이 도착한 다음 날 바 로 출발했을 것 같다고 말하며 후대했다는 사실 등을 보고했다.[56] 조선 의 사행 파견 방식은 영락제를 비롯한 명의 관리들에게 호감을 얻었던 것으로 보인다. 후일 태종은 명사 황엄黃儼에게 영락제가 자신을 지극 히 후대하는 이유를 물었다. 황엄은 영락제가 즉위 후 천하에서 아직 조회하러 온 사람이 없었는데, 조선만이 정승을 보내 진하했던 일을 높 게 평가했기 때문이라고 대답했다.[57] 영락제가 조선의 조치를 어떻게 바라봤는지 알 수 있는 기록이다.

이후 조선은 명에 외교적으로 해결해야 할 문제들의 승인을 적극적으 로 요청했다. 영락제는 조선의 요청을 대부분 받아들여 주었다. 대표적 으로 조선은 태조 대 사행으로 파견되었다가 명에 구금되어 있던 인원 들을 복귀시키는 일에 성공했다. 또한 면복과 서적을 요청했던 사안 역 시 모두 허락받았다.[58] 여기서 주목되는 점은 조선에서 요청한 면복과 서적을 보낼 때에도 명은 별도의 사행을 구성해 파견했다는 사실이 다.[59] 조선과 명의 관계가 건문제 재위기보다 훨씬 더 밀접해진 것이다. 양국 사이의 외교관계는 이전보다 더욱 안정적 기조를 띠게 되었다.

조명관계 안정화 이후
사행 파견 방식의 조정

태종 재위기 동안 조선이 자체적으로 수집한 정보를 기반으로 명의 공식 통보 전에 사행을 파견하는 등의 외교 조치를 취한 일은 양국의 관계 개선에 긍정적 효과를 가져왔다. 실제로 태종 재위기 동안 조선과 명 관계는 크게 안정되었다. 조선은 외교 사안의 대부분을 뜻대로 해결할 수 있었다. 조선의 외교 방향에 대해 명의 동의를 얻었던 것도 중요한 성과였다.

태종 대 사례는 후계자인 세종에게도 큰 영향을 주었다. 세종 역시 태종처럼 명과 관련된 외교 사안이 발생하면 선제적으로 대응했다. 대명 정보를 조선이 먼저 수집해 선제적으로 사행을 파견하는 방식은 황제 사망 후 진위사·진향사를 파견한 데에서 확인할 수 있다. 세종 6년 (1424) 9월 평안감사는 요동에서 가져온 황태자의 유시문을 바탕으로 영락제의 사망 사실을 조정에 보고했다. 영락제가 친정親征 중 7월 유목천에서 사망했다는 것이다. 아울러 영락제가 기후 문제 등으로 많은 병력이 손상되어 걱정하다가 사망했다는 정보 등을 명 조정 관리들을 통해 확보해서 함께 보고했다.[60]

사실 명 조정에서도 영락제의 갑작스러운 죽음의 원인을 정확하게 파악하지 못한 상황이었다. 명 조정의 관리들조차 영락제 사망에 대한 여러 상황을 일부 정보에 근거해 추정했던 것 같다. 영락제의 죽음은 조선 조정에서도 당황할 수밖에 없는 큰 사건이었다. 조선이 영락제의 북방 순행 소식에 흠문기거사를 파견한 것이 불과 3개월 전이었다.[61] 또 한확韓確의 모친상을 조문하기 위해 조선에 파견되었던 명 사신이

복귀를 위해 한양을 출발한 때가 7월이었다.[62]

영락제의 사망 소식을 접한 조선 조정은 즉시 홍무제의 상례를 기준으로 의례를 시행했다.[63] 그리고 황제의 죽음에 대한 명의 통보를 기다리지 않고 바로 진향사 최이崔迤와 진위사 안순安純을 파견하며 진위표陳慰表와 진향제문進香祭文을 보냈다.[64] 9일 후에는 영의정 이직李稷과 총제 이각李恪을 하등극사로 파견했다.[65] 세종 역시 태종 대의 경험을 바탕으로 명 관련 정보를 먼저 파악해서 선제적으로 조치했다. 앞서 살펴본 바와 같이 태종은 영락제의 등극이나 만산군 쇄환 문제에서 명의 동향을 먼저 파악해 관련 조치를 취했다. 또 명에서 전혀 요구하지 않았음에도 세자를 사신으로 파견해 영락제에게 조현朝見시켰던 조치 역시 좋은 반응을 이끌어 냈다.[66] 명의 요청이 있기 전에 정보를 통해 관련 사안을 파악하고 외교 조치를 취하는 것은 태종 대 대명 외교의 핵심이었다.

이를 잘 파악하고 있던 세종 역시 같은 방식으로 대명 사행을 활용하고자 한 듯하다. 영락제에 대한 조문과 새로 즉위한 황제에 대한 축하 사행을 빨리 파견해서 명에 대한 조선의 정성을 인정받고 싶었을 것이다. 그동안 대명관계 개선에 큰 효과가 있던 방식이었기에 세종 역시 이 방법을 더욱 활용하고 싶었을 것이다.

9월 23일에는 흠문기거사의 통사 사주경史周京이 먼저 복귀해 영락제 사망에 대한 정확한 정보와 명의 장례 절차, 부고사訃告使 파견 사실 등을 보고했다.[67] 4일 후에는 명에서 조선으로 파견한 사행에 대한 보다 자세한 정보가 보고되었다. 흠문기거사의 통사 배온裵蘊이 복귀해 등극을 알리는 사신으로 통정사 참의 팽경彭璟과 예부낭중 이의李猗, 부고를 알리는 사신으로 내관 유경劉景과 행인 진선陳善이 파견되었다는 사실

을 보고했다.[68]

그런데 조선의 진향사·진위사 일행이 명의 사신들을 만나면서 문제가 발생했다. 명사는 황제의 사망에 관한 조서가 아직 도착하지도 않았는데 사적으로 소식을 파악해 사행을 파견하는 건 부적절하다고 지적했다. 진향사 최이와 진위사 안순 등은 사적으로 소식을 통한 것이 아니라 과거에도 북방 평정이나 상서로운 일이 있을 때 조명詔命을 기다리지 않고 축하하는 사행을 파견해 왔다고 설명했다. 아울러 황제의 사망 소식을 듣고 조선 국왕이 이미 상례를 행했으니 사행을 파견할 수밖에 없다는 점을 강조했다. 명사는 이치에 맞긴 하지만 예에는 어긋난다며 사신이 먼저 억지로 들어가려 하는 것은 조선의 실수이고 사적으로 소식을 통한 일에 대해 반드시 죄를 물을 것이라 경고했다. 이 내용이 조정에 보고되자 세종은 대신들과 논의 후 명사에게 지신사 곽존중郭存中과 주서 이승손李承孫을 따로 보내 조선의 사행을 먼저 보낼 수 있게 해 달라고 청했다.[69] 명사는 조선 조정이 이미 상례를 거행했음에도 칙서가 도착한 뒤 상례를 다시 거행하라고 했다.[70]

8일 이승손이 복귀해 곽존중과 명사가 문답했던 내용을 보고했다. 곽존중은 진위사와 진향사를 먼저 보내게 된 사정을 자세하게 이야기하면서 신하된 자로서 군부君父의 상을 듣고 이를 늦출 수 없다는 점을 강조했다. 아울러 사신들이 원한다면 현재 머무르고 있는 진위사와 진향사는 먼저 출발시키고, 조서를 받은 후 이에 감격했다는 뜻으로 별도의 사행을 다시 파견하겠다는 뜻을 전달했다. 정사 유경은 결국 사행 파견 순서와 형식을 조선이 알아서 판단하라고 이야기했다. 반면 부사 진선은 진향사와 진위사를 보내고 다시 사행을 파견하는 방안도 반대했다. 하지만 곽존중이 계속 논리로 압박하자 유경처럼 사행의 파견 순

서를 조선이 알아서 결정하도록 했다.[71]

사실 조선이 황제의 사망 소식을 접하고 제후의 도리로 진향사와 진위사를 즉시 파견했다는 논리는 반박하기 어렵다. 제후가 황제의 사망을 알고 최대한 빨리 조문하고 상례를 치르는 것은 납득할 수 있는 행동이었다. 그럼에도 명사 일행이 진위사·진향사의 출발을 막은 것은 신하를 자처하는 국가가 상국上國의 내정을 계속 살펴보고 있다는 점에 대한 불편함을 드러낸 것으로 보인다.

태조 대는 물론 태종 대까지 조선은 명의 정세를 다양한 경로로 살피면서 대응했다. 조선의 태도에 대한 명의 반응은 기록을 통해서는 쉽게 확인되지 않는다. 다만 명의 입장에서는 충분히 불쾌할 수 있는 상황이었다. 조선의 정보 활동과 이에 맞춰 신속하게 대명 사행을 파견하는 외교 방식을 불편하게 생각하는 이도 있었을 것이다. 태종 대에는 영락제가 조선의 태도를 호의적으로 받아들였기 때문에 별다른 문제가 발생하지 않았다. 하지만 조선의 외교 방식을 못마땅해하던 이들은 불만을 쌓아 가고 있었고, 그것이 진위사·진향사 파견 문제를 통해 표출되었던 것이다.

명의 부고 사신은 11일 한양에 도착해 경복궁에서 의례를 시행했다.[72] 조선도 원래 출발시켰던 진위사와 진향사를 그대로 보내지 않고 새로 수정한 진향 및 진위 표문·자문을 교체해서 가져가도록 했다.[73] 이는 명사가 요구한 사항을 반영하기 위한 조치로 보인다. 명사들은 조서를 접한 뒤 다시 상례를 치르라는 요구를 철회하지 않았다. 이에 문례관 정여鄭旅가 두 번 상례를 거행하는 것은 지금까지 없었던 일이며 명조정에도 실례가 될 수 있다고 주장했고, 결국 조선의 논리를 관철시켰다.[74] 15일에는 명 사신 예부낭중 이기李琦와 통정사 참의 팽경彭璟 등이

도착해 새로운 황제의 등극을 알리는 조서를 전달했다.[75]

조선이 명의 공식 통보가 있기 전에 진위사와 진향사를 먼저 파견했던 문제는 일단락된 것처럼 보였다. 하지만 조선이 명의 정보를 사적으로 탐지했다는 의심이나 문제 제기가 완전히 해소된 것은 아니었다. 11월 하등극사 이직과 이각은 조선으로 복귀하던 중 요동도사에서 황후 및 태자의 책봉과 천추절에 관한 조서를 등사하겠다고 했다. 그런데 경력 왕장王璋은 영락제 부고에 관한 내용을 누설한 것이 명사들을 통해 문제가 되었다면서 조서를 보여 주지 않았다. 결국 조선의 사행은 태자 책봉과 천추절에 관한 조서를 등사하지 못했다.[76] 이는 조선이 명의 내정에 관한 정보를 임의로 파악하는 데 대한 불편한 감정이 여전히 남아 있었음을 보여 준다.

조선으로 복귀한 진향사·진위사가 명의 예부상서 여진呂震에게 진향·진위가 늦어진 사정을 자세하게 설명하자 조선이 조칙을 기다리지 않고 바로 사행을 파견한 것도 옳은 일이라 했다고 보고했다.[77] 여진의 반응으로 미루어 보면 명의 사신들이 조선의 진향사·진위사 파견 시기를 문제삼은 것은 아닌 듯하다. 예의나 절차 문제보다는 명의 사정을 조선이 임의로 파악하는 것에 대한 불만이 더 크게 표출되었던 것으로 보인다.

영락제에 대한 진위사와 진향사 파견 문제는 조명관계에서 심각한 문제로 비화되지는 않았다. 하지만 이후 조선이 대명 사행을 파견할 때 기존처럼 정식 통보를 받지 않은 상황에서 선제적으로 조치하는 일은 줄어들게 되었다. 사실 조선이 명의 내정이나 정세 관련 정보를 먼저 파악하고 즉시 사행을 파견해 외교 사안을 처리하는 것은 상당한 위험성을 가지고 있었다. 조선이 명의 사정을 들여다보고 있음을 증명하는 행위였기 때문이다. 명의 입장에서는 언제라도 불쾌함을 표시할 수 있는 사안이었다.

　태종 재위기 동안 조명관계를 발전시킨 외교 방식은 세종에게도 영향을 주었다. 하지만 위험성을 내포한 조치가 계속 유지되기는 어려웠다. 더욱이 양국 관계가 안정되고 일정한 신뢰가 구축된 상황에서 조선이 15세기 초반처럼 공격적으로 대명 정보 수집을 지속할 필요성도 감소했다.

　조선이 명에 진위사와 진향사를 파견하는 방식이 조정되었다는 점은 홍희제의 사망 소식을 접한 뒤 취한 조치들을 통해서도 확인할 수 있다. 세종 7년(1425) 7월 의주통사 이성부李成富는 성절사 맹사성이 등사한 조서를 가지고 요동에서 한양으로 복귀했다. 조서는 홍희제 사망에 관한 것이었다. 소식을 접한 세종은 대신들을 불러 상례 절차 등을 논의했다. 이에 대신들은 아직 명 조정의 공식 통보가 요동도사에도 이르지 않았는데 조선에서 먼저 상례를 시행할 수는 없다는 점을 강조했다. 더욱이 상례를 시행하면 진향사와 진위사를 바로 파견해야 하는데 요동에서 문제삼을 수 있다는 점도 지적했다. 무엇보다 영락제의 상례 때 명사와 요동도사가 모두 소식을 접한 출처 등을 문제시했으니 공식 통보가 온 뒤 의례를 진행하는 편이 좋겠다는 의견을 올렸다. 결국 세종은 대신들의 의견에 따라 명의 정식 통보가 있기 전까지 심상心喪으로 기다리는 것으로 결정했다.[78]

　조선은 영락제 때의 경험을 통해 황제 사망 시 파견했던 진향사와 진위사의 출발 시기를 조정했다. 명에서 불편하게 생각하는 행위를 굳이 반복할 필요는 없었다. 더욱이 정난의 변 등 주변국에 큰 영향을 주는 사건이 없는 상황에서 명의 정세를 파악하기 위해 사행을 더 자주 파견하거나 빨리 파견할 필요도 없었다. 조선은 명의 정세에 관한 정보를 수집하는 일에 여전히 많은 관심을 가지고 있었다. 하지만 이전처럼 수집한 정보에 바로 반응해서 사행을 선제적으로 파견하는 식의 조치는 줄어들었다. 조선과 명의 관계가 태종과 세종의 재위기를 거치면서 크게 개선되고 안정된 현실을 반영한 변화로 볼 수 있는 대목이다.

15세기 초반 조선과 명의 관계 변화 속 사행의 역할

고려 말 공민왕 재위기부터 조선 건국 직후 태조 재위기까지 조선과 명의 관계는 불안정했다. 특히 고려는 원과 명의 전쟁 상황에서 예민하게 반응할 수밖에 없었고, 특정 국가와 각별한 관계를 만드는 모험을 감행할 수 없었다. 반면 원을 대신해 동아시아의 중심을 차지한 명의 입장에서 고려의 태도는 신뢰할 수 없었다. 더욱이 기존의 고려와 원의 관계를 생각해 본다면 명의 불신은 나름의 이유가 있었다.

새로운 국가의 군주가 되었던 이성계는 명에 대한 사대의 중요성을 강조하면서 우호적 태도를 표명했다. 심지어 홍무제에게 새로운 국가의 이름을 정해 달라고 요청했다. 새로 건국된 국가의 명칭을 결정해 달라 요청했던 것은 국왕 책봉 및 인신을 요청한 것과는 다른 차원의 문제로 볼 수 있다. 하지만 명의 입장에서는 고려와 조선의 차별성을 분명하게 파악하기 어려웠다. 고려의 국정을 운영하는 정치 세력의 변경 정도로만 보일 뿐이었다. 조선과 명의 양국 관계는 쉽게 개선되지 못했다.

조선과 명의 관계가 크게 개선되어 안정화 단계로 접어들었던 시기는 태종과 세종의 재위기였다. 특히 태종은 명 내부의 정치적 상황에

효과적으로 대응하면서 조선의 외교 위상을 높였다. 명의 내전 정난의 변은 조선이 스스로의 외교 위상을 높이기 위한 좋은 기회가 되었다. 이 과정에서 가장 중요한 역할을 했던 것이 사행이다. 조선의 사행은 대명관계의 개선과 정보 수집 등 다양한 목적에 따라 지속적으로 파견되었다.

조선은 대명관계가 경색되어 있던 시기나 안정되었던 시기에 상관없이 꾸준히 사행을 파견했다. 조선의 대명 사행 파견은 보는 시각에 따라 집착으로 설명할 수 있을 정도로 자주 파견되었다. 명이 조선을 외교적으로 압박했을 때에도 사행은 계속 파견되었다. 심지어 명에서 사행의 입경 자체를 거부하는 상황에서도 조선은 이 문제를 해결하기 위한 노력을 멈추지 않았다.

사실 조선과 명이 서로 사행을 자주 파견하면서 교류했던 시기는 비교적 짧다. 여기에 해당하는 기간은 태종 재위기와 세종 재위 전반기 정도이다. 해당 기간 동안 사행을 자주 파견했던 것은 조선이었지만 명 역시 다른 시기에 비해 높은 빈도로 사행을 파견했다. 명은 특히 건문제와 영락제의 재위기 동안 조선에 자주 사행을 파견했다. 따라서 조선의 태종-세종 재위기와 명의 건문제-영락제 재위기는 사행 파견 방식에서 매우 독특한 위상을 가지는 시기로 평가할 수 있다.

조선이 명의 반응이나 태도에 상관 없이 사행을 계속 파견했던 목적을 생각해 볼 필요가 있다. 결국 조선이 중요하게 생각했던 것은 명의 정세를 파악할 수 있는 정보를 확보하는 것이었다. 조선은 태조 즉위 이래 사행 파견을 통해 명의 정세 관련 정보를 수집했다. 정난의 변 발발 이후에도 수시로 사행을 파견하면서 관련 정보를 확보하고자 노력했다. 내전의 패잔병들에게 진헌품을 약탈당하거나 격렬한 전투 때문에 길이 막혀 남경에 들어가지 못하는 상황 속에서도 사행을 계속 파견했다. 조선은 사행을 통한 정보 수집이라는 분명한 목표를 가졌고 이를 달성하기 위해 노력했다.

태종 재위기 동안 조선이 파견했던 대명 사행의 가장 큰 특징은 관심 사안에 대한 정보를 수집하면 이를 활용해 신속하게 조치하는 것이었다. 조선은 명의 공식 통보가 없더라도 다양한 정보 자원을 활용해 명의 상황을 파악했다. 조선은 수집했던 정보를 기반으로 외교 사안에 부합하는 사행을 선제적으로 준비했다. 당시 조선의 사행 파견 및 정보 수집 방식은 조명관계 개선과 안정에 큰 도움이 되었다.

명에서는 조선이 자국의 사정을 수시로 확인하고 반응하는 외교 방식을 불쾌하게 여기는 사람들도 있었다. 그러나 영락제는 조선의 사행 파견 방식이나 명에 대한 관심을 호의적으로 받아들였다. 내전 승리와 새로운 황제 즉위 등에 대한 정보를 파악한 뒤 누구보다 먼저 사행을 파견했던 조선의 방식을 영락제는 매우 좋아했다. 조선의 사행 파견 방식에 대한 영락제의 긍정적 태도는 자연스럽게 양국 관계의 개선으로 연결되었다. 조선은 당연히 태종 대의 사행 파견 방식을 일반화했다.

하지만 조선이 명의 정세나 내정에 관한 정보를 수집해 선제적으로 사행을 파견하는 외교 방식에 대한 부정적 반응이 사라질 수는 없었다. 명에서는 조선이 사대명분을 강조하면서도 실제로는 사행을 통해 자국의 사정을 엿보고 있다는 의심이 커지게 되었다. 조선의 집요한 사행 파견은 명의 의심을 키우는 역효과도 가져왔다. 조선이 사행 파견을 통해 보다 많은 대명 정보를 수집하려는 의도가 있었다는 점은 누구라도 쉽게 파악할 수 있었다.

세종도 즉위 이후 선왕 태종의 사행 파견 방식을 계승했다. 대명 정보를 수집하게 신속하게 대응한다는 원칙도 유지되었다. 하지만 조선의 사행 파견 방식은 결국 명의 반발을 야기했다. 세종은 태종 대부터 유지되었던 사행 파견 방식을 조정할 수밖에 없었다. 세종 대 나타난 사행 파견 방식의 변화는 조명관계가 안정되면서 무리한 방법으로 정보를 수집하거나 사행을 파견할 필요가 없었던 상황 등이 반영된 것이었다. 다만 세종 역시 대명 정보 수집의 중요성은 명확하게 파악하고 있었다. 사행 파견을 통한 정보 수집의 구체적 방법은 조정되었지만 관련 활동 자체는 유지되었다. 사행은 상대국의 정보를 수집할 수 있는 가장 확실한 수단이었기 때문이다.

조선은 대명 사행을 통해 다양한 정보를 수집하고 이를 활용해 대외 정책을 만들었다. 대명 정보의 수집-분석-활용 과정이 체계적으로 이루어졌기에 대립 상황이었던 조명관계를 개선할 수 있었다. 다만 양국 관계가 안정되고 외교 의례가 체계화되면서 사행 파견 빈도는 점차 줄어들었다. 대명 사행 파견 횟수의 감소는 조명관계의 개선과 안정을 보여 주는 것이었다. 하지만 상대의 정보를 확보하기 위한 노력의 감소를 보여 주는 현상이기도 했다.

정은주

조선과 명의 사행로 변화와 호행체계

- 사행로, 길 위에 그려진 외교 지형
- 조선 전기 명나라 사행 노정과 호행
- 명청 교체기 조선과 명의 사행 노정
- 사행로에 담긴 외교 지형과 그 너머

사행로, 길 위에 그려진 외교 지형

조선 시대 명나라와의 외교관계는 단순한 국서 교환이나 예물 진헌의 수준에 그치지 않고, 동아시아 국제질서 속에서 조선의 생존과 위상을 좌우하는 중요한 외교 활동이었다. 사절단이 오가던 사행로도 단순한 노선이 아니라, 당시의 정치·군사적 정세와 민감하게 맞물려 있는 경로였다. 특히 조선을 대표해 명을 왕래하던 부경사신赴京使臣의 이동 경로는 육로와 해로로 이루어졌으며 요동과 요서 지역의 안보 상황에 따라 유동적으로 바뀌었다. 평화로운 시기에는 요동을 경유하는 육로를 이용했지만, 북원이나 여진의 위협이 현실화된 시기에는 어쩔 수 없이 위험한 해로를 선택해야 했기 때문이다.

여말선초 사행로에 대해서는 다양한 연구가 진행되었다. 14세기 말 동아시아 정세와 황해남로의 사행로에 대한 연구가 있고,[1] 1372년부터 1374년까지 고려의 사행로가 황해남로를 거치지 않고 요동에서 해로를 거쳐 산동로로 개통된 경위를 분석한 연구가 이어졌다.[2] 또한 여말선초 명나라 사행로 중 남경 사행로의 변화를 사료와 문집의 시문을 통해 재구성한 연구,[3] 조선 전기 명나라 육로 사행에 대한 연구 및 명의 지리지 수용 양상을 통해 산동 육로 구간을 고찰한 연구도 주목된다.[4] 대명 육로 사행의 호송제도와 관련하여 평안도민을 중심으로 호송과 영송군의 구성과 그들이 왕래 시 가져간 물품으로 인해 양국 사이에 발생한 문제를 검토한 연구들이 있다. 이를 통해 요동 일대의 정치적 상황이 호전되면서 호송의 부담은 반감되었지만, 상대적으로 무역품의 운송 부담이 증가했음이 밝혀졌다.[5] 중국 학계에서 조선의 명나라 해상 사행 노정을 연구한 논문이 제출된 이래 국내에서도 해로 사행 노정에 대한 연구가 지속적으로 이루어져 많은 진전이 있었다.[6] 또한 명사의 조선 사행록을 토대로 명사의 사행 경로를 분석한 연구에 의해 조선 사신의 명나라 사행 노정과 비교할 수 있었다.[7]

이 글에서는 이러한 선행 연구 성과를 바탕으로, 명나라 성립 이후부터 명청 교체기에 이르기까지 조선 사신이 선택한 사행 경로의 변화를 주요 사례 중심으로 추적하고자 한다. 여말선초 혼란기, 명과 조선의 정국 안정을 배경으로 한 육로 사행, 그리고 17세기 여진 세력의 부상으로 다시 해로를 선택하게 된 전환기 등으로 나누어 시기별 특징을 살피며, 각 시기의 사행 노선 변화가 어떠한 외교적 의미와 정치적 맥락을 갖는지를 분석한다. 아울러 조선이 사신과 예물을 안전하게 호송하기 위해 마련한 호행護行제도, 즉 군사적 호송체계가 외교적 필요와 국제정세에 따라 어떻게 변화했는지도 함께 살펴본다. 이를 통해 사행로는 단지 사신의 발길이 오고간 길이 아니라, 당대 국제질서 속에서 조선이 외교적 생존을 모색해 간 경로이자, 동아시아 정세가 투영된 중요한 외교 지표였음을 확인하고자 한다.

조선 전기 명 사행 노정과 호행

여말선초 명 사행 노정

중국 강남을 근거지로 봉기한 주원장이 양자강 하류 곡창지대인 남경에 명 왕조를 세우면서 고려도 새로운 사행로를 개척해야 했다. 고려 사신은 개경을 출발하여 서해를 거쳐 해로를 통해 남경으로 가게 되었다. 당시 해로는 요동이나 산동으로 이어지는 노정이 아닌 산동반도 쪽

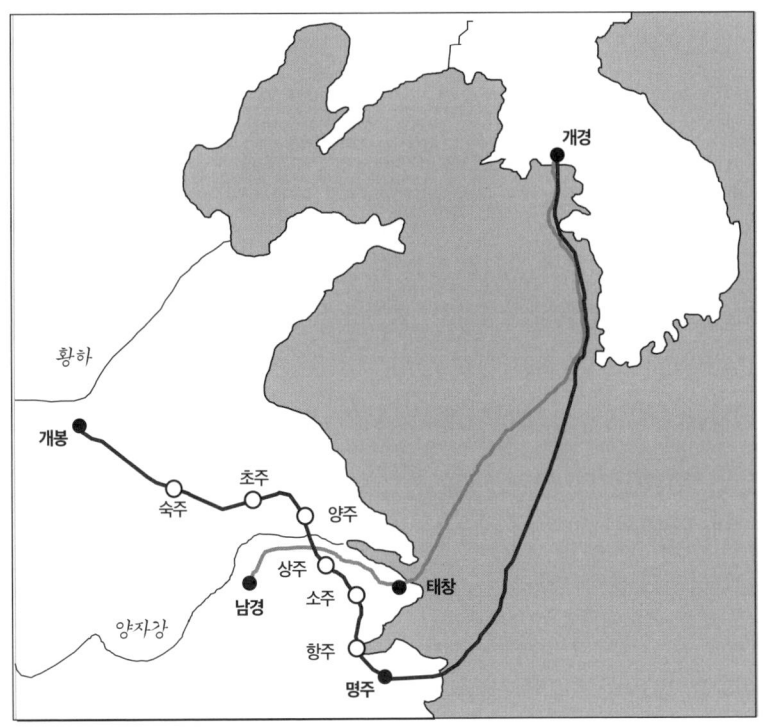

[그림 1] 1123년 서긍의 사행 노정(검정선), 황해남로 노정(회색선)

으로 황해를 남행하여 양자강 하구로 들어가 태창太倉에서 직접 남경에 이르는 험난한 노정이었다.[8] 이 황해남로는 개경에서 서해를 거쳐 명주明州를 거점으로 항주와 소주를 지나 개봉에 이르렀던 12세기 초 서긍의 사행 노선과 차이가 있다([그림 1]).[9]

1368년(홍무 1) 명은 북원의 수도인 대도大都를 함락한 후 북평부라 하고, 북원의 방어책으로 연왕燕王을 두어 다스리게 하는 한편, 전국 각처에 수마참水馬站, 체운소遞運所, 급체포急遞鋪를 설치할 것을 명했다. 명나라에 우역郵驛이 개설되면서 전국 232참站의 이름이 역으로 바뀌었고,[10] 60~80리마다 역참이 설치되었다. 마역馬驛에 배정한 말과 나귀의 수량, 수역水驛에 배정된 선박의 수는 일정치 않았다.[11]

명은 초기 변방을 공고하게 방어하기 위해 동쪽 압록강에서 서쪽 가욕관嘉峪關까지 요동, 선부宣府, 대동大同, 연수延綏, 영하寧夏, 감숙, 계주, 유림榆林, 고원固原 등 9곳에 군사 중진을 설치하고 '구변九邊'이라 했다.[12] 그중 요동은 1371년 4월 요양에 요동위지휘사사를, 그해 7월 정요도위지휘사사를 설치하여 요동이 관할하는 모든 위소衛所의 군마와 성지城池를 관리하고,[13] 1373년에는 요양부와 현을 설치했다. 이후 1375년 정요도위지휘사사의 명칭을 '요동도지휘사사遼東都指揮使司'로 변경했다.[14] 요동도지휘사사는 동으로는 압록강, 서로는 산해관, 남으로는 여순구, 북으로는 개원에 이르는 25개 위衛와 2개 주州를 관할했으며, 관할 지역 25곳에 역참을 설치했다.[15]

고려에서 남경으로 향하는 사행은 육로와 해로를 모두 이용하는 황해남로 노정이었다. 해로는 길이 매우 멀고 왜구가 출몰하여 출발이 지연되곤 했으며, 겨울에는 물이 얼어 배를 띄우기 어려웠다. 1371년 8월 하정사 정사도鄭思道의 배가 교동도에서 좌초했고, 9월 교체된 한방언

韓邦彦이 다시 조난을 당하면서 일정이 약 2개월 지연되기도 했다. 이에 고려는 요동을 경유하는 노정을 명에 요청했다.[16] 1372년 한방언이 결빙된 황해남로 대신 요동으로 입국을 감행한 것이 요동에서 산동반도를 거쳐 남경에 이른 최초의 사례였다.[17] 하지만 이는 홍무제의 의심을 사는 계기가 되었다. 홍무제가 한방언 일행이 산동 일대의 선박과 군마를 정탐할 것을 염려하여 산동–요동로를 허락하지 않아, 사신단은 황해를 이용해 귀국한 것으로 보인다.[18]

1373년 찬성사 강인유, 정몽주와 사행했던 홍사범洪師範이 황해에서 조난을 당했다. 홍무제는 생존한 강인유 등 고려 사신에게 "지난해 성이 홍洪인 사람이 해상에서 선척을 파손당했는데, 해상은 지나기 어렵고 많은 난관이 있으니 그대들에게 선박과 사공을 내어줄 것이다. 그대 관인들은 매번 등주로 가서 3일이면 건널 것이니 지금 이후로는 바닷길로 올 필요 없다. 내가 지금 바다를 고요하게 하려는데 만약 바다로 온다면 접견하지 않을 것이다"라고 말하며 산동–요동로를 이용해 귀국하게 했다.[19] 이에 1373년 2월 고려에서는 하정사 정비鄭庇와 진헌사 주영찬周英贊이 요동–산동로를 선택하여 요동을 거쳐 남경에 가려고 시도했다. 그러나 정요도위에서 황제의 성지가 없다면서 입경을 거부했다. 그 뒤 1373년 11월 하정사 주영찬, 서장관 조신 등 사행단 38인이 영광 자은도慈恩島에서 풍랑으로 익사하고 예물과 진헌물인 제주 마필을 모두 잃었다.[20]

이 사건을 계기로 고려에서는 1374년 2월 하정사 정비를 보내 요동도사를 거치는 조공로를 허락해 줄 것과 방물의 수량을 이전 규정대로 조정해 줄 것을 요청했다.[21] 결국 그해 6월 정비가 귀국할 때 중서성에서 받은 자문咨文에 홍무제의 성지로 '조공도로는 3년에 한 번 바닷길로 오라[朝貢道路, 三年一聘, 從海道來]'는 내용이 포함되었다.[22] 고려는 '바닷길[海道]'을 요동–산동로로 이해했다. 앞서 1373년 황제가 강인유 등에게 전달했던 유지가 그러한 판단의 근거가 되었다.

하지만 요동–산동로 사행은 고려의 뜻대로 되지 않았다. 1374년 공민왕이 시해되고 그해 10월 우왕이 즉위하면서 이인임 세력이 북원에 사신을 파견했다. 그런데 진헌마를 호송하던 김의金義가 요동 개주참에서 명사 채빈蔡斌과 그의 아들을 살해하고 진헌마 200필을 빼앗아 북원으로 도주하는 사건이 발생했다.[23] 이에 명 태조는 요동 지역의 입경을 금하고 사행로도 봉쇄했다.[24] 그 결과 요동 지역으로 입경한 고려 사신이 남경으로 압송되거나 해로를 이용하다가 도착 지연으로 책임을 추궁당하기도 했다.

명 홍무제 재위기(1368~1398)에 고려 및 조선 사신이 해로로 요동반도의 여순구와 산동반도의 등주 사이를 통과한 사례를 살펴보면 다음과 같다. 정몽주는 1372년, 1384년, 1386년에 남경을 세 차례 사행했다. 그중 1386년 사행은 2월 개경을 출발하여 3월 19일 등주에 도착하고, 4월 23일 남경에서 홍무제를 배알했으며, 5월 18일 요동의 여순구에 이르고, 7월 개경으로 돌아왔다. 구체적 노정은 철산鐵山–여순역旅順驛–등주공관登州公館–봉래역蓬萊驛–용산역龍山驛–황산역黃山驛–구서역丘西驛–고밀현高密縣–일조현日照縣–왕방역王坊驛–상장역上莊驛–제성역諸城驛–금성역金城驛–동양역僮陽驛을 거쳐 회음수역淮陰水驛에서 배에 올라 보응현寶應縣–고우성高郵城–양주揚州–진주眞州에 이르고, 양자강을 건너 용강역龍江驛에 이르러 남경에 입경했으며, 출경 때는 백로주白鷺洲에서 선박을 준비하여 귀국하였다.[25]

고려 사절이 육로를 이용해 명나라를 왕래한 것은 요동에서 산해관에 이르는 노정이 개통된 1387년 이후의 일이었다. 1388년 이성계의 위화도회군으로 조선에 친명 정권이 들어서고 요동이 안정되면서 사행로는 점차 육로로 정착되었다.[26)]

권근權近은 1389년과 1396년 두 차례 남경에 사행했다. 그중 1389년 사행 경우는 6월 개경을 출발하여 7월 15일 연대역에 이르고 8월 8일 남경에 도착하여 홍무제를 배알한 후, 남경을 출발하여 9월 5일 요동반도의 여순구에 도착했다. 권근 일행은 먼저 육로를 통해 산해관과 북평부北平府[북경] 연대역燕臺驛을 거쳐 연왕을 만나고 육로와 수로를 통해 남경으로 가는 사행로를 택했다. 의주에서 압록강을 건너 연산참連山站 ─사령역沙嶺驛─안산역鞍山驛─우장역牛庄驛─조가장曹家庄─사하역沙河驛─ 산해위山海衛 천안역─유관榆關 노봉역─영평위永平衛 난하역灤河驛─계주薊州─북평부 연대역─통주通州 통진역─하간부河間府 유하역流河驛─창주滄州 장로현長蘆縣─덕주德州 안덕역安德驛─무성현武城縣 방촌역房村驛─해현沛縣─서주성徐州城─회음수역─고우성을 거쳐 의진현儀眞縣에서 양자강을 건너 용강역─금릉[남경]에 도착했다([그림 2]).[27)] 북평부 연대역은 북경 천도 이전에 남경으로 가는 중간 역참으로, 명의 내륙 군사 방어체계와 수운체계를 확인할 수 있는 곳이었다.[28)] 사행단은 북평부 연대역을 거쳐 양자강을 건너 남경의 회동관에 이르렀다.

귀국길은 의진현─고우성─회음역─목양현沐陽縣 동양역儼陽驛─흥국역興國驛─상림도上林渡─상장역─제성현─구서역─제교역諸橋驛을 거쳐 황현黃縣 용산역에 도착한 후 등주 봉래역에서 배를 타고 사문도沙門島[묘도]─오호도鳴呼島─여순구를 경유하고 다시 육로인 목장역木場驛─금주金州─패란점역孛蘭店驛─개주─안산현─요동을 거쳐 압록강으로 왔다.[29)] 1390년 4월 류원정의 진위 사행은 홍무제의 열 번째 아들 노왕魯王 주단朱檀의 상喪을 조문하기 위한 목적으로 해로를 경유했다. 황해남로를 통해 명에 간 마지막 사행이었다.[30]

명 태조 홍무제가 승하하고 손자 건문제가 등극했으나, 연왕이 1399년 정난의 변을 일으켜 3년 만에 남경을 함락시키고 영락제로 등극했다. 그 뒤에 이첨李詹이 1400년과 1402년 두 차례 사행했다. 그중 1400년 주청 사행은 11월 13일 한양을 출발하여 11월 30일 압록강을 건너고, 12월 송참–용봉참–연산참을 거쳐 요동에 이르고, 해주–개주–십오채를 지나서 배로 사문도–오호도를 거쳐 12월 26일 여순구에 이르

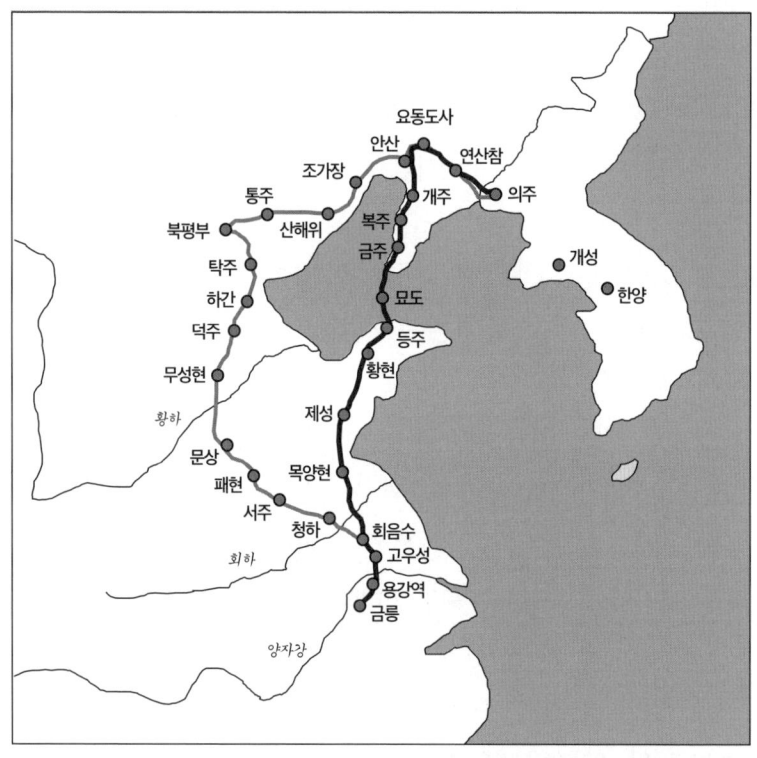

[그림 2] 1389년 권근의 사행 노정(회정: 검정선)

고, 27일 등주 해구에 도착하여 양주를 거쳐 양자강을 지나 용강역에서 금릉에 이르렀다. 귀국길은 3월 3일 여순 항구를 출발하여 십오채-안산-요동을 거쳐 3월 20일 첨수참에서 숙박하고 3월 23일까지 연산역에 머물고 윤3월 15일 한양에 도착했다.[31]

이상의 사례를 정리하면 정몽주는 위험을 감수하고 요동반도에서 산동반도 사이 해로로 이동하는 최단거리를 택했고, 권근은 개경에서 북평부까지는 육로를, 북평부에서 금릉까지는 수로를 이용했다. 이첨은 정몽주가 택한 해로를 지났으나 의주에서 요동의 여순에 이르는 노정에 약간의 차이가 있다.[32]

1407년(태종 7) 태종은 세자 이제李禔(양녕대군)를 명에 사신으로 파견했다.[33] 영락제는 세자가 첫 사행길이라 어려움이 있을 것이라며 특별히 요동도사에 지시를 내렸다. 요동에 도착한 세자를 위해 요동총병관, 도지휘사, 내관을 보내 관에서 대접하고 연회를 베풀게 한 것이다. 또한 관원을 뽑아 시중을 들게 하고, 바닷길이 아닌 육지를 통해 남경에 오게 했다. 이에 요동도사는 세자를 호송하는 한편 육로에서 물품과 재화를 나르는 인부를 보충해 주고, 노정의 관역에 문서를 보내 미리 공구供具를 완비하게 했으며, 세자 외의 사행단도 잘 대접하였다.[34]

1409년(태종 9) 진헌사 권영균權永均의 사행 이후부터 명 영락제의 명령으로 위험한 해로를 경유하지 않고 북평부를 통과하는 육로 사행이 규례가 되었다.[35] 1408년 명은 북평부에 연대역을 두었다. 1421년 천도 이후 북평부를 북경이라 하고 연대역을 확대하여 회동관을 설치했다. 1441년 회동관을 확장하여 북관과 남관으로 나누고 북관에 6소, 남관에 3소를 만들었다.[36]

북경 천도 이후에는 해로보다 안전한 육로가 이용되었다. 노정도 대개 일정했다. 이 시기 육로 사행로는 한성-의주, 의주-요동도사, 요동-산해관, 산해관-북경에 이르는 4구역으로 구분할 수 있다.[37] 구체적으로는 의주에서 출발하여 진강성鎭江城-구련성-봉황성鳳凰城-진동보鎭東堡[이칭 송참松站]-연산관連山關[이칭 아골관]-첨수참甛水站-요동-우가장牛家庄-사령-고평역高平驛-반산역盤山驛-광녕廣寧-소릉하小凌河-영원위寧遠衛-동관역東關驛-사하역-고령역高嶺驛-산해관-심하역深河驛-무녕현撫寧縣-영평부永平府-풍윤현豊潤縣-옥전현玉田縣-계주-통주-북경으로 총 1,979리였다.[38] 이는 권근이 요동을 거쳐 북평부 연대역에 이르던 노정과 대개 일치한다.

이 조명 사행로를 좀더 구체적으로 살펴보자. 조선과 명의 국경 완충지대이자 몽골, 여진과 대치한 군사적 요충지에는 동팔참이 설치되었다. 동팔참은 압록강 넘어 요동도사가 있던 요양까지 설치된 8처의 역참으로, 두참頭館·첨수참·연산관·용봉龍鳳·사열斜烈[진동보참, 송참, 설류참]·개주開州[진이보참, 통원보]·탕참·역창驛昌이다. 요동팔참 지역은 원나라 시기 요양행성을 왕래할 때 이용하던 경로였다([그림 3]).[39] 1450년대에 이르면 동팔참은 두관, 낭자산浪子山, 신채辛寨, 연산관, 용봉산, 봉황산, 개주, 탕참으로 변경되었다. 이어 1481년경에는 첨수참, 연산관, 청태욕靑苔峪, 봉황성, 신통원보, 사열, 탕참, 구련성[이칭 진강보참]으로 변경되었다. 사행의 기본 노정은 유사했다.[40] 이 시기 명은 동쪽 최전방을 연산관에서 봉황산으로 옮기고 신통원보에 성보와 돈대, 봉화대를 설치하여 요새화했다. 1450년대와 1480년대 이 지역의 역참 위치 변동은 북변 지역의 위협에서 그 원인을 찾을 수 있다.[41]

요동팔참 지역은 산이 높고 물이 깊어 8~9차례 건너야 했고, 여름 장마에는 물이 넘쳤지만 배가 없었으며, 겨울에는 얼음이 얼고 눈이 깊이 쌓여 인마가 희생되곤 했다. 또한 개주, 용봉참 등은 인가가 전혀 없고, 초목이 무성했으며, 심지어 호랑이가 출현하기도 했다. 이에 조선은 1436년부터 명에 요동팔참의 사행로를 연산관 남쪽 자유채를 경유하는 쪽으로 변경해 달라고 수차례 요구했으나 결국 성사되지 못했다.[42)]

요동성에서 산해관까지 구간은 여진과 접하는 거리가 멀게는 80~90리, 가까이는 15~16리에 불과했다. 광녕 동쪽의 사령, 고평, 반산, 광녕 서쪽의 소릉하에서 중전소 일대는 모두 여진이 자주 출몰하는 위험 지역이었다. 요동성은 삼면이 산으로 둘러싸였고, 북쪽은 끝없이 이어졌으며 우가장 뒤부터 반산에 이르기까지는 모두가 넓은 벌판이라 한번

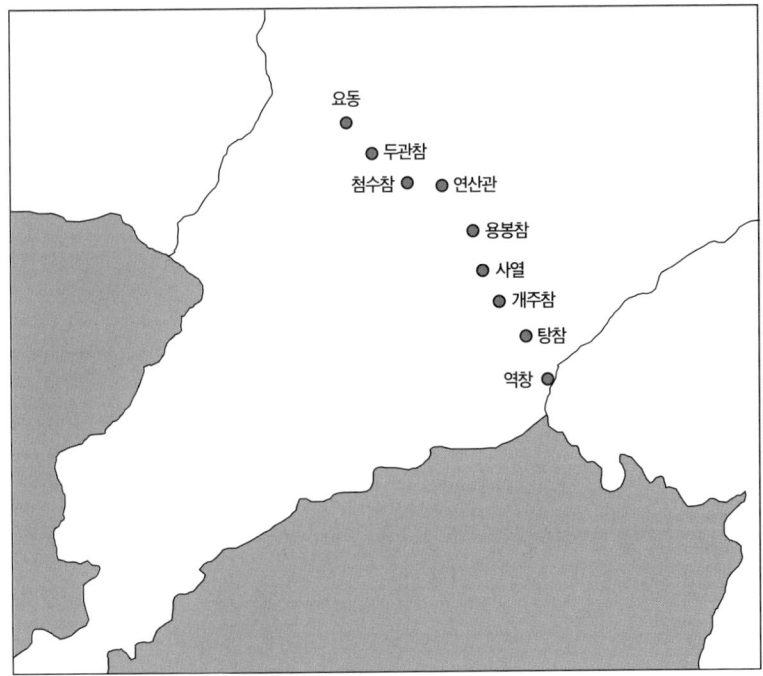

[그림 3] 15세기 초 요동팔참 위치

장마가 들면 물이 고여서 이동하는 데 큰 장애가 되었다. 우가장역은 요서로 통하는 교통의 중추로 서쪽으로 70리 거리에 삼분하三岔河 부교浮橋가 있어 왕래하는 물품과 행인을 감시하는 군사를 배치했다.[43] 우가장에서 광녕에 이르는 길은 늪과 못이 많아 여름에는 날벌레의 피해가 사행의 큰 어려움 중의 하나였다.[44] 광녕에서부터 의무려산이 시작되어 길게 둘러싸고 있는데 십삼산에 이르러서야 끝이 났다. 이 일대는 북쪽에 높은 산이 연이어 있고 여진과 경계를 접하고 있어 변방의 방비가 가장 긴요한 곳이었다. 연대煙臺와 초소가 곳곳에 있었으나, 북원 세력의 기병 출몰이 매우 위협적이었다.[45]

1436년 몽골의 수백 기가 광녕 부근 위가령에 은거하여 요서 지방을 위협하는 등 북변 정세가 심각해지면서 성보를 보수할 필요성이 제기되었다. 이에 명은 광녕 지역에 연돈煙墩 17처를 증설하여 계주, 영평, 산해위 등의 관할 지역에 3리마다 돈대와 포를 설치하여 200여 곳에 돈대를 완성했다. 뒤이어 해주와 심양 중위에 이르는 지역에 4개 보와 돈대를 설치하고, 심양과 철령 등에 천호소 2곳을 증설하여 군대와 무기를 정비했다.[46]

그런데 조선에서 명으로 가는 길은 해주에서 광녕을 경유하지 않고 바로 영원위로 가는 것이 가까웠다. 이 때문에 1480년(성종 11)에 주청사 한명회가 여진의 위협을 피할 수 있도록 조공길을 변경해 줄 것을 성화제에게 주청하자 명나라 병부주사 항충項忠은 이를 허락하려 했다. 하지만 직방낭중 유대하劉大夏가 "조선에서 조공 오는 길은 아골관으로부터 요양을 지나 광녕을 경유하고, 전둔위前屯衛를 지나 산해관으로 들어와 3~4회 큰 진을 멀리 돌아오도록 되어 있습니다. 이것은 조종祖宗의 깊은 뜻이니, 만일 압록강에서 전둔역과 산해관으로 이르게 되면

길이 너무 가까워서 후일의 우환을 남길 것이니 경솔히 고칠 수 없습니다"라고 주장하여 결국 조선의 주청을 수용하지 않았다.[47]

조선 전기 명사의 사행 노정

명은 요동 지역에서 북원 세력을 몰아내고 금주, 복주, 해주, 개주의 군사를 정비하여 정치·군사적 거점으로 삼았다. 그리고 요양을 중심으로 남북 및 동서 역로를 설치했다. 명 역참은 병부에 소속된 거가청리사車駕淸吏司가 관리했다.[48] 거가청리사는 수도[京師]에 위치한 역참, 즉 남경과 북경의 회동관[오만역]과 지방의 수마역,[49] 체운소, 급체포 등을 관장했다. 또한 노부, 의장, 금위禁衛, 역전驛傳, 구목廐牧, 감합勘合, 부험符驗 등의 업무와 역참의 개설 및 폐쇄와 변경 등 역참 행정을 감독·운영했다. 회동관은 이곳 직속이었다.[50] 한편 요동 지역은 주·현을 따로 설치하지 않고 위소만 설치했다. 따라서 역참은 위소에서 직접 관할했고, 병사를 파견하여 역부驛夫의 직무를 맡게 했다.

요동 각지의 수마역은 전문적으로 군수 물자와 공물을 운송하는 기구인 체운소와 인접했다. 1511년 수마역과 거리가 멀었던 통주의 체운소를 노하 수마역[51] 옆으로 옮긴 것도 사신들의 편리를 도모하기 위해서였다. 회동관, 역참, 체운소에는 관리와 부역을 설치했지만, 전국 각 주·현에 세운 급체부에는 관리를 두지 않고, 포사鋪司와 포병鋪兵만 두어 관리했다.[52]

수도를 북경으로 천도한 후 북직예北直隸의 우역郵驛체계에 맞춘 명 사신들의 북경 동로東路는 다음과 같다. 북경−통주 노하역−삼하현−계주 삼하역과[53] 어양역−양번역陽樊驛을 거쳐 옥전현−풍윤현−칠가령七

家嶺-영평 난하역瀤河驛-노봉구역[54]-무녕현-심하역-산해관[이상 관내關內]-고령역-전둔역-사하역-동관역東關驛-조장역曹莊驛-영원위寧遠衛-행산역杏山驛-송산소松山所-소릉하小凌河-대릉하역-십삼산十三山[石山站]-여양역閭陽驛-광녕廣寧-반산역盤山驛-고평역高平驛-사령沙嶺-우가장牛家莊-해주위海州衛-안산鞍山-요동-첨수참-연산관[아골관]-진이보鎭夷堡[통원보]-진동보鎭東堡[송참松站·설류참薛劉站]-봉황성-탕참湯站-구련성九連城[진강성鎭江城]의 노정이었다([그림 4]).[55]

명 사신단의 규모는 상사와 부사 각 1명과 그들이 대동한 1~3등 상수관常隨官이 22명 정도였다.[56] 여기에 조서 용정龍亭을 비롯하여 황의장을 든 의장대가 추가되었다.

1449년 친정에 나선 정통제가 토목보土木堡에서 몽골 기병에 포위되자 아우 경태제景泰帝가 그해 9월 6일 즉위한 일을 알리는 조서를 반포하기 위해 정사 한림원시강 예겸倪謙이 조선에 파견되었다. 이전에는 환관 출신 태감이 조선 사절로 파견되었는데, 태감 왕진王振 등의 전횡

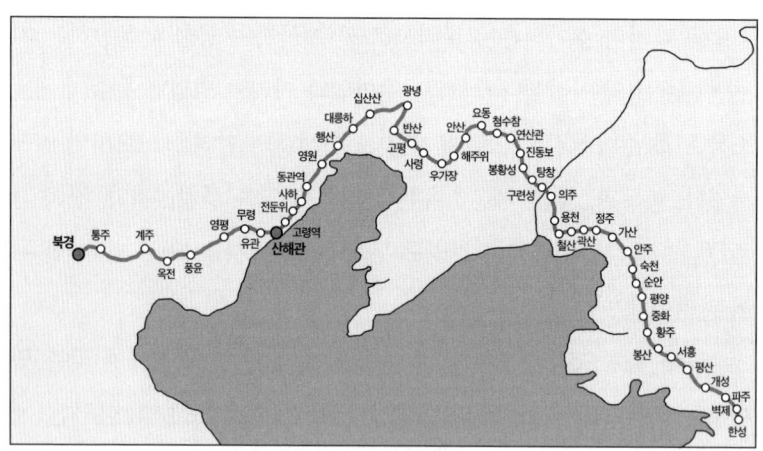

[그림 4] 조선 전기 육로사행 노정

을 목도한 정통제는 한림원 출신의 문관을 사신으로 차출했다. 예겸 일행은 앞서 언급한 북경 동로를 이용했는데, 영원위를 지나 연산역과 탑산을 지나 소릉하역, 십산산, 사령역, 우가장, 해주위를 거쳐 요양의 역참을 지났다. 당시는 토목보의 변 외에 여진족도 요동에서 흥기하던 때라 명에서는 위소를 만들어 그들을 견제했다.[57]

예겸의 출사를 전후하여 명이 건주위지휘사로 임명한 건주여진의 부족장 멍거티무르猛哥帖木兒(孟特穆)가 반대파 여진족에 의해 피살되면서 약탈이 빈번하게 일어나는 등 요동 지역은 긴장이 고조되었다. 이에 요동도사는 동녕위지휘 1명과 백호百戶 4명에게 군마 200필을 지원하여 예겸 일행을 압록강까지 호송하게 했다. 사절단이 지나는 길은 관도官道로서, 주변에는 우정郵亭과 척후斥堠 등 긴급한 정보를 알리거나 감시하는 군사시설이 있었다. 요양부터 압록강 서쪽에 걸쳐 팔참이 있었지만 역참 시설은 제대로 설치되지 않았다. 이에 사절단은 장방帳房(휘장을 둘러친 방)에서 야영하거나 고려위高麗衛, 두관참頭館站, 동령東嶺을 지난 후 낭자산 기슭 민가에서 묵었다.[58]

예겸 일행이 동탕참東湯站에 도착했을 때, 의주 병마절도사 조석강趙石岡이 술과 음식을 보내 위로했다. 예겸이 압록강에 가까워졌을 때는 조석강이 병사를 이끌고 나와 강가에 장막을 치고 연회를 베풀었다. 요동도사아문에서 사행을 호송하여 중강中江까지 이르자 조선의 영위사가 요동의 호송단 일행에게 연향을 베풀어 보냈다. 이후 예겸 사절단이 의주성 밖에 이르자 조석강이 관원들을 인솔해 맞이했고, 조선 국왕이 보낸 호조판서 윤형尹炯이 조서를 맞이한 후 의순관으로 들어갔는데 관복과 의례는 모두 중국에서의 의례와 동일했다. 윤형과 조석강은 현관례 후 연회를 베풀어 예겸과 호송 관리 및 병사를 접대했는데, 이 자리에는 평안우도의 수령, 찰방, 의주 판관, 사역원사 등이 배석했다.

조선에 들어온 명사는 압록강에서 한성까지 약 30곳의 공관을 사용했다. 의주목 의순관義順館, 정녕현 소곶관所串館, 용천군 양책관良策館, 철산군 거련관車輦館, 선천군 임반관林畔館, 곽산군 운흥관雲興館, 정주목 신안관新安館, 가산군 가평관嘉平館, 안주목 안흥관安興館과 숙천부 숙녕관肅寧館, 순안현 안정관安定館, 평양부 대동관, 중화군 생양관生陽館, 황주목 경천관敬天館, 봉산군의 동선관洞仙館, 검수劍水 봉양관鳳陽館, 서흥부 용천관龍泉館, 평산부 안성관安城館, 수안군 보산관寶山館, 신계군 금암관金岩館, 우봉현 흥의관興義館, 강음현 금교관金郊館, 개성부 산예관狻猊館과 태평관, 장단부 동파관東坡館, 파주목 파주관, 고양군 벽제관이 노정의 관소였다. 한성에 도착해서는 모화관에서 영조 의식을 치른 후 태평관과 남별궁을 관소로 사용했다.[59]

평안도 지방에서는 관館을 설치하여 관군이 의무적으로 노역을 담당하게 했는데, 이들 관군이 평양 대동관, 안주 안흥관 같은 각 역의 관문에서 조칙詔勅과 사신의 행차에 필요한 물품을 지원했다. 사행 도중에는 해당 지역의 지방관이 연회를 베풀어 중식을 제공했다. 또한 조정에서는 의주부터 정주, 안주, 평양, 황주, 개성부 등 주요 6처에 선위사를 파견하여 안부를 묻고 영조 의식을 행했다.

조정에서는 벽제관 접관청에서 소연小宴을 열고, 모화관에서 종친과 백관들이 향정, 용정, 황의장, 고악과 잡희 등을 갖추고 조서를 맞이했다. 명사가 도성에 들어서자 경복궁 광화문 동남 양쪽에 오산鼇山과 무녀舞女를 성대하게 배치했다. 예겸 등 명사 일행이 근정전에 이르자 문종과 세자가 명사와 조칙을 주고받았다. 세자는 병을 무릅쓰고 근정전 동쪽 장막 안에서 접견하여 차를 대접했다. 이후 사절이 태평관으로 물러가자 수양대군과 왕자 13명, 백관이 와서 왕을 대신하여 연회를 베풀었다. 예겸은 한강을 유람하여 석암을 건너고 희우정에서 연회를 열고 조선 중추원의 이선제李先齊가 연 연회 자리에서 한강 유람기를 남겼다.

이후 1537년에는 명 가정제의 셋째 황태자 주재후朱載后가 탄생한 것을 알리기 위해 정사 공용경과 부사 오희맹이 조선에 파견되었다. 공용경은 돌아가서 조선으로 출사할 명나라 사신들이 참조할 수 있도록 《사조선록使朝鮮錄》을 저술했다.

공용경의 노정[60]은 앞서 예겸의 사행 노정과 비교하면, 동관역에서 영원을 지나 연산역, 행산소, 소릉하를 지나지 않고, 대릉하역, 십삼산역, 반산역, 고평역을 추가로 통과했다. 이후 사령역에서 우가장역, 해주위, 안산역을 거치지 않고 요양을 거쳐 구련성에 도착한 점도 차이가 있다. 이는 앞서 조선 사절의 노정에서 살펴보았듯 사령, 고평, 반산, 광녕까지 그리고 서쪽으로 소릉하에서 중전소 일대가 모두 여진족이 출몰하는 위험 지역으로 약탈이 잦아 거주민이 많지 않았기 때문으로 보인다.

임란 이후 1606년 2월에 주지번朱之蕃이 1605년 만력제의 황태손 탄생 조서를 반포하고 선조와 왕비에게 폐단幣緞을 하사하기 위해 조선에 파견되었다. 원접사 유근柳根이 주지번 일행의 조선 왕복 사행 노정에 함께 나섰다. 그가 지은 《봉사조선고奉使朝鮮稿》의 노정 시를 통해 이들의 사행 노정을 추정할 수 있다.[61] 주지번의 사행 노정은 구련성에서 압록강 중강을 건너 의주 용만관에 이르렀다. 명사의 사행 노정은 북경 동로 노정을 기본으로 하지만, 사행에 따라 영원위 이후는 부분적으로 차이를 보인다. 한양에 도착한 후 조서를 맞이하는 의식과 상견례는 태평관에서 했고, 관소는 남별궁으로 정했다. 선조는 이 남별궁에서 연회를 베풀었다.[62]

조명 사행 노정에서 양국의 호행

요동까지 호송하는 조선 병사를 통솔하여 사행단의 안전을 총괄하는 이는 단련사團練使였다. 단련사는 조선 서북 양계 지역의 국방체제와 밀접한 관련이 있었다. 국초에는 천호千戶가 단련사를 맡았고, 그 이후에는 백호百戶와 두목頭目을 두어 단련사의 호송군 통솔을 보좌하게 했다. 호송군은 주로 기마군이었으며, 중군中軍, 좌군, 우군으로 대오를 나누었다. 군기는 의주에서 제공했으나, 군기시軍器寺의 것을 사용하기도 했다.[63]

조선 초에는 부경사신을 영송하기 위해 평안도 정병이 군사로 차출되었다. 사행을 전송할 때는 4대隊 100명에게 호송을 맡겼다. 사신을 맞이해서 오는 영래군迎來軍의 경우 매번 요동에 군사를 보내 호송하기 때문에 반수로 감하여 2대 50명을 조직했다. 부사가 없는 단사單使일 경우에는 전송하고 맞이할 때 모두 50명을 보냈고, 요동으로 파견한 관원에게는 3오伍, 즉 15명을 보급했다.

1461년에는 여진이 입조하는 성절사를 살해하기 위해 군사를 일으켰다는 소식이 전해지자 호송군 100명 외에 의주 근방 여러 고을의 갑사 150명을 더 충원하여 호송하게 했다.[64] 1462년에도 입조 사신의 행차에 물건을 실어 호송할 경우 호송군은 정사·부사의 행차에는 100명, 단사의 행차에는 50명으로 정했지만, 야인의 공격을 염려하여 수백 명을 보내기도 했다.[65]

1467년부터는 비록 단사의 행차라도 성절사나 정조사 등 방물이 있을 경우 군사를 100명으로 하고, 진응사나 관압사 등 방물이 없을 경우 군사 50명을 보급하여 군사와 말들을 쉬게 하고 적로의 요해처에서 때에 맞춰 요청하면 군액을 증가시켜 영송하게 했다.[66] 이후 평시 절행과 별행은 모두 100명을 보내고 75명으로 맞이했다. 임란 이후에는 평안도에서 그 수를 줄여 절행에 70명, 별행에는 50명을 보냈다.

상신相臣의 사행은 평안도절도사가 군관 1원을 차출하여 평안도 내 수령 2원을 동서로 나누어 일체의 기구器具, 배방수陪房守를 모두 관리하게 했다. 매일 음식을 마련하는 데 막대한 비용이 들었다. 군마는 도내 각 관이 원래 정한 군호軍戶에서 충당했다. 또한 의주판관이 병사 수백 기를 보내 요동을 통과하게 했는데, 명에서 진강부터 관전寬奠까지 보堡를 설치한 후에는 의주판관이 호송하는 일은 폐지되었다.[67]

부경사신에 대한 지대支待는 평안도에서 천추千秋·성절聖節과 별행을, 황해도에서 정조正朝 사행을 각각 분담했다. 요동 이후부터는 군사를 동원하여 호송하지 않았다. 안산역 근처까지 부경사행을 지대했고, 부경사신이 돌아올 때는 요동에서 서쪽으로 40리 떨어진 수산포참에서 맞이했다.[68]

기마騎馬와 태마馱馬는 평안도관찰사가 예조의 공문에 의거하여 강계·위원·이산·벽동·창성·삭주·의주·용천·철산을 제외한 각 고을의 향호마鄕戶馬를 숫자대로 나누어 정하되 차례로 돌아가며 정해서 보냈다.[69] 또한 부경사신이 왕래할 때 변란이 있을 경우 호송군이 부족하면 평안감영에서 거느린 소규모 군사조직인 수영패를 데리고 갔다. 하지만 변란이 없어도 으레 데리고 가서 화물 수송에 동원하는 폐단이 있었다.[70] 동팔참까지 수송하는 태마와 잡역은 모두 조선의 인마를 사용했는데 곤폐困弊가 심해서 겨우 생환하더라도 쓸 수가 없었다. 태마가 아닌 호송군의 말에 사행의 남는 짐과 물건을 싣는 바람에 중량을 견디지 못하고 대다수가 폐사하기도 했으며, 호송군에게 짐바리를 운반하게 하는 일까지 있었다.

부경사신이 요동에 도착하면 요동도사에서 조선 사신 일행이 필요한 수레, 마필, 차부 등을 요동의 순무도어사에게 신청하여 출급·감합한 후 수레를 교부했다. 요동도사를 지나고 각 역참에서 감합을 검증하고 규정에 따라 조선 사신 일행에게 식량과 수레를 공급해야 했다. 요동도사는 관례에 따라 반송관 1명, 사인舍人 1명을 차출하여 부경사신이 북경에 들어갈 때까지 반송하게 했다. 반송관과 사인의 임무는 조선 사신의 안전을 보장하는 일 외에도, 그들이 중국의 정보를 탐문하는 것을 방지하기 위한 목적이 컸다. 광녕에 이르면 무원[광녕 순무도어사]에게 괘호掛號를 받았다.[71] 광녕 순무도어사는 야불수夜不收 1명에게 패牌를 보내 공로관사公路官司에 명령하여 거마를 발급하고 200병마를 독발督發하여 산해관까지 부경사행을 호송하게 했다.

조선의 부경사행에 대한 명의 민심은 그리 좋지 않았다. 부경사행이 짐을 수레에 옮겨 싣는데 명의 역참마다 "우리가 너희 나라 때문에 못 살겠다[吾以汝國之故, 不得爲生]"고 할 정도였다.[72] 심지어 조선인이 중국 역졸을 매질하는 모습을 그려 걸어 놓거나, 과거시험에 "어떻게 하면 조선인들을 자주 왕래하지 못하게 하여 폐단을 없앨 것인가[何以使朝鮮之人, 不頻頻往來, 而無其弊耶]"라는 제목의 책문策問이 출제되기까지 했다. 조선인들이 장사 이득을 얻기 위해 중국을 왕래한다고 간주하여 그에 대한 불만이 몹시 컸던 것이다.[73]

부경사신이 지나는 중국 노정에서는 역참마다 수레 30~40량을 내도록 했는데 수효대로 마련하지 못한 사례가 증가했다.[74] 역전驛傳에서는 조선 사신에게 식량과 하등마 1필을 지급했으나, 종인에게는 지급하지 않았다. 육로에서는 역려驛驢 각 1두를 지급했는데, 수로에서는 사신의

배에 싣고 갔다.[75)

조선에서는 한양의 경상京商이 압록강에서 호송군을 꾀어 요동에 가서 무역을 하는 사례가 증가하자 사신 행차에 대한 물색과 행리에 대한 점검을 엄격하게 행했다. 사헌부에서는 부경 시 금방禁防 조건에서 무역한 물건은 물론 가산을 관에서 몰수하고, 본인은 역참의 참부站夫로 노역하게 하며, 금물禁物을 몰래 가져간 자는 수군에 충당하게 할 것을 추가했다.[76) 의주의 호송군마가 요동에서 돌아올 때 금지물목에 대한 소지를 의심하여 의주목사를 시켜 수색 적발하게 했는데, 매번 사행이 돌아올 때마다 역로驛路의 폐해가 컸다.[77)

요동도사에서는 조선 사신이 귀국할 때 의주까지 호송했다. 요동 노정이 처음 개통되었을 때는 역참이 완비되지 못한 상태라 동팔참은 사실상 유명무실했다. 1395년 조선 공마사 양첨식楊添植 등이 요동까지 왔을 때, 요동도사가 요동백호 하질夏質 등 10인에게 양첨식 일행을 압록강까지 호송하게 했는데, 하질 등이 의주에 여러 날 머물다가 돌아갈 때 압록강에서 배가 침수되어 익사했다. 이에 좌군도독 양문령楊文令은 조선에 자문하여 뱃사람을 시켜 하질을 강에서 익사하게 했다는 혐의로 의주만호를 체포해 신문하게 했다.[78) 요동백호 하질의 익사 사건 후 요동도사는 조선 사행의 귀국 시에 호송을 거절했고, 1395년 조선 주문사 김을상金乙祥이 부경했다가 돌아갈 때도 호송해 주지 않았다. 조선 조정에서는 명 예부에 자문을 보내 압록강에서 요동 첨수참 일대는 인적이 드물고 초목이 무성하여 호송이 없으면 도적의 약탈이나 짐승의 피해를 입을 수 있다며 전과 같이 요동도사에서 호송해 줄 것을 요청했다.[79)

1433년 11월 15일에는 흠차로 나온 요동도지휘 배준裴俊이 여진의 양무다우[楊木答兀]가 이끄는 기병 300명에게 살해되고 군마를 약탈당했다. 조선 관군이 나섰으나 이미 약탈당한 의복, 양미, 마료 등은 마련할 수 없어 다시 돌아와 경원의 영북진에서 대기했다. 결국 조선에서 사역원 판관 김중저를 보내 배준이 인솔한 군마 152명을 호송하여 요동도사로 가게 했다.[80] 이후 조선에서는 명에 동팔참 옛 노정이 험하여 통행하기 곤란하고 야인이 자주 출몰하여 위험하므로 요동도사에서 자유채의 도로를 개통하여 통행의 편리를 도모해 달라고 주청했다.[81] 이에 1438년 명나라 병부에서 좌군도독부에 이문하여 요동진수와 총병 등 관리와 의논한 후, 자유채보다는 동팔참 지역의 평탄하고 익숙한 길을 이용하도록 했다. 아울러 연산관 밖 내봉에 성보 1좌를 쌓아 군관을 보내 지키게 하고 왕래하는 사신을 호송하게 했다.[82]

동팔참은 지리적으로 고개와 하천이 많고 길이 매우 복잡해서 우천 시 이곳을 통과할 때에는 수해를 피하기 어려웠다.[83] 이에 1440년 조선에서는 조선 사행이 돌아올 때 요동에서 파병하여 호송해 줄 것을 자문했다.[84] 1477년에는 주문사 윤필상이 조선으로 돌아오는 길에 도적에게 약탈당하자 조선에서는 사신이 돌아올 때 동북 여진족이 약탈할 위험이 있으므로 새로운 길을 개척해 줄 것을 청했다.[85] 약탈의 원인을 서반序班이 호송에 포함되지 않았기 때문이라 판단한 명에서는 1489년 통사[서반] 1인이 요동도사까지 함께 갔다가 돌아오게 하고, 요동도사에서 다시 사람을 차출하여 의주까지 호송하게 했다.[86] 이에 요동의 호송군이 압록강을 건너 의순관에서 유숙하면서 1년 동안 소비한 미면米麪만 1,000여 섬으로 이를 공급하던 의주는 물론, 평안도의 재정 지출을 가중시킨 요인이 되었다.[87]

부경사신에 대한 명조의 요동 호송은 조선을 우대하기 위한 조치였다.[88] 그러나 점차 폐해가 커지자 조선은 실질적 해결책을 모색하였다.

1503년 4월에 관반 노공필은 조선 출신 명 태감 김보金輔와 이진李珍에게, 1494년 이후 요동 호송군이 압록강 변까지 왔다가 돌아갔으나 1501년부터는 강을 건너 의주까지 와서 3~4일에서 5~6일을 머물며 물건을 매매하는 과정에서 여러 문제가 발생하고 있다고 호소하였다. 심지어 요동 호송군의 교역물에는 요동도사와 요동을 관할하는 총병관의 것도 포함되어 있었다.[89] 이에 명사는 "전에는 팔참에 성보城堡가 없었기 때문에 반드시 호송해야 했지만, 지금은 의주에서 요동까지 성보가 설치되어 바라다보이니 호송하지 않아도 된다"고 답했다. 관반 이극균은 요동 호송군이 압록강 변까지 왔다가 돌아가면 폐해가 없어지게 될 것이지만, 기후 등의 형편에 따라 호송 장수와 군사가 강을 건너 밤을 지내고 갈 수도 있도록 해 달라고 청했다.[90] 결국 조선 조정의 의론은 요동의 장수와 군사는 의순관에 들어와 머물게 하고, 다른 진의 군사는 강변에서 돌아가게 하는 방향으로 모아졌다.[91]

1563년부터 명조는 첨수참 동쪽 연산관이 있던 곳을 지휘指揮 1인이 지키게 하고, 조선 사신이 조공하러 관에 이르면 지휘가 요동도사에 보고한 다음에야 입관을 허락하게 했다. 조선에서 호송 나온 병마는 연산관에서 본국으로 돌려보내고, 조선 사신이 귀국할 때도 이곳에서 영접하게 했다.[92]

요동에서 조선 표류민을 압해한 후 요동도사의 차관을 시켜 한양까지 호송한 일도 수차례 있었다. 병부가 황제의 성지를 받든 자문에 조선인이 중국에 표류한 경우 조선 국경까지 데리고 가서 풀어 주라고 했기에 요동도사 차관이 의주에 와서 표류민을 인도하고 돌아가는 것이 준례였다. 그러나 당시에는 명 조정의 특명이 없는데도 요동도사 차관이 한양까지 인솔해 왔기에 이에 대한 접대 사례가 없었다. 이에 차관은 조칙을 전달하는 사신과 동일한 접대가 불가능하므로 그의 의사를 물어 명나라 조정에서 반포한 의례의 절차를 따르게 했다.[93] 이후 요동도사에서는 조선 표류인의 쇄환 문제는 의순관에서 담당하게 했다.[94] 표류하거나 도망한 중국인을 압해할 때는 요동도사에 넘겨 주는 것이 전례였지만, 도망할 위험이 있을 경우 탕참에 넘겨 요동도사로 보내게 했다.[95]

조선 사신이 중국 노정에서 사망할 경우 요동도사에서 이에 대한 호송을 도왔다. 1488년에 하상존시사 이세필李世弼이 죽자 요동도사에서 호상관護喪官을 정하고, 부의로 상례 물건을 지급하여 치제致祭한 후 군사 30명을 보내 숙직하게 하고, 담지군 100명을 정해서 호송하게 했다.[96]

한편 문인 출신의 명사가 오면 요동도사에서 호송군 2,000~3,000명을 거느리고 왔고, 태감이 명사로 차출되면 총병관이 8,000명을 거느리고 왔다. 동월董越과 왕창王敞의 경우 의주에서 4,000여 곡을 지출해야 했다.[97] 호송을 명분으로 강을 건너 의주에서 여러 날 머물면 의주에서 이들에게 식량과 인정 물품을 지원해야 했기 때문이다. 이로 인해 조선에서는 수차례 요동 호송군의 동쪽 호송 문제에 대해 논의하기도 했다.[98]

조선 서북 지방의 각 역에서는 사신 영송과 복물 수운, 입마를 지공하느라 매우 분주했다. 평안도의 경우 의주에 명사가 당도하면 각 고을에 사신을 맞이하고 보내는 임무를 배당했다.[99] 명사가 조선 경내로 들어오면 500명 이내의 조선 군마가 그들을 맞이했다. 먼저 의주 강기슭에서 맞이해 선천군까지 호송한 후 돌아가고, 선천군의 주둔 군마는 공강정까지 호송하고 돌아갔으며, 안주 등 지역 군마가 맞아 순안현까지 살폈고, 평양 군마는 마구령까지 호송했고, 황주 군마는 봉산군까지,

봉산 군마는 평산부까지, 평산 군마는 우봉현까지, 우봉현 군마는 개성 산예관까지 호송했다. 개성 군마는 임진강까지, 이후부터는 한양 군마 가 왕경까지 호송했다. 참부와 가마꾼은 조선의 각 도를 경계로 교대하 여 배치되었다.[100] 명사가 돌아갈 때는 요동의 군마가 압록강 건너편에 미리 와서 대기했다.

명청 교체기 조선과 명의 사행 노정

1621~1627년 사행 노정

16세기 말 이미 장백산 서쪽 송하강 상류에서 두만강에 이르기까지 세 력을 떨치던 여진의 군사적 위협이 더욱 거세지면서 명은 급기야 1614 년 조선에 원병을 요청했다.[101] 이후 1616년 정월 후금을 건국한 누르 하치는 취약한 경제적 기반을 타개하기 위해 1618년 4월 칠대한서七大 恨書를 발표하여 명에 선전포고를 했다.[102] 광해군은 관망하는 자세를 취하다가 관료들과의 갈등, 명의 거듭된 재촉으로 결국 1619년 2월 도 원수 강홍립과 부원수 김경서 등이 이끄는 1만 3,000명의 병력을 지원 하였다.[103] 그러나 명나라 장수 유정劉綎 휘하에 소속되어 후금의 수도 흥경興京[허투알라赫圖阿拉]을 목표로 전진하던 조선군이 1619년 3월 심 하 전투에서 후금군의 기습을 받아 패배하자 강홍립을 비롯한 조선군 원병의 지휘부가 남은 병력을 이끌고 후금군에 항복하면서 조선에 대 한 명의 불신이 커졌다.[104] 명과 후금에 대한 광해군의 미온적 태도는 그의 왕권을 지지했던 이이첨을 비롯한 대북파에게까지 비판받으면서 정치적 기반을 약화시켰고, 반대파인 서인과 남인이 재기할 수 있는 빌미를 주었다.

1621년 요동도사 모문룡毛文龍(1576~1629)이 압록강을 건너 평안도 철산과 선천 사이에 주둔했다. 이로 인해 후금군이 압록강을 건너 명군을 습격하는 일이 발생하자 이듬해 광해군이 모문룡을 종용하여 철산군 인근 가도[피도皮島]에서 진을 치게 했다. 이후 명은 후일을 도모할 목적으로 1622년 가도에 도독부를 설치하고 모문룡을 도독으로 임명하여 이곳 군진을 동강진東江鎭이라 했다.[105] 광해군을 폐위시킨 후 인조 정권은 동강진의 모문룡에게 이 사실을 먼저 알렸다. 이후 모문룡의 거점인 동강진은 인조 책봉에 일정하게 기여한 명분과 해로 사행의 위험으로 중국 사신의 조선 파견 빈도가 현저히 줄어든 상황에서 전략적 요충지가 되었다. 명나라로 가는 사행 노정에서도 가도를 반드시 거치게 했다.[106]

1623년 3월 인조반정은 광해군 폐위, 집권 대북파의 몰락과 인조의 등극, 서인 집권 등으로 이어지는 조선 중기 이후 정치적 전환점이 되었다. 국내뿐만 아니라 대외관계에서도 심각한 문제를 야기했다. 명은 요동의 대부분을 상실하고 북경과 산해관마저 후금군에 위협받는 상황에서 가장 중요한 변방인 조선에서의 정변에 큰 부담을 느꼈다. 당시 명에서는 인조반정을 찬탈로 간주했다. 이러한 명 조정의 부정적인 분위기는 등래순무 원가립袁可立이 1623년 6월 이경전李慶全 주청사 일행과 1624년 이덕형李德泂 사은겸주청사 일행에게 광해군의 생존 여부와 그가 왕위에서 스스로 물러났는지 여부, 반정 세력이 궁궐에 방화한 이유, 반정 직후 정국 상황 등을 날카롭게 추궁한 점에서도 잘 나타난다.[107] 이런 이유로 인조와 서인 일파는 민심을 수습하여 정권 안정을 도모하고, 명에 반정의 정당성을 설득하여 조속히 국왕 책봉을 받으려 했다. 인조는 내정 수습을 위해 인목대비의 위호位號를 회복시키고 광해군의 폐위를 정당화하는 교서를 반포했다. 교서에서는 폐모살제廢母殺弟라는 광해군의 반인륜적 면모와 궁궐 영건을 비롯한 토목공사, 민정 도탄 등을 거론했다.[108] 무엇보다 화이론의 관점에서 광해군이 재조지은再造之恩을 배신했다는 점을 언급하면서 명에 대한 충성을 강조했다.[109]

17세기 초 조선에서 위험한 해로로 대명 사행을 감행해야 했던 배경에는 이러한 내외적 정세 흐름이 크게 작용했다. 1621년(광해군 13)에서 1637년(인조 15)까지 병자호란의 패전으로 전통적인 대명관계가 단절되는 17년 동안은 적대 세력인 후금이 요동 지방을 점령하여 부득이하게 해로를 통해 중국을 왕래했다.

1621년(광해군 6) 3월 19일 후금이 요양을 점령하면서 조선과 명의 육로가 마침내 단절되었다. 1620년 10월 명 광종의 효화황후의 조의를 위해 육로로 명에 갔던 조선 사절은 1621년 육로가 막혀 바닷길로 귀국하게 되었다. 이때 명 희종은 수비 조우趙佑를 임시 유격으로 임명하고 해상에서 진향사 유간柳澗 등의 행차를 호위하게 했다.[110] 하지만 진위사 박이서朴彝敍에 이어 진향사 유간, 서장관 정응두鄭應斗 일행은 귀국길에 조난으로 희생되었다.[111]

1621년부터 정묘호란 이전까지 해로를 통한 사행 여정 총 5,660리 노정 중 해로가 3,760리로 육로보다 2.5배 멀었다.[112] 게다가 수로 정보와 항해 경험 부족으로 해난 사고가 빈발했다. 이에 사절을 기피하는 신료들이 많아지자 조정에서는 사신 선발부터 큰 어려움을 겪었다.[113]

명청 교체기 해로를 통한 대표적인 사행은 광해군 집권기인 1621년의 진위사 권진기, 최응허 사행을 비롯해 1622년 등극사 오윤겸吳允謙,

성절사 이현영李顯榮 사행 등이다. 인조반정 이후의 해로 사행은 명에 책봉 승인을 주청하기 위해 1623년 파견된 책봉 주청사 이경전李慶全 사행, 1624년의 사은겸주청사 이덕형 사행이 대표적이다. 해로를 통한 마지막 사행은 1636년 병자호란 전에 북경에 갔다가 이듬해 호란 후 귀국한 김육金堉 일행의 사행을 들 수 있다.[114]

명 광종의 부고로 1621년 4월 파견한 진향사 이필영, 진위사 권진기, 사은사 최응허 일행의 사행은 육로 대신 해로로 등주에 도착하여 북경에 들어갔다.[115] 이들이 중국에 들어갈 즈음 4월 조선에 온 명나라 희종의 등극조사 유홍훈劉鴻訓과 양도인楊道寅이 해상로를 통해 진위사 일행과 귀국길을 함께했다.[116] 당시 명사 유홍훈 일행의 귀로를 호위하기 위해 배를 타고 배웅할 이들을 선발하여 상응하는 직책을 제수하고 정병과 서리는 신역을 면제했다.[117] 그러나 명사 일행과 권진기 일행이 여순구에서 정박했다가 풍랑을 만나 9척의 배가 침몰했고, 유용과 권진기는 겨우 생존하여 등주에 도착했다.[118] 이어 1622년 4월 명 희종의 등극을 하례하기 위해 오윤겸을 파견했고, 그해 5월에는 성절사로 동지사와 사은사를 겸임시켜 이현영을 파견했다. 이때는 수로에서 여진 세력을 견제하기 위해 활과 화살, 조총, 각종 화기를 준비했고, 군관을 정원 외에 특별히 가려 뽑고 포수 등도 대동했다.[119]

이 시기 해로 노정은 곽산 산사포에서 출항하여 인근 철산 가도에 이르고,[120] 요동반도 연안 석성도石城島와 장산도長山島, 광록도와 여순구를 거쳐 발해 해협의 묘도를 지나 산동반도의 등주항에 상륙하는 것이었다. 육로 노정은 1621년 최응허의 사은 사행, 1622년 오윤겸의 등극 사행, 1623년 이경전의 책봉 주청 사행을 통해 확인할 수 있다. 이들의 노정은 등주에서 육로로 황현黃縣에 이르고, 여기에서 내주부萊州府−창읍현昌邑縣−유현濰縣−창락현昌樂縣−청주부靑州府−금령역金嶺驛−장산현長山縣−추평현鄒平縣−장구현章丘縣−용산역龍山驛−제남부濟南府−제하현濟河縣−우성현禹城縣−평원현平原縣−덕주德州에서부터 운하를 거쳐 안녕진安寧鎭−형제현荆齊縣−창주滄州−청현靑縣−유하일流河馹−정해현靜海縣−양류청楊柳靑−천진天津−기삼기하沂三岐河−양촌일楊村馹−무청현武淸縣−곽현漷縣−장가원張㪛院을 거쳐 통주에서 정박한 후 북경으로 갔다([그림 5]).[121]

   인조반정 이후 1623년 4월 인조는 주문사 이경전 일행을 파견하여 인목대비의 명의로 인조에 대한 왕권 승인을 청하는 주문을 명에 전달했다. 그러나 명 예부는 조선 실정을 파악하기 위해 떠난 사관査官의 보고가 바닷길이 막혀 지연되는 것을 이유로 이듬해 3월까지 책봉 승인을 미루었다.[122] 이에 조선은 1624년 8월 사은겸주청사 이덕형 일행을

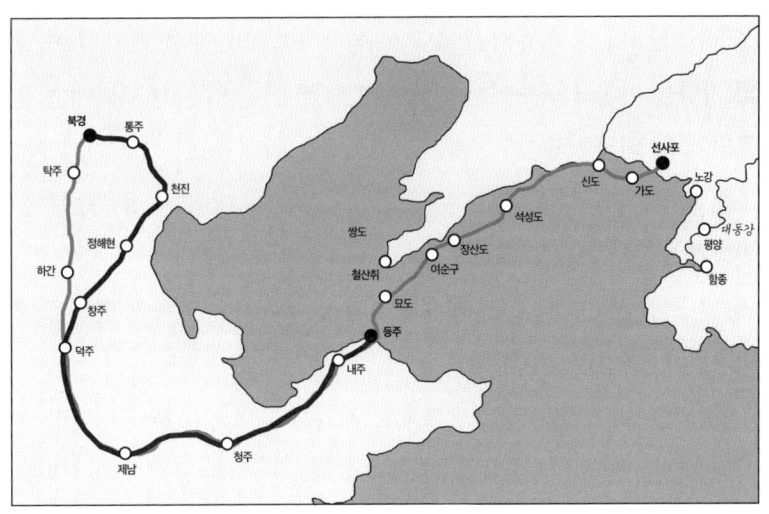

[그림 5] 17세기 초 선사포−등주−북경 노선(검정선 1621~1623, 회색선 1624~1627)

명에 파견하여 고명과 면복을 내려줄 것을 주청했다. 1624년 이덕형 일행의 주청 사행을 묘사한《해로조천도海路朝天圖》화첩에는 사행 노정의 순서대로 선사포 출항 장면, 가도를 거쳐 중국의 사행로가 본격적으로 그려져 있다. 사행 노정 중 험한 해로 사행로의 일부와 육로의 부와 현 단위별 사적과 북경성, 그리고 선사포 회박回泊 장면 중심으로 구성되어 있다.[123)]

1624년 이덕형 주청 사행부터 1627년까지 사행의 육로 노정은 앞서 1621~1623년의 사행 노정와 비교하면 등주—황현에서 덕주까지는 동일하고 덕주 이후부터는 운하를 거치지 않고, 경주景州—고성현卓城縣—조장역曹莊驛—헌현獻縣—하간부河間府—임구현任丘縣—웅주雄州—신성현新城縣—탁주涿州—양향현良鄉縣—대정점大井店 등을 거쳐 북경에 이르는 길이었다([그림 5]).[124)]

이 시기 명사와 흠차 사신의 왕래도 조선 사신과 유사한 사행 경로를 거쳤다. 1621년 7월 조선을 왕래한 한림원편수 유홍훈과 예과급사중 양도인楊道寅이 명 희종의 등극 조서를 가지고 조선에 올 때도 40여 명의 기병을 이끌고 등주에서 철산에 도착했다.[125)] 이후 1622년에는 후금의 일로 감군어사 양지원梁之垣이 조선을 왕래했고,[126)] 1623년에는 조선 출병을 독촉하는 일로 추관 맹양지孟養志에 이어[127)] 등주순무 손원화가 자문을 가지고 조선에 왔다. 1625년 명 조정은 책봉사 왕민정王敏政과 호양보胡良輔를 조선에 보내 인조를 책봉하는 고명과 면복을 내려주었다.[128)]

이어 명나라 황태자의 탄생 조서를 전달하기 위해 1626년 명나라 정사 강왈광姜日廣과 부사 왕몽윤王夢尹이 해로를 거쳐 조선에 파견되었다. 강왈광 일행은 요동을 잃어 육로가 막히자 등주를 거쳐 바닷길로 조선에 들어왔다.《유헌기사輶軒紀事》에 의하면, 강왈광 일행은 1626년 4월 23일 등주에서 출항하여 묘도-흠도欽島-황성도-검영도撿詠島-소평도小平島-광록도-장산도-녹도를 거쳐 5월 19일 가도에 도착하여 모문룡을 만났다.[129] 원접사 김류金瑬가 나와 사포蛇浦에서 연회를 베풀고 지방관들이 차례로 알현했다. 이어 선천에서 임반관, 정주관, 납청정을 거쳐 평양, 황주, 봉산, 평산, 개성, 동파, 벽제를 지나 6월 13일 한양에 입성하여 조서를 반포하고, 인목대비의 국상에 조문했다. 이후 외교 활동을 마치고, 6월 21일 귀국길에 올라 윤6월 15일 철산에 도착하여 가도에서 모문룡을 다시 만난 후 6월 22일에 출항하여 묘도를 거쳐 7월 중순 등주에 닿았고, 8월 22일 북경에 도착했다.[130] 해로의 험난함과 요동의 위험 상황은 "큰고래 입안에서 생사를 다투었는데도 아무 탈이 없었으니 천행이었다. 또한 여순의 소평小平과 조선 임반林畔의 소천小泉 등 여러 지경은 노추의 정찰병이 출몰하여 왕래하는 사람을 가로막고 죽이는 일이 일상사가 되어 위험한 일이었다"는 강왈광의 말에서 잘 드러난다.[131]

그들의 사행 목적은 남별궁 회례연에서 인조에게 조서를 반포하는 것 외에 모문룡 진영의 병마를 점검하라는 황명을 받들고 왔음을 밝힌 부분에서 분명히 드러난다.[132] 사르후[薩爾滸] 전투 이후 조선에 들어온 요동의 유민은 2만 명을 상회했고, 모문룡의 동강진이 설치된 후부터 정묘호란 직전까지 20~30만 정도로 꾸준히 증가했다. 이 때문에 후금군이 요동민을 추격하여 조선의 국경을 넘는 일이 빈발했다.[133] 요동 유민의 조선 유입은 후금을 자극하는 요인이 되었다. 이에 명에서도 동강진에 대한 상황을 사신을 통해 파악하려 했던 것이다.

1628~1636년 사행 노정의 변화

1619년 사르후 전투에서 승리한 후금 누르하치 세력은 1625년 심양으로 천도하고, 요동 전역을 장악하였다. 1626년 즉위한 청 태종은 위원성을 공격하고 명에 대한 조선의 사대관계 유지와 가도 모문룡의 문제를 이유로 정묘호란을 일으켰다.[134] 가도의 도독 모문룡은 후금군이 해전에 미숙한 덕분에 당시까지 건재했으나, 명 조정에서 자신을 비호하던 위충현魏忠賢 일당의 실각 이후 청나라와 내통하거나 조선에 대한 약탈을 감행했다. 그에 대한 반감이 거세지자 1629년 요동경략 원숭환袁崇煥이 여순의 쌍도雙島로 그를 유인하여 참살했다.[135] 모문룡 이후에도 명나라 군대는 가도의 동강진에 주둔했으며, 그들에 대한 조선의 지원도 지속되었다.[136]

정묘호란 이후에도 명은 조선을 통해 후금을 견제했다. 조선은 명에 대한 명분론과 사세론事勢論의 양립 속에서도 명과의 사대관계를 유지했다.[137] 동시에 후금에 대해서는 교린의 연장으로 회답사와 춘신사春信使·추신사秋信使를 심양에 파견했다.[138]

이 시기 절행節行은 일반적으로 해로 사행으로 인한 경비 부담과 조난 우려 때문에 동지사와 성절사를 관직이 높은 재신으로 겸행하게 했다. 또한 부정기 사행인 별행別行은 진위사와 진향사를 겸행했다. 그리고 주청사·진주사·사은사·진하사 등은 상황에 따라 절행과 겸행하여 보냈다.[139]

조선 사행이 가지고 간 문서도 사행 종류에 따라 내용상 차이가 있긴 하지만 보통 외교문서로 표문表文·전문箋文·주문奏文·장문狀文과 예부자문·방물표 등을 휴대했다. 대개 선박은 6척으로 제한했는데, 사신들은 표문과 자문의 정본과 부본, 방물을 나눠 가지고 각각 다른 배에 승선하여 불의의 사고에 대비했다. 정사와 서장관만 임명된 경우는 4척의 배로 이동했다. 싣고 가는 물건은 상하 원역員役의 식량, 노자[盤纏][140]·의복 등과 외교문서 외에 진헌하는 방물이었다. 1630년(인조 8) 진위사 정두원 사행의 경우 병기兵器로 방물을 대신했다. 명의 전쟁을 돕는 물자로서 후금에 대한 적개심을 담은 방물이었다.[141]

사절단의 정원은 평소 정사·부사·서장관 삼사와 통사 3인을 비롯해 사자관·압물관·의원·화원·수행원 등 30인 내외로 구성되었다. 하지만 이 시기 해로 사행에 삼사를 모두 파견한 것은 7차례 정도이며, 대부분은 부사 없이 정사와 서장관만 파견했다. 1624년(인조 2)에는 동지사와 주청사 등 두 사행이 바다를 건널 때 필요한 양곡이 1,000여 석에 격군格軍도 400여 명에 이르렀다. 항해 위험과 중국 정세 변화로 원역의 수가 증원되었던 것이다.[142]

사행 일행은 품계에 따라 역마役馬가 달랐으며, 그 비용은 호조와 선혜청에서 담당했다. 이 시기에도 중국에 가는 사신 행차에 뇌물을 받고 수십 명의 상인을 동행시키거나 사신의 노비를 가장하여 교역할 물건을 가지고 가는 폐단은 없어지지 않았다.[143] 또한 조정에서 사행이 경유하는 국내 노정의 해당 도에 미리 공문[先文]을 보내 사행을 위한 연접延接·문후問候·지공支供 등 필요한 물품 및 경비를 부담하게 했는데 이로 인해 황해도와 평안도 등 서북 지역의 폐해도 더욱 커졌다.

정묘호란 이후 전란의 피해가 컸던 관서의 역로를 피해 증산현甑山縣의 석다산石多山에서 사신선이 출항하여 가도에 이르렀다. 1628년 2월에 권첩權怗(1573~1629) 주문 사행은 귀로에 석다산에 도착했다.[144] 1628년 등극 사행은 평양에서 대동강을 경유하여 험한 해로를 통해 석다산에 이르렀다. 이에 동지사 송극인이 대동강을 경유한 노정의 험난

함을 들어 육로로 석다산에 가는 길을 인조에게 선처했으나 허락하지
않았다.[145) 결국 1629년 사은사 이흘과 윤안국 사행부터 사신들은 평
양에서 육로로 증산 석다산에 이르고 종사원과 방물은 수로를 이용하
여 석다산에서 합류하게 하는 것으로 정례화했다.[146)

　한편 명나라 사행로의 경우는 1629년부터 가도의 모문룡의 세력을
견제하려는 영원위 독신督臣 원숭환의 건의로 등주로 이르던 해로 노정
을 바꿔 각화도覺華島에 배를 대고 영원위에 이르렀다([그림 6]).[147)

　1629년 진하겸사은사 이흘의 사행 후부터 증산 석다산-가도-녹도-
석성도-장산도-광록도廣鹿島-삼산도三山島-평도平島-여순구-철산취
鐵山嘴-양도羊島-쌍도-남신구南汛口-북신구北汛口-각화도覺華島까지 배
로 항해했으며, 영원위부터 육로에 올라 여기서부터는 이전의 육로 사
행길과 같은 노정으로 북경에 도착했다. 육로가 911리, 해로가 4,160
리로 각화도까지의 해로가 등주로보다 훨씬 멀었으며 중간에 선박을
정박시킬 만한 섬이 전혀 없고 암초가 많았다. 1629년 동지사의 정사
윤안국(1569~1630), 상통사 이해룡을 비롯하여 사절단 일행이 희생되
고 정사선에 실은 부험, 방물 등을 모두 잃어버린 사고가 벌어지기도
했다.[148) 당시 서장관 정지우鄭之羽는 전복 위기를 겨우 모면하고 표류
하다가 소릉하에 도착했다. 그는 행산참장杏山參將에게 관마 5필과 군
병 20명을 지원받아 육로로 영원위까지 호송되어 이흘 일행과 합류할
수 있었다.[149)

　1630년 4월 4일 이흘이 북경에서 조선 조정에 보낸 치계에 의하면
일행은 배를 타고 50일 동안 항해하여 각화도에 도착한 후 영원에 이르
렀다. 쌍도까지는 거리가 매우 멀고 남신구나 북신구와 달리 중간에 배
를 정박할 만한 섬이 없었다. 또한 조선의 사신선은 뭉툭하고 무거워서

항해가 불편한 탓에 자주 암초와 부딪혀 난파당하기 쉬운 구조라 이흘도 표류하다 구사일생으로 육지에 오를 수 있었다. 당시 이흘이 영원의 독수아문에 머물 때 후금이 갑자기 산해관 내로 침범해 와서 부득이 천진을 경유하여 북경에 이르는 길을 선택했다. 이흘은 명 조정에 품의해 귀국길은 등주를 경유하는 길을 이용하게 해 달라고 주청해 줄 것을 조정에 알려 왔다.[150] 이흘이 이끄는 진하 겸 사은사 일행은 9월 17일 산해관에 머물며 변란이 끝나길 기다렸다. 그러나 3개월이 지나도 상황이 나아지지 않자 격군과 포수, 사수, 단련사 등 120여 명의 양식을 충당할 방도가 없었다. 이에 이흘은 통행할 수 없다면 천진, 등주 등지로 이동하여 북경으로 갈 수 있지만, 겨울이라 강이 얼어 배를 탈 수 없고 안전을 보장받을 수 없다고 조정에 보고했다.[151] 이후 도착한 장계에 의하면, 이흘 일행은 1630년 3월 24일 북경에 도착했으나 이흘은 5월

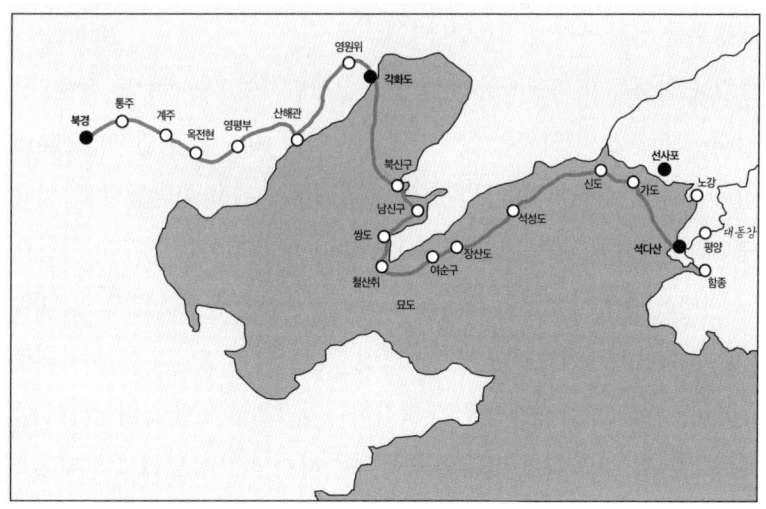

[그림 6] 1629~1636년 석다산–각화도–북경 노선

9일 북경에서 결국 병사하고 7월에 서장관 정지우만 귀국하여 복명했다.[152]

이에 1630년 진위사 정두원(1581~1642)의 사행은 석다산에서 출발하여 다시 등주로를 따르도록 명에 주청하기 위해 지정된 항로를 이탈하여 등주로를 통해 동지사 고용후 일행과 함께 이동했다. 그들은 여순구를 거쳐 황성도-타기도鼉磯島-묘도를 지나 9월 20일 등주에 상륙하고 다시 1631년 5월과 6월 사이 등주에서 출발하여 한양에 도착했다.[153] 정두원은 등래순무 손원화를 통해 등주로의 이용 허가를 요청하는 주본을 명 조정에 진달했다.[154] 하지만 사행 노정을 등주로로 바꾸는 일은 성사되지 못한 듯하다. 결국 이후 사행부터 마지막 사행인 1636년 동지사 김육까지도 등주를 거치지 않는 각화도 노정을 따라야 했다.[155] 1632년 주청 사행도 7월 증산의 석다산에서 출항하여 여순구에 이르고, 쌍도를 지나 9월 북신구와 남신구에 정박했다. 이후 육로의 동관점을 거쳐 조가장-사하역-전둔위-영원위-산해관 외성-무녕현-유관-영평부를 거쳐 북경에 이르렀다.[156]

김육 일행은 1636년 6월 17일 한양을 출발하여 7월 장산도, 8월 9일 남신구, 8월 21일 영원위 앞바다에 정박하여 40여 일 동안 서로西路의 상황을 주시해야만 했다.[157] 10월 16일에야 영원을 출발했는데, 이때 명나라 반송관이 동행했다. 김육은 이동하는 경로마다 청군의 침입으로 성내 인가의 대부분이 소실되고 허물어진 광경을 목도했으며, 11월 5일 북경 옥하관에 이르렀다.[158] 12월 7일 김육은 명나라 예부에 해로 6,000여 리를 경유하여 영원에 도착하는 공로貢路가 멀고 위험하니 등주로 경유할 것과 염초 및 유황의 무역을 다시 허가해 달라고 황제에게 주본해 줄 것을 자문했다.[159]

한편 명에서는 위험을 최소화하기 위해 사신을 파견하는 대신 1628년 주문사 권첩, 1629년 성절사 송극인 등 조선 사신을 통해 황제의 등극 조서와 황태자의 책봉 조서 등을 조선에 전달했다. 이 시기 파견된 명의 총병이나 태감 등은 보다 안정적인 등주로를 이용한 것으로 보인다. 1633년 부총병 정룡程龍이 가도의 안정 및 조선과의 연합을 명목으로 칙서를 가지고 등주에서 바다를 건너왔다.[160] 1634년 3월에는 태감 노유녕盧維寧이 조선의 세자 책봉 고칙과 채단을 전달하기 위해 조선에 파견되었다.[161] 1634년 9월에는 후금 정벌을 위해 감군 황손무, 태감 이문성과 하문록 등이 총병 채유가 이끄는 2만 명, 부총병 황비가 이끄는 군사 1만 명과 배 45척을 대동하고 가도에 정박했다. 이때 명은 조선 배 40척을 매입하고 조선 격군을 지원해 줄 것을 요구했다.[162] 1636년 9월 감군 황손무가 다시 들어와 후금 정벌을 위한 협조를 요청하는 명 황제의 칙서를 인조에게 전달했다.[163]

결국 1636년 12월 청 태종이 군사를 이끌고 조선을 침략하면서 조선은 1637년 정월 삼전도에서 청과 강화조약을 맺었고, 그에 따라 청과의 관계는 군신관계로 전락했다.[164] 1637년 4월 12일 조청연합군이 가도의 명군을 함락시킨 후 명과 조선의 대외관계는 현실적으로 단절되기에 이른다.[165]

사행로에 담긴 외교 지형과 그 너머

이 글은 조선 초부터 명청 교체기까지 조선과 명나라 사이의 사행 노정이 어떻게 변화해 왔는지를 시기별 주요 사례를 중심으로 실증적으로 분석했다. 단순히 외교사의 흐름을 정리하는 데 그치지 않고, 사행 경로라는 물리적 공간에 주목함으로써 교통, 지리, 군사, 국제정세 등 다양한 요소들이 얽혀 형성된 외교 활동의 실질적 양상을 고찰하였다. 특히 '노정' 자체를 분석의 중심에 놓음으로써, 조선의 외교가 단순한 명분이나 의례를 넘어 복합적인 현실조건에 기반하고 있었음을 밝히고자 했다.

무엇보다 사행 경로의 선택과 전환은 교통 편의나 효율성보다는 명–후금–조선 사이의 군사적 긴장, 여진의 위협, 요동 지역의 통제권 변화 등 국제정세의 변동과 밀접하게 맞물려 있었다. 사행로는 변화하는 외교 환경 속에서 조선이 어떻게 전략적으로 대응했는지를 보여 주는 중요한 지표였다. 이 글은 정치적 위기 국면에서 사행 경로가 어떻게 조정되었는지를 구체적인 사례를 통해 분석하며, 조선의 외교 전략과 현실 대응 노력을 입체적으로 조명하였다.

또한 명청 교체기라는 격동의 시기를 거치며, 조선은 전통적인 육로를 벗어나 불가피하게 해로를 선택해야 했다. 이 과정에서 조난과 표류, 그리고 후금과 모문룡, 가도 세력의 개입 등 새로운 위협 요인이 등장했고, 조선은 이러한 변수에 대응하며 해로 사행의 안전과 외교적 일관성을 유지하고자 했다. 이를 통해 우리는 사행이라는 외교 행위가 단순한 교섭을 넘어 위기관리와 전략적 판단의 결과였음을 확인할 수 있다.

끝으로, 사행단을 구성한 호송군의 편성, 숙영체계와 공관의 이용, 방물 운반과 같은 실무적 측면에 대한 검토를 통해 조선의 사행은 단순한 의례를 수행하는 외교 사절단이 아니라, 군사·행정·경제 자원이 총동원된 국가적 규모의 프로젝트였으며, 이는 당시 국제질서 속에서 조선이 취했던 외교의 실상과 전략을 이해하는 데 중요한 실마리를 제공한다.

사행로는 곧 외교의 지형이었다. 그 길을 따라 움직인 사람과 물자, 그리고 축적된 기록과 실무적 대응 방식은 조선이 당대 국제정세에 어떻게 반응했는지를 생생히 보여 준다. 사행로를 따라 조선 외교의 현실을 되짚는 일은, 그 너머에 자리한 복합적이고 역동적인 동아시아 국제질서를 읽어내는 과정이기도 하다.

[3]

접경 지역,
평안도와
요동

권내현

조선의 대명 사행과
평안도

- 대명관계와 평안도
- 평안도의 군역과 사행 호송
- 여진의 위협과 호송 부담
- 평안도의 사행 짐 운송
- 무역 증가와 운송 부담
- 사행 지원의 성격 변화

대명관계와 평안도

조선 시대 평안도는 대중국 외교의 관문이자 변방 방어를 위한 군사적 중심지였다.[1] 압록강 변과 내지의 요충지에는 방어 거점이 구축되었고, 중화中和에서 의주에 이르는 역로에서는 사행 지원이 활발하게 이루어졌다. 중국과 연접한 지리적 조건에서 비롯된 평안도의 이러한 특징은 대명관계나 대청관계에서 모두 유지되었다. 다만 조선 전기의 대명관계는 평안도에 직접적인 영향을 줄 수 있는 몇 가지 변수가 존재했다는 점에서 대청관계와 차이가 있었다.

우선 조선은 명뿐만 아니라 여진이라는 또 다른 세력과 교섭하거나 충돌하는 상황에 놓여 있었다. 여진이라는 잠재적 혹은 직접적인 위협은 평안도의 군사체제에 영향을 주었고, 대명 사행로의 일부였던 요동을 긴장시켰다. 조선은 명으로 가는 사행단의 위엄을 갖추는 한편 사행로에서 마주치게 될 여진의 돌발적인 위협에 대비할 필요가 있었다. 평안도 군사들이 맡았던 호송 책임이 바로 그것이었다. 이는 조청관계에서는 고려될 필요가 없는 부담이기도 했다.

다음으로 백두산 정계 회담 이후 국경이 확정되었던 후기와는 달리 조선 전기의 국경은 유동적이었다. 조선은 4군 6진 개척을 통해 북방 영토를 확대해 나갔으나 압록강 이북 지역은 명과의 직접적인 충돌을 피할 수 있는 공한지로 남기를 기대했다. 명 역시 요동 장악에는 시간이 필요했다. 따라서 이곳을 통과하는 사행에 대한 지원은 양국 모두의 책임이었다.[2] 특히 평안도는 조선 후기의 책문보다 멀리 떨어진 요양까지 사행의 호송은 물론 각종 짐바리의 운송을 떠안아야 했다.

더구나 군제나 역제驛制는 물론 사행의 영송迎送에 관한 규정도 왕조 초기부터 꾸준히 정비되어 나가는 과정에 있었다. 따라서 평안도의 대명 사행 부담 역시 조선 내부의 상황 변화와 명·여진과의 관계 변화에 영향을 받으면서 새로운 관례를 만들어 나갔다. 그 과정에서 평안도민들은 다양한 부담을 떠안았으며, 때로는 무역에 참여하거나 그러한 경험을 축적해 나갔다.[3]

이 글은 평안도라는 지역 차원에서 수행되었던 대명 사행 지원과 부담을 분석하였다. 내용상으로는 평안도 내부는 물론 의주에서 요양 사이를 오갔던 조선 사행에 대한 호송, 운송 부담을 주로 검토했으며,[4] 시기적으로는 임진왜란 이전으로 한정했다. 대명 사행의 호송과 운송은 황해도의 일부 지원을 받기는 했지만 대부분 평안도의 고유한 부담이었다. 이는 다시 평안도의 군사·역관驛館 체계와 연동하면서 지역민들의 독특한 부담과 경험이 축적되는 과정이기도 했다.

평안도의 군역과 사행 호송

평안도는 지리적 특성상 여진의 침략에 대비한 군사력의 강화, 대명 사행 지원을 위한 인적·물적 기반의 확보라는 과제를 가지고 있었다. 중앙 정부가 평안도의 재정 운영에 일정한 독자성을 부여한 것은 이 때문이었다. 물적 재원의 기초였던 전세는 중앙 상납 없이 본 도에 비축되었다. 하지만 토지 면적의 절대적 부족과 생산성의 취약으로 전세 수취량은 다른 지역에 비해 뒤떨어졌다.

평안도는 전세 수취를 늘리기 위해 인구 유입과 개간을 장려하고 양전을 실시하여 토지 결수를 꾸준히 확대하였다. 1404년 평안도의 토지 6,648결이 전국의 93만 1,835결에서 차지하는 비중은 0.7퍼센트밖에 되지 않았다. 이후 토지 면적은 지속적으로 증가하여 임란 이전까지 15만~17만 결 수준을 유지하였다. 이는 전국 토지 결수의 약 10퍼센트에 해당하였다. 그럼에도 전세 수취량은 계속 낮은 수준을 유지했는데, 이는 평안도의 낮은 토지 생산성과 군사·외교적 부담이 반영된 것이다.

전세에 비해 평안도의 군역 부담은 상대적으로 높았다. 국초 이래 평안도에서는 여진에 대비한 군사력 운용과 축성에 필요한 인원의 동원이 절실했다. 또한 조선과 명 양국의 사신을 호송하는 데에도 많은 인력이 동원되어 적극적인 호구 파악이 필요했다. 그리하여 평안도의 군역자 수는 정군과 봉족을 합해 1407년 5만 4,837명, 1477년 7만 1,567명, 1489년 8만 1,102명으로 늘어났다. 다만 정군의 수는 2만 명대 전후에서 움직였다.[5]

군역자의 증가는 호구 수의 증가와 연동되어 있었다. 이는 호구의 자연적 증가와 사민정책에 의한 인위적 증가, 호구 파악 강화 노력의 결과이기도 했다. 호구와 군역자가 늘어났음에도 불구하고 평안도의 군역 부담은 다른 지역에 비해 컸다. 《세종실록》지리지를 보면 평안도의 호당 군사 수는 1.9명으로 전국 평균 2.1명과 큰 차이가 없었다.[6] 그런데 한 호에 편제된 구수口數는 2.6명으로 전국 평균인 3.4명에 미치지 못했다.

평안도는 호당 평균 구수와 실제 군역자 수의 차이가 크지 않아 호당 군역 부담이 사실상 다른 지역보다 컸다. 같은 자료의 평안도 군사는 전체 구수의 20.1퍼센트로 전국 평균 13.7퍼센트를 넘어섰다. 이는 군역을 지는 인구가 상대적으로 많았음을 의미한다. 단편적인 자료이기는 하지만 여진에 대한 방비와 사행 접대라는 필요성에 의해 평안도의 호역이나 군역 부담이 타 지역에 비해 높은 수준으로 유지되었음을 확인할 수 있다.

실제 평안도 군사들은 지역에서의 방수 외에도 사행의 요동 호송이나 변상 시위의 임무를 맡고 있었다. 방수 외의 이중부담인 사행 호송에는 장기간이 소요되어 그 폐단이 컸다. 하지만 사행은 지속적이었고 여진과의 국지적인 충돌도 끊이지 않았으므로 일정한 군사를 확보할 필요가 있었다. 평안도의 군사가 부족하면 타 도의 지원을 받기도 했다. 황해도 군사가 여기에 해당하였다.[7] 군역자를 늘리기 위한 다양한 노력에도 불구하고 황해도의 지원까지 받았던 것은 그만큼 평안도의 군사·외교 부담이 컸음을 의미한다.

평안도의 방어에는 많은 군사와 재정이 필요했지만 대명 사행의 지원 또한 마찬가지였다. 부경사행赴京使行의 횟수는 한 해 세 번의 절행節行과 다양한 명목의 별행別行으로 인해 태조에서 성종 연간 동안 연평균 6.5회나 되었다. 여기에 연평균 3회의 요동사행遼東使行과 1회꼴로 나오는 명사明使까지 포함하면 양국 간 사행은 매년 평균 10회 이상이었다. 연산군~인조 대의 부경사행은 별행이 크게 줄어 연평균 3.8회였다.[8] 대명 사행의 횟수는 인조에서 철종 연간에 이루어진 조선의 대청 사행이 연평균 2.8회, 청의 대조선 사행이 0.7회였다는 사실과 비교될 만하다.[9]

적어도 사행 횟수만 본다면 평안도의 부담은 조선 후기보다 전기에 더 컸다. 물론 사행 횟수 못지않게 사행단 규모 역시 지역의 인마 동원이나 접대에 영향을 주었다. 사행 인원에 대해 국초 8~9명, 세종 대 15명, 세조 대 30명 내외였다는 기록이 있지만 이는 정관正官의 수를 가리킨다. 사행의 정관에는 정사, 부사, 서장관과 통사通事 등이 포함되었는데, 15세기 중후반 이후 그 수는 30~35명 정도였다.[10]

이들 외에도 사행에는 종인從人이 여러 사람 동원되었는데 그 전체 규모는 파악하기 어렵다.[11] 대청 사행은 200~300여 명의 인원과 200여 필의 말로 구성되었다. 다만 1729년(영조 5) 심양 단련사團練使가 폐지되기 이전의 사행 규모는 구간별로 차이가 있어서 심양까지 간 인마는 북경까지 간 인마보다 훨씬 많았다.[12] 세폐와 방물을 운반했던 인마의 일부를 심양에서 단련사가 거느리고 돌아왔기 때문이다. 이후로는 책문까지 많은 인마가 움직였는데, 특히 책문 후시가 공인되었을 때는 무역을 위해 책문까지 이동한 인마도 상당히 많았다.

대명 사행의 경우 요양까지만 동행했던 인마가 있었으므로 사행 규모는 의주에서 요양 구간과 요양에서 북경[13] 구간 사이에 차이가 있었다. 조선의 방물 운반은 요양부터 본격적으로 명의 역참과 수레를 이용하였다. 따라서 요양까지 방물 운반과 호송에 동원되었던 인마와 북경까지 동행했던 인마가 구분되었다. 한 차례의 대명 사행에서 북경까지 이동한 인마는 대청 사행보다 적었다. 하지만 매년 동원된 전체 인마는 사행 횟수와 요양까지 이동하는 인마를 고려해야 한다.

대명 사행에서 요양까지 가는 인원 중에 많은 수를 차지한 것이 평안도에서 차출한 호송군護送軍이었다. 호송군은 조선과 명의 사신이 오갈 때 요동팔참 구간의 호위를 담당하였다. 명으로 가는 조선이나 명의 사신을 호위하는 이들을 호송군, 조선으로 오는 명 사신을 호위하는 군사를 영봉군迎逢軍, 명에서 돌아오는 조선 사신을 호위하는 군사를 영래군迎來軍으로 구분하기도 했으나 보통 이들을 아울러 호송군이라 하였다.[14)]

그 규모는 시기나 사행의 종류, 성격에 따라 차이가 있었다. 세종 대에는 정원이 40명에서 100명으로 늘었는데, 요동에서 돌아오는 사행의 호송군은 절반인 50명이었다.[15)] 명의 요동군 100명이 조선 사신의 호송에 참여했기 때문이다. 명과 조선은 자국은 물론 상대국의 사신 호송에 책임을 분담하고 있었다. 요동팔참 지역은 명의 행정력이나 군사력이 미치지 못하는 공한지가 많았고 여진의 습격 위험이 상존했으므로 양국 사행단의 호위에 서로 협력하고 있었던 것이다.

명으로 갈 때 100명, 돌아올 때 50명이었던 호송군의 규모는 사신의 수에 따라 다시 조정되었다. 정사와 부사가 모두 포함된 사행은 이 규정을 따르지만 부사가 없는 단사의 경우 수를 반감하였다. 세조 대에는 이를 다시 조정하여 단사라도 방물이 없는 사행이면 갈 때, 올 때 모두 50명으로 하고 나머지는 각각 100명, 50명을 유지하였다. 이 내용은 《경국대전》의 사행 영송 규정에 그대로 반영되었다.[16)]

그렇다면 사행 구성원과 호송군에게 얼마나 많은 말이 필요하였는지 추정해 보자. 《경국대전》 규정에 따르면 대명 사행의 정사와 부사는 각각 승마 1필, 태마駄馬 2필, 서장관은 승마 1필, 태마 1필을 받았다. 종사관은 승마 1필에 태마는 2인당 1필이었다.[17)] 보통의 사행에서 사신과 종사관의 수가 30~35명 정도였으므로, 3명의 사신과 30명의 종사관을 기준으로 승마 33필, 태마 20필이 필요했다.

이들 정관 외에 종인에게도 각 승마 1필, 2인당 태마 1필을 주었다. 1408년(태종 8) 세자가 직접 사신으로 갔을 때 정관이 35명, 종인이 78

명이었다.[18] 세자의 행차였으므로 종인의 수가 많았는데, 종사관과 종인을 합쳐 14명이 넘지 않도록 한 적도 있었다. 이때 종인은 10명이 되지 않았을 것이지만 시기에 따라 변화가 있었고, 세 사신에게는 자제와 가노의 대동, 정사와 부사에게는 개인 말 1필의 지참이 허용되었다.[19] 세조 대에는 정관의 수가 배로 늘어나는 가운데 미관의 역관들도 가노를 대동하였다.

따라서 종인의 수는 유동적이었다. 만일 말 지원을 받는 종인을 5~10명으로 간주하고 가노 몇 명을 포함하면 북경으로 가는 사행단의 전체 인원은 40~60명, 말은 60~80필가량 되었다. 여기에 의주에서 요양 구간은 규정상 호송군 100명과 그들의 말이 추가되었다. 호송군에게는 한편으로 풀이 마른 시기에는 4명마다, 풀이 자라는 시기에는 8명마다 짐꾼 1명과 말 1필을 배정하였다.[20] 호송군의 짐과 말 먹이를 배려한 조처였는데 의주인은 포함시키지 않았다. 풀이 마른 시기 호송군 100명을 기준으로 그 수는 25명, 25필이 된다. 호송군이 늘어나면 그 수는 비례해서 증가할 수 있었다.

의주에서 요양 구간은 호송군 100명을 기준으로 많게는 125명의 인원과 같은 수의 말이 추가되므로 전체 사행단 규모는 165~185명, 185~205필의 말로 구성되었다고 할 수 있다. 만일 호송군이 수백에서 1,000명 이상으로 늘어나면 그 규모는 더욱 방대해질 수밖에 없었다. 다만 호송군과 관련된 인마 외에 요양에서 되돌아오는 인마가 얼마나 더 있었는지는 명확하지 않다. 요양까지 방물을 가져간 인원 가운데 짐을 수레로 옮기고 돌아오는 이들도 존재했기 때문이다. 따라서 요양까지는 훨씬 많은 인마가 움직였다고 할 수 있다.

조선 왕조는 대명 사행의 호송과 운송 인원, 동원된 말의 상당 부분을 평안도에 의존하였다. 평안도에서는 이 인원의 대부분을 군역자로 충당했다. 평안도가 재정을 자체적으로 비축하고 군역 부담을 높인 것 역시 이와 관련이 있었다. 평안도의 군사력은 기본적으로 방어 임무를 담당했지만 사행 지원에도 수시로 차출되었다. 따라서 정부는 평안도의 군사 수를 늘리기 위해 노력했다. 하지만 여진의 위협이 증가하거나 사행 규모가 커지면 군역자를 비롯한 지역민의 부담도 같이 커질 수밖에 없었다.

명으로 가는 사행단의 전체 규모에서 의주~요양 구간은 규정상 대개 100명의 호송군이 포함되어 있었다. 호송군은 말과 무기를 갖춘 평안도의 정군正軍 가운데서 차출했으며, 의주·용천·철산·삭주·창성·벽동·강계·이산·위원 등 9개 지역은 원칙상 제외하였다. 이들 지역은 대부분 압록강을 끼고 있는 군사적 요충지였다. 강변 일대는 세종 대 여진족의 침입으로 인해 양계의 국방체제가 국경 지역 중심으로 재편되면서 군사적 중요성이 커진 곳이었다.[21] 진관체제하에서도 호송군을 내지 않았던 지역은 대부분 변경의 진관 중심지였다.[22]

대명 사행의 관문이자 방어 거점이었던 의주를 포함하여 변경 요충지를 제외한 나머지 지역의 호송군 부담은 구체적으로 확인되지 않는다. 1468년(세조 14) 사은사가 돌아올 때 호송군의 수는 무려 1,000명이었는데, 지역을 크게 구분하여 인원을 배정한 흔적이 발견된다.[23] 규정의 10배에 해당하는 호송군을 보낸 것은 그 전해에 명의 요청으로 여진을 정벌하여 그들의 침입 우려가 커졌기 때문이다. 이때 평안도는 일시적으로 중도·동도·서도로 나뉘어 3명의 병마절도사가 존재했다.

당시 평안중도 절도사 이극배李克培는 1,000명의 호송군을 중도에 820명, 동도에 80명, 서도에 180명 배정하였다. 그 기준은 3도 소속 읍의 다소에 두었다. 중도·동도·서도는 각각 23, 8, 9개의 군·현을 거느리고 있었다.[24] 동도, 서도와 달리 평양과 안주를 중심으로 한 중도에는 호송군 제외 지역이 한 곳도 포함되어 있지 않았다. 이곳에서 호송군을 집중적으로 차출했으며, 지역별 군사 수의 다소에 따라 인원에 차등을 둔 것으로 보인다.

변경 지역 가운데 의주는 원래 호송군 동원의 의무를 지고 있었다. 의주에서는 사행이 보통 2~3일간 머물며 방물과 문서를 점검했는데, 이때까지 호송군을 보내지 못한 지역이 있으면 으레 의주의 정군을 채워 넣었다.[25] 의주의 부담이 문제가 되자 1466년(세조 12)부터 의주와 주변의 용천, 철산 등지는 강변 지역의 예에 따라 호송군을 내지 않도록 하였다. 하지만 규정이 완벽하게 지켜지지는 않아 종종 의주나 강변의 유방군留防軍 일부를 호송군에 충원하고는 하였다.[26]

조선과 명 양국 사신의 왕래가 빈번해지고 여진의 위협으로 변경 방어의 중요성이 커지면서 사행과 방수에 필요한 군사를 안정적으로 확보하기가 쉽지 않았다. 규정과 달리 의주나 강변 지역에서 호송군이 차출되거나 군사의 종류가 점차 늘어난 것도 그 때문이었다. 초기 군익도軍翼道 체제에서 호송군은 원래 각 지역의 익군翼軍이 담당하였다. 이들만으로 호송군을 확보하기 어렵자 1407년(태종 7)부터는 상경 시위하던 시위군侍衛軍에게 호송의 역을 부과하였다.[27] 시위군과 익군은 이후 정군으로 불리며 호송군의 주력이 되었다.

정군은 원래 부유한 호에서 감당했는데, 세조 대부터는 이들보다 사회경제적 지위가 높은 정예의 갑사도 호송군에 포함되었다. 중앙에 번상했던 군사를 지역 방어와 사행 호송으로 전환하고 있었던 것이다. 중종 대에는 다시 호송군이 부족하면 평안 병사의 친병인 수영패隨營牌를 추가하여 호송군의 범주는 계속해서 확대되었다.[28] 이 과정에서 갑사나 정군보다 지위가 낮았던 수군도 호송군으로 전환되었다. 평안도에서는 왜구의 침입 우려가 줄어들면서 수군을 국경의 각 진에 부방시켰는데, 1506년(중종 1) 이들 중 일부를 호송군에 배정했던 것이다.[29] 호송군의 종류가 이처럼 늘어나고 제외 지역에서도 때때로 군사를 차출한 것은 호송군의 실제 규모가 규정보다 크게 증가했기 때문이다.

여진의 위협과 호송 부담

조선의 호송군 파견은 사행의 호위라는 실질적인 목적도 있었지만 사행단의 위엄을 갖추려는 의도도 있었다. 왕조 초기 명과의 갈등을 수습한 조선은 사행 외교를 통해 양국 간 안정을 추구하였다. 조선은 명이 가진 힘의 우위를 인정하면서도 조선 사행이 예의와 위엄을 갖추어 명으로부터 존중받기를 기대했다. 호송군을 무예에 능하면서도 말과 군장을 갖춘 부유한 자 중에서 선발한 것도 그 때문이었다. 만일 갑옷과 무기를 제대로 준비하지 못하면 관에서 대신 지급하여 보냈다.[30]

1450년(문종 즉위년)에는 호송군을 중군, 좌군, 우군으로 나누고 각 군별로 다른 색 깃발과 표식을 갖추어 대열을 정돈하게 하였다.[31] 이러한 노력의 밑바탕에는 여진은 물론 명에도 조선의 변방이 허술하게 보여서는 안 된다는 인식이 있었다. 흉작으로 호송군에 가난한 군사가 포함되어 요동에서 쌀을 사거나 걸식을 하는 이가 있자 세종은 변방 백성의 가난하고 쇠잔한 형상을 드러내게 했다고 평안감사를 질책하였다.[32] 호송군이 평안도 군사로 이루어진 이상 그들의 외양은 변방의 성쇠와 직결되어 있다고 본 것이다.

유사한 관점에서 조선은 국경 관문이었던 의주의 축성과 인구 증가에도 노력을 기울였다. 의주성 정비에 관한 주장은 여러 차례 제기되었는데, 양성지는 조선으로 들어오는 중국인들을 의식하여 성 주변의 형세를 장엄하게 해야 한다는 논리를 펼쳤다. 명의 사신이 다니는 의주성은 다른 읍성과 비교할 수 없는 곳이므로 크고 높게 쌓아야 한다는 인식도 그 연장선에 있었다.[33] 실제로 의주성은 여러 차례 정비, 개축되었고 인구를 늘리려는 조처도 꾸준하게 추진되었다.

의주성의 장엄함이나 호송군의 강건함을 드러내고 싶어 했던 조선은 한편으로 명의 사신이나 호송군의 체류 지역과 기한은 되도록 제한하려 했다. 그것은 조선의 경제적 부담, 특히 평안도의 접대 부담을 줄이는 방편이었다. 조선과 마찬가지로 명의 사행도 호송군을 대동하였고, 때로는 조선의 호송군이 같이 호위하였다. 명 내부에서 장기간 많은 인원이 이동하는 조선 사행에 대한 명의 접대 부담도 컸지만 조선 역시 명의 사행에 대한 부담을 가지고 있었다.

명의 요동 호송군은 명의 사신이 조선에 오갈 때와 조선 사신이 귀국할 때로 구분하여 볼 수 있다. 조선에 파견된 명의 사행은 요동의 호송군이 호위하였다. 이들은 의주까지 들어와 교역을 하고 요동으로 돌아갔다. 조선이 고심한 것은 명의 사신이 본국으로 돌아갈 때의 호송 문제였다. 명 사신이 서울에서 의주로 돌아간 뒤에는 대개 요동의 호송군이 와서 호위를 맡았다.

조선의 입장을 난처하게 한 것은 명의 사신이 별도의 조선 호송군을 요청하는 경우였다. 관례적으로 조선은 명의 사신이 돌아갈 때 따로 호송군을 지원하지 않았다. 명의 호송군이 제때 도착하지 못하면 사신이 의주에서 오래 체류할 것을 우려하여 조선에서 호위를 맡는 방안을 고려한 적은 있었다. 하지만 의주에서 명 사신의 장기 체류는 일시의 폐단이지만 호송군 지원의 길을 여는 것은 만세의 폐단으로 간주하였다.[34] 조선은 돌아가는 명 사신의 의주 체류나 그들에 대한 호송군 지원으로 평안도의 부담이 커지는 것을 원하지 않았다.

그럼에도 불구하고 명의 사행이 별도의 조선 호송군을 요청하는 경우 부득이 허용하였다. 이러한 사례가 많지는 않았던 것으로 보이는데, 더 문제가 되었던 것은 조선 사신이 귀국할 때 동행한 명의 관원과 호송군이었다. 1481년(성종 12) 성절사 한치형韓致亨이 귀국할 때, 명 성조成祖는 자신의 비 한씨의 조카였던 그를 우대하여 예부의 하급 관원인 서반序班 한 사람을 붙여 주었다. 이후 조선 사신이 돌아올 때 관행적으로 서반이 동행하여 논란이 되었다.[35]

서반은 북경에서 조선 사신과 관련된 여러 일을 관장했기 때문에 조선으로서는 그들을 예우할 수밖에 없었다. 그런데 요동에는 자체의 관원이나 군사가 있었고 조선의 호송군도 대기하고 있었으므로 서반이 의주까지 올 필요는 없었다. 그들이 굳이 의주까지 들어와 접대 부담이 늘어나자 조선은 이를 정지시키려 하였다. 조선의 문제 제기에 따라 명은 서반 대신 통사를 요동까지만 보냈고, 요동도사는 다시 관원과 호송군을 내어 압록강까지 조선 사신을 호위하도록 하였다.[36]

조선은 접대 부담을 줄이기 위해 되도록 명의 관원이나 호송군이 경내로 들어오는 것을 바라지 않았다. 요동 호송군에게 연간 소요되는 비용이 미곡으로 1,000여 섬이나 된다는 계산이 나올 정도로 의주나 주변 지역의 부담이 컸기 때문이다.[37] 실제로 1494년(성종 25)부터 명의 호송군은 압록강까지 왔다 돌아갔다. 하지만 1501년(연산군 7)부터 다시 의주로 들어와 3~4일 이상 머물렀다. 이는 교역을 위해서였으며 여기에는 요동도사와 총병관의 의지가 반영되어 있었다.[38]

조선은 다시 이들이 의주에서 체류하지 않게 하는 방안을 고민해야 했다. 더구나 명의 요동 내지화 정책에 따라 호송군의 필요성은 전보다 줄어들었다. 다만 호송군이 불의의 사태에 대비할 목적으로 운영되었고 조선의 호송군 역시 요동에서 접대를 받는다는 사실을 고려해야 했다. 조선은 명 호송군의 호위 폐지나 조선 사신이 요청할 때만 호위하게 하는 방안, 호위하더라도 요동의 장수와 군사는 의주 의순관, 각 진의 군사는 압록강까지만 들어오도록 하는 방안을 고민했다.[39]

이 문제는 이후 상당 기간 수면 위로 떠오르지 않았다. 조선 사신의 귀국 시 요동에서부터 호송군이 동행한 것이 아니라 탕참湯站에 이르렀을 때 그곳의 군사 50~60기가 압록강까지 호위를 담당하였기 때문이다. 전반적인 부담이 줄어든 조선은 이들에게도 미곡이나 포목을 지급하였다. 탕참에서는 이를 기회로 호송군을 늘렸고 탕참과 의주 사이에 있던 연강대沿江臺에서도 자의적으로 호송군을 보냈다. 그 수가 많게는 200~300명에 이르렀다.[40]

이러한 상황에서 조정의 논의는 조선 사신의 귀국 시에 두 진의 호송군 자체를 없애는 방향으로 모아졌다. 조선은 1557년(명종 12)에 이어 1564년(명종 19)에 요동도사에게 자문을 보내 호송군의 중지를 요청하였다. 이에 따라 탕참과 연강대의 호송군은 혁파되었다.[41] 명군에 대한 접대 부담을 줄이려는 조선의 일관된 노력이 관철되었던 것이다. 마찬가지로 요동에서 파견된 관원이 의주에 머물고 입경하지 않도록 한 요구도 논란 끝에 받아들여졌다.[42]

명의 호송군과 관련하여 평안도의 부담을 줄이려는 조선의 시도는 효과를 거두었다. 반면 최소한의 수로 위엄을 갖추려 했던 조선 호송군에 대한 기대는 난관에 부딪혔다. 평소에도 정사가 종친이면 호송군의 수가 많이 늘어날 때가 있었다. 세종 대 계품사 혜령군惠寧君, 단종 대 사은사 수양대군의 사행에는 호송군이 400명이나 되었다.[43] 종친을 우대하여 호송군을 규정보다 크게 늘린 것이다.

예우 차원의 증원을 제외하면 호송군 증가의 가장 큰 배경은 여진의 위협이었다. 특히 15세기 후반 여진 정벌을 전후로 한 시기의 호송군은 수백 명에서 1,000여 명에 이르렀다. 1461년(세조 7) 여진의 위협으로 호송군이 늘어나는 과정을 보자. 당시 평안도 도관찰사와 도절제사는 여진이 조선 사신을 살해할 것이라는 정보를 입수하고 호송군을 정원 100명 외에 50명을 더 추가할 것을 건의하였다. 이 소식을 접한 사은사 김유례金有禮는 그 이상의 증원 및 화포까지 요청하였다. 세조는 최종적으로 의주 근처 갑사 150명을 추가하고 화포와 약장藥匠을 대동하게 했다.[44]

요동의 정세를 탐문한 평안도의 보고와 사신의 요청에 따라, 때로는 사신의 선제적 요청에 따라 호송군은 정원을 초과하는 경우가 많았다. 1467년(세조 13) 건주위의 여진을 정벌한 이후 주문사奏聞使를 파견할 때 호송군은 무려 1,000명이나 되었다. 이들은 요동에서 대기하고 있다가 성절사와 사은사가 귀국할 때 다시 호송을 맡았다. 예종 대에도 대규모의 호송군 파견은 지속되어 많게는 700명에 이르렀다.[45]

여진과의 관계 악화는 변경 방어의 강화는 물론 호송군의 대대적인 증원으로 이어졌다. 여진의 침입을 몇 차례 격퇴하였던 성종 대에도 호송군의 수는 수백에서 1,000명 규모였다. 사신들은 사행의 안전을 명분으로 되도록 많은 수의 호송군을 원했다. 이런 일이 반복되자 미리 여진의 정세를 탐지하여 그 수를 결정하기도 하였다. 1480년(성종 11)

정조사正朝使의 정사와 부사는 앞서 파견된 성절사의 예대로 600명의 호송군을 요청하였다. 이에 대해 성종은 평안도의 관찰사와 절도사에게 여진의 동태를 살펴 우려스러운 점이 있으면 600명을, 그렇지 않으면 그 절반으로 호송하게 하였다. 이 수는 유동적이어서 여진과의 교전 이후 보복이 우려되는 상황에서는 1,500명으로 늘어난 적도 있었다.[46]

16세기 이후로는 대규모로 호송군이 파견되지는 않았다. 여진 정벌과 같은 큰 충돌이 더는 발생하지 않았기 때문이다. 물론 요동의 정세가 불안하면 호송군이 증원되는 관례는 이어졌다. 이러한 상황이 반복되면서 호송군의 정원 규정은 잘 지켜지지 않았다. 조선은 명의 요동 호송군 접대 부담을 줄여 나갔지만 변방 정세로 인해 오랫동안 자국의 호송군은 늘릴 수밖에 없었다. 이는 결과적으로 평안도의 부담으로 이어졌다.

규정상 한 번의 조선 사행이 오갈 때 필요한 호송군은 150명이었다. 태조~성종 대의 연평균 부경사행 6.5회를 기준으로 매년 필요한 호송군은 975명 정도였다. 여기에 명의 사행 등을 포함하면 1,000명 이상으로 늘어났다. 여진의 위협이 증가하면 이 수는 급격하게 증가했다. 일례로 1467년(세조 13) 8월~11월 사이 호송군 운영을 보자. 그해 8월에 진응사進鷹使가 돌아올 때 500명, 같은 8월에 성절사와 사은사가 함께 갈 때 500명, 10월에 정조사와 명 사신이 갈 때 500명, 11월에 주문사와 사은사가 함께 갈 때 1,000명 등 모두 2,500명의 호송군이 동원되었다.[47] 같은 수로 왕복했다면 호송군의 수는 5,000명으로 증가하며, 8월 이전의 사행까지 고려하면 그 수는 훨씬 더 늘어나게 된다.

평안도는 한 해 1,000명에서 많게는 5,000명 이상의 군사를 호송군에 투입해야 했던 것이다. 이는 다양한 측면에서 문제를 일으켰다. 무엇보다도 지역 방어를 담당하던 군사들이 사행 호송이라는 이중의 부담을 지게 되었다는 점을 들 수 있다. 사행 호송을 전담하는 군사가 존재했던 것은 아니기 때문에 정군들이 돌아가며 호송군의 역을 수행하였다. 평안도의 군역자가 증가한 15세기에도 정군 자체의 수는 크게 늘지 않았다.

반면에 호송군의 규모가 커지면서 정군 한 명이 한 해 2~3차례 요동으로 떠나기도 했다.[48] 요동에서 돌아온 호송군들은 방수의 역에 다시 동원되었다. 특히 호송군을 많이 냈던 평안도 남부 지역은 세종 대부터 변경 지역에 부방赴防하였다. 이들은 호송군에 차출되면 의주까지 먼 거리를 이동했다가 다시 요동으로 들어갔고, 부방의 역을 맡게 되면 역시 변경의 군사 요충지까지 장거리를 이동하였다. 세조 대 평안도 남부 지역 군사의 부방은 잠시 완화되었으나 변경 방어를 강화하면서 다시 확대되었다.[49]

변경 방어의 측면에서도 호송군의 수가 많이 늘어나면 방수가 허술해질 우려가 있었다. 군사 수의 증가가 쉽지 않은 상황에서 외교 지원을 위한 호송과 국방을 위한 방수가 조화를 이루기 어려웠던 것이다. 더구나 호송과 방수 외에 축성의 역에도 군사들이 동원되는 가운데 호송군이 파산하거나 요동으로 도망하는 일마저 일어났다. 따라서 부유한 자로 호송군을 채워 사행의 위엄을 보이려는 의도 또한 점차 실현되기 어려웠다.

이러한 부담을 줄이기 위해 종종 제기된 해결책이 사행을 줄이거나 합치는 방안, 여러 사행을 동시에 출발시키는 방안이었다.[50] 사행의 동시 출발은 일부 수용되기도 했는데, 이는 사행에 부수되었던 호송이 사행의 운영 자체에 영향을 미친 경우였다. 또 다른 방안은 부족한 군사를 보충하기 위해 인근 황해도의 지원을 받는 것이었다. 실제로 황해도 군사는 사행 호송에 일부 참여하였다.[51] 황해도를 넘어 경기도와 개성부에도 호송을 맡겨야 한다는 견해도 있었지만 수용되지는 않았다. 이러한 대책들은 부분적이거나 일시적인 효과만 있을 뿐이었다. 오히려 여진과의 직접적인 충돌이 완화될 때 호송군은 줄어들 수 있었다.

● 평안도의 사행 짐 운송

사행의 호송과 함께 평안도가 가진 또 다른 주요 부담은 사행 짐의 운송이었다. 서울에서 출발하여 명으로 가는 사행은 의주로 이어지는 도로를 따라 이동하였다. 평안도 구간에서는 중화의 생양관生陽館에서 의주의 의순관義順館까지 모두 13개 관의 지원을 받았다.[52] 평안도에는 원래 역과 역리가 존재하지 않았기 때문에 이들 관과 관에 소속된 관군館軍이 사행 접대와 짐 운송의 책임을 맡았다.

조선과 명의 사행이 빈번했고 번다한 인마의 동원은 물론 접대의 절차나 격식에도 유의해야 했기 때문에 초기 관군에는 지역의 상층 구성원들도 포함되었다. 3, 4품인 자의 아들·사위·아우·조카나 자신이 7품을 지낸 자들까지 돌아가며 관군이 되었던 것이다.[53] 세습되는 역리층이 부재한 상황에서 재력을 갖춘 계층의 구성원들이 그 역을 대신했지만 부담은 매우 컸다.

관군은 위전位田을 받고 입마역立馬役 등을 수행하다 1~2년 단위로 교체되었다.[54] 주로 여정餘丁이 있는 부유한 호에서 관군을 선발했으나 평양의 대동관大同館 외에는 충정할 관군이 부족했고, 역 부담으로 기존의 관군마저 도망하는 일이 빈번했다. 조정은 그 대책으로 보충군과 혁파한 사사노비寺社奴婢를 통해 관군을 조력하게 하였다. 이때 보충군은 관부館夫, 사사노비는 전운노轉運奴로 칭하되 3정을 1호로 삼아 관마다 6~7호씩 배정하였다.[55]

이들에게도 토지를 지급했으며 보충군의 경우 입마역을 행한 지 5년이 지나면 상으로 관직을 주도록 하였다. 관역館役 가운데 재력이 필요한 입마는 원칙적으로 기존의 관군이 맡지만 보충군에게도 관직을 매개로 입마를 유도했던 것이다. 하지만 몇 년 지나지 않아 보충군들이 관역에서 벗어나 원래의 역으로 돌아가기를 요청한 것으로 보아 보상보다 역 부담이 더 컸음을 알 수 있다. 입역자의 확보가 어려웠던 조정에서는 이들의 청원을 허용하지 않았다.[56]

안정적인 역관驛館 운영을 위해서는 관부는 물론 전운노의 확보와 장기 지속 역시 필요하였다. 전운노의 유지를 위해 안주 안흥관安興館 이북에만 적용되었던 노비 부부를 같은 역관에 소속시켜 동거할 수 있도록 한 혜택을 그 이남에도 허용했다. 안흥관 이남에서는 노가 역관에 소속되었더라도 부인인 비는 다른 관청에 속한 경우가 많았기 때문이다.[57] 이외에도 도내 여러 지역에 속한 공노비와 적몰 노비, 도망 노비, 범죄 노비 등을 전운노로 전환하여 그 수를 늘려 나갔다.

따라서 평안도에서는 세종 대 이래로 역관의 구성원을 크게 관군-관부-전운노로 구분하여 사행의 이동과 관련된 각종 역을 부과했다고 할 수 있다. 그들의 주요 임무였던 입마, 사행의 접대와 짐의 운송은 모두 고역이었다. 특히 각 역관의 말은 수가 적고 약하여 사행 짐의 운송에 어려움이 많았다. 이런 상황에서 관부들은 사적으로 만든 수레를 이용하거나 직접 짐을 나르기도 하였다.[58]

압록강을 건너기 전 사행의 짐 운송은 인력에도 의존했지만 도강 이후에는 말이 그 역할을 대부분 대신하였다. 말은 사행 구성원들의 이동 수단이기도 하였으므로 관군에 의한 말의 확보와 관리가 중요했다. 세조 초에는 관군의 구성에 변화가 생겨 향리들로 대체되었다. 평안도의 향리들은 자신이 속한 고을에서의 향역鄕役과 역관에서의 관군역을 번갈아 맡도록 했던 것이다. 관군은 원칙적으로 3년에 한 번 맡도록 하였으나 향리의 수가 부족하여 매년 돌아가며 향역과 관군역을 져야 했다.[59]

　향리의 관군역 부담은 호송군 규정과 함께 《경국대전》에 반영되었다. 대명 사행에 필요한 기마와 태마를 평안도의 향리들이 돌아가며 책임지도록 한 것이다. 이때 호송군과 마찬가지로 의주 등 9읍은 그 부담에서 제외되었다. 이들 지역은 사행의 호송과 운송 책임 대신 변경 방어에 집중하도록 하였다. 사행에서 말의 숫자와 관리는 매우 엄격해서 평안감사가 예조의 공문에 따라 수를 정하고 사행 도중 3필 이상 죽는 일이 생기면 정사, 부사, 서장관이 모두 처벌받도록 하였다.[60]

　관군의 일부는 요동 구간의 왕래에도 참여한 것으로 추정된다. 향역과 관군역을 수행했던 향리를 향호관군鄕戶館軍으로 지칭했는데, 그들은 방물 운송과 관련한 요동 왕래 및 소속 읍의 역으로 고통받았다고 인식되었기 때문이다.[61] 사행 지원과 향역이라는 이중의 역은 역관에 소속된 구성원 가운데 상대적으로 지위가 높았던 관군에게도 큰 부담이 되었던 것이다. 이는 향리에 대한 기피와 사회적 지위 하락으로 이어졌고 다시 관군의 부족을 초래했다.

　평안도 변방으로 이주한 이들에게 10년 면세와 15년 복호의 혜택을 준 뒤 아전이나 관군으로 차출한 것 또한 관군 확보의 방안이었다. 하지만 사람들은 변방으로의 이주를 죽기보다 싫어했으며, 관군에 포함되는 것을 그보다 더 꺼렸다고 할 정도였다.[62] 이러한 상황에서 향호관군 외에 기병이나 보병 같은 정군을 관군으로 차출하였다. 이들을 군호 관군軍戶館軍이라 하고 향호관군과 역을 반씩 나누어 부담하도록 하였다. 이후 향리 혹은 정군의 관군 전담 방안과 혼용 방안은 상당한 논란이 되었다.[63] 결국은 향리의 이중의 역 부담과 반복되는 교체의 폐단을 우려하여 군호가 관군을 전담하도록 하였다.

이에 앞서 평안도의 사행 짐 운반 폐단을 줄이기 위해 정조사正朝使의 짐은 황해도가 담당하도록 했다. 평안도의 관군이 요동팔참의 험로를 이동하다 인마가 지쳐 죽는 일이 생기면서 역로의 피폐가 우려되자 부담 일부를 황해도로 옮긴 것이다. 일부 관료들은 황해도만이 아니라 다른 지역에까지 운송 부담을 확대하려 했으나 요동까지의 거리를 고려할 때 폐단만 증가할 것이란 우려 때문에 받아들여지지는 않았다.[64] 따라서 황해도의 조력하에 평안도가 사행 짐의 운송을 책임지고 관군을 군호로 영정永定하는 방식이 정착되어 갔다. 평안도 정군의 관군화는 호송군과 관군이 모두 군호에서 충원되었음을 의미하는 것이기도 했다.

군호의 관군 영정은 다른 지역의 역리와 같은 집단이 평안도에서 형성될 수 있는 기반을 마련하였다. 원래 향호와 군호는 관로館路에서는 1년마다, 변경의 합배合排에서는 5년마다 교체되었다. 각각 향역과 군역을 지면서 교대로 관군의 역을 다시 부담한 것이다. 군호 일부가 역관에 완전하게 소속되면서 향리와 마찬가지로 이들은 이중의 역 부담에서는 벗어났지만 입마와 사행 짐 운송은 여전히 고역이었다.[65] 관군의 영정 방식이 아닌 교대론이 여러 차례 거론된 것은 그 때문이었다.

1492년(성종 23) 관군의 영정을 지속할 것인지를 두고 벌어진 논쟁에서는 민호 영정이란 말이 등장했다.[66] 논의에 참여한 일부는 군호 영정을, 또 다른 일부는 민호 영정을 언급했는데, 모두 향호와 군호의 교체가 정지된 이후 관군을 맡은 대상을 지칭한 표현이었다. 원래 군역을 졌던 이들이 관군이 되었으므로 군호 영정이라고 했을 수 있고, 군역에서 벗어나 관군에 영속되었기 때문에 민호 영정이라고 언급했을 수도 있다. 물론 관군의 일부는 일반 민호 중에서 충원되었을 가능성도 있다.[67] 다만 중종 대 관군들의 상언에 따르면 향호가 관군에서 면제된 뒤 군정들이 63년간 관군의 고역에 시달리고 있다고 하소연한 것으로 보아 관군의 주력은 오랫동안 군호였다고 할 수 있다.[68]

군호의 관군 전담이 방수군 감소의 우려를 낳는 가운데 역로의 여성과 양인 남성 사이에서 태어난 장정이나 잡색군을 관군에 충당하였다.[69] 관군 구성원의 확대는 관군의 유지에 필요했지만 그들의 사회적 지위 하락을 불러왔고 관군과 관부의 구분을 모호하게 만들었다. 더구나 관군의 역은 점차 세습되는 경향을 보였다. 이들의 과거 응시는 허용되었으나 현실적으로 관직 진출이 쉽지 않았고 오히려 민들은 이들과의 혼인마저 꺼리는 상황이었다. 결국 관군은 수군, 조례隸와 함께 고역으로 간주되어 기피 대상으로 바뀌어 나갔다.[70] 대명 사행 지원을 담당했던 관군의 구성과 지위의 변화는 효율적인 역로 운영이라는 명분 이면에서 작동했던 역 부담의 과중과 연관된 것이었다.

무역 증가와 운송 부담

평안도 관군의 지위 하락은 사행 운송 부담의 증가와 맞물려 있었다. 16세기 이후 연평균 사행 횟수는 줄어들었지만 사행단의 규모와 짐은 늘어나는 추세였다. 사행 빈도의 장기적인 감소에도 불구하고 관군의 역을 일부 군호가 교체 없이 전담하는 가운데 운송 부담이 확대되고 있었던 것이다. 사행의 짐에는 북경으로 가져가는 방물, 이동 중에 소비하는 식료품이나 기기 외에도 무역 물품이 포함되어 있었다. 특히 무역 물품의 증가는 운송 부담이 늘어난 주요 배경 가운데 하나였다.

명과의 무역은 의주, 요양, 북경 등지에서 이루어졌다. 의주에서의 무역에는 명의 요동 호송군과 의주인, 서울 상인이 참여했다. 조선에서는 우마를 제외한 10승 이하의 저포, 마포, 인삼, 피물 등의 교역을 허가했다. 인삼은 이후 금은, 세포細布와 함께 매매가 금지되었다.[71] 요동 호송군과 마찬가지로 조선의 호송군도 요양에서 무역할 수 있는 권리를 가졌다. 그들은 금은과 마필을 제외하고 각자 포 10필, 인삼 5근을 매매를 위해 휴대할 수 있었다. 인삼은 이후 3근으로 줄어들었다.[72]

조선의 호송군 무역은 그들의 부담에 따른 배려 차원이었지만 포목과 같이 평안도에서 생산이 어려운 물품을 준비하기는 쉽지 않았다. 이를 파고든 것이 서울의 부상대고였다.[73] 그들은 호송군에게 물품을 마련해 주거나 호송군을 가장하여 직접 사행에 참여해 이익을 남겼다. 서울의 부상대고가 호송군 무역에 개입한 것은 의주 지역 상인집단이 아직 견고하게 성장하지 못한 탓도 있었다. 서울 상인들은 한편으로 사신들과 직접 결탁해 북경까지 동행하기도 했다.

물론 의주인들은 다양한 방식으로 무역에 참여했다. 요동 호송군과의 합법적인 거래는 물론 압록강 북쪽이나 서해에서 밀무역을 벌이는 이들도 있었다. 서울 상인이 의주로 오거나 사행에 동행하기도 했지만 의주인이 직접 서울로 가서 부상대고의 물건을 받아 무역에 참여하기도 했다. 후일 대명 사행이 일시적으로 해로를 통해 이동하면서 요동 무역이 막히자 의주인들은 사행선의 격군格軍을 가장하여 무역을 이어

나갔다.[74] 그들은 무역 경험을 꾸준하게 축적해 나갔던 것이다.

상인의 참여로 무역이 확대되는 가운데 사신이나 역관들은 규정 이상으로 교역 물품을 휴대하였다. 법전의 규정은 정사와 부사가 포 10필, 서장관 이하의 정관은 5필, 타각부打角夫는 3필이었고 인삼은 각각 10근이었지만 시간이 갈수록 지켜지지 않았다. 무역 물품이 늘어나자 사신이나 역관들은 원래 운송을 담당했던 인마 외에 호송군에게 운송 부담을 떠넘기기 시작했다.[75] 이러한 분위기에 사신의 자제들까지 편승하자 호송군의 위법한 물품 휴대 여부를 관군館軍이 살펴서 보고하는 방안까지 논의되었다.

무역 물품이 늘어나면 일차적으로 운송을 담당했던 관군의 부담과 짐말의 피해가 커지게 마련이었다. 호송군이 운송에 활용된 것은 늘어나는 짐만큼 말이 충분하게 확보되지 않아서였다. 더구나 원래 없었던 운송 부담을 지게 된 호송군들은 자신들의 말에는 되도록 가볍게 물건을 싣고자 하였다. 반면 관군은 입마한 자와 운송을 맡은 자가 다른 경우가 많아 사행 과정에서 말의 관리가 소홀하였다. 따라서 그들의 짐말이 입는 피해는 호송군에 비해 클 수밖에 없었다.[76] 짐말의 피해는 결국 역관驛館과 관군의 부담으로 되돌아왔다.

하지만 무역의 증가는 결과적으로 호송군의 운송 부담 또한 가중시켰다. 여진의 습격을 우려한 사신의 호송군 증액 요청도 무역이 목적이라는 의심을 받을 정도로 호송군에 대한 운송 의존은 높아지고 있었다.[77] 특히 대명 무역이 확대되었던 16세기 무렵부터 이런 현상은 뚜렷해졌다. 일례로 상의원尙衣院, 제용감濟用監, 의사醫司의 무역 포목이 4,830필에 이르거나 공무역 외에 사적으로 가져가는 포목이 7,000~8,000필이나 되기도 하였다. 이를 포함하여 금은과 같은 불법 물품이나 다양한 잡물들의 운송에 호송군이 활용되었다.[78] 수천 필이 넘는 포목이 한 번의 사행에서 거래된 것인지 한 해의 합계액인지는 명확하지 않다. 다만 세 사신을 포함하여 정관 30명을 기준으로 한 번의 사행에 허용된 포목이 모두 160필에 불과했다는 사실과 비교하면 무역 규모나 운송 부담을 짐작할 수 있다.

대명 무역 증가는 비단이나 약재 등의 조선 내부 소비 증대, 은과 같은 새로운 수출품의 확보에서 기인하였다. 고가인 은은 원칙적으로 거래가 허용되지 않았지만 국내 생산 증가와 일본 은의 유입으로 대명 무역에 적극적으로 활용되었고 수입품의 증대에도 영향을 주었다. 역관들이 한 바리의 짐으로 무려 비단 100여 필과 다른 많은 상품을 수입할 수 있었던 것도 은에서 기인하였다. 은의 유출 증가는 호송군의 운송으로 가능한 것이기도 했다.[79]

무역 규모가 늘어나면서 조선의 호송군만이 아니라 요양~북경 구간에서 운송을 맡았던 명 역민들의 부담과 불만도 늘어났다. 여진의 대명 사행에서 명은 10명당 1량의 수레를 제공했는데, 조선에 대해서는 수효의 제한을 두지 않았다. 16세기 전반에는 그 수가 30~40량에 이르고 있었다. 이로 인해 명의 역민들은 잦은 조선 사행의 짐 운반에 시달렸으며, 조선의 원래 목적이 무역에 있다고 여길 정도였다.[80]

무역 외에 운송 부담을 가중시킨 또 다른 배경은 각 지역의 증여 물품과 명 관리에게 줄 인정 물품의 증가에 있었다. 사행에는 건량을 비롯하여 규정된 지급 물품이 있었으나 사행로에 위치한 지역의 수령들은 으레 다양한 물품들을 사신에게 증여하였다. 그 대상은 주로 정사나 부사였으나 중종 대에는 서장관과 역관으로 확대되었다.[81] 원래 사신에게는 명에서 제공하는 음식이 거칠 것을 우려해 평안도에서 미곡 80

두를 제공했지만, 이외에도 수령들의 개별 증여품이 많았다. 일부 수령들은 역관에게 별도의 미곡과 포목을 주고 원하는 물품의 구입을 요청하였다. 이렇게 해서 늘어난 물품의 운송에 호송군이 동원되었다.[82]

이 시기에는 명의 주요 지역에서 관리에게 주는 인정 물품도 늘어났다. 1518년(중종 13) 종계변무를 위해 주청사로 다녀온 남곤南袞은 사행 경험을 이야기하면서 전에는 필묵과 같은 물건도 받지 않았던 명의 관리들이 근래에는 오히려 뇌물을 요구하는 상황이라고 하였다. 이를 거부하면 사행의 이동이나 일처리에 협조하지 않았으므로 명의 관리들에게 제공할 물품을 넉넉하게 준비해야 했다.[83] 특히 평소 접촉이 빈번했던 요동에서의 요구가 노골적이었다. 이 역시 운송 부담을 늘렸으며 호송군 부족을 이유로 동원했던 수영패隨營牌도 운송에 이용되었다.[84]

평안도는 황해도의 도움을 일부 받았지만 사행의 짐 운송을 책임지고 있었다. 대규모의 여진 정벌 이후 16세기 무렵부터 사행로가 상대적으로 안정되면서 평안도의 호송 부담은 줄어들었다. 반면 이 시기에 대명 무역이 활기를 띠고 사행단이 준비한 각종 물품도 늘어나면서 기존의 인마만으로는 운송을 감당하기 어렵게 되었다. 의주~요양 구간에서 그 부담을 나누어서 진 것이 호송군이었다. 여진과의 충돌이 줄어들면서 호송군의 수는 감소했지만 그들에게는 운송 부담이 추가되었던 것이다. 이는 사행 짐의 운송을 위한 제도상의 변화가 이루어지지 않았고, 호송군과 관군이 모두 군호에서 충원되는 가운데 호송 부담이 줄고 운송 부담은 늘어난 상황과 맞물려 있었다.

사행 지원의 성격 변화

사행 외교를 중심으로 전개된 조명관계는 조선에 정치적 안정을 제공하고 문물 수입의 기회를 주었다. 하지만 이를 지역 차원에서 뒷받침한 평안도는 인마 동원과 재정 지출이라는 큰 부담을 떠안아야 했다. 평안도는 여진의 위협에 대비하여 변경 방어를 충실히 하면서도 수시로 왕래하는 사행 접대에 만전을 기할 필요가 있었다. 이는 방어 거점에 배치할 군사와 역로를 지원할 인원의 충분한 확보를 통해 실현될 수 있는 것이었다.

그런데 사민정책을 펼칠 정도로 이 지역의 인구와 군액 증가는 더뎠고 다른 지역과 달리 역리가 존재하지 않는 상황에서 관군 확보와 그 제도적 정비에도 고심해야 했다. 이러한 상황에서 여진의 위협은 상존했고 사행은 빈번하게 이루어졌다. 반면 오랫동안 명의 실질적인 지배력이 충분하게 미치지 못했던 요동에서의 사행 호송과 운송 역시 상당 부분 평안도가 책임져야 했다.

평안도는 군사 자원의 효율적 운용을 위해 변경 방어 지역을 제외하고 사행 호송군을 차출하였다. 그들은 말과 장비를 갖춘 부유한 군사로 구성되어 호송이라는 실질적 임무를 수행하고 사행단의 위엄을 드러내는 데 일조해야 했다. 하지만 호송군은 방수와 호송의 역에 번갈아 동원되어 점차 기피 대상으로 바뀌는 가운데 요동 정세의 불안으로 그 수는 오히려 갈수록 늘어났다. 이에 따라 기존의 정군 외에 갑사 등이 새롭게 호송군으로 전환되었고, 의주와 그 주변 지역도 호송군 부담에서 자유롭지 못하게 되었다.

사행 접대와 운송, 기마와 태마의 준비를 책임졌던 관군은 지역의 상층 구성원이나 향리들이 맡다가 군호 영정의 방식으로 바뀌었다. 그들의 운송 부담이 커진 것은 대명 무역의 증가와 연관되어 있었다. 15세기 후반 여진 정벌을 전후하여 호송 부담이 급격하게 증가한 뒤 16세기 무렵부터 사행로의 상대적인 안정과 무역의 확대가 이루어졌다. 이와 함께 평안도 각지에서 사행에 제공한 물품 및 명 관리들에게 줄 인정 물품도 증가하면서 운송 부담이 늘어났다. 이를 뒷받침한 것은 기존의 운송 인마 외에 호송군이었다.

조선 전기 평안도는 여진의 위협에 대한 대비, 빈번하게 이루어진 사행에 대한 접대, 요동으로 확대된 호송과 운송 지원, 의주에서 이루어진 명 호송군의 무역 관리라는 부담을 안고 있었다. 호란을 전후로 한 시기를 제외하면 청만을 상대했던 조선 후기의 평안도는 사행 접대에 더 집중했는데, 사행 빈도는 전기보다 오히려 많이 감소하였다. 조선 사행의 호송 구간은 책문으로 단축되었으며, 무역을 위해 많은 상인이 그곳까지 동행하였다. 이들은 의주 재정에 이바지하였다. 한편으로 명 대와 달리 청의 사행이 의주에서 무역 활동을 하지는 않았다. 이처럼 평안도가 직면한 현실적인 조건의 차이로 인해 전기의 부담이 더 복잡한 양상을 띤다. 다만 군사적 부담이 완화되고 내부의 경제적 욕구가 확대되면 무역에 대한 지원을 강화하는 방향으로 초점이 이동한 것은 대명관계나 대청관계에서 모두 확인되는 평안도의 특성이라고 할 수 있다.

이
규
철

15세기 조선의 대명 사행과
요동도사

- 15세기 조명관계와 요동
- 조선과 요동도사의 교류관계 형성
- 조명관계 안정과 교류체계 확립
- 대명 사대 외교와 요동도사

15세기 조명관계와 요동

전근대 국가들은 기본적으로 사행을 통해 외교관계를 유지했다. 특히 조선은 건국 직후부터 명나라를 국제 사회의 중심으로 인정하고, 사대 事大를 강조하면서 자신들이 구상하는 국제관계를 만들고자 노력했다. 조선과 명의 관계에서 서로 교류하면서 의견을 전달하는 대표적 수단 역시 사행이었다.

조선은 15세기 동안 주변 국가나 외부 세력들과 관계를 맺어 가면서 조선 스스로 생각했던 모델의 국제질서를 만들려 했다. 하지만 15세기 동아시아의 국제관계를 어떠한 형태로 조각할 것인지 정확한 답을 도출하는 것은 너무 어려운 일이었다. 결국 15세기 조선의 국제관계는 스스로가 구상했던 목표를 만들어 나간 과정으로 설명할 수 있다.

조선이라는 신흥국가가 지향했던 외교 목표에서 가장 중요한 문제는 명과의 관계 설정이었다. 조선은 스스로를 제후의 분위分位에 위치시키면서 명을 사대의 대상으로 인식했다. 주목되는 지점은 이 과정에서 조선이 훨씬 더 적극적으로 움직였다는 사실이다. 외교 의례들을 상국上國인 명이 아니라 조선이 주도해서 만드는 모습이 자주 나타났다. 조선과 명의 교류에서 가장 중요한 역할을 했던 것은 바로 사행이었다.

양국의 사행 과정에서 핵심 기능을 담당했던 한 곳이 명의 요동도지휘사사遼東都指揮使司, 즉 요동도사遼東都司였다. 요동도사는 조선 사행이 육로로 갈 때 반드시 거쳐야 하는 관문이었다. 조선의 사행은 물론 명의 사행도 요동도사에 들러 여러 의례나 행정업무 등을 조율하는 경우가 많았다. 요동도사가 수행하는 임무의 중요성은 양국 관계가 깊어질수록 계속 증가했다.

이런 이유로 조선의 대명 사행체계를 살펴보기 위해서는 양국 관계에서 요동도사의 역할과 위상 등을 전체적으로 고찰할 필요가 있다. 조명 관계가 불안정했던 태조 대부터 양국 관계가 점차 안정되었던 태종 대 이후에도 요동도사의 소임은 항상 중요했다. 세종 재위 이후에는 조명 관계에서 요동도사의 위상이 더욱 커졌다. 조선은 요동 주변 지역 또는 명의 내정에 관련된 중요 정보를 요동도사에서 확보하는 경우가 많았다. 결국 15세기 조선의 사행에 관한 전반적 구조를 이해하기 위해서는 조선 조정-요동도사-명 조정 사이의 관계를 파악하는 것이 중요하다.

2000년대 이후 15~16세기 조선의 대명 사행과 요동 지역의 연관성을 설명한 연구가 많이 발표되었다.[1] 다만 주제의 중요성에 비할 만큼 연구 성과가 축적되었다고 하기는 어렵다.

15세기 조선의 대명 사행 과정에서 요동도사의 역할을 파악하고 설명하는 작업은 해당 시기의 국제관계를 파악하는 데 도움이 될 것이다. 아울러 조선과 명의 교류 과정에서 중심 수단이 되었던 사행체제를 이해하고 설명하는 데에도 보탬이 될 것이다. 이 글에서는 조선이 건국 직후의 복잡한 국제정세 속에서도 요동도사를 통해 대명관계를 유지했던 과정 등을 살펴본다. 또한 태종-세종의 재위기 동안 조선과 명의 관계가 안정되면서 외교 분야에서 큰 역할을 수행했던 요동도사의 모습도 들여다본다.

조선과 요동도사의 교류관계 형성

고려 공민왕 재위기부터 조선 건국 시기까지 동북아시아의 국제정세는 매우 복잡했다. 전 세계에 큰 영향력을 가졌던 원元의 힘이 약해지고, 명이라는 신흥강자가 등장하면서 국제관계의 중심축이 이동하는 상황이었다. 한반도에서도 오랜 기간 유지되었던 고려를 조선이라는 새로운 국가가 대신하려는 움직임이 발생했다. 복잡한 국제정세 속에서 모든 세력은 자신의 이익을 확보하기 위해 매진했다.

14세기 말 동북아시아에서 큰 영향력을 행사하고 있던 고려-원-명은 각각의 입장과 목적에 따라 대립과 교류를 거듭했다. 이러한 양상이 반복되는 상황에서 삼국은 모두 자국에 가장 이익이 되는 방안을 찾고자 노력했다. 이 국가들의 이해관계가 명확하게 드러났던 지역이 바로 '요동'이었다. 요동 지역에서는 동북아시아를 대표하는 삼국의 다양한 외교 활동이 집중적으로 펼쳐지고 있었다.

당시 요동 지역은 복잡한 국제정세 때문에 확실하게 통제할 수 있는 주체가 결정되지 않은 상황이었다. 요동 지역과 밀접한 관계를 맺고 있던 고려-원-명은 모두 각자의 방식대로 해당 지역에 대한 영향력을 확보하고자 했다. 유력 군벌들도 요동 지역에서 영향력을 확대할 수 있다는 희망을 품고 있었다. 이 때문에 요동 지역에서는 고려-원-명 등 국가 단위 정치체는 물론 유력 군벌들을 중심으로 다양한 정치·외교적 현상이 나타났다.

시간이 지남에 따라 요동 지역은 점차 명의 영향권에 들어가게 되었다. 명은 홍무 4년(1371) 요양행성 평장平章 유익劉益의 투항을 계기로 요동 지역의 주도권을 장악하기 시작했다. 명은 원대부터 지역의 실력자였던 유익을 지휘동지指揮同知로 임명하는 동시에 요동위지휘사사遼東衛指揮使司를 설치했다.[2] 이는 명이 요동 지역에 진출해 해당 지역을 확보하려는 의사를 명백하게 드러낸 것이었다.

그러나 명의 의도와 달리 홍보보洪保保·마언휘馬彦輝·팔단八丹 등이 반란을 일으켜 유익을 제거했다.[3] 이에 더해 요동 지역의 유력 군벌 나하추納哈出까지 움직이면서 요동의 정세는[4] 더욱 복잡해졌다. 홍무제는 정료도위지휘사사定遼都衛指揮使司를 설치하여 요동의 여러 위衛에 소속된 병력을 총괄하도록 지시했다.[5] 홍무 8년 10월 정료도위지휘사사는 요동도지휘사사로 개편되었다.[6] '요동도사'는 요동도지휘사사의 약칭으로 사용되었다.[7]

공민왕 재위기부터 고려와 명의 관계는 많은 진전이 있었다. 이성계 세력이 위화도회군을 통해 국정을 장악한 이후 대명관계는 더욱 중요해졌다. 특히 위화도회군은 고려가 명의 영역을 공격할 수 없다는 명분에 따라 진행되었다. 그렇기 때문에 조선 건국 이후 대명관계는 보다 중요한 위상을 가질 수밖에 없었다. 조선은 자신들이 고려와 달리 명의 영역, 더욱 구체적으로는 요동 지역을 공격할 의사나 관심이 없다는 점을 증명할 필요가 있었다.

조선은 태조가 수창궁에서 즉위한[8] 바로 다음 날 지밀직사사 조반趙胖을 명에 파견해 새로운 국왕이 추대되었다는 사실을 알리도록 조치했다.[9] 조선이 건국 후 명에 파견했던 첫 번째 사행이었다. 다만 태조가 아직 국왕으로 인정받은 것은 아니었기 때문에 도평의사사 명의로 파견된 사행이었다.

태조가 자신의 공식 권한을 사용해 처음으로 파견한 사신은 계품사計稟使였다. 태조는 전 밀직사 조임趙琳을 파견해서 홍무제에게 표문을 올

렸다. 권지군국사權知軍國事로 추대된 자신을 공식적으로 인정해 달라고 요청하는 내용이었다.[10]

조선이 건국 후 사신을 통해 명에 관한 내용을 보고받은 첫 사례는 직접 파견했던 사행이 아니라 고려 때 먼저 파견되었던 사은사謝恩使였다. 영복군 왕격王鬲과 정당문학 권중화權仲和는 조선 건국 전 고려에서 사은사로 파견되었다가 태조 1년(1392) 8월 귀국했다. 이들은 명의 황태자가 사망해서 그의 아들을 황태손으로 삼았다는 사실을 보고했다.[11] 조선은 그다음 달 1일에는 삼사좌사 이거인李居仁을 진위사陳慰使로 파견했다.[12]

조반은 예부禮部의 글을 받아 10월에 귀국했고,[13] 계품사 조임은 예부의 자문咨文을 가지고 11월에 귀국했다.[14] 진위사 이거인은 해를 넘겨서 돌아왔다.[15] 조선이 건국 직후 보냈던 세 차례의 사행에는 요동도사와의 관계가 기록되어 있지 않다. 당시 사행에 대한 기록 자체가 소략하기 때문에 사행로나 요동도사에서 있었던 일 등을 파악하기는 어렵다. 다만 고려 말부터 명의 남경으로 사행을 갈 때, 특별한 사정으로 인해 해로를 이용하는 경우가 아니라면 모든 사행은 요동을 지나게 되어 있었다. 더욱이 조선이 건국 직후 처음으로 보내는 사행들이었기 때문에 요동도사에서 많은 업무가 진행되었을 것으로 추정된다.

조반이 복귀한 사흘 뒤 조선은 곧바로 문하시랑찬성사 정도전을 사은사로 파견하면서 60필의 말을 진헌하도록 조치했다.[16] 11월에는 지중추원사 노숭盧嵩과 중추원부사 조인옥趙仁沃을 하정사賀正使로 파견했다.[17] 이들 3인은 다음 해 3월 함께 복귀했다.[18] 그런데 앞의 사행과 마찬가지로 사행로나 사행 과정에 있었던 일에 대한 기록은 남아 있지 않아 관련 내용을 파악하기는 어렵다.

조선과 요동도사의 연관은 사행 기록이 아니라 진헌마 교부와 관련된 기록에서 처음 나타난다. 조선은 태조 즉위 후 8월 판예빈시사 정자 위丁子偉를 통해 진헌마 1,000필을 요동에 보냈다.[19] 11월에도 판사재감사 이을수李乙修를 보내 진헌마 1,000필을 요동에 교부했다.[20] 매우 짧은 기록이지만 조선이 건국 직후부터 요동도사와 진헌 등의 외교 관련 업무를 진행하고 있었음을 알려 준다.

15세기 상황에서 1,000필의 말을 타국으로 보내는 것은 상당한 공력이 소요되는 작업이었다. 더욱이 단순한 운반이나 무역 등의 목적이 아니라 진헌 명목으로 보내는 말이었기 때문에 이동에는 보다 많은 노력과 주의가 필요했을 것이다. 당시 요동도사는 조선과 명의 진헌마 관련 업무에서 중요한 역할을 수행한 것으로 보인다. 이 기록들은 조선과 명의 관계에서 요동도사가 매우 중요한 위상을 가지게 될 것이고, 향후에도 양국의 교류에서 거점 역할을 수행하게 될 것임을 의미한다.

조선의 사행이나 외교 관련 업무가 요동도사를 통해 진행되는 빈도가 증가하면서 양국 관리들에게 교류의 기회가 생겼다. 외교 역시 사람이 진행하는 일이기 때문에 자주 만날수록 이전보다 친밀한 관계가 형성될 가능성은 항상 있었다. 조선이 사행 과정에서 요동도사 관리들과 교류했다는 사실은 명이 조선으로 보냈던 사신들을 통해 확인할 수 있다. 태조 2년(1393) 명은 흠차내사 황영기黃永耆와 최연崔淵 등을 파견해 조선의 외교 행위와 관련하여 여러 문제를 제기했다. 명에서 제기한 사안 중 하나가 조선의 인원들이 포백布帛과 금은金銀을 가지고 요동의 관리들과 교류하는 문제였다.[21] 실제로 요동 관리들은 조선의 사신들과 금은을 활용해 소통하고 있었으며, 명 조정 입장에서 이는 충분히 뇌물이라는 의심을 제기할 만한 문제였다. 조선은 명의 문제 제기에 대해 남재

南在를 사신으로 파견해 자신들은 요동의 관리들을 포섭하려는 것이 아니라 예의를 지키려는 것이며 다른 의도는 전혀 없다고 해명했다.[22] 관련 기록이 매우 제한적이라 정확한 실상을 모두 파악하기는 어렵다. 그렇지만 조선이 사행 과정에서 요동의 관리들과 교류했고, '행례行禮'를 명분으로 값비싼 선물을 주기도 했다는 사실은 확인할 수 있다.

한 가지 더 파악할 수 있는 것은 명에서는 요동 지역에 대한 조선의 입장과 의도를 신뢰하지 않았다는 점이다. 불과 얼마 전까지만 해도 고려–원–명은 모두 요동 지역에서 자신의 영향력을 확대하기 위해 노력했었다. 더욱이 명은 고려가 우왕 재위기 동안 요동에 대규모 출병을 시도했다는 사실을 잘 알고 있었다. 아직 고려와 조선의 근본적 차이점을 파악하기 어려웠던 명의 입장에서는 조선 사신들이 요동 관리들과 교류했다는 사실에 촉각을 곤두세울 수밖에 없었을 것이다. 조선의 의도가 무엇인지 충분히 의구심을 품을 수 있는 상황이었다.

황영기 등이 가져온 문서에는 요동 문제와 함께 조선이 여진 지역의 인원을 데려갔던 일에 대해서도 적혀 있었다. 이는 당시 명에서 조선이 요동과 여진 지역으로 영향력을 확대하려는 의도를 가졌다고 파악했음을 보여 준다. 조선과 고려가 추구했던 대외정책의 차이점이 명확하게 드러나지 않던 시점이었다. 비록 조선은 고려와 다른 나라이고 사대에 충실하겠다는 의사를 표명했지만, 명으로서는 조선의 본심을 파악하기 어려웠다. 이와 같은 상황에서 조선의 움직임은 해당 지역에 대한 관심을 보여 주는 것은 물론 영향력을 확대하기 위한 구체적 행동에 돌입한 것으로 해석될 여지가 많았다. 명이 조선을 의심할 만한 여러 조건이 중첩되어 있었기 때문이다.

조선은 명에 처음 사신을 보내 이성계 즉위의 정당성을 설명하는 과정에서 고려 국왕과 최영, 정몽주 등이 요동을 공격하려 했지만 이를 저지했다는 점을 강조했다. 명에서 조선의 사행이 요동 지역 관리들과 교류하는 문제를 제기했을 때에는 홍무제의 의심을 풀기 위해 장황한 표문을 보냈다. 조선은 국가와 국왕에 대한 명의 인정이 필요했다. 조선은 실제 추구했던 외교적 목표와 상관없이 명에 적대적이지 않다는 점을 증명해야만 했다. 요동과 같은 특정 지역에서 서로의 이해관계가 충돌하지 않을 것이라는 점을 명확하게 밝혀야 했다.

이 과정에서 요동도사는 조명관계에서 보다 큰 위상을 가지게 되었다. 요동도사는 조선이 명과 외교 문제를 처리할 때 가장 먼저 서로의 입장을 전달하는 곳, 상대의 입장을 가장 먼저 파악할 수 있는 곳이 되었다.[23] 명에 대한 사대를 강조했던 조선에 요동도사의 중요성은 계속 증가할 수밖에 없었다.

요동도사가 더욱 큰 역할을 하게 된 것은 홍무제가 조선 사행의 입경을 막으면서부터였다. 태조 2년(1393) 7월 하성절사賀聖節使 김입견金立堅은 황제의 명령으로 요동도사에서 입경을 금지당했다.[24] 사은사 윤사덕尹思德 역시 요동에서 입경 허가를 받지 못해 돌아오게 되었다.[25] 홍무제가 입경을 금지하는 상황에서 조선은 일단 명사 황영기 등을 통해 표문을 보내 사행 허락을 요청했다.[26] 조선이 사행을 남경에 보낼 수 없게 된 상황에서 양국의 외교관계는 잠시 단절된 것처럼 보인다.

하지만 사행을 제외한 조선과 명의 교류는 지속되었다. 우선 조임 등은 요동에 교부했던 진헌마의 값을 받아 복귀했다.[27] 요동에서 조선으로 도망왔던 인원들을 돌려보내는 일도 진행되었다.[28] 명은 조선의 사행이 남경으로 오는 것은 막았지만 말 무역이나 도망 인원의 송환 문제는 요동도사를 통해 처리하면서 관계를 유지했다. 사행 입경 금지가 양국 외교관계 자체의 단절은 아니었던 것이다. 조선 역시 사행을 포기하지 않고 진표사進表使와 사은사를 계속 파견하면서 조빙朝聘의 재개를 요청했다.[29)]

명은 다시 사행을 파견해 조선이 변경 지역에서 흔단釁端을 일으키고 있다며 외교 문제를 제기했다.[30)] 명의 문제 제기에 조선은 명 사신을 통해 주본奏本을 보내 해명을 시도했다.[31)] 사행을 보낼 수 없는 상황에서 조선의 입장을 황제에게 전달하기 위해서는 명사를 이용할 필요가 있었다. 조선은 요동 지역에 대한 관심도 없고 군사 및 정보 활동 자체도 없었다는 점을 강조하면서 의심을 풀고자 노력했다. 그럼에도 양국의 관계는 당장 개선되지 않았다. 심지어 요동도사의 호송군이 조선의 통사通事 등을 잡아가는 사건이 발생하기도 했다.[32)]

조선은 명의 고압적 태도에도 사행을 계속 파견했다.[33)] 태조는 친아들 이방원을 사신으로 파견하면서 경색된 외교관계를 풀고자 노력했으며,[34)] 진헌마도 계속 요동도사로 보냈다.[35)] 결국 홍무제는 조선 사행의 입경을 허락했고, 태조는 이에 감사를 표하는 사신을 파견했다.[36)] 이후에도 조선은 꾸준하게 요동도사에 진헌마를 교부하고,[37)] 명에서 도망온 백성과 군인들을 확보해서 착실하게 돌려보냈다.[38)]

요동 지역 등지에서 조선으로 도망온 백성이나 군인들을 송환하는 문제들을 처리하면서 조선과 요동도사의 교류는 더욱 빈번해졌다. 조선이 다양한 외교 사안에 대해 항상 사행을 파견해 명 조정에 직접 알렸던 것은 아니다. 아직 조선과 명이 긴급한 연락이나 중요 정보 등을 서로 제공하는 단계는 아니어서 요동도사에 먼저 연락을 취하는 경우가 점차 증가했다.[39)] 조선과 요동도사가 서로 직접 연락해서 외교 사안을 처리하기도 했다. 조선과 명 또는 조선과 요동도사 사이의 외교업무 처리 원칙이나 방법에 대한 명확한 기준이 확립된 것은 아니었다. 이에 상황에 따라 필요한 절차를 진행하는 경우가 더 많았다.

이러한 상황에서 사행을 비롯한 양국의 외교 사안과 관련하여 요동 도사의 역할은 점차 확대될 수밖에 없었다. 조선과 요동도사의 교류가 증가할수록 서로가 필요로 하는 고급 정보들이 교환되었다. 조선은 요동도사를 통해 홍무제의 사망과 건문제 즉위 등의 중요 정보를 확보했다.[40] 정종은 해당 정보에 따라 계품사로 파견하려던 설장수를 진향사進香使로 변경해 김사형金士衡, 하륜 등의 고위관료와 함께 보냈다.[41] 명에서 알려 주기 전에 조선이 관련 정보를 먼저 파악해 사행단을 준비해 신속하게 파견하는 운영 방식이 본격화된 것이다.

• 조명관계 안정과 교류체계 확립

정난의 변과 영락제 즉위 등 명의 복잡한 상황이 정리된 이후 태종 6년 (1406)부터 조명관계가 더욱 안정되면서 양국의 교류는 크게 증가했다. 조선과 명 양국이 서로에게 관련 정보를 먼저 제공하는 경우도 잦아졌다. 당연히 조선과 요동도사 사이의 업무 또한 증가했다. 조선이 요동도사와 함께 처리했던 외교 행정업무는 주로 조공 교역과 포로 송환에 관한 문제들이었다.

특히 세자의 조현朝見[42]이라는 조선의 외교적 선택은 양국 관계 개선에 중요한 역할을 했다.[43] 세자 조현은 상당히 파격적인 조치로, 명의 조선에 대한 신뢰와 호의를 높인 중요한 사건이었다. 이후 양국 관계에서 요동도사의 위치는 더욱 중요해졌다. 양국의 정보 교류 역시 요동도사를 중심으로 이루어지게 되었다.

태종 9년 통사 전의全義는 명 조정에서 조선이 타타르[韃靼]를 돕는다는 소문을 확인하기 위해 해수海壽를 사신으로 파견했다는 사실을 보고했다.[44] 전의는 자신이 파악한 정보가 요동 사람이 비밀리에 알려 준 것이라 설명했다. 조선이 요동도사 혹은 요동 지역에서 명의 동향을 파악하기 위한 인적 정보망을 구성했다는 사실을 짐작하게 하는 대목이다.

이듬해 10월 통사 이자영李子瑛도 요동도사를 통해 타타르 군이 개원 및 금산 등지에서 명군을 격파한 후 요동의 북문을 공격하고 퇴각했다는 사실을 알려 왔다.[45] 통사 이용李龍은 1만 요동군이 북경으로 이동 중 타타르 군과 전투를 벌여 대패했고, 많은 사상자가 발생했다는 정보를 보고했다.[46] 통사 박무朴茂는 타타르 군의 활동이 감소해 요동의 방어 상황과 백성들이 일상생활을 회복했다는 소식을 전해 왔다.[47] 기록들은 모두 조선이 요동 지역의 정보 자원을 적극적으로 활용해 여러 상황을 파악하고 있었음을 보여 준다.

조선은 요동도사를 중심으로 정보 활동을 더욱 확대했다. 영락제의 북정北征, 전투 상황, 명의 내정 같은 중요 정보 등을 요동 지역에서 수집했다.[48] 왜구가 명의 여순 지역에 침입해서 큰 피해를 입혔다는 중요 정보도 요동도사를 통해 확보했다.[49] 이는 요동 지역에서 조선의 외교 및 정보 활동이 태조 대보다 자유로워졌다는 점을 의미한다.

요동도사 중심의 정보 활동은 명보다 조선이 더 적극적이었다고 이해된다. 관련 내용이 조선 측 기록에서 훨씬 더 많이 확인되기 때문이다. 조선의 정보 활동은 세종이 즉위한 이후에도 비슷한 방식으로 유지되었다. 명을 공격했던 타타르 군의 상황,[50] 영락제의 친정 여부,[51] 전황에 관한 중요 정보 등을 요동도사에서 확보했다.[52] 이외에도 조선이

요동도사를 통해 국제정세와 관련된 다양한 정보를 파악한 사례들은 쉽게 확인할 수 있다.[53]

태종 재위기 동안 크게 안정되었던 조선과 명의 관계는 세종 대에도 이어졌다. 명과 타타르, 에센[也先]의 대규모 충돌은 요동 지역에 영향을 미쳤다. 영락제의 거듭된 친정親征에 대해 조선은 관련 정보를 수집하기 위해 노력했다. 그런데 조명관계의 안정은 조선이 관련 정보를 수집할 수 있는 지역이 요동도사 관할 영역 정도로 제한되는 상황을 가져왔다. 조선에서 파견한 사행이나 요동도사에 업무를 처리하기 위한 관원을 파견하는 이외의 방법으로 정보를 수집해 활용하는 일이 어려워진 것이다.

정난의 변 기간 동안 조선은 직접 파견했던 사행이나 요동 지역에서 전쟁을 피해 도망온 인원들을 통해 명의 정세를 파악할 수 있었다. 심지어 대명관계를 안정시키기 위해 누구보다 노력했던 태종조차 요동에서 도망온 대규모의 만산군漫散軍을 받아들여 조선의 민호民戶로 삼고자 했다.[54] 물론 조선은 영락제가 만산군의 송환을 요구한다는 정보를 입수하자 실제 요구가 전달되기 전에 선제적으로 명단을 파악해 송환하는 방식으로 문제를 해결했다.[55]

적어도 태종 대에는 명의 내전이나 주변 지역 정세와 관련된 정보를 조선이 파견했던 사행이나 관리들을 통해서만 파악하지는 않았다. 다양한 정보원을 활용할 수 있는 상황이었다. 그런데 양국 관계가 점차 안정되면서 조선은 오히려 요동 지역이나 타타르, 에센 등에 관한 주요 정보들을 요동도사를 통해 확보하는 방식으로 활동하게 되었다. 조명관계의 안정이 조선의 정보 활동 방식을 제한한 것이다. 이에 따라 조선의 정보 제공처로서 요동도사가 갖는 위상은 더욱 커졌다.

세종 대 조선은 영락제의 친정 관련 정보 등을 요동도사에서 확보했다.[56] 황제가 내린 조서 등을 등사해 오는 일도 거의 대부분 요동도사에서 이루어졌다.[57] 조선은 왜구와 여진 문제 등에 관해 요동도사에 직접 자문을 발송하기도 했다.[58] 명 호부戶部에서 무역 관련 사안을 요동도사에 보내고 이를 통사가 확인해 보고하는 일도 있었다.[59] 조선과 명 사이에서 이루어지는 외교업무가 크게 증가하면서 이전보다 많은 인원들이 요동도사 중심으로 활동하게 되었다.

조선에서 파견한 사행이 요동도사를 지나면서 확인하는 정보의 양이나 처리해야 될 업무 역시 증가했다. 이에 사행이나 기타 업무로 요동에 출입하는 인원이 개인적으로 가지고 갈 수 있는 물품의 종류와 수량 등의 규정을 정비했다.[60] 이 과정에서 영락제가 친정 후 복귀하던 중 유목천에서 사망했다는 소식이 요동도사를 거쳐 조선에 전달되었다.[61] 이후 자문뇌진관 조충좌趙忠佐는 새 황제의 등극 조서를 요동도사에서 기록해서 조정에 보고했고,[62] 흠문기거사[63]의 통사 사주경史周京도 북경에서 복귀해 영락제의 사망과 새로운 황제 즉위에 대한 상황을 자세히 보고했다.[64]

영락제의 사망을 확인한 조선은 곧바로 진향사 최이崔迤와 진위사 안순女純을 동시에 파견했다.[65] 그런데 이들은 북경으로 가던 도중 명에서 조선으로 파견한 부고 사신 유경劉景 일행을 만나면서 사행을 보류하게 되었다. 유경은 황제의 사망을 명에서 공식적으로 알리지 않았는데 조선이 관련 정보를 먼저 파악해 진위·진향 사신을 파견하는 것은 예의에 맞지 않는 행동이라며 사행 중지를 요구했다. 더욱이 조선이 요동도사를 통해 황제의 동향에 관한 정보를 먼저 파악했던 일은 사사로이 소식을 통하는 행위로 문죄問罪 대상이 될 수 있다는 점까지

언급했다.[66]

조선은 이미 태종 대부터 과감한 정보 활동을 통해 명의 정식 통보가 있기 전에 먼저 사행단을 파견해 해당 문제를 언급하는 방식으로 조명 관계를 개선해 왔다. 이 방식은 '정난의 변' 기간 동안 연왕燕王의 승세를 파악하고, 그가 즉위한 뒤 축하 사신을 가장 먼저 보냈던 일에서 가장 큰 영향을 받았던 것으로 보인다. 당시 조선의 사행 파견 방식에 대한 영락제의 반응은 매우 호의적이었기 때문이다.

이후 조명관계가 실제로 개선되면서 세종 역시 같은 방식으로 사행을 파견하려 했다. 같은 방식의 사행 파견이 거듭되면서 명 조정에서 불만이 쌓였던 것으로 보인다. 조선의 대명 정보 수집 활동과 선제적 사행 파견 방식에 대한 구체적 반발이 나타난 것도 이 같은 명 조정의 불만에서 비롯된 것으로 추정된다.

사실 조선의 사행 파견 방식은 상대의 입장에 따라 얼마든지 불쾌하게 여겨질 가능성이 컸다. 공식적으로 알리지 않았던 사안을 상대국에서 먼저 파악해 공식 사행단을 파견하는 행동은 자신에 대한 관심 혹은 애정으로도 볼 수 있었다. 그렇지만 상대가 자국의 내정 혹은 군사와 관련된 일을 따로 파악하고 있음을 증명하는 것이기도 했다. 명은 복잡한 국제정세 속에서 조선이 자국의 상황을 지나치게 세밀하게 파악하고 있다는 점에 불쾌감을 느낀 것으로 보인다.

더욱이 전근대 시기의 정보 활동은 인적 정보 자원에 전적으로 의지하는 구조였다. 따라서 조선이 명의 사정을 세밀하게 파악하는 행위는 명 내부에 조선과 내통하는 자가 존재할 가능성에 대한 의심을 강화할 수 있었다. 홍무제가 조선의 외교 활동에서 문제삼은 행동들은 대체로 내통에 대한 의심과 깊은 관련이 있었다. 실제로 조선은 명에 관한 중요 정보를 내부자들을 통해 확보하는 경우가 많았다.

조선이 영락제의 사망과 같은 중요 사안에 선제적으로 진위사와 진향사를 파견한 조치는 명에서는 충분히 부정적으로 반응할 수 있었다. 명사 유경은 조선의 명에 대한 관심과 사행 파견 방식이 지나치다는 점을 지적했다. 결국 조선은 진위 자문과 진향 자문의 내용을 일부 수정해서 계획대로 사행을 파견했다.[67] 이 일은 조선의 사행 파견 방식에 영향을 주었다. 조선은 진향·진위사와 함께 새 황제의 등극을 축하하기 위해 영의정 이직李稷, 총제 이각李恪을 파견했다.[68] 이들은 요동도사에서 새 황제가 황후와 태자를 책봉하는 조서를 확인한 후 베껴서 조정에 전달하고자 했다. 하지만 요동도사에서는 황제의 사망 소식이 누설된 것을 문제삼아 해당 조서를 보여 주지 않았다. 결국 조선의 사행단은 황제의 조서를 등사하지 못했다.[69] 조선 사행이 요동도사를 통해 황제의 조서나 칙유 등을 등사했던 일반적 외교 활동이 잠시 중지되었다.[70]

황제의 선유나 명령 등을 요동도사에서 확인한 후 등사해서 전달받던 경로가 막히자 조선 역시 선제적으로 사행을 파견하는 방식을 바꿀 수밖에 없었다. 조정 신료는 진향사·진위사를 파견하는 과정에서 명 조정과 요동도사 모두 정보의 출처를 확인했던 일을 언급하며 앞으로는 명의 정식 통보를 받은 후 사행 파견 절차를 진행하자는 의견을 냈고, 세종도 받아들였다.[71]

세종의 재위 후반기가 되면서 조선 사행이 요동도사를 통해 외교업무를 처리하고 국제정세에 관한 정보를 파악해 조정에 보고하는 활동은 더욱 체계화되었다. 조선과 요동도사는 여진이나 몽골 세력의 침입 등에 관한 긴급 정보를 서로 제공했다. 요동 관리의 요청에 따라 사행을 통해 사적 물품을 전달하고 편의를 제공받는 일도 빈번해졌다. 조선

은 정벌 시행과 같은 중요한 문제에 대해 명 조정은 물론 요동도사에도 관련 내용을 전달했다.[72)]

조선과 명의 관계는 물론 양국이 사행을 파견하는 과정에서 요동도사의 역할과 위상은 점점 더 확대되었다. 세종과 세조의 재위기 동안 조선과 명은 일부 사안과 관련하여 갈등하는 모습을 보였다. 여진 문제를 둘러싸고 이해관계가 충돌하는 양상을 보인 것이 대표적이다. 하지만 양국 간에는 우호관계 유지를 위한 기본적 신뢰가 형성된 상황이었다. 조선과 명의 외교관계는 안정적으로 유지되었고, 요동도사는 양국의 소식을 전달하고 다양한 업무를 처리하는 동시에 사행의 파견부터 군사업무까지 조율하는 역할을 담당했다.

대명 사대 외교와 요동도사

전근대 국가들의 외교에서 가장 중요한 역할을 했던 것은 사행이다. 사대 명분을 강조하면서 자신이 구상한 국제관계를 만들고자 했던 조선의 입장에서 사행의 중요성은 더욱 컸다. 특정 국가가 강한 국력을 가지고 있더라도 전쟁 등의 물리적 방법으로 상대를 압도하는 대외정책은 상시적으로 유지되기 어려웠다. 전쟁은 패배했을 경우 감당할 위험성이 너무 크다는 한계가 있었다. 따라서 국가들은 외국과 교류를 유지하고 서로의 이해관계를 조율하기 위해 사행을 적극적으로 활용할 수밖에 없었다.

15세기 조선은 스스로의 기준에 부합하는 국제질서 혹은 대외정책을 수립하고 확정하기 위해 노력했다. 이를 위해 조선은 명을 세계관의 중심에 위치시키면서 나름의 국제관계를 만들기 위한 그림을 그렸다. 그림을 그리는 과정에서 조선은 대명관계를 안정시켜야만 했다. 고려 말과 조선 건국 초기에 벌어진 충돌 양상을 정리할 필요가 있었다. 태조부터 태종과 세종의 재위기를 거치는 동안 대명 사행을 압도적으로 많이 파견했던 이유도 여기에서 찾을 수 있다.

대명 사행 파견 횟수가 증가하고 조선과 명의 교류 상황이 확대되면서 이 문제를 보다 집중적으로 담당할 곳이 필요했다. 조선은 사행 파견 과정에서 명의 황제나 예부를 접하기 전에 먼저 외교 상황을 조율해 줄 곳이 필요했고, 명 역시 조선과의 외교 사안들을 수도가 아닌 지역에서 먼저 처리해 줄 곳이 필요했다. 이 역할을 수행한 곳이 바로 요동도사였다.

요동도사는 조선의 사행이 육로를 통해 남경이나 북경으로 갈 때 항상 통해야 하는 관문이었다. 태조 대 명에서 조선의 사행을 거부했을 때에도 요동의 관문까지는 이동이 가능했다. 명에서 조선의 사행을 거절했다고 하지만 실제로는 요동도사에서 서로의 입장을 교환했다. 긴장 상황에서도 요동도사를 통해 조선과 명은 최소한의 외교관계를 유지했다.

조명관계가 개선되고 안정되면서 조선의 대명 사행은 물론 명의 사행도 요동도사를 거쳐 외교 의례나 행정업무 등을 먼저 조율하는 사례가 증가했다. 이에 더해 조선과 명의 외교 사안에 관련된 중요 정보가 요동도사를 통해 양측에 전달되는 사례도 점차 증가했다. 이처럼 요동도사는 조선의 대명 사행체계에서 중대한 역할을 수행했다. 조명관계가 안정되지 않았던 태조 재위기부터 양국 관계가 안정되기 시작했던 태종 재위기는 물론 세종 대 이후에도 조명관계에서 요동도사의 역할은 항상 중요했다.

조선과 명의 외교관계에서 요동도사의 역할이 늘어나면서 조선에는 사행 또는 요동도사에 업무를 처리하기 위해 파견했던 관원 이외의 방법으로 대명 정보를 수집하기 어려워지는 현상도 나타났다. 체탐體探 등의 방법이 일부 사용되기는 했지만 여진 지역 중심의 활동이었고, 수집할 수 있는 정보의 내용도 제한적이었다.

조선과 명의 관계가 정착되고 서로 사행을 파견하는 과정에서 요동도사의 역할과 위상은 점점 더 확대되었다. 세종과 세조의 재위기 동안 조선과 명은 여진 문제를 둘러싸고 이해관계가 충돌하는 모습을 보이기도 했다. 하지만 세종 대 이후 조선과 명은 기본적으로 상호 신뢰가 형성된 상황이었다. 조선이 사대명분을 강조하고 대명관계를 중시하는 대외정책을 유지하면서 양국 관계는 하나의 체계로 자리 잡게 되었다. 이 체계 안에서 요동도사는 양국의 소식을 전달하고 다양한 업무를 처리하는 동시에 사행 파견부터 군사업무까지 조율하는 역할을 담당했다.

장정수

조명관계의 중개지, 요동아문과 동강진

● 의례의 이면에 존재한 현실
● 임진왜란 전후 조선과 요동아문의 관계
● 후금에 대한 군사 공조와 조선·요동 관계
● 조선과 동강진 관계의 추이와 조명관계의 종언
● 조명관계의 현실적 연결고리

의례의 이면에 존재한 현실

조명관계는 조공과 책봉을 골자로 하는 전통시대 동아시아 외교관계의 전형으로 일컬어진다. 조선과 명의 외교관계가 중국 중심의 이상적 국제질서에 가장 부합했고, 또 비교적 견고하게 유지되었기 때문이다. 명에 충순한 '번국藩國'인 조선은 자신의 권위를 세워 주는 존재였고, 조선은 명의 신뢰를 보편 문명인 중화에 포함되었다는 증거로 간주했다. 비교적 우호적인 양국 관계는 꽤 탄탄한 전략적 동맹으로도 기능했다.

'군신君臣'이라는 키워드가 보여 주듯이, 조선과 명의 외교관계는 황제와 국왕을 각각 군주와 신하로 설정한 계서적 의례를 중심으로 전개되었다. 외교의 핵심은 표表·전箋 혹은 조詔·칙勅 등 의례 문서에 있었고, 이를 전달하는 사신使臣의 역할도 중요했다. 조선과 명 모두 상대국의 사신을 접대하는 의례를 중시했는데 이 역시 외교관계상 큰 비중을 차지했다.[1]

하지만 현실적인 면에서 외교관계가 의례 행위의 반복적 연출만으로 지속되기는 어려웠다. 실무적인 외교 현안을 처리하는 데 있어 원거리를 오가야 하는 사행에 전적으로 의지할 수 없었기 때문이다. 의례의 이면에서 발생하는 현실적 측면은 양국의 완충지대에 속하는 요동의 명나라 아문, 즉 요동도지휘사사遼東都指揮使司가 중개했다. 임진왜란 이후에는 요동의 순무巡撫와 총병總兵을 비롯한 여러 아문이 조선에 깊이 간여하면서 영향력을 강화했다. 밀운密雲의 계료총독薊遼總督부터 압록강 하류의 진강유격부鎭江遊擊府까지 아우르는 요동 소재 명의 아문들을 통상 요동아문遼東衙門 혹은 요광아문遼廣衙門이라고 했다. 1621년 후금이 요동을 장악하여 요동아문이 크게 위축된 뒤에는 동강진東江鎭이 중개지 역할을 이어받게 된다.

그동안 조명관계 연구에는 전쟁과 평화의 구도가 기본적으로 설정되어 있었다. 양란兩亂을 중심으로 조선 시대를 전·후기로 구분하는 것도 그러하다.[2] 이 가운데 한중관계를 전쟁과 평화로 구분한 뒤, 평화 시기 한중관계의 매개·완충재로 요동을 설정하기도 한다.[3] 이 같은 구도가 역사적 사실에 온전히 부합하지는 않는다. 임진왜란 이후, 조선과 명의 관계에서 요동의 역할이 어느 때보다도 중요해졌기 때문이다. 또 '평화' 시기에 중개를 담당했던 요동도지휘사사[약칭: 요동도사]의 역할이 약해진 반면, 요동 지역의 여러 아문이 조선 문제에 개입하는 변화가 발생하기도 했다.[4] 따라서 요동아문 및 동강진이 담당했던 현실적 측면은 좀 더 적극적으로 검토될 필요가 있다.

조명관계의 현실적 측면은 임진왜란 당시 조선과 명이 막대한 인력과 물자를 투입하여 일본과 전쟁을 치른 경험에서 비롯되었다. 지금까지는 주로 의리명분론에 입각한 사상적 차원에서 접근해 왔고, 임진왜란과 그 이후 여진에 대한 군사 공조의 전개는 주목하지 않았다. 여진의 흥기에 대한 조선과 명의 군사 공조가 현실적 문제에 의한 것이라기보다 임진왜란 이후 형성된 '재조지은再造之恩'에 기반하여 전개되었다는 설명이다.[5] 그에 반해 조선이 명나라와 당위적으로나 전략적으로도 연대했던 사실은 잘 알려지지 않았다.

이 글에서는 임진왜란 이후 조명관계의 중개지로서 요동아문과 동강진의 역할과 기능을 살펴보고자 한다. 1장은 임진왜란 이후 조선과 요동아문 사이에 군사 공조가 형성되는 배경을 다루었고, 2장에서는 후금의 흥기 이후 군사 공조가 와해되는 과정을 살폈다. 3장에서는 1621년 후금이 요동을 장악한 이후, 그 역할을 이어 간 동강진과 조선의 관계를 검토하였다. 조선과 요동아문·동강진의 관계를 연속적인 구도로 분석함으로써 의례의 이면에 존재했던 조명관계의 현실적 영역을 살피고자 한다.

임진왜란 전후 조선과 요동아문의 관계

임진왜란과 조선·요동의 관계 변화

한중관계에서 '요동'은 지정학적으로 중요한 위상을 가지고 있었다. 중국을 위협한 '북방 민족'은 요동을 거점으로 삼은 경우가 많았고, 한반도 역시 그 영향력에서 자유롭지 못했다. 요동에서 흥기하여 중원으로 진입하는 입장에서 고려·조선은 언제나 견제해야 할 배후 세력이었기 때문이다. 10세기 요동에서 흥기한 거란이나 12세기의 여진 그리고 17세기의 만주(여진) 역시도 그러했다.[6] 이 때문에 요동은 강력한 세력이 웅거하는 둥지가 되기도 했고, 왕왕 힘의 공백이 발생하는 곳이기도 했다.

여말선초, 요동은 중요한 지정학적 위치를 가지고 있었다. 14세기 명의 압박을 받아 초원으로 물러난 북원北元의 잔존 세력이 최후까지 저항한 지역이 요동이었다. 조선 왕조가 건국될 시점에도 명의 북진으로 인해 요동 지역의 정세는 불안정하게 전개되었다. 이때 명은 나하추 Nahacu(納哈出)를 제압할 목적에서 정료도위지휘사사定遼都衛指揮使司를 설치하여 요동의 군사 문제를 총괄하게 했다. 1375년 정료도위지휘사 사가 요동도지휘사사로 개편됨으로써 새로운 국면이 전개되었다.[7]

명은 이후 요동 지역에 위衛·소所를 설치하면서 적극적으로 진출하였다. 명은 1387년을 전후하여 나하추 등 요동의 북원 세력을 일소하고 요동 지역을 장악하였다. 그러나 명이 요동을 완전히 장악한 것은 아니었다. 명은 연산관連山關 등 여러 개의 관구關口를 설치하고 책문을 두었지만, 그 동쪽으로 압록강에 이르는 지역은 공백 상태로 남았다. 이곳에는 이른바 요동팔참遼東八站을 두어 고려와의 접경지로 삼았다.[8] 이후 조선과 명은 국경선이 아닌 상당히 넓은 완충지대를 접경지대로 공유하게 되었다.

완충지대를 관할한 것은 요동도사였다.[9] 하지만 원칙적으로 도지휘 사사는 중앙의 오군도독부五軍都督府에 속한 군사기구였다. 행정이나 감찰은 요양에 위치한 산동포정사사山東布政使司와 산동안찰사사山東按察使司의 분사分司, 즉 분수도分守道·분순도分巡道에서 담당했다.[10] 명 영락 연간 이후에는 총병과 순무가 상설화되는 변화가 있었다.

본래 총병관은 군사적인 비상 상황에 파견되는 직책이었다. 그러나 몽골과 여진으로 인해 요동의 위기 상황이 지속되자 상설화하여 직함 앞에 '진수鎭守'를 붙이게 되었다. 요동도사의 군사적 기능은 진수요동 총병에게로 옮겨 갔다. 총병과 함께 순무도 요동에 파견되었다. 순무는 감찰업무를 맡은 임시 직책이었지만 역시 점차 고정된 관직으로 바뀌었고, 요동의 상황을 조정에 알리는 임무를 맡게 된다. 순무와 총병을 아울러 '무진撫鎭'이라고 했는데, 이들은 도지휘사사·포정사사·안찰사사보다 상위의 기구로 자리 잡았다.[11)]

명의 요동 소재 아문들은 요양과 광녕을 중심으로 요동의 여러 위·소를 통할했다. 요동도사는 조선과 명의 중개 역할을 했으나, 조선의 내정에는 간여하지 않는 것이 원칙이었다. 외교 사안에 관해서도 형식적·제한적으로만 개입할 수 있었다. 인신무외교人臣無外交 혹은 인신무사교人臣無私交의 관념 때문이었다. 즉, 요동아문은 황제와 국왕의 군신의례를 골자로 하는 조명관계의 원활한 유지에 조력할 뿐, 조선과 직접 통할 수는 없었다. 이들은 어디까지나 사신과 서신을 중심으로 구축된 외교의 외연에 존재했다. 따라서 조선은 요동의 아문들과 사적인 교류를 할 수 없었다.[12)]

조선 건국 직후 한동안 갈등이 지속된 시기가 있었지만[13)] 영락 연간 이후 조명관계는 비교적 순항했다. 이 시기만 해도 심각한 외교적 사안은 없었다. 설령 있더라도 기존의 관계를 변화시킬 만한 계기는 없었다. 약 2세기에 걸쳐 조명관계는 큰 틀에서는 안정기였다고 할 수 있다.

변화의 계기는 임진왜란이었다. 임진왜란은 다수의 행위자가 참가한 미증유의 국제전쟁으로서 국내외 정세에 많은 여파를 몰고 왔다. 통설에 의하면 명의 국력 쇠퇴 및 여진의 흥기를 야기한 '명청 교체'의 원인이고, 조선에는 명의 조력에 대한 보은 의식, 이른바 '재조지은'이 깊숙이 자리하게 된 배경이기도 하다. 재조지은은 후금後金의 흥기 이후 대명의리론對明義理論으로 이어졌다고도 한다.[14)]

하지만 이는 결과론적 해석이다. 인과적인 설득력은 있지만, 명의 약화·여진의 흥기·대명의리론에 대한 해석 등 각 대목에서 주변 요소들을 충분히 고려하지 않았다.[15] "명의 멸망이 온전히 임진왜란 때문인가?", "임진왜란이 아니었다면 여진의 흥기는 이루어지지 않았을까?" 등의 질문에 답할 만한 논리가 부족한 데다, 이미 사라진 명나라에 대한 숭앙으로만 대명의리를 해석하는 것도 문제다.

그럼에도 임진왜란의 영향력은 지대했다. 조선의 피해와 복구 문제나 국제정치의 지형 변화 등도 중요하지만, 전쟁을 통해 조명관계의 의례적 측면보다 실무적 측면이 커졌다는 점을 들 수 있다. 명군의 개입으로 인해 국제전 양상을 띠게 된 임진왜란은 동아시아의 국제질서 자체에 회복할 수 없는 상처를 남기기도 했다. 조명관계에 국한해서 보자면, 요동 소재 여러 아문의 영향력이 확대된 점을 강조하지 않을 수 없다.

명나라의 개입 이전까지만 해도 조선과 명의 관계는 요동도사에서 중개하였다. 임진왜란이 한창이던 1592년 9월, 건주여진이 조선 조정에 일본군을 저지하기 위해 조력하겠다는 의사를 밝힌 적이 있다. 여진 세력도 조선 문제의 개입은 요동도사를 통해 문의해야 했던 것이다. 한편, 조선은 이를 또 다른 위기로 간주하고 요동도사에 자문咨文을 보내어 거부 의사를 밝혔다. 조선과 여진이 직접 의사를 주고받은 것이 아니라, 요동도사에서 대행한 셈이다. 본 사안이 명 조정[병부]과 조선 사이를 오가는 동안 실무는 요동도사를 통해서 이루어졌다.[16] 군사 개입 직전까지 조명관계는 요동도사를 매개로 진행되었던 것이다.

1593년 명의 경략 송응창宋應昌과 제독 이여송李如松이 조선에 입국하면서 상황은 일변했다. 이들이 거느린 명군은 평양성을 즉시 탈환한 뒤, 일본군을 남쪽으로 몰아냈고 조선은 도성을 수복할 수 있었다. 비록 벽제관에서 한 차례 패전하긴 했지만, 명군의 개입은 전쟁의 전체적인 국면이 전환되는 결과를 가져왔다. 송응창과 이여송 등은 모두 직함에 '방해防海'와 '어왜禦倭'가 포함되어 있었다. 이는 그들의 임무를 상징하는 표현이었고, 임진왜란에 대한 명의 인식을 보여 주기도 한다.

그런데 요동도사보다 높은 명의 관원들이 '흠차欽差'라는 명목으로 조선 땅에 머물면서 문제가 발생했다. 조선은 접대도감接待都監을 설치하고, 경략·제독뿐만 아니라 휘하의 고위 장수들에게도 접반사接伴使·접반관接伴官·역관·통사를 제공하였다. 앞서 언급했듯이, 사신이 아닌 관료와의 접촉은 사교私交로 간주되었다. 사실 접대도감이라는 비상설 기구도 명의 칙사를 접대하는 영접도감迎接都監과 구분하기 위해 신설한 것이었다. 조선 국왕이 경략·제독처럼 품계와 지위가 높은 명나라 관원을 직접 마주한 것은 전에 없던 일이었다. 의례적 영역에서는 '사신'이 황제·국왕의 임무를 대행했기 때문이다. 그러나 1품의 흠차관원이 여럿 주둔하고 있는 상황에서 조선은 이들에게 접대도감·접반사[17] 등의 새로운 명칭을 만들면서 접대 방식을 개편해야 했다. 황제의 명을 받은 흠차관원이 직접 조선에 주재하고 있으니, 그간 조명관계를 중개하던 요동도사의 기능은 자연스레 약화되었다. 이때부터 조선은 자문·게첩을 수시로 주고받으며 명의 장수·관원들과 교섭하게 되었다.

한편, 명과 일본의 강화교섭이 진행되는 가운데 명군의 철수 혹은 잔류 여부가 현안으로 부상했다. 경략·제독 등은 철수했지만, 총병 유정劉綎이 이끄는 한 갈래의 명군은 대구·경주 인근에 주둔하게 되었다. 그리고 경략의 철수 이후, 조선 주둔 명군은 계료총독 고양겸顧養謙이 맡게 되었다. 그의 직함에는 어왜 대신 '비왜備倭'라는 글자가 더해졌다. 일본군이 대부분 철수했으므로 방어보다는 대비로 임무가 전환되었음을 의미한다.

경략 송응창과 계료총독을 겸한 경략 고양겸의 차이는 사령탑의 위치였다. 송응창은 직접 군대를 거느리고 조선에 주재했지만, 고양겸은 임지인 밀운과 요양 등을 오가면서 임무를 수행했다. 최고지휘부의 주재소가 조선에서 요동으로 옮겨진 것을 의미한다. 이전에는 조선과 명의 관원들이 매우 밀접하게 접촉했다면, 이제 조선과 요동이라는 두 지역의 관계가 더욱 밀접해지게 된다. 조선과 명의 의례적 영역을 견인해 온 것은 '사신'이지만, 임진왜란 이후 사신보다 요동아문의 '차관'들이 더욱 빈번하게 조선을 방문했다. 이는 양국의 관계가 관념적이고 의례적인 것에서 현실적인 영역으로 들어섰음을 의미한다. 이에 따라 명의 요동아문은 조선에 강력한 영향력을 행사하게 된다.

1593~1596년은 명과 일본의 강화가 궤도에 오르면서 임진왜란이 소강 국면으로 접어든 시기였다. 명은 주력부대의 철군과 일부 병력의 잔류를 결정하면서 조선에 자강을 주문했다. 자강책은 군사를 훈련시키고[鍊兵] 군량을 저축하며[儲糧], 험지에 요새를 설치하고[設險] 무기를 정비[修器]하는 네 가지로 정리된다.[18] 이를 위해서 조선은 명의 연병교사[鍊兵教師]를 초치하여 속오군을 조직하여 훈련시켰고, 그 결과 1596년에는 새로운 전법으로 훈련된 5만 3,800명의 '신병新兵'을 얻게 되었다.[19] 1594년부터 1596년까지 전개된 명 연병교사의 훈련에는 고양겸의 후임으로 총독경략이 된 손광孫鑛이 직접 개입하고 있었다는 것이 특기할 만한 점이다.[20] 일본과의 강화가 명 조정 차원에서 논의되는 동안 요동아문은 조선의 자강책 마련에 직접적으로 간여한 셈이다.

1596년 명과 일본의 강화가 결렬되고, 이듬해 일본군이 재침했을 때 즉각 전장에 투입된 속오군은 자강의 성과로 볼 수 있다. 1597년 총독경략 형개邢玠·경리 양호楊鎬의 계획에 따라 진행된 사로병진四路竝進 작전에서 조선 속오군은 총 1만 2,000여 명이 동원될 계획이었다.[21]

실제 동원된 8도의 병력은 3개 진영鎭營으로 편성되었다. 1영은 평안도 2,000명+충청도 2,000명 등 4,000명으로, 2영은 강원·함경도 2,000명+경상좌병영의 2,000명+경주부의 1,200명 등 5,200명, 3영은 경상우병영 1,000명+황해도 2,000명+경상도 방어사의 300명 등 3,300명이었다. 도합 1만 2,500명으로 속오군을 주축으로 편성되었다.[22] 이들은 명군과 진영을 합쳐서 순천, 울산, 사천 등지의 일본군을 공략했다. 결과적으로 성공적인 작전은 아니었으나, 일본군을 궁지에 몰아넣는 격전이 전개되었다. 조선과 명은 일본군을 축출하는 기반을 마련한 것 외에도, 실전에서의 군사적 공조를 경험하게 되었다.[23]

한 가지 더 기억해야 할 사실은 경리조선군무經理朝鮮軍務라는 관직의 신설이다. 경리는 조선에 머물면서 조명 연합군의 활동 일체를 통할했으며, 위로는 총독경략의 지휘를 받았다. 경리조선군무는 명군 지휘부가 조선의 인적·물적 자원까지 아울러 지휘했다는 점에서, 구원군의 성격을 가졌던 이전의 명군 개입과 달랐다. 속오군은 창설과 훈련 과정에서부터 첫 번째 실전 동원에 이르기까지 조선과 명의 군사 공조 일선에 섰다고 할 수 있다. 나아가 임진왜란기 조선과 요동의 긴밀한 공조는 향후 조명관계에서 현실적인 영역이 보다 확대되었음을 보여 준다.

진강아문의 설치와 보고체계의 정립

임진왜란은 조선과 명이 공유하는 현실적 영역이 넓어진 계기였다. 조선은 경략·제독이라는 고위관원이 장기간 국내에 주둔하는 사태를 맞아 다양한 조치를 취해야 했다. 새로운 접대 방식이 생겨났고, 문서 왕래의 주체도 다양해졌다. 무엇보다도 명나라의 전법체제가 도입되고 일본에 대한 양국의 군사 공조가 구축된 점이 특징이었다. 조명관계의 연결고리였던 요동도사의 역할은 축소되고, 대신 무진아문이 부상했다. 임진왜란이 종식된 이후, 여진의 흥기가 이어지면서 조선과 요동아문의 공조는 또 다른 국면을 맞이하게 된다.

조선과 요동아문의 관계에서 진강유격부 혹은 진강아문鎭江衙門의 신설(1596)을 빼놓을 수 없다. 진강유격부는 의주의 압록강 대안에 있던 구련성九連城에 설치된 요동아문의 한 갈래이다. 초기에는 참장參將이 수장으로 임명되었으나, 광해군 대 이후에는 주로 유격遊擊이 임명되었기에 진강유격부鎭江遊擊府라고 불렸다. 요동아문이 조선과 명을 잇는 중개지였다면, 진강아문은 조선과 요동아문을 잇는 매개였다. 구련성은 압록강을 사이에 두고 의주와 마주하고 있었으므로 중강 개시中江開市를 관리하고 또 조선과 핫-라인으로 기능하였다. 1621년 후금에 의해 소멸되기까지 진강아문은 조명관계에서 중요한 역할을 담당했다.

한편, 명이 구련성을 요새화하려는 시도는 이전부터 제기되어 왔다. 16세기 중반 명의 변경은 관전보寬奠堡 등 6개 보의 건설을 통해서 점차 압록강 하류까지 미치게 되었다.[24] 그 결과 이전까지 연산관 동쪽을 완충지대로 남겨 둔 것과 달리 조선과 명은 영역을 서로 접하게 되었다. 이후 조선과 명의 인민들이 압록강을 수시로 넘나들게 됨으로써 문제의 싹이 트고 있었다. 명은 이 문제를 관리하기 위해 구련성을 수축하고자 하였다. 하지만 조선은 명과 변경을 맞댄 상황이나, 이를 관리할 명나라의 군진軍鎭 설치 논의를 반기지 않았다.

1566년 명에서 구련성을 수축한다는 소식이 들리자, 조선은 이로 인해 다양한 문제가 발생할 것을 우려했다.[25] 조선은 공식적인 경로로 문제를 제기했지만 명은 시급한 사안으로 받아들이지 않았다. 1592년 이후 조선으로 진입하던 명군 장수들이 구련성의 '옛 터'에 임시 거처를 마련하고 주변 인가를 군사 주둔지로 활용한 점으로 미루어 실제로 축성은 진행되지 못했음을 알 수 있다.[26]

임진왜란 이후 명은 조선에 진입하는 입구에 있던 이곳을 다시 주목하게 된다. 특히 1596년 일본의 재침이 우려되자 '비왜' 대책의 일환으로 구련성을 수축하고 참장 혹은 유격 급의 장수를 주둔시키게 된다.[27] 일본과의 강화 결렬 이후, 병화가 요동 내지로 미치는 것을 방지하기 위한 조처였다. 구련성은 진강성鎭江城이라 불리면서 조선을 오가는 명군이 잠시 머무는 곳으로 변화했다. 이후 진강성에는 명의 아문이 설치되고 또 군수용 물자를 보관하는 창고로 기능하기도 했다.[28] 진강성은 압록강을 사이에 두고 조선의 의주성과 접하고 있었기에 인근의 중강개시도 관리하게 되었다.[29]

1600년 명군의 주력부대가 모두 철수한 이후 진강아문은 요동아문 중에서도 조선과 긴밀한 관계를 유지하게 되었다. 명군 철수 직후 조선에는 귀국하지 않고 잔류한 도망병[逃兵]을 색출해서 압송해야 했다.[30] 일차적으로는 이 사안의 처리가 진강아문과의 현안이었으나 이후 조선과 명의 긴밀한 협력관계가 이어지면서 진강아문은 중개지의 일선으로서 양측의 소식을 상호 전달하는 중요한 기관으로 자리 잡았다.[31]

1602년에는 진강유격도 '비왜'의 직함을 겸대하고, 요동도사·무진아문·계료총독과 함께 보고 대상에 포함하게 하는 조치가 있었다.[32] 1601년 경리조선군무 만세덕萬世德이 소환된 이후[33] 진강유격부는 조명관계의 중개지가 된 요동아문 가운데서도 다시 조선과 요동의 중개지가 된 셈이다. 이후 조선은 통보 정도로 처리할 만한 소소한 사항들은 진강유격부에만 자문으로 전달하고, 필요시 진강유격이 다시 순무·총병아문

등으로 전보轉報하게 하였다. 1602년 1월 22일 진강아문의 지휘관이었던 참장 조승훈祖承訓은 총독·순무·총병의 세 아문 외에도 자신에게 적정賊情 관련 자문을 보내어 정보를 공유해 달라고 요구했다.[34] 이 문서로 진강아문은 요동아문의 일원으로 공식 인정되고, 이곳을 거쳐서 왜정倭情 등 민감한 외교 사안들이 조선과 요동아문을 오가게 된다.

하지만 여전히 요동아문의 핵심은 순무와 총병이었다. 보고체계상 요동아문의 최상위 아문은 계료총독이지만, 총독군문總督軍門은 관내의 밀운에 있었으므로 실세는 순무와 총병이었다. 실제로도 이후 조선의 자문을 지참한 재자관齎咨官은 무진을 통과한 뒤에야 총독군문으로 향할 수 있었고, 이 과정에서 문서 내용을 검열받기도 했다. 심지어 문서 내용이 부적절하다는 이유로 중도에 돌려보내는 등 강한 권한을 행사하기도 했다.

한 예로 1601년 2월 순무 조즙과 총병 이성량은 조선이 요동도사에 보낸 자문은 물론 명 조정에 올리는 주본奏本까지도 자신들에게 먼저 보낼 것을 요구했다. 자신들이 '비왜'의 직함을 겸하고 있다는 것이 이유였다. 결국 조선은 계료총독, 순무·총병, 요동도사, 진강유격부 등을 '오아문五衙門'이라면서 동일한 자문을 일시에 발송하게 되었다. 이를 '요동아문'이라고 할 수 있는데, 종래의 요동도사 기능이 확대된 것이자 일본의 동향을 조선과 명이 지속적으로 공유하는 체제를 갖추게 된 것을 의미한다.[35]

이렇듯 임진왜란 이후 요동의 관원들이 비왜 직함을 겸대하게 되면서 요동도사가 가진 중개지로서의 기능은 총 5개의 아문으로 확대되었다. 최고는 총독군문, 최하는 진강아문이었고 요동도사의 역할은 점차 축소되었다. 선조 대 말~광해군 대에 이르면 요동도사는 자문의 수·발신자로 구색만 맞추는 정도였고 '오아문'에서도 핵심은 순무와 총병, 즉 '무진' 아문으로 좁혀지게 된다. 이전까지는 조선이 요동을 통해서 명 조정과 연결하는 구조였는데, 이제는 조선이 진강아문을 통해서 순무·총병과 접촉하고, 다시 이를 총독군문을 거쳐 명 조정으로 통하게 되었다.

일례로 1603년 도쿠가와 이에야스가 조선과의 관계 회복을 시도하면서 접촉해 온 사안을 두고, 조선은 진강유격부에 자문을 보냈고 진강유격부는 다시 상급 아문으로 전보하였다.[36) 여기서 상급 아문은 바로 순무·총병 그리고 총독군문을 의미했다. 임진왜란 이후 조명관계의 중개지로서 요동아문의 구성과 기능이 어떻게 이루어졌는지를 보여 주는 실례라고 할 수 있다. 1604년 이후 이러한 형태는 지속되었고[37) 점차 관행화되어 1621년 요동아문이 광녕으로 후퇴하기 전까지 이어졌다.

한편, 1605년 12월에는 또 하나의 중대 결정이 있었다. 1600년 명군의 철수 이후, 조선은 여전히 일본의 재침 위협을 전하면서 협력을 요구하고 있었다. 명은 철수를 단행하면서도 조선의 요청을 받아들여 무진아문의 차관을 파견하여 왜정을 탐지하게끔 했다. 이 차관들은 부산까지 내려가 현지 왜인들의 거주 실태나 첩보를 수집한 뒤 돌아가 요동아문에 전달했다. 그러나 이러한 방식 역시 큰 도움이 되지 않는다는 판단하에 명은 차관의 파견을 중단하기로 했다. 대신 조선이 스스로 2개월마다 왜정을 진강유격부에 의무적으로 전하는 방식으로 전환하였다.[38) 이 결정은 1606년 4월 조사詔使로 파견된 주지번朱之蕃이 전한 칙서를 통해 조선에 전해졌으며, 이후 진강유격부는 조선과 요동아문의 핫라인으로 기능하게 된다.

후금에 대한 군사 공조와
조선·요동 관계

사교의 성행과 조선·요동의 균열

요동아문의 차관이 직접 왜정을 탐지하는 대신, 조선이 2개월마다 정기적으로 진강유격부에 보고하게 한다는 결정이 있을 무렵 조선과 요동의 관계에는 균열이 감지되었다. 사안은 크게 두 가지였다. 하나는 조선의 '노정虜情' 보고와 이 과정에서 드러난 요동아문과 건주여진의 밀착이었다. 두 번째는 요동아문의 차관들이 무시로 조선을 드나들며 작폐를 벌이고 이를 무마하기 위한 뇌물이 성행한 일이다. 이 두 가지 사안은 조선과 요동의 관계에 미세한 균열을 남겼으며 훗날 큰 약점으로 비화되기에 이른다.

첫 번째 사안은 1605년 7월 조선이 역관 이해룡李海龍을 파견하여 명의 요동아문에 '노정'을 고발하는 자문을 보내면서 촉발되었다.[39] 자문은 진강유격부를 거쳐 순무와 총병에게 전해졌다. 최종적으로는 총독군문에게 전달될 예정이었으나 그러지 못했다. 조선의 자문은 건주여진이 또 다른 여진 부족 훌룬Hūlun(忽剌溫)을 종용하여 침입을 꾀하고 있다는 내용이었다. 훌룬이 6진六鎭을 침략하자 스스로 감당하지 못하고 요동아문에 도움을 요청한 것이었다. 그간 조선이 여진과의 관계를 명에는 비밀로 부쳤음을 고려하면 노정의 공유는 이례적인 일이었다.

그런데 순무와 총병의 태도가 심상치 않았다. 사안의 처리를 담당한 총병 이성량李成樑은 조선의 차관이 총독군문에게 가지 못하도록 막아선 뒤 사태 조사를 이유로 이해룡을 일단 귀국시켰다. 이성량이 조사를 진행한 것은 사실이지만, 그는 조선의 재자관이 상급 아문인 총독군문으로 가지 못하도록 가로막았다. 1605년부터 1607년까지 조선은 세 차례에 걸쳐 요동아문을 통해 사태 보고를 시도했던데, 1606년에는 우회적인 방법을 통해 이성량의 저지를 회피하고 황제에게 직접 상주했다. 이 와중에도 사태 처리를 장악하고 있던 이성량은 여전히 미온적인 태도로 일관했다.

이성량이 방해 공작을 벌인 이유는 오래지 않아 밝혀졌다. 사실 이성량은 건주여진이 성장하는 데 지대한 공헌을 했던 인물이다. 해서여진과의 세력 균형을 위한 조처였지만, 어느새 그 지도자인 누르하치 Nurhaci(奴兒哈赤)의 세력은 통제가 불가한 수준에 이르렀다. 요동의 방어를 책임지는 총병으로서 임무를 방기한 혐의에 저촉될 만한 사안이었고, 이 때문에 이성량은 조선의 보고가 명 조정에 이르지 못하도록 막아선 것이었다. 그러는 동안 누르하치 세력은 훌룬을 제압하고 두만강 일대를 석권하기에 이르렀다.

1607년에 있었던 3차 보고에서 조선은 기존의 5개 아문 외에도 순안산동감찰어사巡按山東監察御史에게 자문을 보냈다.[40] 이때도 사태의 처리를 주관한 이성량 등 무진아문은 원론적인 답변으로 일관했다. 그러나 오래지 않아 이성량의 실태는 명 조정에 고발되었다. 조선의 지속적인 보고를 통해서 누르하치의 동향을 어느 정도 감지한 것이다.[41] 조선의 지속적인 보고가 성가셨던 이성량은 선조가 승하하자, 광해군이 임해군 대신 즉위한 것을 빌미로 조선의 병탄倂呑을 주장했고 이는 즉시 의심을 샀다.

명 조정에서 건주여진의 위협을 인지하게 되자, 이성량·조즙 등은 즉시 곤경에 처하게 되었다. 만력제는 이성량을 혁직시키고 순안어사를 보내 조사하라고 지시했다.[42] 조사가 이루어지자, 조신 병탄을 제기한 이성량에 대한 조사도 진행되었다. 그 결과 이성량이 건주여진의 위세를 제어하지 못하고 도리어 타협적인 태도로 일관한 사실이 드러났다.

순안어사로서 사태 조사에 나선 웅정필熊廷弼은 관전보 등 6개의 성보에 연한 800여 리의 땅을 건주여진에 내주고, 그 지역의 한인 수만 명을 내지로 이동시켰다는 혐의로 이성량과 조즙을 탄핵했다. 웅정필은 이성량 등이 누르하치와 내통한 것으로 간주해 주살해야 한다는 극단적인 어조를 보였다.[43] 결국 요동아문의 인선은 교체되고 명 조정은 요동아문으로 하여금 조선과의 협력을 추진하도록 지시하게 된다. 광해군의 책봉이 예상보다 순조롭게 이루어진 것도 이러한 분위기에서 가능했다. 결과적으로 조선과 요동아문은 왜정에 이어 '노정'도 공유하는 군사 공조를 취하게 된다.

하지만 이성량의 지속적인 사태 보고 저지, 무리한 조선 병탄 주장 등은 조선의 반발을 샀다. 명에 대한 조선의 보은 의식은 어디까지나 임진왜란 당시 조병助兵을 결단한 만력제에 대한 정서였지, 요동아문의 실무자들에 대한 것이 아니었다. 전쟁이라는 극히 현실적인 문제를 거치면서 조선과 요동아문의 관계는 복잡해졌고, 오히려 군사 면에서 명의 실질적인 역량에 대한 의구심마저 발생했다. 다시 말해, 의례적 측면에서 조명관계는 변함이 없었지만, 현실적인 영역의 부상은 양국의 공조 문제에서 난항을 거듭하게 했다.

두 번째 문제인 사교는 이성량 사태 이후에 본격적으로 불거졌다. 명나라는 건주여진의 위협적인 부상을 정확히 인지하기 시작했고, 조선의 전략적 중요성을 절감했다. 그러나 광해군의 책봉 문제를 두고 요동아문이 임해군까지 대질 조사하는 사태가 벌어졌고, 이로 인해 요동아문에 대한 광해군의 신뢰도는 그다지 높지 않았다. 명 조정의 칙사도 아닌, 요동아문의 차관이 조선 국왕의 승습 문제를 조사한 것 자체가 전례 없는 일이었다.

정작 문제를 키운 것은 광해군의 행보였다. 왕위 계승의 정통성이 약했던 광해군은 세자의 책봉과 생모인 공빈 김씨의 추숭을 통해서 자신의 왕권을 강화하고자 했다. 그 자체는 이상하지 않았지만, 원활한 처리를 위해서 요처에 뇌물을 제공한 것이 문제였다. 이것이 관행으로 굳어지면서 이후 조선을 방문한 칙사는 물론 요동아문의 차관들도 앞다투어 뇌물을 요구하여 조선을 곤란하게 했다.

요동아문은 본래 조선과 명의 중개지였다. 관례적으로 요동아문은 곧 요동도사를 의미했지만 요동도사에서 조선의 내부 사안에 개입하는 경우는 전무했다. 그런데 임진왜란 이후 점차 순무와 총병을 중심으로 요동아문의 영향력이 강해졌고, 광해군 대에 이르러 절정에 달했다. 광해군 대에 요동아문은 마치 명 조정의 정령을 대행하는 기관처럼 행세했다. 조선과 요동아문은 '인신무외교'의 원칙을 준수해야 했지만, 광해군 대에는 요동아문의 차관들이 무시로 드나들었을 뿐만 아니라 사적인 안부와 선물을 주고받는 것이 관행화되었다.

명 조정에서 '노정'과 '왜정'은 물론 조선 관련 사안 전반의 중개를 요동아문에 전담시킨 것도 문제였다. 그 결과 조선과 요동아문 간에는 금법에 어긋난 왕래가 지속되었는데, 실록의 내용만 정리해도 [표 1]과 같다.

[표 1]처럼 광해군 대에는 요동아문의 차관들이 조선을 수시로 드나들게 되면서 인신무외교의 원칙이 흔들렸다. 이들은 칙사나 흠차관원과 차원이 달랐음에도 불구하고 조선의 접대와 뇌물을 노골적으로 요

[표 1] 광해군 대 명 요동아문 차관 왕래 현황

일자	소속 및 발송 주체	직함과 이름	방문 목적	비고
1608. 4	순무 조즙· 총병 이성량	참장 공념수龔念邃· 유격 최길崔吉	선조에 대한 치제	비단 10상자의 부의
1608. 5	진강유격 오종도吳宗道 등	미상		관원 파견 요청
1608. 6	순무 조즙· 총병 이성량	도사 엄일괴嚴一魁· 지부知府 만애민萬愛民	국왕 승습 조사	접반사 확인
1609. 6	총병 이방춘李芳春	미상	광해군 책봉 축하	예단과 차관의 사적 예물 교환
1609. 8	요동도사 엄일괴			차관 파견을 요청했으나 거절
1610. 1	계료총독薊遼總督 왕상건王象乾	지휘 채득시蔡得時· 이변룡李變龍	왜란 후 유치 화기 조사	자문, 접반관 확인
1610. 2	요동도사	장천택蔣天澤	중강 개시 관 련	자문과 예단
1610. 6	진강유격 왕급王汲	미상	자문 전달· 무역	자문과 예단
1610. 7	요동도사	정민공丁敏功	절도 사건 조사	자문과 예단
	요동도사	왕정선王廷選	명 도망병 압송	-
	계료총독 왕상건	맹일원孟一元	미상	예단
	총병 마귀	미상		계첩
1610. 8	요동도사	이세과	왜정倭情	자문과 예단, 순무의 헌패憲牌
1612. 7	순무 양호	지휘 황응양	왜정· 연병鍊兵 조사	교역
1612. 7	진강유격부 중군中軍 유일환劉一瓛	위관委官 왕王	왜정	황응양이 대동
1613. 8	순무 장도張濤· 총병 장승윤張承胤	지휘 이李· 지휘 부정헌傅廷獻	왜정	교역
1613. 12	순무 장도	지휘 왕王	-	-
1614. 5	-	유劉 차관	등황 조서 전달	창덕궁 접견
1614. 5	진강유격 구탄丘坦	여呂 차관	-	접대절목
1615. 9	요동분수도遼東分守道· 개원병비도開原兵備道	임구위任九圍· 하연수夏延壽	물개 배꼽 요구	계첩·자문

1

일자	소속 및 발송 주체	직함과 이름	방문 목적	비고
1617. 4	진강유격 구탄丘坦	미상	교역	예단, 교역
1617. 7	진강유격 구탄	미상	공성왕후 관복 요청 준허를 축하	게첩과 예단
1617. 8	순무 이유한	왕王	약재 요구	–
1618. 7	요동경략 양호	백호百戶 우승은于承恩	자문 전달	상경 거부
1618. 11	동로총병 유정	원임천총 유해劉海	–	상경 거부
1619. 1	요동경략 양호	부정헌	포수 징발 독촉	출병 외 별도 징발
1619. 4	요동경략 양호	상명신常明臣	흉전恤典	심하 패전 위로
1619. 6	요동경략 양호	–	흉전	요동도사를 통해 병부에서 파견한 유격遊擊 장만춘張萬春이 가져온 칙서 전달
1619. 8	요동경략 양호	원현룡袁見龍· 조백曹栢	흉전·칙서 및 하사은下賜銀 전달	징병 요구
1620. 10	요동도사	오삼정吳三正	등황 조서 전달	인정전 접견
1620. 12		후위경력後衛經歷 여사공呂嗣功	등황 조서 전달	–
		엽葉 차관差官	–	접반관 확인
1621. 윤2	요동경략 원응태	진일경陳一敬	군수품[銅鍋] 교역	인정전 접견
1621. 5	관전참장 왕소훈王紹勳	미상	–	–
1621. 8	감군監軍 양지원梁之垣	조우趙佑	칙서 전달	–
1621. 9	등래순무 도랑선陶朗先	장교張翹· 장여덕張汝德	군사 공조	–
1621. 12	참장 관대번管大藩	정형두程衡斗	군사 공조	–
1621. 12	미상	진陳 차관差官	–	인정전 접견
1622. 4	등래순무 도랑선	수비守備 이李	군사 공조	–
1622. 5	부총병 모문룡	미상	–	–
1622. 8	평료총병 모문룡	수비급 차관	–	인정전 접견
1622. 10	미상	유격遊擊 송宋	–	인정전 접견
1622. 11	등래순무 도랑선	맹양지孟養志	칙서 전달	체류 도중 반정

구했다. 양측의 빈번한 내왕은 친밀도를 높이고 군사 공조의 형성에 기여했다고 할 수 있지만, 부작용도 심했다. 무엇보다도 조선은 '이성량 사태'를 통해 요동아문과의 공조가 군사적 실효를 거두기보다 내정 간섭에 준하는 입김만 강화하게 될 것이라 짐작했다. 게다가 요동아문 차관들이 앞다투어 사익을 취했으므로 현실적인 측면에서 조선과 요동아문의 상호 신뢰도는 도리어 하락했다.

요동아문의 차관 가운데는 임진왜란에 참전하여 광해군의 아버지인 선조와 구면인 경우가 많았다. 이들의 눈에 광해군은 어린아이였다. 실제로 차관들은 종종 자신과 선조의 관계를 과시하며 좋은 접대를 요구하곤 했다. 사태가 이렇게 전개되자 대신인 이항복과 심희수는 "영토가 엄격히 구분되어 있으니 공적인 일도 아닌데, 일이 있을 때마다 왕래하면 반드시 후회하게 될 것입니다"[44]라고 우려를 표하기도 했다.

급기야 조선은 요동아문에 자문을 보내어 필요시 문서로 업무를 처리하고 따로 차관은 보내지 말 것을 요청했다. 그러나 조선으로서는 요동아문 차관들의 왕래를 차단하기는 어려웠다. 요동아문은 조선과 명의 연결고리인 만큼 완곡하게 설득해야지, 금지를 요청하기는 어렵다는 의견이 대세였다.[45] 문제는 중강 개시나 도성 인근에서 차관들이 벌인 불법매매 행위에서도 드러났다. 하지만 책봉 문제로 곤욕을 치렀던 광해군은 적절히 대접하고 문제를 일으키지 말 것을 당부했다.[46]

조선과 요동아문의 사교는 1610년 3월과 윤3월 사이 마귀와 양호가 각각 요동의 총병과 순무로 임명되면서 정점을 찍게 된다.[47] 마귀와 양호는 정유재란 때, 각각 제독과 경리로 조선에 주둔했던 인물들이다. 조선과 '친분'이 있는 인물들이 요동 사무를 관장하게 되면서 조선과의 왕래는 어느 때보다 빈번해졌다.[48] 그러나 그들의 차관이 조선에서 보여 준 행태는 기가 찰 만했다. 특히 양호의 차관 이세과李世科는 시종일관 고압적인 자세를 취하고 사적 취리 행위에 열을 올렸다.[49] 양호 본인도 다르지 않아서 송덕비 건립을 요청하는가 하면 그를 칭송하는 시집을 지으라고 요구하기도 했다.[50]

양호의 또 다른 차관인 황응양黃應暘은 한술 더 떴다. 황응양은 임진왜란 당시 조선에서 활동한 전력이 있었기에 칙사에 준하는 대우를 받았다.[51] 전례가 없다는 예조의 지적이 있었지만, 광해군은 그를 파격적으로 우대할 것을 지시했다. 황응양은 입경할 때 벽제관에서 재신宰臣의 영위迎慰를 받았고, 태평관에 들어가서는 낭청의 문안을 받았으며 이튿날에는 하마연을 받았다.[52] 칙사나 흠차관원에 대한 접대와 차이가 있다면 영위사가 어첩御帖을 가져가지 않았다는 정도이다. 황응양은 선조와의 개인적 친분을 과시하며 목릉穆陵을 방문하거나 창덕궁의 정전인 인정전에서 광해군을 접견하기도 했다.[53]

이 같은 차관들의 행태는 조선과 요동아문의 관계를 형해화했다. 표면적으로는 친밀도가 높아졌지만, 내부적으로는 균열의 조짐이 있었다. 요동아문 차관들의 잦은 왕래로 전례는 무의미해지고, 새로운 관례가 형성되었으며 결국 피차의 경계도 희미해졌다.[54] 차관들은 다양한 명목으로 나왔지만 실제로는 교역을 통한 재화의 획득이 주목적이었다.[55] 이 과정에서 차관들이 보인 고압적인 자세는 조선인들과의 갈등을 야기했다. 또 요동아문의 관원들이 보낸 자문에는 '조선 국왕에게[朝鮮國王處]' 혹은 '열어보시오[開坼]'라는 수신처와 문구가 기재되는 경우가 많았는데[56] 이는 조선 국왕을 하대하는 것에 다름 아니었다.

1613년 12월, 요동순무가 장도로 교체된 이후, 요동아문 차관에 대한 문제가 본격적으로 나타났다. 1614년 4월, 예조에서는 진강유격 구탄이 광해군의 탄신에 대한 예단을 올리겠다는 의사를 표한 것에 대해 "전례가 없을 뿐만 아니라, 외번外藩의 국가는 상국上國의 변방 장수와 사교할 수 없다"라고 문제를 제기하였다.[57] 얼마 뒤 예조에서는 "외국과의 사교는 진실로 전례가 없을 뿐만 아니라, 그런 일을 만들어서도 안 된다"[58]라는 의주부윤의 장계를 보고했고, 광해군은 이를 두고 대신들의 의견을 묻기도 했다.

이원익과 심희수는 예조의 계사에 대해 "근래 천조天朝의 아문에서 새로운 예를 만들어 내어 따르기 어려운 것이 한둘이 아니니 매우 염려스럽다"라고 공감했지만 일관되게 거절하기 어려운 것이 조선의 형편이라고 보았다.[59] 정창연도 "요즘 우리나라는 강역에서 교제하는 즈음에 매번 사세의 제약을 받아서 억지로 구차스런 일을 행한다"라고 하면서도 역시 사교를 완전히 금하기 어려운 것이 현실임을 인정하였다.[60] 대신들이 올린 의견들에서 알 수 있듯이, 조선은 요동 차관의 잇따른 파견이 몹시 부담스러우면서도 이미 관례화된 폐단을 시정할 만한 뾰족한 방법이 없었다. 결국 진강유격 구탄은 수차례 게첩과 예단을 보내고, 조선에서는 번번이 회첩과 회례품을 마련해서 발송하게 된다.

이처럼 조선은 점차 요동아문과의 관계에서 수세로 내몰렸다. 내정간섭으로 볼 만한 요동아문의 고압적인 태도가 이어지자, 조선은 심각한 고민에 빠졌다. 1614년은 물론 1618년에도 요동아문은 건주여진 혹은 후금을 정벌하겠다며 조병助兵을 요구했는데, 칙서가 없이 진행된 명백한 월권 행위였다. 조선과 요동아문의 전례 없는 밀착은 서로의 필요에 의해서 시작되었지만, 시간이 흐를수록 균열이 발생하는 원인이 되기도 했다.

심하 전투와 조명 군사 공조의 와해

임진왜란은 동아시아 전반에 걸친 전대미문의 전쟁이었다. 일본의 침입, 조선의 청병과 명의 호응, 명군의 개입과 화친 교섭, 교섭의 파탄과 일본의 재침, 명군의 재차 개입과 조·명 군사 공조, 일본군의 철수 등으로 국면의 전환이 이루어졌다. 이 흐름을 잘 살펴보면 명군의 개입이 전쟁의 국면 변화에 결정적인 영향을 미쳤음을 알 수 있다. 명은 조선의 자강自强에도 어느 정도 기여했고, 양국의 군사 공조가 성사되기도 했다.[61] 임진왜란은 미증유의 국제전쟁이었을 뿐만 아니라, '왜倭'에 대한 군사 협력이 실제 효과를 발휘할 수 있음을 입증한 사건이기도 했다.

전쟁이 종식된 뒤, 조·명의 군사 공조는 요동아문을 통해 지속되었다. 일본의 재침을 우려한 데서 시작되었지만, 1605년을 기점으로 훌룬·건주여진의 위협이 고조되면서 정점에 다다랐다. 이 무렵 신흥강자로 떠오른 건주여진의 누르하치에 대항하기 위해서 조선과 명은 요동아문을 연결고리로 삼아 긴밀한 유대를 유지했다.[62] 17세기 초에 이르러 조선과 요동아문의 군사 공조는 왜와 함께 '호胡'에 대한 것으로도 확대된 것이다.

1613년을 기점으로 조선과 요동의 군사적 협력은 첩보 공유 차원에서 나아가 실질적인 형태로 발전했다. 이해 누르하치는 동쪽의 훌룬 병합에 성공했고, 명의 개원開原 인근에 거주하던 '여허Yehe(葉赫)'를 공격하기 시작했다. 여허까지 병합하면 누르하치의 여진 통합은 일단락될 수 있었다. 하지만 누르하치의 여허 공략은 명의 심기를 건드렸다. 북관北關이라고 불리던 여허는 훌룬과 달리 명의 번리藩籬로 인식되고 있었기 때문이다.[63] 명은 여허를 비호하면서 건주여진을 본격적으로 견제하기 시작했고, 명과 건주여진의 갈등이 수면 위로 드러났다.

이 사태를 해결해야 할 주체는 요동아문이었지만, '노정虜情'을 공유하면서 군사 공조를 유지해 온 조선도 자유롭지 못했다. 건주여진의 막강한 군사력에 맞서기에 요동아문의 인적·물적 자원은 충분하지 못했고, 자연스럽게 조선의 역할이 부각되기 시작했다. 조선의 후방 견제가 현실화되면 건주여진의 서진西進에도 차질이 빚어질 것이 분명했다.

하지만 조선은 주저했다. 당위나 전략적인 측면에서 요동아문과의 협력은 절실했지만 건주여진을 자극하는 일은 가급적 피하고 싶었기 때문이다. 1614년 군사 공조가 현실화되자 병조판서 박승종朴承宗은 "명이 건주여진을 정벌하게 되면 두고두고 (우리) 변경의 우환이 될 것입니다"라는 골자의 차자箚子를 올리기도 했다.[64] 이해 조선은 요동아문의 요청을 받아들여서 1만 명의 병력을 조발하여 의주에 주둔시키고 사태 변화에 대응하게 했다.[65]

1614년의 '위기'는 누르하치가 한발 물러남으로써 일단락되었다. 하지만 1616년 1월 누르하치가 천명天命이라는 연호를 사용하고 후금의 건국을 선포했을 때[66] 명과 여허는 모두 적으로 간주되었다. 2년 뒤, 누르하치는 일곱 가지의 큰 원한[七大恨]을 내세우면서 명을 공격하겠다고 천명했다.[67] 칠대한의 실제 내용 대부분이 여허에 대한 명의 부당한 중재였음을 감안하면, 명과 여허의 밀착을 파괴하는 데 일차적인 목적을 두었던 것으로 생각된다.

1618년 4월, 행동을 개시한 후금군은 명의 무순撫順을 점령하였고 곧이어 반격에 나선 요동총병 장승윤張承胤의 명군까지 격퇴하였다. 명 조정은 만력제의 지시에 따라 요동의 방어 전략을 수립하는 한편 후금에 대한 정벌을 논의하였다.[68] 명과 후금의 전면전이 발발하는 순간이었다.

　명은 양호를 요동경략으로 임명하여 정벌을 총괄하게 하였고 요동총병 이여백李如栢·산해관총병 두송杜松·원임사천총병 유정劉綎, 원임요동총병 마림馬林이 각각 남로南路·서로西路·동로東路·북로北路의 군사를 지휘하게 되었다. 명군의 정비와 동시에 조선·여허·몽골 등의 협력을 이끌어 내기 위한 논의도 진행되었다.[69] 사실 조선을 비롯한 이 '우군'들은 명에 협력할 수도 있지만 후금에 협조할 수도 있는 상황이었다. 명 조정은 이들의 이반 여부를 파악하고, 또 후금을 고립시킬 목적에서 어떤 형태와 규모의 군사적 협력을 요구할 것인지 논의했던 것이다.

　그동안 일본·여진 관련 문제에서 요동아문과 공조해 온 조선의 전략적 활용 가치는 높았다. 하지만 조선의 군사력을 활용하는 문제가 명 조정의 공식 입장이었던 것은 아니다. 명 조정은 명군의 정비에 주력해야 하고, 번병藩兵은 보조적인 역할을 해야 한다는 것이 중론이었다. 조선군을 명군에 배속시켜 후금 정벌에 직접 동원하겠다는 것은 명 조정이 아니라, 눈앞의 위기를 타개해야 하는 요동아문의 입장이었다. 명 조정의 논의가 어쨌든 명군의 진용이 제대로 갖춰지지 않은 상황에서 조선군의 활용이 현실적으로 불가피했다. 결국 이해 윤4월, 요동순무 이유한李維翰이 강압적인 어조로 징병을 포함한 요구를 담은 자문을 조선에 보냈다.

　이유한의 자문은 강한 파문을 일으켰다. 본래 조선과 명의 외교는 황제와 국왕의 군신관계를 중심으로 이루어지는 것이었다. 즉, 황제의 칙서가 아닌 요동순무의 자문으로 징병을 요구한 것은 관례에 어긋나거니와 무례한 것이었다.[70] 게다가 이유한이 제시한 7,000명이라는 병력 규모 역시 사전에 논의된 바 없는 내용이었다. 광해군 대 내내 이어진 조선과 요동아문의 격의 없는 사교가 불러온 역효과였다고 해도 과언이 아니며, 조선과 요동아문의 군사 공조에 균열이 발생할 것임을 예고하는 것이었다.

실제로 조선은 칙서가 없다는 이유로 미온적 태도를 보였다.[71] 표면에 드러내지는 않았지만, 요동아문에 대한 불쾌감이 조선 조정에서 공유되었다. 출병의 당위성을 강조하는 것도 "차후 황제의 칙서가 내려올 수 있다"라는 가능성을 고려하여 준비하자는 의견이었다. 국왕 광해군은 자신이 칙서 혹은 자문의 수신자였기 때문에 더욱 민감하게 반응했다. 그로서는 요동아문의 자문이 불쾌했고, 황제가 칙서로 지시할 경우에는 응하겠다며 우회적으로 그들의 요구를 거부했다. 조선은 결국 변경의 방어에 집중하는 것이야말로 후금을 견제하는 가장 효과적인 전략임을 피력하기로 했다.[72]

하지만 조선이 끝까지 요동아문의 요구를 들어 주지 않기는 어려운 형국이었다. 후금과의 전쟁을 관망하고 있다는 명의 의심이 부담스러웠을 뿐만 아니라, 후금이 조선을 공격할 상황에도 대비해야 했기 때문이다. 요동아문과의 관계는 조선의 방비책과도 밀접한 연관이 있었다. 명의 경략 양호는 조선의 미온적인 자세를 질타하면서 황제에게 칙서를 직접 청하겠다고 위협했다. 결국 명의 병부를 통해 황제의 칙서가 내려옴으로써 조선의 출병은 결정되었다.[73]

1619년 2월, 요동경략 양호는 명군을 네 갈래[四路]로 나누어 출사했다. 이들은 각기 다른 방향으로 진군하여 후금의 도성 허투알라 인근에 집결하여 협공하기로 했다. 주력은 두송의 서로군과 이여백의 남로군이었고, 동로군과 북로군은 후금의 전력을 분산시키는 역할을 하였다. 마림이 이끄는 북로군에는 여허의 군사, 유정이 이끄는 동로군에는 조선의 군사들이 배속되었다.[74]

여기서 조선과 여허의 역할이나 비중이 유사한 것은 아니었다. 여허의 군사는 2,000여 명에 지나지 않았고, 역할도 불분명했으며 끝내 참전하지 않았다. 그에 반해 조선군은 상당한 규모의 정예군으로 편성되었다. 도원수 강홍립姜弘立과 부원수 김경서金景瑞의 지휘하에 중영·좌영·우영 등 3개 진영鎭營 1만여 명을 주력부대로 삼았다. 도원수와 부원수의 직할대[標下軍] 역시 3,000명에 이르러 전투병만 해도 1만 3,000여 명이었다. 그 밖에 지원부대까지 계산하면 총 1만 7,000~1만 8,000명에 달했다.[75] 요동아문과의 갈등을 겪는 와중에도 군사적 조처는 비교적 착실히 진행했음을 짐작할 수 있다. 하지만 같은 이유로 조선군의 승패는 향후 요동아문과의 군사 공조에서 중요한 문제일 수밖에 없었다.

조선과 명의 연합군으로 구성된 동로군은 1619년 3월 2일 심하에서 후금군과 조우하여 전투를 벌였다. 이 전투에서 동로군은 전공과 피해가 비등했지만 동로대장 유정은 승첩으로 보고했다.[76] 그러나 이틀 뒤 벌어진 와르카시Warkasi(瓦爾喀什)와 푸차Fuca(富察) 전투에서 명군과 조선군은 차례로 치명적인 손실을 입었다. 생존 명군은 학살되었고, 도원수 이하 조선군 4,000여 명은 후금의 포로가 되었다.

패전의 여파도 대단했다. 도원수라는 고위관원이 투항했다는 사실은 조선의 조야에 큰 파문을 일으켰다. 명도 조선과 후금의 사전 밀통이 있었던 것은 아닌지 의심했다.[77] 엎친 데 덮친 격으로 평안도와 황해도의 군사를 주축으로 구성된 조선군이 출정한 이후 압록강 수비에 동원되었던 남방 지역의 방수군防戍軍들이 대거 도주하는 사태도 벌어졌다.[78] 후금의 침공 가능성이 고조된 상황에서, 방어력마저 와해된 셈이었다. 이 같은 상황에서 조선은 명의 추가적인 협력 요청을 거절할 수밖에 없었다.[79]

'심하 전역深河戰役'이라고 불리는 이 사건[80]은 패전이라는 결과 외에도 조선과 요동아문의 군사 공조가 붕괴된 계기였다는 점에서 중요하다. 도원수 강홍립의 '투항'에 대한 의혹은 조선을 감독하고 보호해야 한다는 명 조정의 '감호론監護論'을 불러 왔으며[81] 이후 조선과 요동의 군사 공조는 제 기능을 하지 못하게 되었다. 1621년 3월 후금이 심양과 요양을 함락하고, 진강아문까지 모두 그 점령하에 들어가면서 요동아문은 광녕으로 후퇴하게 되었다. 조선과 요동아문의 군사 공조 역시 사실상 와해되었다.

조선과 동강진 관계의 추이와 조명관계의 종언

1621년 3월, 후금의 요동 함락은 조선과 명의 육상 교통로 단절로 이어졌다. 수세에 몰린 명은 우군을 상실했을 뿐만 아니라, 여차하면 조선이 후금에 굴복하는 상황이 벌어질 수 있다고 진단했다.[82] 더욱이 조선이 후금에 순종할 경우, 강력한 조선 수군이 해로를 통해서 산동의 등주登州와 내주萊州를 위협할 수 있다는 주장도 있었다.

이에 앞서 명 조정에서는 사르후 전투 직후 조선과의 연계를 위한 논의가 있었다. 조선에 대한 감호론을 주장한 인물 중 하나였던 운남도어사 장지발張至發은 이 같은 사태를 방지하기 위해 산동에 해방도신海防道臣을 두자고 제안했다.[83] 감호론은 서광계徐光啓를 중심으로 전개되었는데, 대학사 방종철方從哲 역시 그 타당성을 인정하면서 서광계를 파견하자고 주장했다.[84] 그러나 실현이 어렵다는 반대론에 부닥쳐 감호론은 무산되었다.

감호론은 조선을 아연실색하게 했다. 조선은 이정귀李廷龜를 변무사로 명에 파견하기에 이르렀다.[85] 이정귀의 변무 활동과 무관하게 감호론은 힘을 잃은 상태였지만, 감호론이 명 조정에서 거론된 것은 조선에 대한 신뢰 하락과 추후 내정 간섭이 이루어질 수 있음을 시사하는 것이었다. 조선 조정에서는 그간 진행되던 후금과의 교섭을 중단해야 한다는 의견이 주를 이루었고, 이를 두고 광해군과 신료들 사이에 갈등이 빚어졌다.[86]

감호론이 폐기된 이후, 명 조정은 조선을 후대함으로써 후금과의 연대를 차단하는 방향으로 전환되었다. 하지만 후금과의 전쟁을 담당한 요동경략의 입장은 그런 이상적인 발상과는 결이 달랐다. 현실적 측면에서 조선의 이탈은 후금에 대한 견제력을 상실하게 되는 치명타가 될 수 있었기 때문이다. 1620년 만력제가 사망하고 태창제泰昌帝와 천계제天啓帝가 연달아 등극하면서 진강을 중심으로 조선과의 연계를 회복하려는 움직임이 나타났다.

이때 요동아문의 인선은 복잡하게 전개되었다. 이유한의 후임이었던 요동순무 주영춘周永春이 물러나면서 원응태袁應泰가 대신했고, 요동의 남사위에서 등주와 내주를 잇기 위해 신설된 금복병비도金復兵備道 호가동胡嘉棟을 진강유격부에 주둔하게 하는 등의 조치가 이어졌다.[87] 1620년 9월에는 요동경략 웅정필이 탄핵으로 물러나자 원응태가 대신하게 되었고, 순무로는 설국용薛國用을 기용했다.[88] 호가동은 요양감군遼陽監軍을 겸하여 자리를 옮기고 진강유격부는 축세창祝世昌을 파견했다.[89] 호가동은 요양에 머물면서 관전·진강에 이르는 지역을 관할했으므로[90] 육로와 해로를 통해 조선과의 긴밀한 공조가 시도되었음을 알 수 있다.

하지만 1621년 후금이 요동을 차지함으로써 조선과 명의 육로는 단절되었다. 요동아문이 소멸되면서 진강을 통한 군사 공조의 복원은 요원해졌다. 후금의 위협에 맞서 명이 요동을 통해서 조선을 도울 수도, 조선이 명을 도울 수도 없는 상황이 전개되었다. 이 와중에 요동의 한인漢人들이 대거 조선으로 유입되면서 문제가 발생했다. 이들을 추격해 온 후금군이 한인들의 쇄환을 요구하자, 조선은 난처한 지경에 빠졌다. 명은 한인들의 유입을 빌미로 해로를 통해 조선과의 연계를 복원하고자 했다.

요동의 상실 이후, 명은 웅정필을 다시 경략으로 기용하고 왕화정王化貞을 순무로 임명했다. 왕화정은 도사都司 모문룡毛文龍에게 후금의 배후를 교란하도록 했다. 1621년 7월 모문룡은 200여 명의 인원을 데리고 와서 진강을 습격하여 탈취했다.[91] 모문룡은 진강의 중군中軍으로 있던 진양책陳良策 등 한인들의 내응으로 일단 진강유격부를 수복했지만 이제는 후금의 반격에 대비해야 했다. 인적·물적 자원이 부족했던 모문룡은 조선에 지원을 요청했다. 조선은 의주와 창성昌城에 병력을 집결시키는 한편, 한준겸韓浚謙을 도원수로 임명하는 등 후금과의 충돌에 대비했다.[92] 그러나 조선은 병력이나 무기를 내주는 등의 적극적인 지원은 하지 않았고, 후금군에게 쫓긴 모문룡은 압록강을 건너 조선 경내로 들어왔다.

1622년 웅정필의 천거를 받은 양지원梁之垣이 감군監軍으로 조선에 출사했다.[93] 양지원은 참장 관대번管大藩과 함께 선단을 거느리고 조선과의 접촉을 시도했다.[94] 하지만 이들의 활동은 뚜렷한 성과를 내지 못했고, 도리어 조선과 후금의 충돌 가능성을 높이는 요인이 되었다.[95] 모문룡이나 양지원과의 연대가 후금과의 전쟁에 별다른 도움이 되지 못할 것이라 전망한 조선은 모문룡에게 가도假島로 들어가도록 권했다.

한편, 모문룡은 진강을 점령한 공로를 인정받아 부총병副總兵으로 올라섰다.[96] 요동의 상실 이후, 수세에 몰린 명 조정은 모문룡의 일시적 진강 탈취를 '기첩奇捷'이라면서 한껏 추켜세웠다. 부총병에 임명하고 불과 1년 만에 모문룡을 평료총병관平遼總兵官에 제수할 만큼 명 조정의 기대는 상당했다.[97] 이때부터 모문룡은 가도를 거점으로 삼아 여순旅順에서 산동의 등주·내주로 이어지는 섬들을 연결하여 하나의 군진軍鎭을 형성했는데, 이를 동강진東江鎭이라고 한다. 1622년 후금이 광녕까지 점령하자, 요동아문은 소멸되고 동강진이 그 역할을 대신하게 되었다.

동강진은 조선의 용천龍川에서 가도로 다시 산동으로 이어지는 중개지로 부상했다. 모문룡은 조선과 명의 전폭적인 지원으로 상당한 재원을 확보했을 뿐만 아니라 흩어진 요동 한인들을 규합하여 막강한 세력을 형성했다. 동강진은 조선의 청천강 이북부터 요동·산동으로 이어지는 도서島嶼를 통제하였다. 동강진의 임무는 후금의 견제였고, 이는 조선과의 연계로 구체화되었다. 조선을 우군으로 유지함으로써 후금이 서진하지 못하게 하려는 것이 명의 동강진 운영 목적이었다. 동강진은 등래순무와 함께 요동아문의 역할을 이어받았고 조선은 이를 통해서 산동으로 진입하고 다시 천진을 거쳐서 북경을 드나들었다.

그러나 동강진의 운영이 이러한 역할에 충실했다고 보기는 힘들다. 모문룡은 독자적인 세력으로 인근 해역에 군림했고, 결과적으로 조선에 막대한 부담을 초래했다. 조선은 동강진에 소속된 인민 가운데 군병을 제외한 일반 백성들을 산동으로 옮겨 줄 것을 요청했으나 번번이 거절되었다. 모문룡을 통해서 조선을 활용하려는 것이 명 조정의 기본적인 의도였기 때문이다.[98] 하지만 동강진은 이러한 목표를 달성할 만한 역량을 갖추고 있지 않았다. 모문룡과 그의 휘하에 대한 조선의 불신감이 대단했으나, 조선의 경내에 속한 가도에 둥지를 튼 만큼 불편한 공생을 이어갈 수밖에 없었다.

한편, 요동의 상실 이후 후금과의 전쟁이 소강상태에 접어들자 모문룡은 독자적인 세력으로 거듭나려는 움직임을 보였다. 후금과의 밀통이 여러 차례 관측되는가 하면, 동강진을 사유화하는 현상이 또렷했다. 부하들 가운데 유력자들은 성을 모毛씨로 바꾸는 경우가 많았고 이 때문에 동강진을 모진毛鎭이라 부르기도 했다. 1627년 후금이 조선을 침입했을 때, 모문룡은 스스로를 지키기에 급급했는데[99] 이는 붕괴된 조선과 명의 군사 공조가 가진 현실을 드러낸 것이다.

정묘호란 이후에는 동강진이 조선의 청천강 이북 일대를 횡행하면서 약탈, 살육, 방화를 자행하여 양자의 관계가 크게 악화되었다. 정묘호란이 조선과 후금의 화친으로 귀결되자, 조선 경내에 본거지를 둔 동강진의 역할과 기능에도 모순이 생겼기 때문이다. 전쟁 당시 모문룡은 청천강 이북의 산성에 조직된 의병진을 지원하는 대신, 그들의 전공을 자신의 것으로 포장하여 명 조정에 보고하는 행태를 보였다. 의병진에 무기와 군량을 지원하는 대가로 후금군의 수급을 받아 허위 보고를 한 것이다.[100]

조선은 후금과의 화친 경위를 알리고 모문룡의 참소를 막기 위해 명 조정에 주본을 올렸으나 동강진의 모문룡은 이를 방해했다.[101] 더 큰 문제는 동강진의 한인들이 청천강 이북 지역의 조선인들을 잔혹하게 공격하기 시작한 점이다.[102] 이 지역은 정묘호란 당시 후금군의 점령지로서 화친 이후, 조선에 반환되었다. 조선이 이 지역에 동강진의 한인들이 거주하거나 혹은 둔전을 일구지 못하게 한다는 합의에 기반한 약속이었다. 동강진의 입장에서는 고사정책이나 다름없었으므로 조선과 후금의 화친이라는 현실을 무시하고 청천강 이북을 공략한 것이다. 모문룡으로서는 생존을 위한 방편이었을지 몰라도 조선과 협력하여 후금의 견제력을 발휘해야 할 동강진의 존재 이유에 의구심이 생겨날 수밖에 없는 대목이다. 정묘호란은 동강진이 조선과 명의 매개지로 활동할 수 있는 기능을 소멸시키는 결정적인 계기였던 것이다.

동강진이 조선과 명의 중개지로 제 기능을 하지 못한 또 하나의 이유는 잦은 정변이었다. 모문룡은 1622년부터 동강진의 우두머리로 장기집권했지만, 1629년 영원寧遠에 주둔하면서 후금 방비의 일선을 지휘하던 독수督帥 원숭환袁崇煥에게 소환되어 쌍도雙島에서 처형되었다.[103] 모문룡의 죄명은 전공의 과장, 도를 넘은 군량 요청, 영원성 전투 당시 협조하지 않은 것 등 군사적 실효성에 대한 의문과 조선에 대한 과도한 수탈 등이었다. 이후 원숭환은 조선의 사행이 각화도를 경유하도록 하여 해로와 육로를 모두 스스로 통제하고자 했다.

모문룡의 사후 동강진은 부총병 진계성陳繼盛에게 맡겨졌다. 그러나 진계성 외에도 모승조毛承祚·서부주徐敷奏·유흥조劉興祚 등 4명이 동강진을 나누어 관할했고 실세는 유흥조가 쥐고 있었다. 유흥조가 후금과의 싸움에서 전사한 뒤로는 그의 친동생 유흥치劉興治가 그의 뒤를 이었다. 1629년 12월 원숭환이 체포되고 이듬해 처형된 일은 동강진에도 영향을 미치게 된다. 1630년 4월, 유흥치는 진계성을 살해하고 동강진의 실권을 거머쥐었다.

조선에서는 이 사건을 정변으로 규정하고 정벌을 천명했다.[104] 조선은 이를 통해 세 가지를 노렸다. 하나는 조선에 대한 약탈을 서슴지 않는 동강진의 제거였고, 다른 하나는 후금에 대한 실력 과시였으며 마지막은 그의 반란을 토벌한다는 명목으로 명 황제에 대한 충성심을 드러내는 것이었다. 동강진을 황제의 반역자로 규정한 뒤, 토벌함으로써 정묘호란 이후 후금과 화친했던 과오를 씻으려고 한 것이다. 조선군은 총융사 이서李曙가 육군을, 부원수 정충신鄭忠信이 수군을 거느리고 가도 인근의 섬들을 제압하면서 작전을 전개했다.

이 작전에 대해서는 내부적으로도 이견이 많았다. 동강진이 여전히 명에 속한 군진이고 또 조명관계의 매개라는 이유에서였다. 따라서 조선은 유흥치가 주장을 죽이고 권력을 탈취한 반장叛將임을 거듭 강조했으나 후금과 화친한 마당에 명의 군진을 공격하는 것은 다소 난처한 문제였다. 작전이 장기화되자 조선군은 지쳐 갔고, 마침 섬을 비웠던 유흥치가 돌아와 명의 공식적인 인정을 받았음을 표명하자 결국 조선은 군대를 해산하고 사태를 일단락했다. 명은 이후 금주錦州 참장參將 황룡黃龍에게 동강진의 관할을 맡겼지만, 동강진을 제대로 장악하지 못했다. 그새 유흥치는 후금과도 자체적으로 교섭을 진행하고 있었다.

1631년 3월, 장도張燾와 심세괴沈世魁가 정변을 일으켜 유흥치와 그의 형제들을 주살했다. 결국 동강진을 관장하던 황룡이 직접 가도에 와서 머물게 되었으나, 재물에 대한 탐욕을 이유로 심세괴에 의해 구금되는 병변兵變이 일어났다. 연이은 정변에 놀란 조선 조정은 즉각 군사적·재정적 지원을 중단하겠다고 압박했고, 심세괴 등은 황룡에게 다시 권한을 이양했으나 동강진은 크게 약화된 상태였다.

이 무렵 동강진은 물론, 조선과 명·후금에 심대한 영향을 미친 사건이 발생했다. 산동 지역에서 발생한 '오교병변吳橋兵變'이 그것이다. 공유덕孔有德·경중명耿仲明이 거느린 군대가 후금과의 전투를 위해 산동으로 갔다가 현지의 군사들과 충돌한 뒤 반란을 일으켜 도리어 등주와 내주를 장악한 사건이다.[105] 이들은 일시적으로 산동성을 장악했으나 이내 축출되었고, 결국 1633년 후금에 귀순하게 되었다. 가도에 주둔하던 황룡은 이 사건을 진압하기 위해 상가희尙可喜 등과 함께 진압 작전을 벌였는데, 이듬해 후금군을 이끌고 온 공유덕과 싸우다 여순에서 전사하였다. 1634년 상가희마저 공유덕의 권유로 후금에 투항하자, 동강진은 후금에 대한 견제력을 완전히 잃고 가도를 지키는 데 급급한 상황에 이르렀다.[106]

황룡이 전사한 뒤, 동강진은 부총병 심세괴가 관장하였다. 이 무렵 동강진의 영향력은 가도를 사수하는 수준으로 약화되었지만, 조선과의 관계는 다소 회복되는 추세였다.[107] 그에 반해 후금은 지리멸렬해진 동강진을 크게 의식하지 않게 되었다.[108] 심세괴는 후금에 대한 강경한 자세를 견지하여 조선을 곤란하게 했으나 정작 그것을 실행에 옮길 만한 역량은 없었다.[109] 이 무렵 동강진은 중개지로서의 기능을 미약하게 유지하면서 조선에 기생하는 실정이었고, 후금의 배후를 견제한다는 기조는 공언에 그쳤다. 임진왜란 이후 구축된 조선과 요동아문·동강진의 군사 공조는 완전히 힘을 잃었다. 병자호란은 바로 이 시점에 발발했다.

1637년 2월, 조선이 청에 신속臣屬되자 동강진은 위험에 빠졌다. 그 해 4월 평안병사 유림柳琳이 거느린 조선 수군과 마푸타가 거느린 청나라 군사들은 가도를 함락하고 부총병 심세괴를 주살하였다. 동강진은 소멸되었고, 조명관계는 완전히 단절되었다. 병자호란이 의례적 측면의 조명관계 단절을 상징한다면, 청의 편에 서서 스스로 가도의 함락을 주도한 이 사건은 실무적 영역에서의 관계도 종언을 고하게 된 계기가 되었다.[110] 동강진의 소멸은 그 자체로 조명관계의 마침표였던 셈이다.

조명관계의 현실적 연결고리

지금까지 조명관계는 한중관계사라는 거시적인 틀 속에서 주로 외형을 다루었다. 외교문서, 사신의 파견 및 접대 등이 대외관계의 기초적인 골격을 이루고 있다는 인식 때문이다. 아마도 이러한 모습을 일상 혹은 평화로 설정하고 그보다는 짧고 또 변화의 시기에 해당하는 전쟁과 이분법적으로 살펴보는 듯하다. 하지만 전통시대의 대외관계는 일상–비상을 구분하기보다는 의례적 면모와 그 이면의 현실적 면모를 동시에 다루어야 정확한 그림이 그려질 것이다.

이 글은 조명관계의 현실적 면모를 묘사하는 데 주력했다. 이는 조선과 명 사이에서 이루어지는 군신관계에 입각한 의례적 행위의 이면에 존재한 실무적 모습을 의미한다. 이를 위해서 우선 조명관계의 중개지로 기능했던 요동아문과 동강진을 주제로 삼았다. 사실 조선의 대외관계에서 명이 차지하는 비중과 명의 대외관계에서 조선이 차지하는 비중은 동일하지 않다. 명에서 조선 '방면'을 담당하는 기관이 요동도사였다. 그러나 임진왜란이라는 미증유의 전쟁은 실무적 영역의 확대를 가져왔고, 그 결과 요동도사의 기능은 총독·순무·진수총병·진강유격부까지 포함하는 5개 아문으로 확대되었다.

임진왜란 이후 형성된 조선과 요동아문의 관계는 일본·후금 혹은 청에 대한 군사 공조의 성격을 띠고 있었다. 같은 시기에 소위 '재조지은'은 명에 대한 의리론 차원으로 확장되었지만, 그 이면에 존재한 요동아문은 현실적인 안보 문제를 조선과 공유했다. 명이 후금과의 전면전에 돌입하는 국면에서 조선이 쉽사리 발을 뺄 수 없었던 데에는 대명 의리 외에도 군사 공조라는 현실적인 문제가 존재했다. 후금이 조선을 공격할 경우까지 상정했던, 일종의 '상호 방위' 개념을 내포하고 있었다고 해도 과언이 아니다.

문제는 군사 공조를 중심으로 조선과 요동아문의 관계가 전에 없이 가까워지면서 발생했다. 황제의 칙사가 아닌 요동아문의 차관들이 무시로 조선을 드나들었고, 이 과정에서 사교가 성행하고 '금법禁法'이 붕괴되는 현상이 벌어진 것이다. 각종 폐단을 맛본 조선으로서는 요동아문과의 밀착이 달갑기만 한 것은 아니었다. 이성량의 조선 병탄 시도 이후 요동아문에 대한 조선의 불신감이 깊어지면서 후금과는 배후 교섭을 이어 갔고 결과적으로 양자 관계에 균열이 발생했다. 1621년 후금의 요동 점령은 조명관계의 중개지가 소멸되었음을 의미했다.

1621년 이후, 조선과 명은 바닷길을 통해서 다시 연결되었다. 새로운 중개지는 동강진이었다. 동강진은 요동아문의 기능과 역할을 그대로 이어 갔지만, 조선의 경내에 위치한 만큼 더 큰 폐단을 야기했다. 동강진은 조선을 후금에 대한 견제 수단으로 유지하려는 명 조정의 계산에서 발족했지만, 정묘호란 때 상호 협력은 이루어지지 않았다. 조선과 동강진의 관계는 악화되었고, 동강진 내부에서 정변이 일어난 뒤에는 군사 공조의 기능을 상실했다. 병자호란 이후, 조선과 청의 연합군이 동강진의 본거지인 가도를 함락한 사실은 역설적이다. 동강진의 소멸 이후에도 유사한 형태의 중개지를 재건하여 조선에 대한 영향력을 강화하려는 명측의 시도는 있었지만, 끝내 성사되지 못했고 조명관계는 종언을 고하였다.

주

01 사행의 시대적 전환

고려-몽골 사행에서 조선-명 사행으로의 전환

1) 檀上寬,《陸海の交着─明朝の興亡》, 東京: 岩波書店, 2020.

2) 데이비드 로빈슨David Robinson은 이 현상을 넓은 범위에서 동아시아 지역 내 동맹의 재편성이 이루어진 것으로 파악했다. David M. Robinson, *Korea and the Fall of the Mongol Empire: Alliance, Upheaval, and the Rise of a New East Asian Order*, Cambridge: Cambridge University Press, 2022.

3) 단행본 수준의 대표적인 연구만 꼽아도 末松保和,〈麗末鮮初における對明關係〉,《靑丘史草》1, 東京: 笠井出版印刷社, 1965; 朴元熇,《明初朝鮮關係史硏究》, 一潮閣, 2002; 김순자,《韓國 中世 韓中關係史》, 혜안, 2007 등을 들 수 있다.

4) 대표적으로 全海宗,〈韓中 朝貢關係 槪觀〉,《韓中關係史》, 一潮閣, 1970; Donald N. Clark, *Autonomy, Legitimacy, and Tributary Politics─Sino-Korean Relations in the Fall of Koryo and the Founding of the Yi*, Unpublished Ph.D. dissertation, Harvard University, 1978; 黃枝連,《天朝禮治體系硏究 中─東南亞的禮儀世界: 中國封建王朝與朝鮮半島關系形態論》, 北京: 中國人民大學出版社, 1994; 김한규,《한중관계사》II, 아르케, 1999; 권선홍,《전통시대 동아시아 국제관계》, 부산외국어대학교출판부, 2004 등을 참조. 이에 대한 연구사 정리와 비판에 대해서는 정동훈,〈明과 주변국의 外交關係

수립 절차의 재구성—이른바 '明秩序' 논의에 대한 비판을 겸하여〉, 《明淸史硏究》 51, 2019a 및 정동훈, 〈명초 외교제도의 성립과 그 기원—고려-몽골 관계의 유산과 그 전유〉, 《역사와 현실》 113, 2019b 참조.

5) 崔瀣, 《拙稿千百》 권2, 〈送鄭仲孚書狀官序〉.

6) 정동훈, 〈고려 사신의 몽골 잠치[站赤] 이용〉, 《사학연구》 134, 2019c, 94~100쪽.

7) 최해의 설명처럼 고려의 개경과 몽골 제국의 대도大都 사이에는 실무적 업무 처리를 위한 사신이 끊임없이 왕래하고 있었다. 그들은 편도 1,730킬로미터, 왕복 3,460킬로미터에 이르는 거리를 20일 만에 왕복하기도 했다(정동훈, 〈고려 사신의 몽골 잠치[站赤] 이용〉, 2019c, 72쪽; 97쪽). 반면 조선 서울에서 명나라 북경까지의 거리는 약 1,485킬로미터 정도였는데, 일반적으로 사신이 이 길을 이동하는 데에는 50~60일이 소요되었다. 朴成柱, 〈高麗·朝鮮의 遣明使 硏究〉, 동국대학교 박사학위논문, 2005, 114쪽; 具都暎, 〈조선 전기 對明 陸路使行의 형태와 실상〉, 《震檀學報》 117, 2013, 81쪽.

8) 임기환, 〈南北朝期 韓中 冊封·朝貢 관계의 성격〉, 《한국고대사연구》 32, 2002, 21~22쪽.

9) 권덕영, 〈羅唐交涉史에서의 朝貢과 冊封〉, 여호규 외, 《한국 고대국가와 중국왕조의 조공·책봉관계》, 동북아역사재단, 2006, 243~247쪽.

10) 鄭東勳, 〈고려-거란·금 관계에서 '朝貢'의 의미〉, 《震檀學報》 131, 2018a, 65~67쪽.

11) 《高麗史》 권4, 顯宗 13년 8월 3일(경자), "契丹東京持禮使李克方來言, '自今, 春夏季問候使, 并差一次, 與賀千齡節·正旦使同行, 秋冬季問候使, 并差一次, 與賀太后生辰使同行.'"

12) 이승민, 〈10~12세기 하생신사賀生辰使 파견과 고려-거란 관계〉, 《역사와 현실》 89, 2013.

13) 횡선사의 성격에 대해서는 아직 분명하지 않은 점이 있지만, 3년 주기를 정확히 지켰고 황제가 고려에 많은 수의 양 등을 선물했다는 점은 분명하다. 이에 대해서는 朴漢男, 〈高麗 前期 '橫宣使' 小考〉, 《卓村申延澈敎授停年紀念史學論叢》, 일월서각, 1995 참조.

14) 鄭東勳, 〈고려-거란·금 관계에서 '朝貢'의 의미〉, 2018a, 56~61쪽.

15) 정동훈, 〈고려-거란 세 층위의 소통 구조〉, 《역사와 현실》 107, 2018b, 43~44쪽.

16) 전자의 이해에 대해서는 고명수, 〈몽골-고려 형제맹약의 재검토〉, 《歷史學報》 225, 2015, 후자의 이해에 대해서는 이익주, 〈1219년(高宗 6) 고려-몽골 '兄弟盟約' 再論〉,

《東方學志》175, 2016 참조.

17) 高柄翊, 〈蒙·麗의 兄弟盟約〉, 《東亞交涉史의 硏究》, 서울대학교출판부, 1970, 166쪽; 尹龍爀, 《高麗對蒙抗爭史硏究》, 一志社, 1993, 33쪽; 이개석, 〈여몽형제맹약과 초기 여몽관계의 성격: 사료의 재검토를 중심으로〉, 《대원-고려 관계 연구》, 지식산업사, 2013, 74~75쪽.

18) 《東國李相國集》 권28, 〈同前狀〉, "塗路甚梗, 你國必難於來往, 每年我國遣使優, 不過十人, 其來也可齎持以去." 이와 같은 약속은 훗날 고려에서 몽골 조정에 보낸 문서에서도 재확인된다. 《東文選》 권61, 〈與中山稱海兩官人書〉, "曩者, 我國元帥與上國元帥何稱·扎剌講和投拜, 其貢賦之制, 則成吉思皇帝有詔旨, 歲遣十人齎來, 以爲恒式."

19) 정동훈, 〈고종대 고려-몽골 관계에서 '조공'의 의미〉, 《한국중세사연구》 61, 2020a, 253~260쪽.

20) 《東國李相國集》 28, 〈陳情表〉.

21) 《元高麗紀事》 太宗 12년 5월, "民戶悉令見數……出海撫定之後, 別無詳細人使, 繼歲取發貢賦."

22) 몽골 제국이 복속 지역에서 행한 호구 조사와 그에 따른 수취에 대한 종합적인 분석으로는 Thomas T. Allsen, *Mongol Imperialism*, Berkeley: University of California Press, 1986, pp. 116~188 참조.

23) 정동훈, 〈고종 대 고려-몽골 관계에서 '조공'의 의미〉, 2020a, 참조.

24) 고종 대 고려에서 몽골 조정으로 파견한 사신의 목록과 그들의 활동에 대해서는 김장구, 〈대몽골국 초기(1206~1259) 카라코룸으로 간 고려사신들〉, 《梨花史學硏究》 57, 2018 참조.

25) 《元高麗紀事》 中統 원년 6월, "行人, 惟朝廷所遣. 禁止餘使, 不通行." 이 조치는 그해 8월에 고려에 전달되었다. 《高麗史》 권25, 元宗 원년 8월 17일(임자), "行人, 惟朝廷所遣. 子悉禁絕."

26) 정동훈, 〈동방왕가의 사업에서 쿠빌라이의 사업으로—쿠빌라이의 즉위와 고려-몽골 관계의 큰 전환〉, 《韓國史硏究》 191, 2020b.

27) 《高麗史》 권25, 元宗 4년 10월 16일(임술), "遣大司成韓就如蒙古, 賀正兼謝賜羊."

28) 《高麗史》 권26, 元宗 7년 6월 9일(경오), 원 세조世祖 쿠빌라이의 생일은 음력 8월 28일이다. 《元史》 권6, 世祖 至元 3년 8월 28일(무자)에는 "高麗國王王植遣其大將軍朴

琪, 來賀聖誕節"이라고 기록하고 있다.

29) 정동훈, 《고려 시대 외교문서 연구》 혜안, 2022, 412쪽. 고려에서 몽골에 파견한 하정사와 하성절사 목록은 정동훈, 〈고려 사신의 몽골 잔치[站赤] 이용〉, 2019c, 111~116쪽의 〈[부표 1] 원종~공민왕대 賀正使 파견 일시〉 및 〈[부표 2] 원종~공민왕대 賀聖節使 파견 일시〉 참조.

30) 《高麗史》 권41, 恭愍王 17년 10월 6일(계유); 11월 27일(갑자).

31) 《高麗史》 권41, 恭愍王 18년 3월 20일(갑인).

32) 《高麗史》 권133, 禑王 3년 11월; 12월; 권134, 우왕 6년 3월.

33) 《高麗史》 권33, 忠宣王 2년 7월 20일(을미). 〈忠烈王制書〉 가운데 "遂罷時貢其方物, 固同歲賜於宗親."

34) 鄭東勳, 〈1260~70년대 고려-몽골 관계에서 歲貢의 의미〉, 《震檀學報》 134, 2020c 참조.

35) 예컨대 무종武宗 카이샨 재위 기간 당시의 황태제皇太弟로서 이후 인종仁宗으로 즉위하게 되는 아유르바르와다의 생일을 축하하기 위한 사절이 충렬왕 34년(1308)부터 그의 즉위 직전인 충선왕 3년(1311)까지 4년간 연달아 파견된 사례가 있으며, 인종 재위 기간에는 후에 영종英宗으로 즉위하는 시데발라의 생일 축하 사신을 두 차례 파견한 사실이 확인된다.

36) 《高麗史》 권38, 恭愍王 2년 5월 19일(을유), "遣密直使李也先帖木兒·鷹揚軍上護軍安祐如元, 貢方物, 仍獻皇后誕日禮物. 皇后誕日之賀, 始此." 정동훈, 《고려 시대 외교문서 연구》, 혜안, 501~502쪽 참조.

37) 대표적으로 朴成柱, 〈高麗·朝鮮의 遣明使 硏究〉, 2005 참조.

38) 대표적으로 全海宗, 《韓中關係史》, 1970, 50~51쪽; John K. Fairbank, "A Preliminary Framework", *Chinese World Order: Traditional China's Foreign Relations*, Cambridge: Harvard University Press, 1968, p. 11.

39) 《正德會典》 권97, 禮部 56, 朝貢 2, 朝鮮國.

40) 《萬曆會典》 권105, 禮部 63, 朝貢 1, 朝鮮國.

41) 기존 연구에서는 이 구절과 이어지는 (가-2), (나-2)를 결합하여, 고려·조선-명 사행의 빈도가 홍무 연간에는 3년 1사를 원칙으로 하다가 영락 연간 이후 1년 3행으로 바뀌었다고 이해한 일이 많았다(대표적으로 김한규, 《한중관계사》 II, 1999, 575~576쪽;

권선홍, 《전통시대 동아시아 국제관계》, 2004, 76쪽; 具都暎, 〈조선 전기 對明 陸路使行의 형태와 실상〉, 2013, 63쪽; 조영헌, 〈15세기 한중관계: 예제적—일원적 책봉·조공의 확립〉, 동북아역사재단 북방사연구소 엮음, 《조선 시대 한중관계사》, 동북아역사재단, 2018, 37~38쪽 등). 그러나 이는 위 《대명회전》의 단편적인 언급을 잘못 분석한 데서 비롯된 오류이다. 이에 대한 자세한 연구사 정리와 수정은 정동훈, 〈3년 1행인가, 1년 3행인가—고려-명 관계에서 사행 빈도 문제〉, 《東北亞歷史論叢》 75, 2022a 참조.

[42] 《太宗實錄》 권5, 3년 4월 8일(갑인).

[43] 예컨대 정통제正統帝의 재위 기간(1435~49)과 성화제成化帝 재위 초기(1464~75) 등에는 황태자가 없었으므로 하천추절사를 파견하지 않았다. 경태景泰 연간(1450~56)에는 중간에 황태자가 정통제의 아들 주견심朱見深에서 경태제의 아들 주견제朱見濟로 교체되었는데, 조선에서는 변경된 황태자의 생일에 맞춰 정확히 하천추절사를 파견했다(정동훈, 〈明 景泰 연간(1450~57)의 정치 변동과 조선의 외교적 대응〉, 《한국문화》 103, 2023). 다만 1453년(단종 1)에 파견되었던 하천추절사는 황태자가 사망하는 바람에 북경까지 도착하기는 했으나 임무는 완수하지 못했다(《단종실록》 권9, 원년 11월 25일(정축); 권10, 2년 정월 10일(임술); 《明英宗實錄》 권238, 경태 5년 2월 15일(병신)). 1472년(성종 3)에 파견된 하천추절사도, 황태자로 책봉받은 직후였던 주우극朱祐極이 곧바로 사망하는 바람에 북경까지 헛걸음을 해야 했다(《成宗實錄》 권15, 3년 2월 8일(을해); 권16, 3년 3월 19일(을묘); 권19, 3년 6월 7일(임신)). 정덕제正德帝(재위 1505~21)는 아들을 얻지 못해 황태자를 세우지 못했고, 가정제嘉靖帝 또한 가정 18년(1539, 중종 34)에 이르러서야 황태자를 세웠기 때문에 그 이전에는 하천추절사를 파견한 일이 없었다. 만력제萬曆帝 때에도 마찬가지여서, 하천추절사는 30년 동안 중단되었다가 선조 35년(1602)에 이르러서야 재개되었다(《宣祖實錄》 권150, 35년 5월 1일(임술); 《竹溪日記》 권5, 萬曆 30년 4월 11일; 5월 1일). 박성주는 하천추절사 파견 횟수를 고려 때 13회, 조선에서 106회 등 총 119회로 파악했는데(朴成柱, 〈高麗·朝鮮의 遣明使 研究〉, 95쪽; 97쪽; 104쪽), 필자가 헤아려 본 바로는 124회에 이른다.

[44] 예컨대 영락永樂(재위 1403~24), 선덕宣德(재위 1426~35) 연간에는 황제의 요구에 응하여 공녀를 비롯해 각종 사람과 물자를 진헌하기 위한 비정기 사절이 매우 빈번히 파견되었으나, 정통제가 등극한 이후로는 진헌사의 발길이 거의 끊어지다시피 했다. 정동훈, 《황제의 말과 글》, 푸른역사, 2023 참조.

45) 朴成柱, 〈高麗·朝鮮의 遣明使 研究〉, 2005, 94~109쪽.

46) 이하의 서술은 기본적으로 丘凡眞·鄭東勳, 〈초기 고려-명 관계에서 사행 빈도 문제 —'3년 1행'과 《명태조실록》의 기록 조작〉, 《東洋史學研究》 157, 2021a 및 정동훈, 〈3년 1행인가, 1년 3행인가—고려-명 관계에서 사행 빈도 문제〉, 《東北亞歷史論叢》 75, 2022a을 참조.

47) 《明太祖實錄》 권37, 洪武 원년 12월 26일(임진); 《高麗史》 권41, 恭愍王 18년 4월 28일(임진).

48) 《高麗史》 권41, 恭愍王 18년 8월 6일(무진).

49) 《明太祖實錄》 권45, 洪武 2년 9월 15일(병오); 권47, 洪武 2년 12월 13일(갑술).

50) 《明太祖實錄》 권75, 洪武 5년 8월 6일(경진), "生辰, 父母劬勞之日. 朕皇考·皇妣蚤逝, 每於是日, 不勝悲悼."

51) 《明太祖實錄》 권76, 洪武 5년 9월 18일(임술).

52) 《高麗史》 권44, 恭愍王 22년 7월 13일(임자), "敎他依著三年一聘之禮, 或欲每世一見亦可." 단 '매세일현每世一見'이라는 구절을 《明太祖實錄》에서는 "비년일래比年一來"라고 하여 홍무제가 매년 사신을 파견할 수 있도록 여지를 둔 것으로 기록했다. 이는 이후에 이어진 고려의 사신 파견 기사를 꾸며 넣으면서 그를 정당화하기 위해 황제의 발언까지 조작한 것이었다. 이에 대한 상세한 논증은 丘凡眞·鄭東勳, 〈초기 고려-명 관계에서 사행 빈도 문제—'3년 1행'과 《명태조실록》의 기록 조작〉, 2021a 참조.

53) 丘凡眞·鄭東勳, 〈홍무 5년(1372) 명 태조의 고려에 대한 의심과 '힐난 성지'〉, 《明清史研究》 55, 2021b.

54) 《高麗史》 권44, 恭愍王 22년 6월 21일(신묘).

55) 《高麗史》 권44, 恭愍王 22년 10월 17일(을유); 11월 28일(을축).

56) 홍무 6년 하반기부터 홍무 7년 초까지의 '홍무 7년 하정사' 파견과 사행로 문제에 얽힌 우여곡절에 대해서는 구범진·정동훈, 〈초기 고려-명 관계에서 사행로 문제—요동 경유 사행로의 개통 과정〉, 《한국문화》 96, 2021c 참조.

57) 여기까지의 경과는 《吏文》 권2, 〈請通朝貢道路咨〉 참조.

58) 《明太祖實錄》 권89, 洪武 7년 5월 7일(임신).

59) 《高麗史》 권44, 恭愍王 23년 6월 18일(임자), "今後, 合宜欽依聖旨事意, 三年一貢."

60) 앞서 언급했듯이 1374년의 정월 초하루를 축하하기 위한 사신이 파견된 바 있었으

나, 그는 그해 5월에야 남경에 도착했으므로, 고려에서는 이 사절은 무효로 판단했던 것으로 보인다. 丘凡眞·鄭東勳, 〈초기 고려-명 관계에서 사행 빈도 문제—'3년 1행'과 《명태조실록》의 기록 조작〉, 2021a, 20쪽 참조.

[61] 《高麗史》 권133, 禑王 원년 12월과 2년 정월의 김보생金寶生; 4년 10월의 심덕부沈德符; 권134, 禑王 7년 10월의 김유金庾 등이 그들이다. 한편 《明太祖實錄》에는 이들의 도착 시기를 1년씩 당겨서 홍무 8년(1375)과 11년(1378) 하정사인 것으로 기재했다. 이는 홍무제가 번국에서 조공 사절을 보내느라 힘들어하는 것을 우려하여 그 빈도를 3년에 한 번으로 줄여 준 데 따른 것이었다는 내러티브를 만들어 내기 위한 치밀한 조작의 산물이다. 丘凡眞·鄭東勳, 〈초기 고려-명 관계에서 사행 빈도 문제—'3년 1행'과 《명태조실록》의 기록 조작〉, 2021a 참조.

[62] 《高麗史》 권134, 禑王 7년 12월.

[63] 《高麗史》 권134, 禑王 8년 11월.

[64] 《明太祖實錄》 권151, 洪武 16년 정월 14일(무오), "臘月中旬, 其使始至遼東, 安能及期到京.……今當諭之曰, 賀禮過期, 朝廷不納, 以明其罪."

[65] 《明太祖實錄》 권132, 洪武 13년 7월 24일(임자); 권133, 홍무 13년 9월 18일(을사).

[66] 《高麗史》 권135, 禑王 9년 8월.

[67] 《明太祖實錄》 권157, 洪武 16년 10월 18일(무자), "今復以慶禮來進, 又非其時而至, 豈非侮之甚歟. 雖然, 以發使之事論之, 非其酋長與其臣之過, 乃使者故爲侮慢, 過期而至."

[68] 《高麗史》 권135, 禑王 9년 11월, "今又以慶禮來, 誠則誠矣."

[69] 《高麗史》 권135, 禑王 11년 12월, "後頭凡百不至誠的上頭, 不交恁來往來. 後頭差將人呵, 皇太子生日也赶不上, 九月十八日我的生日也赶不上. 洪尙載進年表來呵, 又正月裏來的上頭, 不得無罪, 貶的雲南去了來."

[70] 《高麗史》 권135, 禑王 10년 7월; 윤10월.

[71] 단 1388년에는 명의 철령위鐵嶺衛 설치 통보를 시작으로 양국이 무력 충돌 직전까지 갔던 상황에서 3사 파견이 일시적으로 중단되었던 것으로 보인다. 1385년(우왕 11)의 하천추절사는 파견 사실이 확인되지 않는데, 이는 단지 《고려사》에 기록이 누락된 탓인 것 같다.

[72] 《高麗史》 권46, 恭讓王 4년 6월 17일(정묘). 단 그해 4월에 황태자가 사망했던 까닭에

하천추절사는 평양에서 귀환했다.

73) 《太祖實錄》권2, 원년 11월 8일(을유).

74) 《太祖實錄》권3, 2년 6월 17일(신묘); 24일(무술).

75) 《太祖實錄》권4, 9월 1일(계묘); 10월 13일(을유); 12월 7일(무인).

76) 《明太祖實錄》권229, 洪武 26년 7월 8일(신해);《태조실록》권4, 2년 7월 28일(신미); 8월 2일(을해).

77) 《太祖實錄》권4, 2년 9월 2일(갑진), "奏聞使南在回自京師日, '帝厚待之, 且命日,《爾國使臣行李往來, 道遠費煩, 自今三年一朝'."

78) 朴元熇, 〈명과의 관계〉,《明初朝鮮關係史研究》, 2002, 292쪽.

79) 《太祖實錄》권4, 2년 9월 21일(계해), "爾回去對他說三年一貢. 看爾至誠, 我使人叫爾來."

80) 《太祖實錄》권5, 3년 6월 7일(을해);《명태조실록》권234, 홍무 27년 9월 18일(을묘), "某奏云, '小邦以小事大之禮, 必因進表得達微誠. 況正旦·聖節, 華夷會同, 莫不奉表進賀, 難比其餘. 不敢不進'."

81) 《太祖實錄》권5, 3년 4월 4일(계유).

82) 《太祖實錄》권5, 3년 6월 16일(갑신).

83) 《太祖實錄》권12, 6년 8월 14일(계사); 9월 15일(갑자).

84) 《明太祖實錄》권255, 洪武 30년 10월 26일(갑진).

85) 《太祖實錄》권12, 6년 12월 18일(병신), "前者爲本國進賀表箋文內, 用字譏侮, 以此, 凡遇朝貢, 不許再用表箋. 今次將來啓本內, 用字又不停當.……今後朝貢, 每三年來一次, 亦不必用奏啓本."

86) 조선 건국 초 명과의 관계에서 발생한 표전문表箋文 사건의 전말에 대해서는 朴元熇, 〈明初 文字獄과 朝鮮表箋문제〉,《明初朝鮮關係史研究》, 2002 참조.

87) 《太祖實錄》권12, 6년 12월 28일(병오).

88) 《明太祖實錄》권257, 洪武 31년 윤5월 10일(을유).

89) 《太祖實錄》권15, 7년 9월 5일. 그러나 그가 실제로 서울을 출발한 것은 11월 30일이었던 것으로 보인다.《太祖實錄》권15, 7년 11월 30일(임인).

90) 《定宗實錄》권1, 원년 정월 9일(경인). 놀랍게도 홍무 연간에 명측에서 조공 기한에 어긋난다 하여 고려·조선 사신을 입경을 거부한 것은 이때가 처음이자 마지막이었다.

91) 《定宗實錄》권1, 원년 6월 27일(병인).

92) 이것이 여전히 3년 1행 지시를 준수해서였는지, 아니면 명 조정이 상중임을 고려했기 때문인지, 그도 아니면 단순히 기록의 누락인지는 알 수 없다.

93) 《定宗實錄》 권5, 2년 8월 1일(계사); 9월 19일(경진). 건문제는 황태자를 책봉하지 않았기 때문에 하천추절사는 없었다.

94) 《太宗實錄》 권1, 원년 2월 6일(을미); 3월 6일(을축).

95) 《太宗實錄》 권2, 원년 8월 12일(무진); 9월 28일(갑인); 권3, 2년 정월 6일(기축); 3월 6일(기축).

96) 《太宗實錄》 권4, 2년 8월 2일(계축). 《明太宗實錄》에 따르면 건문제가 자결한 것은 그해 6월 9일의 일이었다.

97) 《太宗實錄》 권4, 2년 10월 15일(을축). 이때의 하정사는 영락제의 등극을 축하하는 사절과 함께 파견되었다.

98) 《太宗實錄》 권5, 3년 정월 26일(갑진); 6월 18일(갑자); 《明太宗實錄》 권19, 永樂 원년 4월 16일(임술).

99) 《明太宗實錄》 권30, 永樂 2년 4월 4일(갑술); 《太宗實錄》 권7, 4년 6월 10일(기묘).

100) 《太宗實錄》 권9, 5년 4월 26일(신묘); 권10, 5년 9월 18일(경술). 하천추절사 윤목尹穆은 귀환 보고에서 7월 5일 조회 때 황제를 알현했다고 했다.

101) 이하의 서술은 대체로 정동훈, 〈100필인가, 1,000필인가―고려-명 관계에서 歲貢 문제〉, 《한국중세사연구》 68, 2022b 및 정동훈, 〈3년 1공인가, 4년 1공인가―고려-명 관계에서 세공歲貢 빈도와 《명태조실록》의 조작〉, 《韓國史學報》 86, 2022c을 참조.

102) 정동훈, 〈초기 고려-명 관계에서 제주 문제〉, 《한국중세사연구》 51, 2017b. 제주를 몽골 제국의 유산으로, 이를 둘러싼 양국의 갈등을 그 상속권 문제로 파악한 연구로는 정동훈, 〈몽골제국의 붕괴와 고려-명의 유산 상속분쟁〉, 《역사비평》 121, 2017c 참조.

103) 《高麗史》 권134, 禑王 5년 3월.

104) 《明太祖實錄》 권116, 洪武 10년 12월 是月. 단 세공 요청을 개시한 시점에 대해 《명태조실록》은 1377년 연말, 《고려사》는 1378년 연말로 각각 기재하여 1년의 차이가 있다. 이는 《명태조실록》의 편찬자가 황제의 발언 시점을 1년 당겨 기재하는 조작을 저질렀기 때문이다. 이에 대해서는 정동훈, 〈100필인가, 1,000필인가―고려-명 관계에서 歲貢 문제〉, 2022b, 389~390쪽; 정동훈, 〈3년 1공인가, 4년 1공인

가―고려-명 관계에서 세공 빈도와 《명태조실록》의 조작〉, 2022c, 94~98쪽 참조.

105) 비슷한 예로 고종 6년(1219)에 몽골 측에서 처음 요구했던 물자 규모 정도를 들 수 있다. 정동훈, 〈고종대 고려-몽골 관계에서 '조공'의 의미〉, 2020a 참조.

106) 《高麗史》 권134, 禑王 5년 10월, "上陳情表曰. '……歲貢之物, 亦容小邦不拘定數, 隨力所辦以獻.'"

107) 《高麗史》 권134, 禑王 6년 2월; 《明太祖實錄》 권129, 洪武 13년 정월 1일(계사); 《明太祖御製文集》 권8, 〈問高麗貢不如約〉.

108) 《高麗史》 권134, 禑王 8년 4월; 6월.

109) 《高麗史》 권135, 禑王 9년 8월, "歲貢, 以數年之物, 合而爲一, 其意未誠. 仍前阻歸, 不許入境."

110) 《高麗史》 권135, 禑王 9년 11월, "禮部咨曰. '奉聖旨, 〈……更與高麗文書, 必然願聽約束, 前五年未進歲貢, 馬五千匹, 金五百斤, 銀五萬兩, 布五萬匹, 一發將來.……〉.'"

111) 《高麗史》 권135, 禑王 10년 7월, "崔涓至遼東都司, 延安侯·靜寧侯遣使馳奏曰, '一, 高麗進馬五千匹, 數足. 來使合無朝見.' 奉聖旨, '着他來.' '一, 高麗進貢金銀不敷. 願將馬匹准數, 合無准他.' 奉聖旨, '准他. 每銀三百兩, 准馬一匹, 金五十兩, 准馬一匹.' 涓乃還."

112) 정동훈, 〈100필인가, 1,000필인가―고려-명 관계에서 歲貢 문제〉, 2022b 참조.

113) 《高麗史》 권135, 禑王 10년 윤10월.

114) 《高麗史》 권135, 禑王 11년 9월.

115) 《高麗史》 권135, 禑王 11년 12월.

116) 《高麗史》 권136, 禑王 12년 2월.

117) 《高麗史》 권136, 禑王 12년 7월, "表至謂歲貢云及, 生民孔艱. 使者歸, 朕再與之約, 削去歲貢, 三年一朝, 貢良驥五十匹, 以資鍾山之陽牧野之郡, 永相保守諭. 今歲歲終, 以此約爲驗後, 至洪武二十四年正旦, 方准如始. 朕言不二."

118) 당시 포 1필의 환산 가격은 금 0.1냥(은 0.5냥) 정도였다. 《明太祖實錄》 권255, 洪武 30년 10월 5일(계미).

119) 위에 인용한 황제의 명령을 《명태조실록》은 홍무 18년(1385, 우왕 11) 정월 16일 자에 기록하여 《고려사》의 기록보다 1년 이상 앞당겨 배치했다. 그러나 그 현장에 있었던 정몽주는 자신의 문집에서 1386년 4월 23일에 이 명령이 내려졌다고 증언했

다《圃隱集》권1,〈皇都 其二〉.《명태조실록》은 황제가 고려로부터 5년 치 세공을 모두 받은 뒤, 고려의 감면 요청이 있기도 전에 자발적으로 이를 감면했다는 내러티브를 만들기 위해 기록을 조작했던 것이다. 정동훈,〈3년 1공인가, 4년 1공인가—고려-명 관계에서 歲貢 빈도와《명태조실록》의 조작〉, 2022c 참조.

120)《高麗史》권136, 禑王 12년 9월.

121)《高麗史》권45, 恭讓王 2년 9월 27일(병진).

122)《世宗實錄》권92, 23년 3월 17일(갑인), "承文院啓.《洪武十九年四月二十五日, 禮部 咨.《欽本聖旨, 節該.〈三年一朝, 貢良騎五十匹. 諭今歲歲終, 以此約爲驗, 後至洪武 二十四年正朝, 方進如始.〉欽此.》本朝自洪武二十年丁卯正朝爲始, 每當亥卯未年, 備辦到種馬五十匹.…….'"

123) 정동훈,〈3년 1공인가, 4년 1공인가—고려-명 관계에서 歲貢 빈도와《명태조실록》의 조작〉, 2022c, 111~112쪽의〈부표〉고려·조선-명 관계에서 4년 1공 기록 참조.

124) 이하의 서술은 기본적으로 丘凡眞·鄭東勳,〈홍무 5년(1372) 명 태조의 고려에 대한 의심과 '힐난 성지'〉, 2021b 및 구범진·정동훈,〈초기 고려-명 관계에서 사행로 문제—요동 경유 사행로의 개통 과정〉,《한국문화》96, 2021c 참조.

125)《析津志》(《永樂大全》권19426) 天下站名. 정동훈,〈고려 사신의 몽골 잠치[站赤] 이용〉, 2019c, 75~77쪽 참조.

126)《萬曆會典》권105, 禮部 63, 朝貢 1, 東南夷 1上, 朝鮮國, "貢道, 由鴨綠江, 歷遼陽· 廣寧, 入山海關, 達京師";《殊事撮要》中,〈中原進貢路程〉(奎章閣韓國學研究院 소장, 가람古 327.51 Eo1g).

127) 丘凡鎭·鄭東勳,〈초기 고려-명 관계에서 사행 빈도 문제—'3년 1행'과《명태조실록》의 기록 조작〉, 2021a, 26~31쪽.

128) 주영찬周英贊은 앞서 명군이 대도를 장악했을 때 생포하여 홍무제의 후궁이 되었던 주비周妃의 아버지로, 황제의 부름을 받고 명으로 향하던 길이었다.

129) 이 사신단에는 앞서 사망한 주영찬의 아들이자 주비의 오라비인 주의周誼가 포함되어 있었다.

130)《高麗史》권44, 恭愍王 23년 2월 28일(갑자);《吏文》권2,〈請通朝貢道咨〉.

131)《高麗史》권44, 恭愍王 23년 6월 18일(임자).

132)《高麗史》권44, 恭愍王 23년 9월 2일(갑자).

133) 《高麗史》권133, 禑王 원년 12월; 2년 정월; 권135, 禑王 9년 11월, "先是, 我使行由遼東, 輒不得達. 故令庾等航海而往."

134) 고려 말의 장자온張子溫, 조선 초 표전문 사건에 연루되었던 정총鄭摠, 김양항金若恒, 노인도盧仁度 등이 그 예이다.

135) 《高麗史節要》권30, 禑王 4년 9월; 《高麗史》권114, 金庾.

136) 조선 초기, 대명관계가 안정화됨에 따라 이른바 지성사대론이 득세했다는 설명에 대해서는 安貞姬, 〈朝鮮初期의 事大論〉, 《歷史教育》64, 1997 참조.

137) 丘凡眞·鄭東勳, 〈홍무 5년(1372) 명 태조의 고려에 대한 의심과 '힐난 성지'〉, 2021b.

138) 구도영, 〈조선 전기 朝明외교관계의 함수, '禮義之國'〉, 《대동문화연구》89, 2015.

139) 《高麗史》권137, 禑王 14년 4월. 이 숫자는 전투병 3만 8,830명과 시종군[傔] 1만 1,634명을 합친 것이다.

140) 《明太祖實錄》권180, 洪武 20년 정월 2일(계축).

141) 朴元熇, 〈明初 朝鮮의 遼東攻伐計劃과 表箋問題〉 및 〈朝鮮初期의 遼東攻伐論爭〉, 《明初朝鮮關係史研究》, 2002 참조.

142) 《明太祖實錄》권257, 洪武 31년 4월 4일(경진).

143) 예컨대 《明太祖實錄》권121, 洪武 11년 12월 是月; 《高麗史》권134, 우왕 5년 3월.

북경 천도를 통해 재편된 조명관계와 '순망치한'

1) 심주형, 〈"순망치한脣亡齒寒(Môi Hở Răng Lạnh)"과 비대칭성의 구조─베트남·중국 관계와 국경의 역사경관historyscapes〉, 《중앙사론》52, 2020.

2) 한명기, 《임진왜란과 한중관계》, 역사비평사, 1999, 39~41쪽; 왕위안총 지음, 손성욱 옮김, 《조선은 청제국에 무엇이었나, 1616~1911 한중관계와 조선 모델》, 너머북스, 2024, 6장 〈조선을 상실하다: 중국 근대국가의 부상, 1885~1911〉 참조.

3) 《고려사高麗史》에 1136년 송의 명주明州(=영파)에 사신을 보내면서 고려와 송의 관계에 "순망치한의 우려"가 있을 수 있음을 언급한 부분이 한 차례 발견될 뿐이다. 《고려사》권16, 인종 14년 9월 10일, "伏望執事, 熟計之, 無使小國, 結怨於金, 上國亦無脣亡齒寒之憂, 幸甚."

4) 조영헌, 〈남경형 수도에서 북경형 수도로의 험난한 여정〉, 조영헌 외 5인 공저, 《수도 베이징의 탄생》, 푸른역사, 근간 참조

5) 《태종실록》 권4, 태종 2년 10월 4일, 10월 12일, 10월 15일. 이하 특별한 언급이 없는 한 이 글에서 사용하는 날짜는 음력 날짜이다.

6) 이를 보여 주는 사례로, 황위에 오르자마자 조선, 오이라트의 여러 부족, 안남安南, 섬라暹羅 등에 먼저 사신을 파견하여 즉위 사실을 공포한 것, 1401년에 명과의 관계 개선을 위해 사절을 파견했던 일본 무로마치室町 막부의 아시카가 요시미츠足利義滿를 집권과 동시에 '일본 왕日本王'으로 책봉하고 조공관계를 회복한 것, 환관 윤경尹慶을 영락 원년(1403)과 영락 3년(1405)에 동남 지역에 출사出使시켜 만랄가滿剌加(말라카), 조와爪哇(자바) 등지의 조공을 유도한 것, 집권하자마자 정화에게 보선寶船을 제작시키고 영락 3년(1405)에 '서양西洋'으로 선단을 파견하여 기존에 포섭되지 않던 동남아와 인도양의 조공국을 20여개 국이나 증가시킨 것 등을 꼽을 수 있다.

7) 조영헌, 〈정난靖難의 변變'의 배후 세력─요광효姚廣孝를 통해 본 북경─불교 네트워크〉, 《2025년 동양사학회 춘계학술대회 발표집》(2025년 5월 10일).

8) 조영헌, 《대운하와 중국상인: 회양 지역 휘주 상인 성장사, 1415~1784》, 민음사, 2011, 41~44쪽.

9) 《명태종실록明太宗實錄》 卷233, 永樂19年 正月 甲子. 당시 영락제는 황족과 궁정 관료, 그리고 조공 사신을 이끌고 새로 건립된 자금성에 입성하여 봉천전奉天殿에서 조하 의식을 거행하면서 본격적인 북경에서의 정무를 시작하였다.

10) 《태종실록》 권17, 태종 9년 2월 28일.

11) 《태종실록》 권17, 태종 9년 3월 26일.

12) 《태종실록》 권17, 태종 9년 3월 26일.

13) 《태종실록》 권18, 태종 9년 11월 6일.

14) 아라미야 마나부新宮學 지음, 전순동·임대희 옮김, 《북경 천도 연구─근세 중국의 수도 이전》, 서경문화사, 2016, 275~280쪽.

15) 조영헌, 《대운하 시대 1415~1784, 중국은 왜 해양 진출을 '주저'했는가?》, 민음사, 2021, 54~74쪽.

16) 《태종실록》 권35, 태종 18년 2월 13일.

17) 《세종실록》 권6, 세종 1년 12월 7일. 당시 경녕군과 함께 사행길에 올랐던 장자충 역

시 귀국 후 남긴 시문을 통해 자신이 목도한 기린, 사자, 복록에 대한 외교적 찬사를 아끼지 않았다. 이에 대해서는 임준철, 〈조선 최초의 북경 사행시, 장자충張子忠의 《판서공조천일기判書公朝天日記》 연구〉, 《한국시가연구》 34집, 2013, 274~277쪽.

18) 《세종실록》 권6, 세종 1년 12월 17일.

19) Edward L. Farmer, *Early Ming Government: The Evolution of Dual Capitals*(明初兩京制度) (East Asian Reserch Center, Harvard Univ. Press, 1976).

20) 萬明, 〈明初中外關係論考—以明太祖外交詔令的考察爲中心〉, 《明代中外關係史論 考》, 中國社會科學出版社, 2011, 71~113쪽. 홍무제가 《황명조훈皇明祖訓》에서 적 시했던 "정벌하지 않는 나라[不征之國]"는 동북 방면에서는 조선, 동방에서는 일본, 남방에서는 대류큐大琉球와 소류큐小琉球, 서남 방면에서는 안남安南, 진랍眞臘, 섬 라暹羅, 점성占城, 조왜爪哇 등 15개국이다. John D. Langlois, "Hung-Wu Reign", Mote & Twitchett ed., *The Cambridge History of China*, Vol 7, *The Ming Dynasty*, *1368~1644*, Part I (Cambridge University Press, 1988), p. 168 참조.

21) 《태종실록》 권13, 태종 7년 4월 8일.

22) 《明太宗實錄》 卷107, 永樂 8年 8月 23日.

23) 《태종실록》 권18, 태종 9년 11월 18일.

24) 단죠 히로시 지음, 한종수 옮김, 《영락제—화이질서의 완성》, 아이필드, 2017, 250쪽.

25) 《明太宗實錄》 卷88, 永樂 7年 2月 6日 ; 《태종실록》 권17, 태종 9년 4월 12일.

26) 《태종실록》 권15, 태종 8년 4월 16일.

27) 《태종실록》 권21, 태종 11년 3월 29일.

28) 《태종실록》 권28, 태종 14년 9월 19일; 同書, 태종 14년 9월 21일.

29) 영락제가 조선에 메시지를 전달하는 문서와 구두 방식의 차이에 대해서는 정동훈, 〈永樂帝의 말과 글—영락 연간 조선-명 관계의 두 층위〉, 《한국문화》 78, 2017 참조.

30) 《세종실록》 권26, 세종 6년 10월 17일. '어·여의 난'에 대한 자세한 내용은 후단胡丹 지음, 이성희 옮김, 《명나라 후궁 비사》, 홀리데이북스, 2019, 278~289쪽 참조.

31) 서인범 지음, 《자금성의 노을—중국 황제의 후궁이 된 조선 자매》, 역사인, 2019 참조.

32) 박현모 지음, 《태종 평전: 호랑이를 탄 군주》, 흐름출판, 2022, 224쪽.

33) 《明太宗實錄》 卷194, 永樂 15년 11月 3日.

34) 장지연, 《조선을 읽는 법, 단壇》, 푸른역사, 2025, 48~60쪽.

35) 오드 아르네 베스타 지음, 옥창준 옮김, 《제국과 의로운 민족: 한중관계 600년사—하버드대 라이샤워 강연》, 너머북스, 2022, 61쪽.

36) 《태종실록》 권35, 태종 18년 2월 11일.

37) 《태종실록》 권8, 태종 4년 7월 10일.

38) 장지연 지음, 《경복궁 시대를 세우다》, 너머북스, 2018, 187~190쪽.

39) 《태종실록》 권23, 태종 12년 2월 15일.

40) 王在晉 撰, 《通漕類編》(明代史籍彙刊22), 臺北, 學生書局, 1970, 卷9, 〈海運〉, 12a~13a.

41) 《태종실록》 권24, 태종 12년 11월 16일.

42) 《태종실록》 권26, 태종 13년 7월 20일, "我國之土, 皆沙石, 水不停留, 不可放中國開渠也, 明日, 子將面議."

43) 《태종실록》 권28, 태종 14년 윤9월 21일.

44) 《태조실록》 권6, 태조 3년 11월 19일. 이 만남의 의미에 대해서는 박현모, 《태종 평전: 호랑이를 탄 군주》, 223쪽 참조.

45) 《明太宗實錄》 卷202, 永樂 16년 7월 28일, "朝鮮國王李芳遠遣使言, 世子褆驕恣不肖, 弟三子禑孝弟力學, 國人之所属望, 請立爲嗣, 從之. 賜敕諭曰, 立嗣以嫡長, 古今常道, 然國家盛衰, 實係子之賢否, 今欲立賢爲嗣, 聽王所擇."

46) 《태종실록》 권17, 태종 9년 윤4월 23일, "永均朝辭, 帝謂之曰, 爾再來時, 休從海上過, 只從旱路上來. 爾那邦來的使臣, 教他旱路上來." 이 기록은 숙종 시기에 편찬된 《통문관지》 권3에도 수록되었다.

47) 구범진·정동훈, 〈초기 고려-명 관계에서 사행로 문제: 요동 경유 사행로의 개통 과정〉, 《한국문화》 96, 2021, 109~118쪽.

48) 《고려사》 권44, 공민왕 23년 2월 28일(갑자); 《고려사》 권44, 공민왕 23년 6월 18일(임자). 물론 홍무제의 치세 초반에 요동 지방이 북원北元의 지배하에 있었다는 점도 고려가 되었을 것이다.

49) 이주엽 지음, 《몽골제국의 후예들: 티무르제국부터 러시아까지, 몽골제국 이후의 중앙유라시아사》, 책과함께, 2020, 259~267쪽. 이에 따르면 오이라트는 동몽골의 북원 세력과 구별되는 부족 연맹체다. 즉 칭기스 울루스들이 몽골계 부족들과 이들에게 통합된 몽골 초원과 킵착 초원의 비몽골계 부족으로 이루어졌던 반면, 오이라트 연맹은 서몽골 지역의 비몽골계 부족으로 구성되었다.

50) 이주엽, 《몽골제국의 후예들: 티무르제국부터 러시아까지, 몽골제국 이후의 중앙유라시아사》, 268~271쪽; 김호동, 《아틀라스 중앙유라시아사》, 사계절, 2016, 166~185쪽 참조.

51) 이종묵, 〈중국 皇室로 간 여인을 노래한 宮詞〉, 《고전문학연구》 40집, 2011, 212~222쪽.

52) 《태종실록》 권17, 태종 9년 5월 3일.

53) 최근의 수정주의 해석은 Kenneth M. Swope, *A Dragon's Head and a Serpent's Tail: Ming China and the First Great East Asian War, 1592~1598* (University of Oklahoma Press, 2009); Harriet T. Zurndorfer, "Wanli China Versus Hideyoshi's Japan: Rethinking China's Involvement in the Imjin Waeran," edited by James B. Lewis, *The East Asian War, 1592~1598: international relations, violence and memory* (New York: Routledge, 2015).

54) 케네스 M. 스워프, 〈순망치한脣亡齒寒: 명나라가 참전할 수밖에 없었던 이유〉, 정두희·이경순 엮음, 서강대학교 국제한국학센터 기획, 《임진왜란: 동아시아 삼국전쟁》, 휴머니스트, 2007.

55) 김병준, 〈고대 동아시아의 해양 네트워크와 使行 교역〉, 《한국상고사학보》 106, 2019 참조.

56) 한명기, 《임진왜란과 한중관계》, 31~33쪽.

57) 呂坤, 〈憂危疏〉, 《去僞齋集》 卷1, 呂坤, 《呂坤全集》(上), 中華書局, 2008, 15쪽, "我朝敵國外患, 惟南倭北虜稱雄, 倭居大海之中, 豈能航艨備家突中原? 又豈能自浙閩嶺食上國哉? 惟是朝鮮付在東陲, 近吾左掖, 平壤西鄰鴨綠, 晉州直對登萊, 儻倭奴取而有之, 藉朝鮮之衆爲兵, 就朝鮮之地爲食, 生聚訓練, 窺伺天朝, 進則斷漕運據通倉而絕我餉道, 退則營全慶守平壤而窺我遼東, 不及一年, 京師坐困, 此國家之大憂也. 夫我合朝鮮, 是爲兩我, 兩我尚懷勝負之憂, 倭取朝鮮, 是爲兩倭, 兩倭益費支持之力. 臣以爲朝鮮一失, 其勢必爭, 與其爭於既亡之後, 孰若救於未破之前? 與其以單力而敵兩倭, 孰若併兩力而敵一倭乎!"

58) 王玲, 《北京與周圍城市關係史》, 北京燕山出版社, 1988, 51~82쪽; 傅崇蘭, 《中國運河城市發展史》, 四川人民出版社, 1985, 70~79쪽.

59) 許檀, 《明清華北的商業城鎭與市場層級》, 科學出版社, 2021, 153~157쪽.

60) 조영헌, 《대운하와 중국상인: 회양 지역 휘주 상인 성장사, 1415~1784》, 2장 〈1572~1573년 조량 해운의 '요절'과 그 의미〉.

61) 조영헌, 《대운하 시대 1415~1784, 중국은 왜 해양 진출을 '주저'했는가?》, 민음사, 2021, 65~74쪽.

62) 조영헌, 《대운하와 중국상인: 회양 지역 휘주 상인 성장사, 1415~1784》, 130~131쪽.

63) 《明史》 卷79, 食貨志3, 〈漕運〉, 1918~1921쪽.

64) 조영헌, 〈1848년 漕糧 海運의 중단, 敎案, 그리고 河運에의 '집착'〉, 《명청사연구》 41집, 2014, 320~330쪽.

65) 최립, 《신편 국역 간이簡易 최립 문집 2》 권4, 〈上孫經略書〉(1594), 한국학술정보, 2006, 275쪽.

66) 김영진 지음, 《임진왜란: 2년 전쟁 12년 논쟁》, 성균대학교출판부, 2021, 195~200쪽.

67) 구범진·김슬기·김창수·박민수·서은혜·이재경·정동훈·薛戈 역주, 《송응창의 《經略復國要編》 역주: 명나라의 임진전쟁 1 출정 전야》, 국립진주박물관(이하 《경략복국요편》으로 약칭함), 2020, 56쪽, 〈0-2 중국과 조선 연해 지도 서문〉.

68) 구범진 등 역주, 《경략복국요편》, 94~95쪽, 〈0-5-6 직례순안어사 장응양의 상주 내용〉.

69) 예외적인 사례가 1558년 왜구가 양주에 침입하자 산서와 섬서 출신 염상들이 500명의 '상병商兵'을 선발하여 방어하려 했고, 1560년 왜구가 회안에 침입하자 신흥 경제 구역을 보호하기 위해 기존의 두 성곽을 이어 주는 협성夾城을 연장 건설했던 적이 있다. 양주와 회안은 모두 대운하의 중요 거점 도시로, 왜구 세력이 운하 연변까지 진출한 이례적인 사건이었다. 이에 대해서는 조영헌, 《대운하와 중국상인: 회양 지역 휘주 상인 성장사, 1415~1784》, 233~248 참조.

70) 《明神宗實錄》 卷297, 萬曆 24年 5月 8日.

71) 조영헌, 〈15~18세기 중국 동남 지역과 해양 질서의 모호성: 류큐琉球를 중심으로〉, 김병준·고일홍 엮음, 《아시아를 상상하다: 닫힘과 열림》, 진인진, 2023, 185~186쪽.

72) 후마 스스무夫馬進 지음, 신로사 외 옮김, 《조선연행사와 조선통신사》, 성균관대학교출판부, 2019, 128~135쪽; 조영헌, 〈15~18세기 중국 동남 지역과 해양 질서의 모호성: 류큐琉球를 중심으로〉, 192~196쪽.

73) 王在晉, 《海防纂要》(萬曆41年自刻本), 《四庫禁毁書叢刊》 史部 17, 北京出版社, 2000,

卷2, 〈山東事宜〉, 19a～b, "按日本地勢, 正對寧紹, 朝鮮地勢, 最邇登萊, 隨時, 東萊造舟以伐高麗, 壤相近也, 嘉隆間, 倭自本國乘汛入犯, 所毒痛者, 上自浙直, 下及閩廣耳, 山東未嘗犯寇被兵也, 今倭據朝鮮, 則今之山東, 卽昔之閩浙也, 添守備之說, 留上班之軍, 誠急務矣, 然向爲腹患, 在數千里之外, 尚爲疥癬之疾, 今則爲患, 在數百里之內, 實爲腹心之憂, 問罪興師以除剝床之禍, 在今日, 誠未易談也,"

74) 민두기, 〈前漢의 陵邑徙民策: 疆幹弱枝策으로서의 그 具體的 內容에 대한 試攷〉, 《歷史學報》 9, 1957; 박한제, 〈中國歷代 수도의 유형과 사회변화〉, 동양사학회 편, 《역사와 도시》, 서울대학교출판부, 2000.

75) 국사편찬위원회, 《中國正史 조선전 역주 4》, 국사편찬위원회, 2004, 37쪽.

76) 황준헌黃遵憲 지음, 김승일 옮김, 《조선책략》, 범우사, 2020, 80～81쪽.

임진왜란기의 대명 사행 : 전쟁 직전~책봉 결정기

1) 劉九成, 〈壬亂時 明兵의 來援考─朝鮮의 被害를 中心으로〉, 《史叢》 20, 고려대학교 역사연구소, 1976; 崔韶子, 〈壬辰亂時 明의 派兵에 대한 論考(一)─派兵의 背景과 軍事活動에 대한 評價〉, 《東洋史學研究》 11, 동양사학회, 1977; 崔韶子, 〈明末 中國的 世界秩序의 變化─壬辰·丁酉倭禍를 中心으로〉, 《明末·淸初社會의 照明》, 한울, 1990; 柳承宙, 〈壬亂後 明軍의 留兵論과 撤兵論〉, 《千寬宇先生還曆紀念 韓國史學論叢》, 正音文化社, 1985; 孫鍾聲, 〈壬辰倭亂時 對明外交─請兵外交를 중심으로〉, 《國史館論叢》 14, 국사편찬위원회, 1990; 方相鉉, 〈壬辰戰爭의 역사적 성격에 대한 재검토─명군의 조선출병 성격을 중심으로〉, 《(水邨朴永錫敎授華甲紀念) 韓國史學論叢》 上, 探求堂, 1992; 趙湲來, 〈明軍의 出兵과 壬亂戰局의 推移〉, 《韓國史論》 22, 국사편찬위원회, 1992(趙湲來, 《(새로운 觀点의)임진왜란사 硏究》, 아세아문화사, 2005).

2) 한명기, 《임진왜란과 한중관계》, 역사비평사, 1999; 김경태, 〈임진전쟁기 강화교섭 연구〉, 고려대 박사학위논문, 2014; 한명기, 〈임진왜란 시기 명군지휘부의 조선에 대한 요구와 간섭〉, 《한국학연구》 36, 한국학연구소, 2015; 김한신, 〈임진왜란기 강화교섭과 유성룡의 외교활동(1593. 4~1595. 7)〉, 《민족문화연구》 77, 민족문화연구원, 2017; 김영진, 《임진왜란─2년 전쟁, 12년 논쟁》, 성균관대학교출판부, 2021.

3) 정은주, 《조선 시대 사행기록화: 옛 그림으로 읽는 한중관계사》, 사회평론, 2012; 박

현규, 〈명청시대 북경 조선사관 고찰〉,《중국사연구》 82, 중국사학회, 2013; 이승수, 〈연행로 중 '遼陽-鞍山-廣寧 구간'에 대한 인문지리학적 검토〉,《한국한문학연구》 47, 한국한문학회, 2011; 이승수, 〈燕行路 중의 東八站 考〉,《한국언어문화》 48, 한국언어문화학회, 2012; 정동훈, 〈초기 고려-명 관계에서 사행로 문제: 요동 경유 사행로의 개통 과정〉,《한국문화》 96, 규장각한국학연구원, 2021.

4) 김영숙,《朝天錄을 통해 본 明清交替期 遼東情勢와 朝明關係》, 인하대 박사학위논문, 2011; 박인호, 〈임진왜란기 백곡 정곤수의 정치·외교 활동〉,《국학연구》 37, 한국국학진흥원, 2018; 김동석, 〈임란시기 명明나라에 간 조선 사행단의 기록 연구〉,《한국언어문화》 68, 한국언어문화학회, 2019; 김지현, 〈임진전쟁기 조선 사신의 대명對明 외교활동—정유재란 중 대명 사행록을 중심으로〉,《온지논총》 72, 온지학회, 2022.

5) 김문식,《조선왕실의 외교의례》, 세창출판사, 2017; 김경록, 〈조선과 중국(명·청)의 사행외교〉,《한일관계사연구》 55, 한일관계사학회, 2016.

6) (영인본) 韓明基·李相薰 共編,《壬辰倭亂 史料叢書—對明外交》, 亞細亞文化社, 2002; (번역본) 이정일 편,《편역 事大文軌》 1~5, 동북아역사재단, 2019~2023.

7)《吏文謄錄》과《槐院謄錄》은 한국학중앙연구원 장서각에 소장되어 있다. 여기에 실린 문서 목록은 스즈키 가이鈴木開가 일목요연하게 정리했다(鈴木開, 〈韓國學中央研究院藏書閣所藏《吏文謄錄》目錄-附《國書草綠》《槐院謄錄》目錄〉,《2019~2022年度 科學研究費補助金研究成果報告書》, 2023). 관련 연구는 다음과 같다. 鈴木開,《《吏文謄錄》と壬辰戰爭期の朝明関係〉,《壬辰戰爭と東アジア》, 東京大學出版會, 2023. 대중국 외교문서의 작성과 전달 구조에 대해서는 다음 연구를 참고. 김경록, 〈조선 시대 事大文書의 생산과 전달체계〉,《한국사연구》 134, 한국사연구회, 2006; 김경록, 〈조선 시대 대중국 외교문서의 접수·보존체계〉,《한국사연구》 136, 한국사연구회, 2007.

8)《經略復國要編》(《(中國文獻珍本叢書)朝鮮史料匯編》, 全國圖書館文獻 縮微復制中心, 2004); 구범진 외 역주,《송응창의《경략복국요편》 역주, 명나라의 임진전쟁》, 국립진주박물관, 2020.

9) 구도영,《16세기 한중무역 연구》, 태학사, 2018, 54~74쪽.

10) 구도영(앞의 책, 2018, 77~78쪽); 구도영, 〈조선 전기 對明 陸路使行의 형태와 실상〉,《진단학보》 117, 진단학회, 2013.

11) 물론 명 조정의 최신 정보들은 사신을 통해 조선으로 전달되고 있었다. 1591년 1월 14일 동지사는 황제의 태업, 책봉에 대한 소문을 숨기는 분위기 등을 전하기도 했다.

12) 1590년의 통신사와 일본의 명 침략 계획의 보고를 둘러싼 논쟁에 대해서는 한일관계사학회 엮음, 《1590년 통신사행과 귀국보고 재조명》, 경인문화사, 2013; 木村拓, 〈豊臣秀吉の侵攻予告に対する朝鮮の対応─通信使派遣の明への秘匿〉(川西裕也 外 編, 《壬辰戦争と東アジア》, 東京大學出版會, 2023) 등의 연구를 참조.

13) 《宣祖實錄》 권25, 선조 24년 10월 24일(병진); 《宣祖修正實錄》 권25, 선조 24년 5월 1일(을축); 李植, 《野史初本》 권13 1591년 5월.

14) 김경태, 〈임진전쟁기 강화교섭 연구〉, 2014; 米谷均, 〈조선침략 전야의 일본 정보〉 (《한일역사공동연구보고서》 제3권(제2분과, 중·근세사 일본편), 한일역사공동연구위원회 제2분과, 2005).

15) 《全浙兵制考》의 〈近報倭警〉에는 1591년에서 1592년 초까지 진신陳申, 정동劑晌, 허의후許儀後 등 당시 일본 규슈九州 지역에 거주하던 명나라 상인, 왜구에게 끌려간 명나라 사람 등이 본국에 전한 보고서가 실려 있다(《四庫全書存目叢書》 子部31; (日本)國立公文書館內閣文庫, 史198-0014에 수록). 이들 보고서는 1591년 7월과 1592년 3월경 명 조정에 전해졌다.

16) 《神宗實錄》 권239, 만력 19년(1591) 8월 11일(계묘), 권242, 11월 4일(병인)(김경태, 〈임진전쟁기 강화교섭 연구〉, 2014, 29쪽).

17) 《宣祖實錄》 권25, 선조 24년 10월 24일(병진); 崔岦, 《簡易集》 권1, 〈奏〉, 〈辛卯奏 十月二十四日奉敎製〉; 유성룡, 《西厓集》 권3, 〈奏文〉, 〈陳倭情奏文〉. 《簡易集》과 《西厓集》에 실린 두 주본은 내용상 약간의 차이가 있다. 어느 쪽이 최종본인지 판단이 필요하다.

18) 오억령, 〈朝天錄〉(《연행록전집》).

19) 《神宗實錄》 권245, 만력 20년 2월 19일(경술) 병부의 제본.

20) 《神宗實錄》 권245, 만력 20년 2월 18일(기유), 권246 3월 7일(정묘), 3월 8일(무진); 《宣祖修正實錄》 권25, 선조 24년 10월 1일(계사); 李植, 《野史初本》 권13 1591년 10월; 申炅, 《再造藩邦志》. 조선의 일본 정세 보고와 해명 과정에 대해서는 米谷均, 〈譯註 《全浙兵制考》 〈近報倭警〉〉, 《《全浙兵制考》 〈近報倭警〉にみる日本情報》, 《8~17世紀の東アジア地域における人·物·情報の交流: 海域と港市の形成, 民族·地域間の相

互認識を中心に〉, 東京大學大學院人文社會系研究科, 2004; 米谷均, 《全浙兵制考》 〈近報(委警)〉에서 본 日本情報), 《한일관계사연구》 20, 한일관계사학회, 2004를 참조했다.

21) 김경태, 〈임진전쟁기 강화교섭 연구〉, 2014, 30쪽.

22) 《宣祖實錄》 권26, 선조 25년 5월 3일(임술);《全浙兵制考》 征虜前將軍鎭守遼東地方總兵官左軍都督府都督僉事 楊紹勳의 題本(1592년 5월 19일경). 《寄齋史草》 5월 19일 기록에 의하면 요동에 먼저 보고를 한 것으로 보인다. "적이 변방을 침범하던 초기에 조정에서는 공문을 요동에 보냈는데, 그 후 정신이 없어 계속 보고를 보내지 못하였다. 대가가 평양에 도착하자, 통역관만 보내 대충 긴박한 사태만을 보고하였더니, 이때에 요동대인遼東大人이 의주에 힐책하여 물어왔던 것이다." 여기서 통역관은 사역원 판관 한윤보로 추정된다. 《全浙兵制考》에 실린 5월 19일 양소훈의 게첩 속 조선의 문서 및《經略復國要編》(6월 17일 양소훈의 상주 내용)에도 조선의 침략 보고 정황을 유추할 수 있는 내용이 보인다.

23) 《宣祖實錄》 권26, 선조 25년 5월 5일(갑자), 5월 12일(신미);《宣祖修正實錄》 권26, 선조 25년(1592) 5월 1일(경신), 6월 1일(기축).

24) 《神宗實錄》 권248, 만력 20년 5월 10일(기사) 선조의 자문, 5월 21일(경진) 계료총독前遼總督 건달蹇達의 보고.

25) 《神宗實錄》 권249, 만력 20년 6월 2일(경인);《全浙兵制考》 양소훈의 제본(5월 20일경), 양소훈의 게보揭報(6월 16일경).

26) 김경태, 〈임진전쟁기 강화교섭 연구〉, 2014.

27) 《宣祖實錄》 권26, 선조 25년 5월 29일(무자), 권27, 6월 1일(기축), 6월 5일(계사).

28) 《寄齋史草》, 〈壬辰雜事〉.

29) 《宣祖實錄》 권26, 선조 25년 5월 29일(무자). 윤근수는 당분간 의주에서 유근, 심희수와 함께 활동했다.

30) 《宣祖實錄》 권27, 선조 25년 6월 11일(기해).

31) 《宣祖實錄》 권27, 선조 25년 6월 13일(신축).

32) 조승훈이 지휘하는 명군의 이동 양상은《전절병제고》에 보인다. 사유와 대조변이 16일에 의주에서 임반관으로 이동했고, 17일에는 왕수관과 곽몽징이 압록강에 도착했다.

33) 《宣祖實錄》 권27, 선조 25년 6월 26일(갑인).

34) 《宣祖實錄》 권27, 선조 25년 6월 16일(갑진). 조선은 명이 조선을 의심하는 이유 중 하나가 청병이 늦은 것에 있다고 보았다(유성룡, 《근폭집》, 〈6월 의주〉).

35) 《宣祖實錄》 권28, 선조 25년 7월 11일(무진).

36) 《宣祖實錄》 권27, 선조 25년 6월 17일(을사). 북경까지 가는 정식 사절이 아니었음에도 명칭이 부여되었다. 이덕형 파견에 대한 내용은 《전절병제고》에도 보인다.

37) 정문은 6월 24일 형주준에게 바친 것으로 보인다. 최초에는 2,000명을 청했다가 실수였다고 하면서 1만 명을 청했다.

38) 《宣祖實錄》 권28, 선조 25년 7월 3일(경신).

39) 《宣祖實錄》 권27, 선조 25년 6월 27일(을묘). 이덕형은 자리 없는 요동도사와 양소훈 대신 포정사와 대화를 나누었다고 한다.

40) 이때 요동에서 공문서가 잇달았으나, 승문원 제조가 비고 관원이 없어 문제가 되고 있었다(《宣祖實錄》 권28, 선조 25년 7월 7일(갑자)).

41) 《宣祖實錄》 권28, 선조 25년 7월 30일(정해).

42) 《宣祖實錄》 권28, 선조 25년 7월 24일(신사).

43) 《宣祖實錄》 권29, 선조 25년 8월 22일(기유). 《寄齋史草》에 의하면 8월, 사신 파견 논의가 있을 때 마침 사은사 신점이 북경에서 돌아왔다. 그는 요동 순무와 순안진 모두에서 군사를 동원하여 구원할 것을 제청해서 구경 대신회의九卿大臣會議에 부쳤더니, 대부분 반대했다. 그러나 석성만이 옹호하면서 역관 홍순언을 불러 조선에서 사신을 보내 청하면 어찌 보내지 않겠느냐고 조언했다. 그 결과 정곤수와 심우승이 가게 되었다고 한다.

44) 《宣祖實錄》 권29, 선조 25년 8월 2일(기축), 8월 3일(경인), 8월 6일(계사), 8월 10일(정유). 사간 이유징도 요동까지 다녀왔는데, 가는 길에 동양정에게 정문하고 요동에서 순안을 만나 구원을 요청했다고 한다.

45) 《宣祖實錄》 권29, 선조 25년 8월 10일(정유), 8월 14일(신축). 낙상지의 문안을 위해 지평 구성이 협강에 갔을 때는 "자주 와서 군사 청할 필요 없다"는 반응을 보이기도 했다(《宣祖實錄》 권29, 선조 25년 8월 15일(임인)).

46) 《宣祖實錄》 권29, 선조 25년 8월 12일(기해). 정곤수의 사행에 대해서는 다음의 논문을 참고. 박인호, 〈임진왜란기 백곡 정곤수의 정치·외교 활동〉, 2018. 정곤수가 이

사행에서 남긴 사행록 〈부경일록赴京日錄〉은 그의 문집인 《백곡집栢谷集》에 실려 있다. 《백곡집》에는 그가 사행 과정에서 올린 정문 등의 문서도 실려 있다.

47) 정곤수, 〈赴京日錄〉; 《神宗實錄》 권253, 만력 20년, 10월 6일(임진).

48) 박인호, 〈임진왜란기 백곡 정곤수의 정치·외교 활동〉, 2018; 정곤수, 〈赴京日錄〉. 《經略復國要編》에 실린 〈朝鮮國乞援疏(朝鮮國王李昖一本)〉은 주청사 정곤수가 가지고 간 주본으로 보인다.

49) 박인호, 〈임진왜란기 백곡 정곤수의 정치·외교 활동〉, 2018; 정곤수, 〈赴京日錄〉.

50) 《寄齋史草》 하 12월.

51) 《國朝寶鑑》.

52) 《神宗實錄》 권251, 만력 20년 8월 5일(임진); 조승훈의 부대는 1592년 7월 17일 평양성 공격전에서 패배한 후 곧바로 압록강을 건너 퇴각했다(《宣祖實錄》 권28, 선조 25년 7월 20일(정축)).

53) 《宣祖實錄》 권29, 선조 25년 8월 10일(정유); 권30, 9월 4일 (신유) 이유중의 보고, 요동우참의遼東右參議 형개邢玠의 상주; 조선은 조승훈 패전 후에야 명 조정에 구원군 파견을 요청하는 진주사의 임무를 정곤수에게 맡겨 파견했다(《宣祖實錄》 권29, 선조 25년 8월 12일(기해), 8월 25일(임자). 이 역시 명 조정에서 파병론이 추진력을 얻는 데 영향을 미쳤을 것이다. 이상의 내용은 김경태의 논문, 〈임진전쟁기 강화교섭 연구〉 (2014)에서 인용했다.

54) 《神宗實錄》 권251, 만력 20년 8월 18일(을사).

55) 《神宗實錄》 권251, 만력 20년 8월 5일(임진).

56) 《神宗實錄》 권253, 만력 20년 10월 6일(임진), 10월 11일(정유)

57) 《神宗實錄》 권253, 만력 20년 10월 16일(임인).

58) 《宣祖實錄》 권34, 선조 26년 1월 11일(병인), 12일(정묘).

59) 《宣祖實錄》 권30, 선조 25년 9월 2일(기미). 석성이 문무 대신과 대군을 보내 조선을 구원하자며 내건 명분 역시 "以全取勝者帝王之兵 推亡固存者天朝之誼"였으며(《萬曆疏鈔》 권43, 〈東倭類 石星 議征倭疏〉) 경략에 임명된 송응창도 "但彰字小之仁 以存中國之體 先後次第理固當然", "務彰天朝字小之仁 且使屬國益堅事大之志"라며 파병의 명분을 내세웠다(《經略復國要編》 권1, 〈初奉經略請勅疏〉, 권2, 1592년 10월 25일 檄原任路安府同知鄭文彬). 이상의 내용은 김경태의 논문 〈임진전쟁기 강화교섭 연구〉(2014)에서

인용했다.

60) 《宣祖實錄》권29, 선조 25년 8월 25일(임자), 26일(계축).

61) 《宣祖實錄》권30, 선조 25년 9월 1일(무오).

62) 《宣祖實錄》권30, 선조 25년 9월 2일(기미), 9월 4일(신유).

63) 《宣祖實錄》권30, 선조 25년 9월 4일(신유).

64) 《宣祖實錄》권30, 선조 25년 9월 14일(신미). 동지사 민준閔濬, 서장관 이상신李尙信 등이 조정을 하직하니, 잣[海松子]과 화연畫硯·붓·먹 두세 종류로 방물方物에 충당했다《寄齋史草》).

65) 《宣祖實錄》권32, 선조 25년 11월 16일(임신).

66) 《宣祖實錄》권33, 선조 25년 12월 17일(계묘).

67) 《宣祖實錄》권33, 선조 25년 12월 21일(정미).

68) 《宣祖實錄》권35, 선조 26년 2월 10일(을미). 주문은 《사대문궤》권3(1593년 2월 10일; 국역본, 142쪽)에도 실려 있다. 사은사 한준은 영하의 난 평정을 진하하는 표문도 함께 가지고 갔다《사대문궤》권3 本國賀平寧夏表). 《사대문궤》에는 주문을 지닌 사행의 호송을 요청하며 요동도지휘사사에 보내는 자문도 함께 실려 있다.

69) 《宣祖實錄》권37, 선조 26년 4월 9일(계사). 조선은 송응창이 주본 내용을 직접 확인하고 이여송의 주본 내용과 다르다는 점을 지적할 것으로 예상했다《宣祖實錄》권36, 선조 26년 3월 13일(무진). 그러나 내용 수정을 요구하지는 않았다.

70) 《宣祖實錄》권34, 선조 26년 1월 11일(병인); 권36, 선조 26년 3월 16일(신미). 《경략복국요편》만력 21년 3월 17일(7-24), 이여송이 평양성 전투에서 얻은 수급의 상당수가 조선인이라는 등의 내용이 포함되어 있었다. 조선은 이를 변무하는 내용을 주본에 포함하여 홍인상의 사행편([2-2])에 부치기로 했다.

71) 이 사절은 성절사 임무도 겸한 것으로 보인다《宣祖實錄》권43, 선조 26년 10월 16일(병신). 《신종실록》에서 홍인상은 성절사로 기재되어 있다《神宗實錄》권363, 만력 21년 8월 14일(을미).

72) 《宣祖實錄》권37, 선조 26년 4월 9일(계사).

73) 《宣祖實錄》권37, 선조 26년 4월 6일(경인). 장기고-유황상을 통해 송응창에게 전달되었다《宣祖實錄》권37, 선조 26년 4월 9일(계사).

74) 《宣祖實錄》권37, 선조 26년 4월 3일(정해).

75) 《宣祖實錄》 권37, 선조 26년 4월 9일(계사).

76) 《宣祖實錄》 권37, 선조 26년 4월 9일(계사).

77) 《宣祖實錄》 권43, 선조 26년 10월 16일(병신). 송응창은 1593년 8월 5일, 내각대학사 왕석작, 조지고, 장위와 병부상서 석성에게 올린 보고에서 가토 기요마사 등이 조선을 떠났고 고니시 유키나가 등은 서생포로 물러났는데, 서생포는 부산에서 40여 리 떨어져 있다는 등의 내용을 전달했다(《경략복국요편》 만력 21년 8월 5일).

78) 《宣祖實錄》 권43, 선조 26년 10월 16일(병신) 자 기사에 함께 실려 있는 유황상의 자문은 조선 국왕에게 내린 선유문을 포함하고 있다. 조선의 군비가 해이함을 지적하고 일본을 책봉하는 것을 정당화하는 내용이었다.

79) 《宣祖實錄》 권44, 선조 26년 11월 28일(무인).

80) 〈鄭松江燕行日記〉(《연행록전집》).

81) 《宣祖實錄》 권38, 선조 26년 5월 20일(계유).

82) 《宣祖實錄》 권38, 선조 26년 5월 27일(경진), 29일(임오).

83) 《宣祖實錄》 선조 26년(1593) 6월 1일.

84) 송응창, 《經略復國要編》 권8, 만력 21년 5월 29일 移朝鮮國王咨;《宣祖實錄》 권39, 선조 26년 6월 5일(무자). 부산 왜호설은 이여송이 송응창에게 올린 당보에 등장한다(《經略復國要編》 권8 1593년 5월 29일 移朝鮮國王咨). 조선의 해명에도 불구하고 송응창은 1593년 8월 명 조정에 올린 상소에서 이를 사실로 단정하고 있었다(《경략복국요편》 만력 21년 8월 12일).

85) 《宣祖實錄》 권39, 선조 26년 6월 3일(병술).

86) 《宣祖實錄》 권39, 선조 26년 6월 3일(병술).

87) 《宣祖實錄》 권39, 선조 26년 6월 6일(기축).

88) 《宣祖實錄》 권39, 선조 26년 6월 29일(임자). 윤근수가 입수한 이 송응창의 계첩은 《經略復國要編》 만력 21년 5월 19일에 실린 서신(국역본 권3 131쪽)과 대략 비슷한 논조이나 구체적인 내용을 보면 다른 부분이 많다. 정철의 사행록 관련 기록(《백세보중百世保重》)에 실록과 동일한 내용의 계첩이 수록되어 있다.

89) 둘 사이에 갈등에 대한 사료는 《宣祖實錄》 권39, 선조 26년 6월 7일(경인), 8일(신묘) 등.

90) 《宣祖實錄》 권39, 선조 26년 6월 17일(경자).

91) 《神宗實錄》 권264, 만력 21년 9월 17일(무진).

92) 《宣祖實錄》권29, 선조 25년 8월 19일(병오);《宣祖實錄》권38, 선조 26년 5월 8일 (신유).

93) 《宣祖實錄》권44, 선조 26년 11월 16일(병인), "設使爲之, 先爲奏請, 然後爲之, 非陪臣所可擅請 且非子所知, 而私自爲之, 極爲未穩."

94) 송응창은 삼공 및 석성에게 보낸 서신에서 일본군 물러났음을 보고한 바 있다(《經略復國要編》만력 21년 8월 5일).

95) 《宣祖實錄》권45, 선조 26년 윤11월 10일(경인), 윤11월 13일(계사).

96) 김영진은 조선의 사행 파견 과정에서 벌어진 송응창과의 공방전을 비롯하여 갈등의 정치적 배경을 상세히 다루고 있다(김영진, 〈6장 강화와 조선의 대응〉, 《임진왜란─2년 전쟁, 12년 논쟁》, 2021).

97) 《宣祖實錄》권40, 선조 26년 7월 13일(을축).

98) 《宣祖實錄》권40, 선조 26년 7월 16일(무진). 심충겸은 송응창이 반드시 거부할 것으로 예상했다.

99) 《宣祖實錄》권40, 선조 26년 7월 18일(경오). 군사와 군량의 경우, 군사는 송응창이 이미 제본을 올려 다시 넣기 어렵고, 양곡은 주문에 넣기 어려우니 황진에게 정문하게 하자는 의견이었다(《宣祖實錄》권40, 선조 26년 7월 21일(계유)).

100) 《宣祖實錄》권40, 선조 26년 7월 21일(계유), 7월 26일(무인). 이는 예부와 병부에 올릴 정문이었다. 정문 외에도 역관을 대동한 대화를 상정하고 있었다.

101) 《宣祖實錄》권40, 선조 26년 7월 24일(병자).

102) 〈槐院文錄〉, 〈奏請兵〉(使臣 黃璉也 議改不用)(최립, 《簡易集》권5). 주문의 주된 내용은, 일본군이 여전히 남아 있으며 그들의 요청은 거짓된 것이니, 토벌을 멈추지 말아 달라는 것이었다. 김영진은 이여송 등을 의식하여 군사를 요청하는 부분을 삭제했다고 했다(김영진, 〈6장 강화와 조선의 대응〉, 《임진왜란─2년 전쟁, 12년 논쟁》, 2021). 이여송이 조선의 청병에 신경을 쓴 것은 사실이다. 조선 주본에 청병 내용이 있다는 소문을 듣고 이여송은 송응창에게 사람을 보내 사과한 바가 있다. 송응창의 휘하에 있던 장기고는 "그대 나라에서 지금 만약 청병을 한다면 제독은 성질이 고약하여 다른 사람과는 다르므로 반드시 화를 내며 조선에서 지금 새로운 군대를 청하니 나는 적을 추격할 필요가 없다고 할 것이다. 만약 그렇게 된다면 그대 나라의 일은 영 틀려 버리고 말 것이다"라며 경고하기도 했다. 이여송은 철군을 하고 싶었으나 조

선의 파병 요청이 들어가면 철군 명분이 사라진다는 이야기도 있었다. 일본군 주둔 사실을 강조하고 있는 주문 내용은 송응창과 이여송을 더욱 압박하는 것일 수 있었다. 요컨대 군사 요청 삭제는 이여송을 배려한 것이 아니라 이미 송응창이 요구한 바이기에 그랬던 것으로 생각된다. 즉 조선은 보다 본 목적에 충실한 주문을 만든 것이다.

103) 《宣祖實錄》권41, 선조 26년 8월 4일(을유).

104) 《宣祖實錄》권41, 선조 26년 8월 5일(병술).

105) 《宣祖實錄》권41, 선조 26년 8월 6일(정해).

106) 《宣祖實錄》권41, 선조 26년 8월 11일(임진), 8월 12일(계사).

107) 《宣祖實錄》권41, 선조 26년 8월 16일(정유).

108) 《宣祖實錄》권41, 선조 26년 8월 13일(갑오). 이 자문은 오억령이 가지고 간 것으로 보인다(《宣祖實錄》권41, 선조 26년 8월 25일(병오)).

109) 《宣祖實錄》권41, 선조 26년 8월 25일(병오). 선조는 주본 끝에 이런 내용을 언급했다가 경략이 삭제하라고 하면 그때는 어떻게 답할 것인지 물었다. 사은할 일은 없다며 퉁명스러운 반응을 보이기도 했다. 최립이 쓴 사은 주문은 그의 문집에 실려 있다. 분량의 절반 이상은 일본군 주둔 현황 및 심상치 않은 정황을 서술하면서 구원을 호소하는 내용이었다(《槐院文錄》奏謝恩. 改黃璉稱號而行亦不達) 《簡易集》권5)).

110) 《宣祖實錄》권41, 선조 26년 8월 26일(정미). 이는 8월 18일 경략부에서 보내 이날 도착했다.

111) 《宣祖實錄》권42, 선조 26년 9월 19일(경오). 송응창과 이여송이 잇달아 보낸 자문에서는 세자의 남하를 요구했다. 조선 측에서 병으로 움직일 수 없다고 회자하자, 성지에 시행하라 했다며 압박했고 연이어 사람을 보내 독촉했다. 선조는 차라리 자신이 가겠다며 나서기도 했다. 당시 세자는 해주에 있었다(《宣祖實錄》권43, 선조 26년 10월 27일(정미), 30일(경술)).

112) 《宣祖實錄》권43, 선조 26년 10월 16일(병신), 24일(갑진).

113) 《宣祖實錄》권44, 선조 26년 11월 18일(무진), 25일(을해).

114) 《宣祖實錄》권44, 선조 26년 11월 21일(신미).

115) 《宣祖實錄》권44, 선조 26년 11월 26일(병자).

116) 《宣祖實錄》권44, 선조 26년 11월 27일(정축).

117) 《宣祖實錄》권46, 선조 26년 12월 11일(경신).

118) 《宣祖實錄》권46, 선조 26년 12월 19일(무진), 12월 20일(기사).

119) 《宣祖實錄》권47, 선조 27년 1월 20일(기해), 21일(경자).

120) 《宣祖實錄》권47, 선조 27년 1월 20일(기해), 21일(경자), 22일(신축). 1594년 7월 초, 사간원에서는 황진이 돌아온 것을 비난했고, 다섯 번 아뢰어 파직 요청을 받아 냈다. 마침 조선의 "봉공 요청" 주문이 완성되어 출발 직전이던 상황이 반영되었을 것이다.

121) 《宣祖實錄》권49, 선조 27년 3월 10일(무자).

122) 《宣祖實錄》권43, 선조 26년 10월 16일(병신).

123) 군사 요청 뒤에는 일본군의 실상을 알리려는 의도가 있었다. 선조는 일본군이 요구한다는 "7개의 조건"도 함께 알리고 왜적의 서계도 가지고 가자는 의견을 제안하기도 했다《宣祖實錄》권44, 선조 26년 11월 21일(신미)).

124) 《宣祖實錄》권43, 선조 26년 10월 16일(병신), 22일(임인).

125) 최립, 〈癸巳行錄〉《簡易集》). 최립은 단사單使였다. 이후 사헌이 가지고 온 칙서에 대한 사은사 임무를 겸하면서 부사가 추가되었다. 단사라면 질병이나 사고가 생겼을 때 늦어질 수 있다는 이유를 든 것으로 보아《宣祖實錄》권45, 선조 26년 윤11월 7일(정해)) 정사가 늦어지면 부사가 단독으로 사행에 임하는 사례도 있었던 것으로 보인다.

126) 그가 직접 사행길에 오르자 승문원에서는 외교문서 작성을 위한 인재를 요청했고, 차천로와 신광필, 정경세 등을 부르기로 했다《宣祖實錄》권44, 선조 26년 11월 18일(무진)).

127) 《宣祖實錄》권44, 선조 26년 11월 15일(을축). 인신에 관해서는 정곤수의 조언을 들었다고 한다.

128) 《宣祖實錄》권44, 선조 26년 11월 15일(을축).

129) 《宣祖實錄》권44, 선조 26년 11월 16일(병인).

130) 《宣祖實錄》권44, 선조 26년 11월 18일(무진).

131) 《宣祖實錄》권44, 선조 26년 11월 23일(계유).

132) 《宣祖實錄》권44, 선조 26년 11월 25일(을해), 26일(병자). 송응창이 윤근수를 데리고 간 이유는 명과 같이 국상國相이 일을 전담한다고 여겼기 때문이며, 나아가 사은 문서를 고쳐 짓기 위해서라고 했다. 윤근수는 중국어를 조금 알고 있었으나 송응창이 수작[酬酢=酬酌]을 하려 하지 않아 요행히 말할 틈을 얻더라도 실정을 다 말할 수 없

133) 었다고 했다(《宣祖實錄》권44, 선조 26년 11월 25일(을해); 권45, 선조 26년 윤11월 23일 (계묘)).

133) 《宣祖實錄》권44, 선조 26년 11월 30일(경진); 권45, 선조 26년 윤11월 2일(임오). 유 성룡은 황신과 최립의 사행을 기다리자는 의견이었다.

134) 윤11월 12일 모화관에서 칙서를 맞이했다(《宣祖實錄》권45, 선조 26년 윤11월 12일(임진)).

135) 선조는 장문의 진정서를 올렸고, 백관이 정문을 올리거나 성안의 백성들이 소리치며 호소하는 일을 준비하기도 했다(《宣祖實錄》권45, 선조 26년 윤11월 14일(갑오), 16일(병 신), 18일(무술)). 사헌은 조선의 호소에 동정을 보였다. 적이 물러간다는 말이 거짓이 라는 것에 동의하며 증파를 요청하라고 했으며, 경상도 지도에 적 주둔지를 더 상세 히 표시해 달라고도 했다. 또 북경에 도착하면 사이관 안에서 봉함하여 자신에게 달 라는 적극적인 제안을 하기도 했다(《宣祖實錄》권45, 선조 26년 윤11월 18일(무술)).

136) 《宣祖實錄》권45, 선조 26년 윤11월 7일(정해).

137) 최립, 〈甲午行錄〉《연행록전집》).

138) 이상의 논의는 《宣祖實錄》권45, 선조 26년 윤11월 12일(임진), 윤11월 27일(정미).

139) 《宣祖實錄》권46, 선조 26년 12월 5일(갑인).

140) 《宣祖實錄》권46, 선조 26년 12월 7일(병진).

141) 《宣祖實錄》권46, 선조 26년 12월 7일(병진).

142) 《宣祖實錄》권46, 선조 26년 12월 8일(정사), 10일(기미).

143) 《宣祖實錄》권46, 선조 26년 12월 9일(무오), 10일(기미).

144) 《宣祖實錄》권46, 선조 26년 12월 19일(무진).

145) 《宣祖實錄》권46, 선조 26년 12월 20일(기사), 21일(경오).

146) 《神宗實錄》권268, 만력 21년, 12월 7일(병진).

147) 《宣祖實錄》권50, 선조 27년 4월 17일(을축). 김수 사행의 북경에서의 활동과 그 여 파에 대해서는 김영진의 《임진왜란—2년 전쟁, 12년 논쟁》(2021, 417~425쪽) 참조.

148) 유성룡, 《芹曝集》5월; 《宣祖實錄》권51, 선조 27년 5월 12일(기축).

149) 《宣祖實錄》권50, 선조 27년 4월 26일(갑술), 4월 27일(을해).

150) 《宣祖實錄》권52, 선조 27년 6월 19일(병인).

151) 《宣祖實錄》권52, 선조 27년 6월 26일(계유).

152) 《宣祖實錄》권46, 선조 26년 12월 19일(무진), 20일(기사).

153) 《宣祖實錄》권50, 선조 27년 4월 17일(신축), 23일(정미); 권51, 선조 27년 5월 3일(경진).

154) 《宣祖實錄》권51, 선조 27년 5월 4일(신사). 허욱은 요동까지 전진해 머물러 있었다.

155) 《宣祖實錄》권51, 선조 27년 5월 8일(을유).

156) 요동도지휘사사에 소속된 장인掌印, 관둔官屯, 국포局捕 3원을 요동도사라 했는데, 여기서 도사는 이들을 가리키는 것으로 보인다. 허욱은 요양의 요동도지휘사사에서 이들에게 호소한 것으로 생각된다.

157) 《宣祖實錄》권51, 선조 27년 5월 24일(신축).

158) 《宣祖實錄》권51, 선조 27년 5월 26일(계묘). 이후 심충겸이 작성을 담당하게 되었고, 유성룡도 참여했다고 한다(《宣祖實錄》권52, 선조 27년 6월 3일(경술)). 주문은 유성룡의 《西厓集》에 실려 있다.

159) 《宣祖實錄》권51, 선조 27년 5월 26일(계묘). 다만 선조는 반대 입장을 고수하는 편이었다.

160) 《宣祖實錄》권51, 선조 27년 5월 29일(병오); 권52, 선조 27년 6월 1일(무신).

161) 《宣祖實錄》권51, 선조 27년 5월 28일(을사); 권52, 선조 27년 6월 1일(무신) 등.

162) 《宣祖實錄》권52, 선조 27년 6월 7일(갑인).

163) 《宣祖實錄》권52, 선조 27년 6월 3일(경술).

164) 《宣祖實錄》권52, 선조 27년 6월 7일(갑인).

165) 《宣祖實錄》권52, 선조 27년 6월 11일(무오).

166) 《宣祖實錄》권52, 선조 27년 6월 12일(기미).

167) 《宣祖實錄》권52, 선조 27년 6월 15일(임술), 16일(계해), 17일(갑자).

168) 선조는 "도망해 돌아온 사람과 항왜의 말을 들으면 한결같이 순종하겠다고만 한다", "고양겸이 사실 우리를 위해 주밀하게 주선했다" 등의 문구를 지적했다.

169) 《宣祖實錄》권52, 선조 27년 6월 18일(을축).

170) 《宣祖實錄》권52, 선조 27년 6월 20일(정묘).

171) 《宣祖實錄》권52, 선조 27년 6월 25일(임신).

172) 《宣祖實錄》권53, 선조 27년 7월 1일(정축). 주문 내용 중 명 장수의 논상 부분에 대한 논의가 있었고, 7월 4일에 이를 삭제하기로 했다.

173) 《宣祖實錄》권53, 선조 27년 7월 3일(기묘).

174) 《宣祖實錄》권53, 선조 27년 7월 6일(임오).

175) 1594년 5월, 명 조정에서는 진행되던 봉공 논의가 일단 봉공 취소로 결론이 난 바 있었다(김영진, 《임진왜란―2년 전쟁, 12년 논쟁》, 2021, 434~436쪽).

176) 《宣祖實錄》권56, 선조 27년 10월(갑인); 《西厓集》권3, 奏文 陳賊情奏文 甲午六月.

177) 《神宗實錄》권277, 만력 22년 9월 14일(기축). 《宣祖實錄》권56, 선조 27년 10월 10 일(갑인)에는 "欲定許倭夷款貢, 以保彼國社稷, 情甚危迫"으로 기록되어 있다.

178) 위의 성유에 따라 9월 15일에 석성이 제주하여 그간의 사정을 설명했고, 17일에 속 히 조사하여 보고하라는 성지가 내려졌다(《宣祖實錄》권56, 선조 27년 10월 10일(갑인)).

179) 《宣祖實錄》권56, 선조 27년 10월 24일(무진), 25일(기사), 29일(계유).

180) 11월 5일부터 요동 자문 및 "왜서(히데요시의 항표문)"에 대한 논의가 시작되었다(《宣 祖實錄》권57, 선조 27년 11월 5일(기묘)).

181) 김영진도 허욱의 진주문에 대한 황제의 답변이 10월 하순에 조선에 전달된 것으로 보고 있다(김영진, 《임진왜란―2년 전쟁, 12년 논쟁》, 2021, 494쪽).

182) 《事大文軌》권12의 11월 27일 자 자문은 신종의 명령에 의한 1차 조사 후 소서비 북상 명령과 함께 전해진 듯하다.

183) 10월 24일에는 참군 심무시가 북경에서 사신 편에 부친 게첩이 실려 있다. 손광이 별다른 조치를 취하지 않았고 조정 의논에서는 다시 강화설이 대두했다는 내용이 었다(《宣祖實錄》권56, 선조 27년 10월 24일(무진)).

184) 《事大文軌》권8, 만력 22년 2월 1일, 〈緊急倭情咨〉.

185) 《宣祖實錄》권50, 선조 27년 4월 1일(기유), 4월 2일(경술).

186) 《宣祖實錄》권50, 선조 27년 4월 23일(신미).

187) 《宣祖實錄》권50, 선조 27년 4월 23일(신미).

188) 《宣祖實錄》권45, 선조 26년 윤11월 3일(계미), 윤11월 10일(경인), 《宣祖實錄》권47, 선조 27년 1월 27일(병오), 권48 2월 6일(을묘).

189) 이후 명 조정에서 파견된 진운홍은 일본군 진영으로 들어가 책봉 허락을 알리면서 재차 전면 퇴각을 권고했고, 동시에 요양에 대기하던 나이토 조안은 북경에 들어 가 도요토미 히데요시의 항표문을 바쳤다(《神宗實錄》권279, 만력 22년 11월 5일(기묘); 《宣祖實錄》권58, 선조 27년 12월 19일(임술); 권59, 선조 28년 1월 4일(정축); 권60, 2월 2일(을사), 2월 3일(병오) 등); 《事大文軌》권12 만력 23년 1월 9일 진운홍의 자문 (김경태, 〈임진전쟁기 강화교섭 연구〉, 2014).

190) 《神宗實錄》 권279, 만력 22년 11월 5일(기묘); 권280, 12월 11일(갑인). 도요토미 히데요시의 "항표문"과 심유경의 활동에 대한 최근의 연구 중 다음의 논문이 주목된다. 鄭潔西(中井勇人譯), 〈沈惟敬の《東行》と豊臣秀吉の降表-《沈惟敬書帖》を糸口に〉 (川西裕也 外編, 《壬辰戰爭と東アジア》, 東京大學出版會, 2023).

191) 《神宗實錄》 권280, 만력 22년 12월 23일(병인), 12월 30일(계유); 권281, 만력 23년 1월 7일(경진). 칙유와 책봉문은 1595년 1월 21일 자로 작성되었다[《佐賀縣立名護屋城博物館·韓國國立晉州博物館學術交流記念 特別企劃展) 秀吉と文祿·慶長の役》 130번 자료 등)](김경태, 〈임진전쟁기 강화교섭 연구〉(2014)에서 인용).

192) 《宣祖實錄》 권48, 선조 27년 2월 6일(을묘).

193) 《宣祖實錄》 권48, 선조 27년 2월 7일(병진).

194) 《宣祖實錄》 권48, 선조 27년 2월 10일(기미).

195) 승문원은 할지, 혼인이라는 조건은 전언이며, 심유경이 부인하고 있는 사항이므로 뺄 것을 건의했다(《宣祖實錄》 권48, 선조 27년 2월 12일(신유), 14일(계해)).

196) 주문 내용은 《事大文軌》 권8(국역본 2권, 12번)과 《五峯集》 권12(주문)에 실려 있으며, 《宣祖實錄》 권48, 선조 27년 2월 16일(을축)에도 일부가 게재되어 있다. 《事大文軌》 권8에는 2월 16일 자로 보내진 왜정주문(倭情奏文)과 함께 예부에 보내는 자문, 요동도지휘사사에 보내는 호송 요청 자문, 의정부의 관문과 비문이 수록되어 있어 당시 사신 파견 절차를 살피는 데 참고가 된다. 의정부 관문에는 말 11필을 사용할 인원과 종인 3명의 명단이 기재되어 있다. 사신은 허성 1인이었고, 호군 이해룡과 종인 3인 외에는 모두 역관이었다.

197) 《宣祖實錄》 권48, 선조 27년 2월 17일(병인).

198) 《宣祖實錄》 권48, 선조 27년 2월 23일(임신).

199) 《宣祖實錄》 권48, 선조 27년 2월 24일(계유), 25일(갑술). 이때 윤근수가 스스로 파견되기를 원했다고 한다.

200) 접반사에는 심희수가 임명되었다(《宣祖實錄》 권49, 선조 27년 3월 2일(경진)).

201) 《宣祖實錄》 권54, 선조 27년 8월 14일(기미).

202) 《神宗實錄》 권279, 만력 22년 11월 18일(임진), "閔汝慶等慶賀冬至畢遷國賞賚如例."

203) 《宣祖實錄》 권53, 선조 27년 7월 10일(병술). 예조에서는 주청사를 따로 보내야 한다는 의견이었으나, 선조는 평시와 다르므로 아울러 진주해도 무방하다고 했다(《宣

祖實錄》권53, 선조 27년 7월 14일(경인)). 정례 사절에 별도의 임무를 맡기는 일은 이례적이었던 것으로 보인다. 결국 선조의 의견에 따라 주청사와 동지사 임무를 함께 맡기로 했다(《宣祖實錄》권53, 선조 27년 7월 15일(신묘)).

204) 《宣祖實錄》권53, 선조 27년 7월 16일(임진).

205) 《宣祖實錄》권53, 선조 27년 7월 17일(계사).

206) 《宣祖實錄》권53, 선조 27년 7월 23일(기해), "凡文書當經於皇覽, 不可過越爲之".

207) 《宣祖實錄》권54, 선조 27년 8월 7일(임자).

208) 《宣祖實錄》권54, 선조 27년 8월 10일(을묘).

209) 《宣祖實錄》권54, 선조 27년 8월 15일(경신), 16일(신유). 최립의 《간이집》에는 이 사행에 관련된 문서들이 수록되어 있다. 이 사행의 파견과 명 조정의 세자 책봉 불허, 그리고 조선의 반응에 대해서는 김영진의 《임진왜란—2년 전쟁, 12년 논쟁》(2021, 455~460쪽) 참조.

210) 《宣祖實錄》권54, 선조 27년 8월 15일(경신), 16일(신유), 19일(갑자). 최립은 1594년 6월에 복명한 지 2개월 만에 다시 사행에 나서게 되었다.

211) 《宣祖實錄》권54, 선조 27년 8월 20일(을축).

212) 《宣祖實錄》권54, 선조 27년 8월 20일(을축).

213) 《宣祖實錄》권59, 선조 28년 1월 15일(무자); 《신종실록》권279, 만력 22년 11월 29(계묘), "朝鮮國王李昖無嫡子, 請以庶第二子琿爲世子, 禮部隔謂尚有長子倫序難肴, 李琿見總軍務止可賜勑以便節制報可."

214) 《宣祖實錄》권59, 선조 28년 1월 15일(무자); 권60, 2월 23일(병인).

215) 김영진, 《임진왜란—2년 전쟁, 12년 논쟁》, 2021, 458~460쪽.

216) 《宣祖實錄》권61, 선조 28년 3월 4일(정축), 27일(경자).

217) 《宣祖實錄》권62, 선조 28년 4월 1일(계묘). 선조는 파직을 허가하지 않았다. 윤근수는 논박을 입은 후 조정에서 물러났으나, 곧 다른 임무를 띠고 전선으로 향하게 되었다.

218) 조선의 대명 외교에서 사용한 문서 형식은 일정한 관례가 마련되어 있었다. 그러나 다양한 사안에 대해 잦은 소통을 해야만 했던 전쟁 시기 이 관례에는 변화가 일어났다. 다음과 같은 예가 주목된다. "다만 소방의 상국에 대한 규범을 생각하건대, 진주陳奏와 이자移咨에 해당하는 것 외에, 감히 사사로이 문자를 통할 수 없습니다.

병란이 일어난 이래, 위급을 급히 호소하려다 규례를 갖추지 못하다 보니 게보揭報의 시작이 되었던 것입니다"(《事大文軌》 권17 회계 43번 문서)). 임진왜란 이후 조선 국왕이 명의 유격遊擊 이상 관원에게 자문과 게첩揭帖을 보내는 관례가 생겼다(장정수, 〈17세기 전반 朝鮮과 後金·淸의 國交 수립 과정 연구〉, 고려대 박사학위논문, 2020. 355쪽). 한편 송응창이 명사名士인가라고 묻는 선조의 질문에, 역관 홍인상은 "반전盤纏이 없어서 물어볼 만한 곳이 없었습니다"라고 답한 적이 있었다(《宣祖實錄》 권44, 선조 26년 11월 28일(무인)). 정보를 얻는 데는 자금이 필요할 때도 있었다.

조명 사행에서 조청 사행으로: 조선과 후금의 사신 파견과 접대

[1] 《인조실록》 권34, 인조 15년 1월 무진(28일).

[2] 《존주휘편》 의례義例, "淸人卽女眞之一部族也."

[3] 성해응은 조청관계의 수립 과정을 만포첨사와 '통첩'한 을미년(1595), 평안도관찰사와 통첩한 기미년(1619), 양국 간의 '통신'이 성사된 정묘년(1627)으로 구분했고 병자호란은 '화친'의 복원으로 인식했다(성해응, 《연경재전집》 권33, 제건주기정후題建州紀程後, "乙未與滿浦僉使通帖 後二十五年己未 始敢與平安道觀察使通帖 後九年丁卯 敢與朝廷通信 後十一年丁丑 朝廷乃復講和").

[4] 병자호란 이후 조선은 청국淸國·대국大國·대조大朝·상국上國이라는 표현으로 청나라를 지칭했다. 특히 명나라에 대해서는 명국明國을 전혀 사용하지 않거나 사용하더라도 대大를 붙여서 대명국大明國이라고 부른 것과 명백히 다르다. 천조는 조선이 명나라를 지칭할 때만 사용했지만, 간혹 예외는 있었다. 다만, 천조를 사용한 이후에는 '황조皇朝'라는 용어로 명나라를 지칭하게 되는데 명나라에 '독점적 지위'를 부여하려는 인식이 조선 후기에도 이어졌음을 뜻한다.

[5] 조선이 스스로 중화를 계승했다는 의식을 형성한 과정에 관해서는 허태용, 《조선후기 중화론과 역사인식》, 아카넷, 2009 참조.

[6] 《존주휘편》 의례, "乙未與滿浦僉使通帖 後二十五年己未 送我嫚書而我乃不報 後九年丁卯 與朝廷通信 又十一年丁丑 朝廷乃復講和."

[7] 《중종실록》 권79, 중종 30년 2월 기유(18일), "傳曰 我國事大以誠交隣以信 自庚午年倭奴叛亂之後 因循不得通信使 今依祖宗朝例 遣通信使何如 其議于大臣."

8) 《고래교린사고古來交隣事考》신사사고信使事考, "兩國通交之大信, 以信使爲本也."

9) 《중종실록》권83, 중종 32년 1월 계사(13일), "金謹思·金安老議 交隣以信 自古通義 日本世修信使 祖宗朝亦有報聘之時."

10) 《각항고부各項稿簿》천총 4년 10월 3일, "金國汗致書朝鮮國王. 時屆秋節 特遣信使阿主戶·東南明 謹候聊其菲儀 用申鄙意 惟冀莞納 至於國事已悉前書 迄今未蒙回復 未知王意何如 附詢不盡."

11) 박정민은 조선 건국 이후 추진되던 여러 제도가 정비되던 성종 대에 여진인들의 통교와 관련한 체제도 정비되었고 이는 명의 조공체제와 흡사하다고 주장했다(박정민, 《조선 시대 여진인 내조 연구》, 景仁文化社, 2015, 152~192쪽). 그에 의하면 조선은 관직, 회사품, 연향 참석 등에 규정을 마련하여 여진과의 관계를 주도했다. 이는 신사 파견의 횟수를 현안의 하나로 논의했던 조금관계와는 다른 일방향의 관계였다고 할 수 있다.

12) 당시 조선은 접대소에 당차구관소唐差句管所, 금차구관소金差句管所, 왜차구관소倭差句管所를 두었다. 여기서 당차는 명의 칙사가 아니라 조선을 오가던 동강진東江鎭의 차관을 뜻하며, 이들의 접대는 접대소가 담당함으로써 영접도감迎接都監을 설치해서 접대하던 칙사와 차등을 둔 것이다.

13) 병자호란 시 척화를 주장한 조빈趙贇은 보성군수 재임 시절 청나라 사신을 두고 "호차를 천사天使라 부르고 접대소接待所를 영접도감迎接都監이라 하니, 선비의 수치다"라면서 벼슬을 버리고 낙향한 바 있다(《인조실록》권47, 인조 24년 7월 임술(18일), "朝廷以胡差爲天使 接待所爲迎接都監 豈非士夫之羞恥乎"). 이 발언은 청에 '신속臣屬'되기 이전에 조선이 명나라 사신과 구별할 목적에서 접대소에 금차구관소를 운영했음을 짐작하게 한다.

14) 신사의 파견이나 접대를 직접적인 분석 대상으로 삼은 연구로는 이현진, 〈조선 후기 왕후 국상과 後金淸의 弔問〉, 《東洋古典研究》84, 東洋古典學會, 2021가 있다.

15) 대부분의 연구는 정묘호란의 발발 원인, 철병 경위, 화친·맹약 등에 집중되고 있다. 全海宗, 〈丁卯胡亂의 和平交涉에 대하여〉, 《亞細亞學報》3, 亞細亞學術研究會, 1967; 全海宗, 〈丁卯胡亂 時의 後金軍의 撤兵 經緯〉, 《白山學報》2, 白山學會, 1967; 金鍾圓, 〈丁卯胡亂時의 後金의 出兵動機: 後金의 社會發展過程에서의 社會經濟的 諸問題와 관련하여〉, 《東洋史學研究》12·13, 東洋史學會, 1978; 張存武, 〈丁卯和議 後金兵的撤退〉, 《東方學志》18, 연세대학교 국학연구원, 1978; 劉家駒, 〈天聰元年阿

敏等伐朝鮮之役與金國朝鮮兄弟之盟〉,《食貨》第7卷 10期, 食貨月刊社, 1978; 陳捷先, 〈略論天聰年間後金與朝鮮的關係〉,《東方學志》23·24, 연세대학교 국학연구원, 1980; 유승주, 〈仁祖의 丁卯胡亂 對策考〉,《韓國人物史研究》3, 한국인물사연구회, 2005; 남호현, 〈朝淸關係의 초기 형성단계에서 '盟約'의 역할: 丁卯胡亂期 朝鮮과 後金의 講和過程을 중심으로〉,《朝鮮時代史學報》78, 朝鮮時代史學會, 2016; 계승범, 〈정묘호란의 동인 재고〉,《洌上古典研究》71, 洌上古典研究會, 2020; 채홍병, 〈조선朝鮮의 대후금對後金 관계 추이와 정묘맹약丁卯盟約의 의미〉,《韓國史研究》193, 한국사연구회, 2021.

16) 金聲均, 〈朝金間犯越刷還問題應酬略考〉,《史學研究》18, 韓國史學會, 1964; 朴容玉, 〈丁卯亂 朝鮮被擄人 刷·贖還考〉,《史學研究》18, 韓國史學會, 1964; 魏志江, 〈清鮮"丁卯胡亂"與"丙子胡亂"考略〉,《韓國研究》7, 國際文化出版公司, 2004; 한명기, 《정묘·병자호란과 동아시아》, 푸른역사, 2008; 石少穎, 〈和约背后的制衡: 对"丁卯之役"及金鲜谈判的再探讨〉,《历史教学》2012年 14期; 石少穎, 〈"丁卯之役"中金鮮間納質, 歲幣 問題由來考辨─兼論後金首次征朝期間的外交策略〉,《中國史研究》2013年 4期; 鈴木開, 〈朝鮮丁卯胡亂考〉,《史學雜誌》123編 8號, 史學會, 2014.

17) 최근의 대표적인 연구로 Yuanchong Wang., *Rethinking the Chinese Empire*: *Manchu-Korean Relations 1616~1911*(N.Y.: Cornell University Press, 2018); 鈴木開, 《明清交替と朝鮮外交》, 刀水書房, 2021 등을 꼽을 수 있다.

18) 刘为, 《清代中朝使者往来研究》, 黑龙江教育出版社, 2002, pp. 3~6.

19) 성해응, 《연경재전집》권33, 제건주기정후, "萬曆乙未 我因遼東都司知建州夷 聚合人馬 侯鴨綠江冰合 寇我西邊 遣武出身申忠一往偵之 是時奴酋回帖于滿浦僉使曰女直國建州衛管束夷人之主修奴兒哈赤 其恭順如此."

20) 韓成周, 〈임진왜란 전후 女眞 藩胡의 조선 침구 양상과 조선의 대응 분석〉,《東洋史學研究》132, 東洋史學會, 2015.

21) 《선조실록》권23, 선조 22년 7월 정사(12일).

22) 장정수, 〈16세기 말~17세기 초 朝鮮과 建州女眞의 배후 교섭과 申忠一의 역할〉,《韓國人物史研究》25, 한국인물사연구회, 2016 참조.

23) 《건주기정도기》의 원본에는 누르하치의 회첩이 담겨 있었지만,《선조실록》의 서계에는 삭제되어 있다. 회첩의 서식과 내용은《이문등록》과《연경재전집》에서도 확인된다.

24) 박정민, 《한국의 대외관계와 외교사》(조선편), 동북아역사재단, 2018, 256~263쪽.

25) 앞의 각주 6 참조.

26) 1619년보다 앞서 1617년 문희현文希賢이 누르하치의 '호서胡書'를 두 차례 받은 사실이 있다. 당시 차관의 파견이 거론되었으나 실현되지는 않았다. 그리고 차관 파견의 전례로서 신충일을 거론한 점도 고려할 만한 점이다(장정수, 〈17세기 초 조선의 대對건주여진·후금 교섭과 조朝·명明 군사공조의 실상〉, 《역사와 실학》 73, 역사실학회, 2021, 144~146쪽).

27) 장정수, 〈선조대 말 건퇴 전투의 발발 배경·경과와 대對 여진 관계상의 변화〉, 《韓國史研究》 196, 韓國史研究會, 2022, 130~132쪽.

28) 《광해군일기》 권169, 광해군 13년 9월 무신(10일), "此人早朝中國 又遊日本及忽溫 極多所見者也."

29) 1605년 10월, 호차差胡라는 표현이 처음 확인된다.

30) 《선조실록》 권121, 선조 33년 1월 신미(26일).

31) 張禎洙, 〈17세기 초 朝鮮의 이원적 對女眞 교섭과 '藩胡規例'〉, 《明淸史研究》 54, 明淸史學會, 2020, 82~207쪽.

32) 《비변사등록》 1책, 광해군 9년 4월 10일.

33) 《청태조실록》 권6, 천명 4년 3월 갑진(21일), "……爾朝鮮以兵助明 吾知非爾意也 迫於其勢 有不得已 且明曾救爾倭難 故報其恩而來耳 昔金大定時 爾朝鮮之臣有趙惟忠者 以四十城叛附 大定帝日 朕征宋徽欽二帝時 爾朝鮮王不助宋 亦不助朕 乃持公之國也 遂不納 由此以論爾原與我國無郤 今擒爾統兵官屬十人 以念王之故特留之 今何以竟其事耶 王其圖之 … 我聞明主之意 欲令其諸子 主我滿洲及爾朝鮮 辱我二國實甚 今王之意 將謂我二國素無怨讐 遂與我合謀以仇明耶 抑既已助明 不相背負耶 其詳告我."

34) 《광해군일기》 권139, 광해군 11년 4월 신유(8일), "今此胡書 以邊臣所答書送 則所當急急磨鍊以送 而論議遲滯 至今未決……今宜以朴燁之書修答 授河瑞國以送."

35) 《광해군일기》 권139, 광해군 11년 4월 병인(13일).

36) 《광해군일기》 권139, 광해군 11년 4월 정축(24일).

37) 《광해군일기》 권140, 광해군 11년 5월 기유(27일).

38) 광해군은 국서만큼은 보낼 수 없다고 강조했다. 박승종의 헌의에 따라 후금後金 대신 건주建州라는 명칭을 사용하기로 하고, 수신자도 한汗이 아닌 마파Mafa(馬法)로

기재했다. 건주라는 표현의 사용은 후금을 국가로 인정하지 않겠다는 의미였고, 만주어 '마파'의 음역인 마법은 군주 간의 통서를 하지 않겠다는 의지의 표명이었다. 결국 조선의 답서는 조선국평안도관찰사朝鮮國平安道觀察使가 건주위마파建州衛馬法에게 봉서奉書하는 형태로 작성되었다(《광해군일기》 권139, 광해군 11년 4월 기사(16일)).

39) 《광해군일기》 권142, 광해군 11년 7월 을미(14일), "且聞梁諫之言 欲令大官來報."

40) 본 서신은 1619년 8월 25일 조선이 황제에게 올린 주본 안에서 전문이 확인된다(《이문등록》 14책, 만력 47년 8월 일(조선 국왕의 주본). 일자는 주본과 함께 예부에 보낸 자문에서 확인된다.

41) 《광해군일기》 권142, 광해군 11년 7월 갑진(23일).

42) 《이문등록》 13책, 만력 47년 5월 일(조선 국왕의 주본).

43) 《광해군일기》 권142, 광해군 11년 7월 기해(18일).

44) 《광해군일기》 권143, 광해군 11년 8월 무오(8일).

45) 1620년 5월 조선 통사 하세국과 황연해가 후금을 방문했지만, 차관의 파견과는 결이 다르다.

46) 옥강의 변에 대해서는 張禎洙, 〈17세기 전반 朝鮮과 後金·淸의 國交 수립 과정 연구〉, 고려대학교 박사학위논문, 2020, 244~251쪽.

47) 《광해군일기》 권166, 광해군 13년 6월 정해(17일)·기축(19일)·계사(23일).

48) 《광해군일기》 권167, 광해군 13년 7월 갑자(25일)·을축(26일).

49) 이시발, 《계록》 금金, 신유(1621) 7월 20일·25일·28일.

50) 이시발, 《계록》 금, 신유(1621) 8월 3일.

51) 《광해군일기》 권169, 광해군 13년 9월 갑진(6일).

52) 《광해군일기》 권169, 광해군 13년 9월 무신(10일), "遣滿浦僉使鄭忠信 通和虜營."

53) 정충신을 접대하던 숄룽고의 말이다(이시발, 《계록》 화火, 신유(1621) 9월 5일).

54) 《광해군일기》 권169, 광해군 13년 9월 무신(10일), "事君以義 交隣以信 其義則一也."

55) 심하 전역 당시 후금의 포로가 된 4,000여 명의 조선군을 이른다.

56) 《만문노당滿文老檔》 태조 24, 천명 6년 9월 24일.

57) 이시발, 《계록》 화, 신유(1621) 10월 일.

58) 누르하치가 조선에 보낸 서신은 매우 다양한 서식을 가지고 있었다. 후금국後金國·대금국大金國이라고 하는가 하면, 치서致書·봉서奉書 등의 대등한 서식을 쓰거나 혹

은 조유詔諭 등의 표현도 썼다. 치서 대신 '서달書達'이라는 생소한 표현을 사용하기
도 했다. 이는 문서를 한자로 작성하는 과정에서 특정한 국서식國書式이 존재하지
않았기 때문이기도 하고, 조선에 대한 호의 혹은 유감이 들어간 것이기도 하다.

59) 이시발, 《계록》 토土, 신유(1621) 11월 27일.

60) 이시발, 《계록》 목木, 신유(1621) 12월 23일.

61) 《광해군일기》 권172, 광해군 13년 12월 계사(26일).

62) 《만문노당》 태조37, 천명 7년 2월 21일.

63) 《광해군일기》 권176, 광해군 14년 5월 병오(11일).

64) 이시발, 《계록》 토, 임술(1622) 8월 18일.

65) 《광해군일기》 권178, 광해군 14년 6월 기축(25일).

66) 《광해군일기》 권180, 광해군 14년 8월 신묘(28일).

67) 《광해군일기》 권181, 광해군 14년 9월 갑오(1일).

68) 이시발, 《계록》 토, 임술(1622) 8월 일(문서상 일자 표기가 없는 경우 '八月 日'로 씀—필자 주).

69) 정경세, 《우복집》 권8, 정문呈文, 독부정문督府呈文 계해癸亥, "……潛與虜通 皮幣金繪 信使相望").

70) 인조반정 이후, 정묘호란 이전까지의 친명배금 정책에 관해서는 장정수, 〈인조대 초반 御營使·摠戎使의 설치와 親明排金 정책의 기류 변화〉, 《韓國史學報》 86, 고려사학회, 2022 참조.

71) 이시발, 《계록》 목, 신유(1621) 윤2월 19일, "老身自忽至老 出入朝鮮通來十六年矣 曾與片言反覆 至今見容於朝鮮 今年七十有餘 朝夕入地 天日在上 何敢一毫相負 吾知朝鮮戴天朝如父母 若三國相和 信使往來 入貢交市 各無嫌猜 豈不好狀 不必是吾酋之所强勉者也."

72) 정묘호란 때 처음으로 국서를 들고 후금 진영에 간 강숙과 박립은 차관이라고 했다 (《인조실록》 권15, 인조 5년 1월 계사(25일)). 후금과의 화친을 일시적인 것으로 여겼기 때문이다. 두 번째로 파견된 사신은 진창군晉昌君 강인姜絪이었는데, 그는 고위의 문관을 사신으로 보내 달라는 후금 측의 요구에 따라 선정된 인물이다. 강인은 회답사 호칭을 받았다가 그것이 지나치다는 비판으로 인해 회답관으로 수정되었다(《인조실록》 권15, 인조 5년 2월 경자(3일)·신축(4일)).

73) 《조선국내서부朝鮮國來書簿》 1책, 천총 3년 9월 18일, "朝鮮國王答書金國汗閣

下……來書以書頭式例爲訝 今此書式 當初約和時 已再三講定行之旣久 微文小節 固 不足屑屑爲也 然勤示至此 故更就封內增式如右 亦可知曲副來敎耳.”

74) 일본에 보낸 국서에 전하를 반드시 표기한 것과 다르다.

75) 《인조실록》 권18, 인조 6년 1월 신미(9일); 《인조실록》 권18, 인조 6년 2월 경신(28일).

76) 치为, 2002, 앞의 책, p. 9; 蔡弘秉, 2019, 앞의 논문, 39쪽.

77) 의례문서와 실무문서에 대해서는 丘凡眞, 〈崇德年間 淸朝의 朝鮮 王室 冊封과 冊封 文書〉, 《明淸史硏究》 52, 明淸史學會, 2019 참조.

78) 조선에서는 후금의 공식 사신도 춘신사와 추신사로 이해했다(《승정원일기》 61책, 인조 15년 10월 기해(5일)). 물론 후금에서 이 호칭을 사용했던 것 같지는 않지만, 적어도 1 년에 두 차례 정기적인 사신을 파견한다는 데는 동의했으며 조선에서는 이들을 '신 사信使'로 여겼던 것 같다.

79) 이훈, 〈임란 이후 '회답겸쇄환사'로 본 대일본외교 전략: 선조 대를 중심으로〉, 《韓 日關係史硏究》 49, 韓日關係史學會, 2014; 이훈, 〈광해군 대 '회답겸쇄환사'의 파견 (1617년)과 대일본외교〉, 《韓日關係史硏究》 52韓日關係史學會, 2015; 이훈, 〈인조 즉 위 초 후금後金 대비책과 회답겸쇄환사(1624년) 파견〉, 《韓日關係史硏究》 66, 韓日關 係史學會, 2019.

80) 이에 대한 대표적인 연구로는 손승철, 〈조선 시대 '통신사' 개념의 재검토〉, 《朝鮮時 代史學報》 27, 朝鮮時代史學會, 2003이 있다. 최근 선조와 광해군, 인조가 일본의 통신사 요구를 알면서도 의도적으로 회답사를 보낸 점에 대한 상세한 연구가 이루 어졌다(이훈, 《조선의 통신사외교와 동아시아》, 경인문화사, 2019, 25~140쪽).

81) 《인조실록》 권6, 인조 2년 5월 갑자(11일), “況倭奴 仇讐之邦 遣使回答 實出於不得已.”

82) 《인조실록》 권6, 인조 2년 8월 임인(20일), “被擄之人 尙多留在者 刷還之事 着實爲之.”

83) 《인조실록》 권8, 인조 3년 8월 계유(25일).

84) 진창군 강인은 1627년 2월 3일, 회답사로 임명되었다가 이튿날(4일) 중론의 반대로 호칭이 삭제된다(《인조실록》 권15, 인조 5년 2월 경자(3일)·신축(4일)). 화친의 성립 이전 조선에서는 대후금 사절을 '차관'으로 지칭하고 싶었던 듯하다. 당시 접대재신으로 임명된 이정귀 등을 '접대관'으로 불렀던 점이나(《인조실록》 권15, 인조 5년 2월 신축(4 일)) 이후 파견된 신경호에게 회답관이라는 명칭을 사용한 점 등으로 미루어 강인에 게도 회답관이라는 호칭이 부여되었을 것으로 보인다.

85) 박립·강숙·강인은 화친 성사 이전에 파견된 인물들이고 각각 박난영과 강홍립의 인척이라는 이유로 선발된 사례지만 조선의 국서를 지참한 차관이었으므로 포함시켰다.

86) 호차 이전에 '차호差胡'라는 호칭도 썼다. 이후 '호차'는 차호라는 표현과 병용되었고 '금차'라는 명칭을 사용한 뒤에도 계속해서 사용했다. 병자호란 이후에도 청의 사신을 '청차淸差'라고 부른 사례가 상당히 많은데, 이는 일종의 관성으로 작용한 것으로 볼 수 있다. 명의 사신을 명차明差라고 부른 경우가 없는 것과 대비된다.

87) 정묘호란 때 강화하면서 유해가 오윤겸·최명길에게 요구한 점이다. 유해가 "당차를 접견함에 있어서는 반드시 법규가 있는데 지금은 어째서 그리하지 않는가. 한갓 예절을 아끼려다가 큰 계책만 어지럽힐 뿐이다"라고 말한 데서 비롯된다(《인조실록》 권15, 인조 5년 2월 정미(10일)).

88) 당시 조선에서 금차에게 상마연上馬宴, 하마연下馬宴 등을 베푼 것은, 이전에 칙사 혹은 흠차관원이 아닌 요동아문이나 동강진의 차관들을 접대하는 규정을 좇았기 때문이다. 최근 왕위안총은 정묘호란 이후 조선이 후금 사신을 접대한 방식이 명과 거의 동일했다면서 '사실상의 종번관계de facto Zongfan relationship'라고 했다. 그는 이 당시의 조선과 후금 양국 관계를 '준종번 체제Quashi Zongfan system'라고 보았다(Yuanchong Wang., *Rethinking the Chinese Empire: Manchu-Korean Relations 1616~1911*(N.Y.: Cornell University Press, 2018), pp. 34~37). 그러나 여기서 왕Wang은 조선의 복잡한 접대 규정을 단순화해서 설명하는 오류를 빚었다. 조선의 접대 방식은 칙사를 접대하는 영접도감, 흠차관원을 접대하는 접대도감, 차관을 접대하는 접대소 등으로 구분되었다. 조선은 접대소의 금차구관소에서 후금 사신을 접대했으며, 이는 동강진의 당차에 준한 것이지 명의 칙사나 흠차관원과는 엄연히 달랐다. 모화관에서의 영위迎慰 및 전위餞慰, 궁궐의 정전에서의 접견, 상마연이나 하마연은 원칙적으로 칙사에 대한 것이었지만 광해군 대 요동아문의 차관 접대를 거쳐 이미 당차에 대해서도 시행되고 있었다. 따라서 이 점을 들어 조선의 대후금 접대를 명에 준한 것으로 평가하고, 여기서 더 나아가 이 시기 조선과 후금의 관계를 '종번에 준한' 것으로 파악한 지점은 재고되어야 한다.

89) 접대소는 임진왜란 이후 명 차관을 접대하기 위해 설치했다. 1604년 이후 상설화되었고 1605년에는 당상·낭청이 확인되기도 한다(《선조실록》 권181, 선조 37년 11월 기축(13일);《선조실록》 권185, 선조 38년 3월 병술(12일);《선조실록》 권187, 선조 38년 5월 을미(22일)).

90) 1627~1636년 사이에 왜차구관소도 설치된 적이 있으므로 접대소는 당차·금차·왜차를 접대하는 곳이라고 할 수 있다. 다만, 예외적인 사례로서 사실상 상설적으로 운영된 당차·금차와는 다르므로 제외하였음을 밝힌다.

91) 《인조실록》 권34, 인조 15년 4월 신미(2일).

92) 《인조실록》 권15, 인조 5년 2月 신해(14일)·무오(21일); 《인조실록》 권15, 인조 5년 2월 기미(22일)·경신(23일)·신유(24일)·정묘(30일); 《인조실록》 권15, 인조 5년 3월 기사(2일).

93) 《인조실록》 권15, 인조 5년 2월 경자(3일); 《승정원일기》 17책, 인조 5년 2월 경술(13일).

94) 《인조실록》 권15, 인조 5년 3월 기축(22일); 《인조실록》 권16, 인조 5년 5월 정해(22일).

95) 《인조실록》 권16, 인조 5년 5월 기축(24일)·갑오(29일).

96) 《승정원일기》 18책, 인조 5년 5월 기축(24일); 《인조실록》 권16, 인조 5년 6월 병신(1일).

97) 《승정원일기》 24책, 인조 7년 2월 을사(19일); 《승정원일기》 27책, 인조 7년 8월 정축(25일).

98) '호차접대재신胡差接待宰臣'이라고도 하였다(《승정원일기》 20책, 인조 6년 1월 병인(4일)).

99) 《승정원일기》 21책, 인조 6년 6월 임자(23일); 《승정원일기》 22책, 인조 6년 7월 갑자(5일).

100) 《승정원일기》 25책, 인조 7년 3월 정축(21일).

101) 영후관의 명칭은 1628년 11월에 처음 보이지만, 그 내용이 "전례에 따라 영후하는 관원을 벽제와 모화관의 중로에 내보낸다(《인조실록》 권19, 인조 6년 11월 임오(25일))"라는 것임을 고려하면, 정묘호란 직후부터 파견된 것으로 보인다.

102) 본래 왜차에게는 선위사宣慰使를 파견했으나, 1629년 접위관接慰官으로 낮추었다(《춘관지》 3책, 접위관).

103) 《승정원일기》 18책, 인조 5년 5월 경인(25일); 《승정원일기》 27책, 인조 7년 8월 갑자(12일).

104) 《승정원일기》 27책, 인조 7년 8월 갑자(12일).

105) 《승정원일기》 24책, 인조 7년 2월 기유(23일); 《승정원일기》 27책, 인조 7년 8월 경오(18일).

106) 《승정원일기》 18책, 인조 5년 5월 기축(24일).

107) 《승정원일기》 27책, 인조 7년 8월 신미(19일).

108) 《승정원일기》 24책, 인조 7년 2월 계축(27일).

109) 《승정원일기》 18책, 인조 5년 5월 경인(25일).

110) 《승정원일기》 24책, 인조 7년 2월 계축(27일);《승정원일기》 28책, 인조 7년 10월 경
오(19일).

111) 《비변사등록》 4책, 인조 12년 2월 25日;《인조실록》 권29, 인조 12년 2월 을유(28
일)·병술(29일).

02 사행 운영과 노정

조선 전기 대명 사행의 조직 운영과 외교적 역할

1) 丘凡眞·鄭東勳,〈홍무 5년(1372) 명 태조의 고려에 대한 의심과 '힐난 성지'〉,《명청
사연구》 55, 명청사학회, 2021.

2) 김구진,〈朝鮮前期 韓中關係史의 試論─朝鮮과 明의 使行과 그 性格에 대하여〉,
《홍익사학》 4, 홍익사학회, 1990; 김경록,〈朝鮮初期 對明外交와 外交節次〉,《한국
사론》 44, 서울대 국사학과, 2000; 김경록,〈朝鮮時代 使行과 使行記錄〉,《한국문
화》 38, 서울대 규장각한국학연구원, 2006; 김경록,〈朝鮮時代 朝貢體制와 對中國
使行〉,《명청사연구》 30, 명청사학회, 2008; 김경록,〈조선과 중국(명·청)의 사행 외
교〉,《한일관계사연구》 55, 한일관계사학회, 2016.

3) 임기중,〈朝天錄과 燕行錄의 服飾〉,《한국복식》 10, 단국대학교, 1992; 김경록,〈조
선 초기 통사의 활동과 위상 변화〉; 정은주,〈燕行 및 勅使迎接에서 畵員의 역할〉,
《명청사연구》 29, 명청사학회, 2008.

4) 엄경흠,〈鄭夢周와 權近의 使行詩에 表現된 國際關係〉,《한국중세사연구》 16, 한국
중세사학회, 2004; 권인용,〈明中期 朝鮮의 宗系辨誣와 對明外交─權機의 〈朝天錄〉
을 중심으로〉,《명청사연구》 24, 명청사학회, 2005.

5) 구도영,〈조선 전기 對明 陸路使行의 형태와 실상〉,《진단학보》 117, 진단학회, 2013.

6) 정동훈,〈明代 前期 外國 使節의 身分證明 方式과 國家間 體系〉,《명청사연구》 40,
명청사학회, 2013; 辻大和,〈朝鮮の対明朝貢使節が携帯した文書: 符験と勘合〉,《韓
国朝鮮文化研究》 16, 東京大学大学院人文社会系研究科·文学部朝鮮文化研究室,

2017; 구도영, 〈明代 朝鮮 使行의 身分 證明에 대한 종합 분석—勘合부터 얼굴 認知까지〉, 《명청사연구》 52, 명청사학회, 2019; 이재경, 〈조선 전기 부경사절에게 발급된 신분증명서와 명 국내 역로 이용 절차〉, 《한국문화》 101, 서울대 규장각한국학연구원, 2023.

7) 이규철, 〈조선 초기 대외정보 수집활동의 실상과 변화〉, 《역사와 현실》 65, 한국역사연구회, 2007; 구도영, 〈16세기 조선 對明 사행단의 정보 수집과 정보력〉, 《대동문화연구》 95, 성균관대 대동문화연구원, 2016.

8) 정동훈, 〈고려-거란·금 관계에서 '朝貢'의 의미〉, 《진단학보》 131, 진단학회, 2018.

9) 《中宗實錄》 권94, 중종 35년 10월 13일(신미); 《中宗實錄》 권94, 중종 35년 10월 14일(임신); 《中宗實錄》 권100, 중종 38년 1월 28일(계유); 《明宗實錄》 권4, 명종 1년 10월 24일(무신); 《明宗實錄》 권16, 명종 9년 2월 21일(임신).

10) 《大明會典》 권105, 禮部63, 朝貢1, 東南夷 上, 朝鮮國, "聖節正旦(嘉靖十年 外夷朝正旦者 俱改冬至)皇太子千秋節 皆遣使奉表朝賀貢方物"; 《中宗實錄》 권70, 중종 26년 3월(갑오); 《退溪先生文集攷證》 권7, 箴銘表箋, 冬至賀表.

11) 《明世宗實錄》 권156, 가정 12년 11월 19일(정사), "……又言 往者 朝鮮五年一貢種馬 皆與正朝使同詣闕 今正朝之賀 改於冬至 則獻馬使者 宜與賀冬使偕 俱請旨論 其國如令 報可."

12) 병자호란 이후 청과의 조공관계가 시작되는 1637년(인조 15, 숭정 2) 이후부터 1645년(인조 23, 순치 2) 전까지 잠시 동안 1년 4사가 행해졌고(《仁祖實錄》 권34, 인조 15년 정월 28일(무진)), 순치順治 을유년乙酉年 이후에는 정기 사행이 동지사 하나로 통합되어, 매년 한 번만 파견되었다. 1년 4사나 1년 1사는 모두 조선과 청의 관계에서 이루어진 정기 사행 횟수이다.

13) 《明英宗實錄》 권31, 정통 2년 6월 26일(갑신).

14) 《明英宗實錄》 권143, 정통 11년 7월 3일(기사).

15) 《明英宗實錄》 권106, 정통 8년 7월 28日(신사).

16) 岡本弘道, 〈明朝における朝貢國琉球の位置付けとその變化〉, 《東洋史研究》 57·4, 東洋史研究會, 1999.

17) 《明憲宗實錄》 권140, 성화 11년 4월 10일(무자).

18) 《明英宗實錄》 권21, 정통 원년 8월 21일(갑신).

19) 鄭樑生, 《明日關係史の硏究》, 雄山閣, 1985, 38~40쪽.

20) 《通文館志》 권3, 事大 上, 赴京使行.

21) 《世宗實錄》 권24, 세종 6년 6월 24일(정묘).

22) 《中宗實錄》 권49, 중종 18년 8월 29일(병인).

23) 《世宗實錄》 권7, 세종 2년 정월 25일(갑자); 《世宗實錄》 권7, 세종 2년 3월 19일(정해); 《世宗實錄》 권46, 세종 11년 12월 13일(을유).

24) 《中宗實錄》 권34, 중종 13년 7월 15일(임자); 《明宗實錄》 권22, 명종 12년 4월 20일(계묘); 《宣祖實錄》 권6, 선조 5년 12월 26일(무인).

25) 《經國大典》 권3, 禮典, 事大, "奏聞文書 都提調 提調 亦起程日 査對."

26) 《中宗實錄》 권42, 중종 16년 7월 6일(을묘); 《光海君日記 중초본》 권157, 광해군 12년 10월 10일(계축).

27) 《世宗實錄》 권98, 세종 24년 11월 28일(갑신).

28) 《中宗實錄》 권64, 중종 23년 12월 27일(갑오).

29) 《世宗實錄》 권126, 세종 31년 10월 13일(경신).

30) 《中宗實錄》 권96, 중종 36년 9월 13일(병신).

31) 《中宗實錄》 권100, 중종 38년 6월 29일(임인); 《明宗實錄》 권4, 명종 1년 11월 10일(계해); 《明宗實錄》 권14, 명종 8년 윤3월 1일(정미).

32) 박성주, 〈高麗·朝鮮의 遣明使 硏究〉, 동국대학교 박사학위논문, 2004; 구도영, 〈조선 전기 對明 陸路使行의 형태와 실상〉, 2013.

33) 김경록, 〈朝鮮初期 對明外交와 外交節次〉, 2000, 28쪽.

34) 《通文館志》 권3, 事大 上, 赴京使行.

35) 《大典續錄》 권1, 吏典, 官職; 《太宗實錄》 권27, 태종 14년 4월 24일(정묘); 《世宗實錄》 권74, 세종 18년 9월 25일(정사); 《世宗實錄》 권93, 세종 23년 8월 5일(기사); 《世祖實錄》 권43, 세조 13년 8월 28일(신유); 《成宗實錄》 권266, 성종 23년 6월 2일(신축); 《成宗實錄》 권278, 성종 24년 윤5월19일(임자); 《燕山君日記》 권40, 연산군 7년 4월 17일(갑오); 《中宗實錄》 권79, 중종 30년 5월 2일(임술); 《明宗實錄》 권12, 명종 6년 8월 13일(무진); 《宣祖實錄》 권6, 선조 5년 10월(무진); 박성주, 〈高麗·朝鮮의 遣明使 硏究〉, 2004; 구도영, 〈조선 전기 對明 陸路使行의 형태와 실상〉, 2013.

36) 《通文館志》 권3, 事大 上, 赴京使行, 冬至行.

37) 《世祖實錄》 권32, 세조 10년 3월 17일(경오);《成宗實錄》 권208, 성종 18년 10월 16
일(임오);《燕山君日記》 권59, 연산군 11년 9월 10일(신묘);《明宗實錄》 권34, 명종 22
년 3월 11일(병인);《宣祖實錄》 권7, 선조 6년 2월 25일(병자).

38) 《太宗實錄》 권18, 태종 9년 11월 10일(무인);《端宗實錄》 권13, 단종 3년 3월 19일(갑
자);《中宗實錄》 권28, 중종 12년 5월 10일(갑신).

39) 《太宗實錄》 권6, 태종 3년 11월 15일(기축);《太宗實錄》 권7, 태종 4년 3월 27일(무진).

40) 《世宗實錄》 권46, 세종 11년 12월 13일(을유).

41) 《太宗實錄》 권4, 태종 2년 10월 15일(을축);《世祖實錄》 권8, 세조 3년 6월 22일(갑인);
《成宗實錄》 권212, 성종 19년 윤1월 28일(계사).

42) 《成宗實錄》 권46, 성종 5년 8월 19일(신축);《成宗實錄》 권47, 성종 5년 9월 15일(정묘).

43) 《中宗實錄》 권1, 중종 1년 9월 27일(계묘);《中宗實錄》 권2, 중종 2년 2월 28일(임인);
《中宗實錄》 권4, 중종 2년 9월 7일(정미).

44) 《宣祖實錄》 권2, 선조 1년 5월 1일(신해).

45) 《中宗實錄》 권91, 중종 34년 윤7월 4일(기해).

46) 이규철, 〈조선 초기 대외정보 수집활동의 실상과 변화〉, 2007.

47) 《檜山集》 권2, 朝天錄(1537);《冲齋集》 권7, 朝天錄(1539);《冲齋集》 권7, 朝天錄(1539);
《荷谷集》 朝天記(1574).

48) 구도영, 〈조선 전기 對明 陸路使行의 형태와 실상〉, 2013, 92~93쪽.

49) 《明宗實錄》 권2, 명종 즉위년 12월 13일(임인);《陽谷集》 권4, 詩(1533), "曹家莊 遇陳
慰使李誠彥書狀官朴翰因與同宿 始聞本國消息; 杏山西數里 逢謝恩使柳潤德質正官
崔演下馬地坐相話而別."

50) 《冲齋集》 권7, 朝天錄(1539), 11월 4일; 11월 7일.

51) 《經國大典》 권3, 禮典, 藏文書.

52) 《通文館志》 권3, 事大 上, 赴京使行.

53) 《經國大典》 권3, 禮典, 藏文書;《通文館志》 권3, 事大 上, 赴京使行.

54) 《太宗實錄》 권15, 태종 8년 3월 9일(무오).

55) 《世宗實錄》 권14, 세종 3년 11월 15일(갑술).

56) 《世宗實錄》 권22, 세종 5년 11월 9일(병술).

57) 《世宗實錄》 권48, 세종 12년 4월 22일(임진).

58) 《世宗實錄》권6, 성종 1년 7월 19일(을미).

59) 《世宗實錄》권94, 세종 23년 12월 15일(정미);《中宗實錄》권7, 중종 3년 10월 18일 (임오);《中宗實錄》권96, 중종 36년 8월 7일(경신).

60) 《世宗實錄》권100, 세종 25년 4월 15일;《世宗實錄》권217, 성종 19년 6월 20일(임 자); 金克成,《憂亭集》卷5,〈行狀[李慶倬]〉;《中宗實錄》권59, 중종 22년 7월 11일(병 술);《明宗實錄》권22, 명종 12년 3월 12일(을축); 조헌,《朝天日記》5월 11일.

61) 《世宗實錄》권75, 성종 8년 1월 13일(임자).

62) 《燕山君日記》권6, 연산 1년 6월 20일(신미).

63) 《明宗實錄》권29, 명종 18년 12월 10일(갑인).

64) 《中宗實錄》권59, 중종 22년 7월 11일(병술).

65) 《通文館志》권3, 事大 上, 赴京使行.

66) 《大東野乘》권4, 稗官雜記 권1.

67) 《世宗實錄》권173, 성종 15년 12월 21일(갑술).

68) 《世宗實錄》권128, 성종 12년 4월 25일(기사).

69) 《世宗實錄》권134, 성종 12년 10월 20일(신유.

70) 《世宗實錄》권228, 성종 20년 5월 27일(갑신).

71) 《燕山君日記》권21, 연산 3년 2월 26일(무술).

72) 《中宗實錄》권2권, 중종 2년 2월 15일(기축).

73) 《世宗實錄》권219, 성종 19년 8월 24일(을묘);《中宗實錄》권91, 중종 34년 9월 10일(갑진).

74) 《世宗實錄》권10, 성종 2년 5월 25일(정유);《成宗實錄》권38, 성종 5년 1월 19일(을 사);《成宗實錄》권53, 성종 6년 3월 1일(경술);《中宗實錄》권51, 중종 19년 8월 12일 (갑진);《中宗實錄》권89, 중종 34년 3월 16일(갑신).

75) 《中宗實錄》권51, 중종 19년 8월 12일(갑진).

76) 《中宗實錄》권20, 중종 9년 8월 10일(경자);《中宗實錄》권36, 중종 14년 8월 11일(임 신);《中宗實錄》권67, 중종 25년 2월 19일(기묘);《中宗實錄》권95, 중종 36년 7월 28 일(임자);《明宗實錄》권17, 명종 9년 7월 22일(경신);《明宗實錄》권23, 명종 12년 7 월 11일(임술);《宣祖實錄》권4, 선조 3년 4월 25일(임술).

77) 《世宗實錄》권173, 성종 15년 12월 21일(갑술).

78) 《成宗實錄》권251, 성종 22년 3월 29일(을사);《成宗實錄》권253, 성종 22년 5월 22

일(정유); 《中宗實錄》 권56, 중종 21년 3월 22일(을사).

79) 《經國大典》 권3, 禮典, 事大.

80) 《成宗實錄》 권251, 성종 22년 3월 29일(을사); 《中宗實錄》 권102, 중종 39년 3월 1일 (기해); 《中宗實錄》 권102, 중종 39년 2월 11일(경진); 《中宗實錄》 권102, 중종 39년 2월 12일(신사); 《明宗實錄》 권21, 명종 11년 11월 2일(정사); 《明宗實錄》 권29, 명종 18년 6월 22일(무진).

81) 《中宗實錄》 권102, 중종 39년 3월 18일(병진); 《仁宗實錄》 권2, 인종 1년 4월 23일(을묘).

82) 김경록, 〈朝鮮初期 對明外交와 外交節次〉, 2000, 30쪽.

83) 《文宗實錄》 권1, 문종 즉위년 5월(정사).

84) 《太宗實錄》 권11, 태종 6년 1월 28일(기미); 《中宗實錄》 권87, 중종 33년 5월 19일(신묘).

85) 《中宗實錄》 권96, 중종 36년 8월 7일(경신).

86) 태종 7년에 세자를 진표사로, 우 정승을 진전사로 명에 파견했는데, 이때의 사신 일행 명단이 상세하게 기록되어 있다. 세자와 우의정을 사신으로 보내는 특수한 상황이라 그를 보위하는 직책이 추가되었을 것이라 판단되지만, 조선 초기에 작성된 상세한 사행 일행 명단이라는 점에서 주목된다. 정사와 부사 각 2인, 시종관 12인, 서장관 2인, 통사 6인, 압마 2인, 압물 2인, 사복관 1인, 의원 1인, 내시 2인, 해관 2인, 사의 2인, 감주 1인, 주자 3인, 내료 7인, 구간태자군 24인, 타각부는 2인, 양마 3인, 마의 1인이 었고, 견마배 7인, 각관의 종인 27명이었다(《太宗實錄》 권14, 태종 7년 9월 25일(을해)).

87) 김경록, 〈朝鮮初期 對明外交와 外交節次〉, 2000, 27쪽.

88) 구도영, 〈조선 전기 對明 使行貿易의 교역지대와 구성원〉, 《인문과학》 55, 인문과학 연구소, 2017.

89) 《世祖實錄》 권36, 세조 11년 8월 15일(경인); 《成宗實錄》 권48, 성종 5년 10월 19일 (신축); 《中宗實錄》 권74, 중종 28년 5월 3일(을사); 《中宗實錄》 권74, 중종 28년 5월 4일(병오); 《中宗實錄》 권102, 중종 39년 3월 5일(계묘).

90) 《世宗實錄》 권54, 세종 13년 11월 16일(정축); 《成宗實錄》 권95, 성종 9년 8월 11일 (경자); 《成宗實錄》 권211, 성종 19년 1월 23일(무오); 《中宗實錄》 권77, 중종 29년 3월 30일(병신).

91) 《中宗實錄》 권76, 중종 28년 11월 4일(임인); 《中宗實錄》 권76, 중종 29년 2월 18일 (을유).

92) 《世祖實錄》권36, 세조 11년 8월 15일(경인).

93) 《太宗實錄》권14, 태종 7년 9월 25일(을해).

94) 《明宣宗實錄》권59, 선덕 4년 10월 29일(임인);《世宗實錄》권45, 세종 11년 7월 30일(갑술).

95) 구도영,《16세기 한중무역 연구》, 태학사, 2018, 61~74쪽.

96) 《遼東志》권4, 典禮志, 朝鮮入貢, "每年遇聖節長至 輪差各曹參判或判書一員 領正從書狀養馬通事等官三十員 齎表文 並聖母東宮方物及上用雜色馬匹."

97) 관압사는 마필 진헌의 의무만 있고, 동지사와 동행하므로 사행 정관이 많지 않았다. 물론 그럼에도 1590년(선조 23)에는 동지사 34명과 관압사 28명, 총 62명이 동행한 바가 있어, 사행마다 일정한 차이는 있었다.

98) 《事大文軌》권45, 萬曆 32年 11月 21日, 禮部咨朝鮮國王(禮部陵還下海人民回咨).

99) 《燕京行錄》嘉靖 42年 癸亥 正月 初2日;《重峯集》권10, 朝天日記, 萬曆 2年 甲戌 7月 18日;《荷谷集》朝天記 中, 萬曆 2年 甲戌 8月 7日;《鶴峯逸稿》권3, 朝天日記, 丁丑年 4月 3日; 4月 17日.

100) 구도영,《16세기 한중무역연구》, 2018.

101) 압록강에서 진강성鎭江城까지 거리가 20리, 탕참湯站까지 70리, 책문柵門까지 20리, 봉황성鳳凰城까지 20리, 진동보鎭東堡까지 40리, 진이보鎭夷堡까지는 60리, 연산관連山關까지 70리, 첨수참恬水站까지 30리, 요양遼陽까지가 다시 90리였다(《通文館志》권3, 事大 上, 中元進貢路程).

102) 유재춘, 〈15세기 명의 동팔참 지역 점거와 조선의 대응〉,《조선시대사학보》18, 조선시대사학회, 2001; 남의현,《명대요동지배정책연구》, 강원대학교출판부, 2008.

103) 《全遼志》권1, 圖考志, 都司治.

104) 《明史》권76, 職官志 5.

105) 구도영, 〈조선 전기 對明 使行 護送軍 제도와 운영〉,《인문과학연구》50, 인문과학연구소, 2016.

106) 강성문, 〈조선 초기 만산군 유입과 송환문제〉, 한국사학논총간행위원회 엮음,《한국사학논총: 죽당 이현희 교수 화갑기념》, 동방도서, 1997; 유재춘, 〈麗末鮮初 朝明 간 女眞 귀속 경쟁과 그 意義〉,《한일관계사연구》42, 한일관계사학회, 2012.

107) 《明世宗實錄》권145, 가정 11년 12월 25일(무술);《明世宗實錄》卷161, 가정 13년 3

월 7일(계유).

108) 《太宗實錄》 권31, 태종 16년 5월 8일(기해);《世宗實錄》 권79, 세종 19년 12월 25일
(임오).

109) 《經國大典》 권4, 兵典, 迎送.

110) 《世宗實錄》 권81, 세종 20년 6월 1일(계축);《世宗實錄》 권81, 세종 20년 6월 27일
(기묘);《世祖實錄》 권44, 세조 13년 12월 22일(갑인);《睿宗實錄》 권1, 예종 즉위년 9
월 10일(병인);《睿宗實錄》 권3, 예종 1년 2월 12일(정유);《成宗實錄》 권51, 성종 6년
1월 13일(계해).

111) 선조 대의 《하곡조천록荷谷朝天錄》이나 조선 후기에 쓰인 《통문관지》는 하마연下馬
宴이 흠상欽賞 이전에 이루어지는 것으로 기록되어 있으나, 중종 대의 권벌權橃과
소세양蘇世讓, 정환丁煥의 조천록 모두에는 하마연이 흠상欽賞 이후에 이루어지는
것으로 기록되어 있다. 조선 초기의 사행 일정은 시기적으로 앞서 있는 권벌, 소세
양, 정환의 조천록 기록이 당시의 관행에 더 근접한 것이라고 판단된다.

112) 《陽谷集》 권3, 詩;《湖陰雜稿》 권2, 朝天錄;《檜山集》 권2, 朝天錄.

113) 구도영, 〈조선 전기 對明사신의 북경 관광지와 관광 소회〉,《역사학보》 244, 역사학
회, 2019.

114) 무역은 다음 총서에서 자세히 다룰 예정이어서 여기에서는 간단히 언급만 하겠다.

115) 權橃,《冲齋集》 권7, 朝天錄.

116) 김경록, 〈朝鮮初期 對明外交와 外交節次〉, 2000, 38쪽.

117) 《中宗實錄》 권84, 중종 32년 3월 14일(계사).

118) 구도영, 〈조선 전기 對明 陸路使行의 형태와 실상〉, 2013.

119) 조선 초 명明 출신의 통사, 광록사 소경少卿 한확韓確 등 통역 능력이 뛰어나거나 명
조정에 영향력 있는 인물이 선정되기도 했으나, 이들이 항상적으로 존재하는 것이
아니므로 주청사의 주요 자질로 문장력이 요구되었다.

120) 《明史》 권74, 志50, 職官3, 鴻臚寺.

121) 구도영, 〈16세기 조선 對明 사행단의 정보수집과 정보력〉, 2016.

122) 지면상 이와 관련한 사례를 일일이 거론하기 어렵다. 다만 일례를 들면, 16세기 초
명에서 영왕寧王이 반란을 일으켰다는 정보가 전해지자, 조선은 정덕제가 쫓겨나
조선으로 도주해 올 가능성을 우려하며 대비책을 논했다. 또한 가정제 등극 이후

대례 사건으로 명 정국이 동요하자, 가정제 정권이 무너질 것을 우려하며 미리 계획했던 여진 정벌까지 보류하려 했다. 조선이 명의 정국 동향에 민감하게 반응한 것은 '중국에 큰 변이 있으면 항상 우리나라 서방이 큰 폐해를 입었다'는 역사적 경험 때문이었다. 달자達子가 명을 계속 침입한다는 정보가 수집되자, 명이 멸망할 가능성에 대비해야 한다는 주장이 제기되고 평안도에 대한 철저한 방어가 강조되기도 했다. 조선 조정은 북경 사행단의 정보 수집이 기대에 미치지 못하면 정사를 추고하거나 요동 사행을 추가 파견하여 정보를 재수집하는 등 열의를 보였다(구도영, 《16세기 한중무역 연구》, 2018).

조선 초기 대명 정보의 수집·활용과 사행 파견

1) 정동훈, 〈永樂帝의 말과 글—영락 연간 조선-명 관계의 두 층위〉,《한국문화》78, 2017, 서울대학교 규장각한국학연구원, 152쪽.

2) 조선이 정난의 변을 활용해 경색되었던 대명관계를 반전시키고 선제적으로 움직이면서 건문제와 영락제에게 외교적 성과를 확보했다는 점을 설명한 연구 성과가 이미 발표되었다(서은혜, 〈정난靖難의 변과 조선·명 관계의 반전反轉〉,《中央史論》56, 2022. 中央史學研究所).

3) 《太祖實錄》권9, 태조 5년 3월 29일(병술);《定宗實錄》권5, 정종 2년 9월 19일(경진).

4) 단죠 히로시, 이종수 옮김,《영락제: 화이질서의 완성》, 아이필드, 2017, 148~152쪽 참조.

5) 《定宗實錄》권1, 정종 1년 3월 1일(임신), "軍一人 自遼東逃來 本國人也 屬東寧衛 以遼東役 煩逃還言 燕王 欲祭太祖高皇帝 奉師如京 新皇帝 許令單騎入城 燕王 乃還興師 以盡逐君側之惡爲名."

6) 단죠 히로시는 정종 1년 3월의 기록이 실제 연왕의 봉기가 있었던 7월보다 4개월 정도 먼저 수록되었다는 점에 주목했다. 실제 발생했던 사건과 기록의 시기가 일치하지 않는 점은 사료의 신뢰성을 저하시킬 수도 있지만 사서 편찬 과정에서 나타날 수 있는 오류로 보았다. 따라서 사료의 가치에는 문제가 없다는 견해를 제시했다(단죠 히로시,《영락제: 화이질서의 완성》, 122~123쪽). 단죠 히로시의 의견은 실제 정난의 변

발생 시기보다 먼저 《정종실록》에 관련 내용이 수록되었던 이유에 대한 가장 합리적 설명이라 판단된다.

7) 《定宗實錄》 권1, 정종 1년 1월 2일(계유); 《定宗實錄》 권1, 정종 1년 1월 9일(경진).

8) 《定宗實錄》 권1, 정종 1년 1월 9일(경진).

9) 이 시기는 연왕이 정난의 변을 일으켰던 때보다 앞선다. 그렇지만 이미 건문제 즉위 과정과 홍무제에 대한 조문 문제를 통해 양측의 대립이 발생했고, 삭번정책도 시행된 이후였다. 조선 사행이 명의 국내정세를 구체적으로 파악하지 못했더라도 불안정한 정황을 확인했을 가능성은 있다.

10) 《定宗實錄》 권1, 정종 1년 6월 27일(병인).

11) 《定宗實錄》 권4, 정종 2년 5월 17일(신사).

12) 《定宗實錄》 권5, 정종 2년 9월 19일(경진).

13) 《太宗實錄》 권1, 태종 1년 1월 21일(신사).

14) 《太宗實錄》 권1, 태종 1년 2월 6일(을미).

15) 《定宗實錄》 권5, 정종 2년 8월 1일(계사).

16) 《太宗實錄》 권1, 태종 1년 2월 6일(을미).

17) 《太宗實錄》 권1, 태종 1년 2월 30일(기미).

18) 《太宗實錄》 권1, 태종 1년 2월 30일(기미).

19) 《太宗實錄》 권1, 태종 1년 3월 6일(을축).

20) 조선에서 태종의 승습을 명에 정식으로 알리기 위해 파견했던 주문사는 문하평리門下評理 박자안朴子安이었다(《定宗實錄》 권6, 정종 2년 11월 13일(계유)). 태종이 정종에게 선위 받은(《定宗實錄》 권6, 정종 2년 11월 11일(신미)) 이틀 후였다. 박자안이 가져왔던 자문에는 건문제가 이미 태종의 왕위 계승을 허락했고, 사신을 보내 자신의 뜻을 알리도록 했다는 점 등이 기록되어 있었다(《太宗實錄》 권1, 태종 1년 윤3월 15일(갑진)).

21) 《太宗實錄》 권1, 태종 1년 6월 12일(기사).

22) 《太宗實錄》 권2, 태종 1년 8월 12일(무진).

23) 《太宗實錄》 권2, 태종 1년 9월 1일(정해).

24) 《太宗實錄》 권2, 태종 1년 10월 5일(경신).

25) 《太宗實錄》 권2, 태종 1년 10월 16일(신미).

26) 《太宗實錄》 권2, 태종 1년 12월 9일(계해), "臣在京師 見帝親點軍士 人言 將以伐燕也."

27) 《太宗實錄》 권3, 태종 2년 3월 6일(기축), "有慶啓曰 燕兵勢强 乘勝遠鬪 帝兵 雖多勢 弱 戰則必敗."

28) 《太宗實錄》 권3, 태종 2년 3월 13일(병신).

29) 《太宗實錄》 권3, 태종 2년 3월 14일(정유).

30) 《太宗實錄》 권3, 태종 2년 3월 26일(기유).

31) 《太宗實錄》 권3, 태종 2년 4월 1일(계축).

32) 《太宗實錄》 권3, 태종 2년 4월 3일(을묘).

33) 《太宗實錄》 권3, 태종 2년 4월 3일(을묘).

34) 《太宗實錄》 권3, 태종 2년 4월 3일(을묘).

35) 《太宗實錄》 권3, 태종 2년 4월 4일(병진).

36) 《太宗實錄》 권3, 태종 2년 4월 5일(정사).

37) 《太宗實錄》 권3, 태종 2년 4월 10일(임술).

38) 《太宗實錄》 권3, 태종 2년 4월 16일(무진).

39) 《太宗實錄》 권3, 태종 2년 4월 16일(무진).

40) 《太宗實錄》 권3, 태종 2년 5월 4일(병술).

41) 《太宗實錄》 권3, 태종 2년 5월 20일(임인).

42) 《太宗實錄》 권4, 태종 2년 8월 1일(임자).

43) 《太宗實錄》 권4, 태종 2년 8월 2일(계축).

44) 《太宗實錄》 권4, 태종 2년 9월 28일(무신).

45) 《太宗實錄》 권4, 태종 2년 10월 1일(신해).

46) 《太宗實錄》 권4, 태종 2년 10월 2일(임자).

47) 《太宗實錄》 권4, 태종 2년 10월 4일(갑인).

48) 《太宗實錄》 권4, 태종 2년 10월 12일(임술).

49) 《太宗實錄》 권4, 태종 2년 10월 15일(을축).

50) 《明太宗實錄》 권14, 홍무 35년 11월 26일(을사).

51) 《太宗實錄》 권4, 태종 2년 12월 13일(임술).

52) 조선은 만산군 문제를 해결하기 위해 상징적 위상을 가지고 있던 임팔라실리를 먼저 요동으로 압송하는 조치를 취했다(《太宗實錄》 권4, 태종 2년 12월 23일(임신)). 이는 그가 함께 데리고 왔던 인원 모두를 명에 돌려보내겠다는 의지를 표명한 것으로 볼 수 있다.

53) 《太宗實錄》 권5, 태종 3년 1월 25일(계묘).

54) 《太宗實錄》 권5, 태종 3년 2월 9일(병진).

55) 《明太宗實錄》 권20, 영락 1년 5월 29일(을사).

56) 《太宗實錄》 권5, 태종 3년 4월 8일(갑인), "河崙 李詹 趙璞等 回自京師 復于上日 帝見 崙等 喜日 使到翌日卽來矣 賜六表裏 鈔三百五錠 厚慰而送."

57) 《太宗實錄》 권6, 태종 3년 11월 2일(병자), "上語近臣 予問黃儼日 皇帝 何以厚我 至此 極也 儼日 新登寶位 天下諸侯 未有朝者 獨朝鮮遣 上相進賀 帝嘉其忠誠 是以厚之."

58) 《太宗實錄》 권6, 태종 3년 9월 9일(갑신).

59) 《太宗實錄》 권6, 태종 3년 10월 14일(무오).

60) 《世宗實錄》 권25, 세종 6년 9월 1일(계유).

61) 《世宗實錄》 권24, 세종 6년 6월 12일(을묘).

62) 《世宗實錄》 권25, 세종 6년 7월 21일(갑오).

63) 《世宗實錄》 권25, 세종 6년 9월 1일(계유).

64) 《世宗實錄》 권25, 세종 6년 9월 10일(임오).

65) 《世宗實錄》 권25, 세종 6년 9월 19일(신묘).

66) 《太宗實錄》 권14, 태종 7년 9월 25일(을해); 《太宗實錄》 권15, 태종 8년 4월 2일(경진).

67) 《世宗實錄》 권25, 세종 6년 9월 23일(을미).

68) 《世宗實錄》 권25, 세종 6년 9월 27일(기해).

69) 《世宗實錄》 권26, 세종 6년 10월 5일(병오).

70) 《世宗實錄》 권26, 세종 6년 10월 7일(무신).

71) 《世宗實錄》 권26, 세종 6년 10월 8일(기유).

72) 《世宗實錄》 권26, 세종 6년 10월 11일(임자).

73) 《世宗實錄》 권26, 세종 6년 10월 13일(갑인).

74) 《世宗實錄》 권26, 세종 6년 10월 13일(갑인), "臣答云 殿下 向皇帝至誠 聞訃行喪 卽 遣進香陳 慰使赴京 再行喪 古今所無 且恐朝廷 以爲失禮 故殿下 未敢再行 安有不曾 行喪 而敢言已行."

75) 《世宗實錄》 권26, 세종 6년 10월 15일(병진).

76) 《世宗實錄》 권26, 세종 6년 11월 14일(을유).

77) 《世宗實錄》 권26, 세종 6년 12월 20일(신유).

78) 《世宗實錄》 권29, 세종 7년 7월 21일(무자).

조선과 명의 사행로 변화와 호행체계

* 이 글은 정은주, 〈조선과 명의 대회 관계와 사행 노정의 변화〉,《한국고지도연구》16(1), 2024를 수정·보완한 것임.

1) 14세기 말 동아시아 정세와 황해남로의 사행로에 대해서는 박영철, 〈잊혀진, 사행로 황해남로의 역사적 의의〉,《동양사학연구》138, 동양사학회, 2017, 1~56쪽.

2) 구범진·정동훈, 〈홍무 5년(1372) 명 태조의 고려에 대한 의심과 '힐난 성지'〉,《명청사연구》55, 명청사학회, 2021a, 1~37쪽. 1372년부터 1374년까지 고려의 사행로에 대해서는 구범진·정동훈, 〈초기 고려−명 관계에서 사행로 문제─요동 경유 사행로의 개통 과정〉,《한국문화》96, 규장각한국학연구원, 2021b, 105~131쪽.

3) 김보정, 〈여말선초 對明 남경사행로의 분석과 영향〉,《지역과 역사》27, 부경역사연구소, 2010, 271~272쪽; 森平雅彦·李康郁, 〈高麗·朝鮮−明間における初期使行ルートの変遷〉(上),《史淵》159, 2022, 1~36쪽; 森平雅彦·李康郁, 〈高麗·朝鮮−明間における初期使行ルートの変遷〉(下),《史淵》160, 2023, 1~54쪽.

4) 구도영, 〈조선 전기 對明 陸路使行의 형태와 실상〉,《진단학보》117, 진단학회, 2013, 59~97쪽; 이성형, 《《天槎大觀》의《大明一統志》 수용양상 고찰─山東 陸路 區間을 중심으로〉,《한문고전연구》33−1, 한국한문고전학회, 2016, 257~320쪽.

5) 장희흥, 〈조선시대 대명 사행의 접대와 호송군─의주민의 생활을 중심으로〉,《백산학보》75, 백산학회, 2006, 347~376쪽; 구도영, 〈조선 전기 요동에서 사행 호송군의 역할과 국제무역의 경계〉,《동북아역사논총》58, 동북아역사재단, 2017, 188~229쪽; 구도영, 〈조선 전기 대명 호행 호송군 제도와 운영〉,《인문과학연구》50, 덕성여대 인문과학연구소, 2016, 185~207쪽; 권내현, 〈조선 전기 대명사행과 평안도의 호송·운송 부담〉,《사총》106, 고려대 역사연구소, 2022, 1~34쪽.

6) 孫衛國, 〈朝鮮入明海上貢道考〉,《韓國學論文集》2, 北京大學韓國學研究中心, 1994, 39~47쪽; 정은주, 〈明淸交替期 對明 海路使行記錄畫 研究〉,《명청사연구》25, 명청사학회, 2007, 97~139쪽; 박현규, 〈17세기 전반기 대명 海路使行에 관한 행차 분석〉,《한국실학연구》21, 한국실학학회, 2011, 117~148쪽; 신춘호, 〈명청교체기 해

1

로사행 노정의 인문정보 일고―《朝天記地圖》의 산동지역(등주-덕주) 인문지리 현황을 중심으로〉,《한국고지도연구》8-1, 한국고지도연구학회, 2016, 38~42쪽. 그 밖에 해로 사행록과 해로 사행에 대한 연구 성과는 허방·김경희,〈조선 시대 해로 사행에 관한 연구현황과 전망〉,《동서인문학》60, 계명대학교 인문과학연구소, 2021, 101~116쪽 참조.

7) 姜陽,〈朝鮮前期 朝明 使行外交와 交通路〉, 경기대 박사학위논문, 2013, 97~142쪽; 왕가·한종진·당윤희,《명청교체기 대명 해로사행로의 노선과 지명 재구 및 인문지리학적 고찰 1―산동 등주부》, 역락, 2020.

8) 박태준,〈중국 내 연행노정고〉,《동양학》35, 단국대 동양학연구원, 2004, 43~56쪽.

9) 북송 대 고려와의 사행 노정은 이석현,〈北宋代 使行 旅程 行路考―宋 入境 이후를 중심으로〉,《동양사학연구》114, 동양사학회, 2011, 83~112쪽.

10) 劉廣生,《中國古代郵驛史》, 人民郵電出版社, 1986, 260쪽.

11) 《大明會典》권45, 兵部 28, 驛傳 1.

12) 許論,《九邊圖論》, 九邊圖略,〈九邊總論〉.

13) 《明太祖實錄》권67, 洪武 4年 7月 1日(辛亥).

14) 《明太祖實錄》권101, 洪武 8年 10月 27日(癸丑).

15) 《明史》권41, 志 17, 地理志 2.

16) 《高麗史》권43, 世家 권43, 恭愍王 20년 11월 26일(을해).

17) 《太祖高皇帝實錄》卷72, 洪武 5年 2月 19日(丁酉).

18) 구범진·정동훈,〈홍무 5년(1372) 명 태조의 고려에 대한 의심과 '힐난 성지'〉, 2021a, 10~14쪽.

19) "去年姓洪的海面上壞了船隻, 見海上難過, 有許多艱難, 與恁船隻脚力, 敎恁官人每往登州過海, 三个日頭過的, 今後不要海裏來. 我如今靜海有如海裏來呵, 我不答應."《高麗史》권44, 世家 권44, 恭愍王 22년 7월 13일(임자).

20) 《高麗史》권44, 世家 권44, 恭愍王 22년 11월 5일(임인);《明太祖實錄》권75, 홍무 5년 8월 29일(癸卯)에 의하면 당시 사망자는 39명이고,《吏文》권2,《請通朝貢道路咨》에는 주영찬 일행의 사망자가 30명으로 기록되었다. 구범진·정동훈,〈초기 고려-명 관계에서 사행로 문제―요동 경유 사행로의 개통 과정〉, 2021b, 117~118쪽.

21) 《高麗史》권44, 세가 권44 恭愍王 23년 2월 18일(경인); 2월 28일(갑자).

22) 《高麗史》권44, 세가 권44 恭愍王 23년 6월 18일(임자).

23) 《高麗史》권133, 列傳 44, 叛逆;《高麗史》권133, 列傳 46, 禑王 즉위년 11월.

24) 《高麗史》권134, 列傳 47, 禑王 6년 4월.

25) 鄭夢周, 《圃隱集》권1, 詩; 鄭道傳, 《三峰集》권3, 〈圃隱奉使稿序丙寅〉 참조.

26) 여말선초 사행로에 대해서는 김보정, 〈여말선초 對明 남경사행로의 분석과 영향〉, 2010, 235~269쪽 참조.

27) 權近, 《陽村集》권6, 〈奉使錄〉.

28) 김보정, 〈여말선초 對明 남경사행로의 분석과 영향〉, 2010, 271~272쪽.

29) 권근 사행 당시 사행로의 상세 지명은 權近, 《陽村集》권6, 〈奉使錄〉 참조.

30) 박영철, 〈잊혀진, 사행로 황해남로의 역사적 의의〉, 2017, 53쪽. 고려 말 북원 세력을 피해 황해남로를 이용한 사례는 이 논문 12~22쪽 [표] 참조.

31) 李詹, 《觀光錄》(임기중, 《연행록전집》101, 상서원, 2008).

32) 김보정, 〈여말선초 對明 남경사행로의 분석과 영향〉, 2010, [표 1~3] 참조.

33) 양녕대군 이제는 1404년 왕세자로 책봉되었고, 1418년 세자에서 폐출되었다.

34) 《太宗實錄》권14, 태종 7년 10월 16일(병신).

35) 《太宗實錄》권17, 태종 9년 윤4월 23일(을축).

36) 《大明會典》卷145, 兵部 28, 驛傳 1, 〈會同館〉.

37) 金九鎭, 〈조선전기 한중관계사의 시론—조선과 명의 사행과 그 성격〉, 《홍익사학》4, 홍익대학교 사학회, 1990, 17~22쪽.

38) 李肯翊, 《燃藜室記述》, 事大典攷, 使臣, 〈赴京道路〉.

39) 원대 동팔참 지역의 이동 경로는 역창, 탕참, 개주, 사열, 용봉, 연산, 첨수, 두관頭館, 요양(동경東京)에서 심주瀋州, 창의彰義, 애두崖頭, 의주웅산懿州熊山, 역안驛安, 유수부락柳樹部落, 녹교鹿窖, 교자참橋子站, 서부락西部落, 차도구岔道口, 대녕大寧(대도大都)의 순서이다. 史燕龍, 〈元代高麗朝貢貢道考(鴨綠江—元大都)〉, 《語文學刊》, 内蒙古師範大學, 2009, 136~138쪽; 정동훈, 〈고려 사신의 몽골 잠치(站赤) 이용〉, 《사학연구》134, 한국사학회, 2019, 72~110쪽.

40) 《海東繹史》권40, 交聘志 8, 〈貢道〉; 《성종실록》권134, 성종 12년 10월 20일(신유).

41) 요동팔참의 명칭과 지리적 특성에 대해서는 남의현, 〈명 전기 요동도사와 요동팔참 점거〉, 《명청사연구》21, 명청사학회, 2004, 17~23쪽.

42) 1436년, 1438년, 1451년, 1460년, 1480년에 걸쳐 사행로 변경을 요청했다. 남의현, 〈명 전기 요동도사와 요동팔참 점거〉, 2004, 33쪽; 유재춘, 〈15세기 명의 동팔참 지역 점거와 조선의 대응〉, 《조선시대사학보》 18, 조선시대사학회, 2001, 11~13쪽.

43) 1390년 3월 우가장에 요해위遼海衛를 처음 설치했고, 1393년에 남쪽에 있는 옛 삼만위성三萬衛城으로 옮겼다. 요동성에 도사都司를 설치하고, 요동군사에 필요한 의량衣糧과 산동 주현의 세운歲運은 북경으로부터 태창太倉 해운으로 운송하여 우가장에 저장했는데 운송에 투입되는 배가 1,000척이 넘었다. 《明史》 권41, 地理志 2, 〈山東·山西〉; 《(嘉靖)遼東志》 권2, 建置志, 〈關梁〉.

44) 黃士佑, 《朝天錄》 만력 38년 6월 25일(林基中 편, 《燕行錄全集》 2, 동국대학교출판부, 2001, 487쪽).

45) 許篈, 《荷谷朝天記》 中, 갑술년(1574) 7월 18일 조.

46) 《明英宗實錄》 권15, 정통 1년 3월 30일(병신); 《明宣宗實錄》 권60, 선덕 4년 12월 21일(계사); 남의현, 〈명 전기 요동도사와 요동팔참 점거〉, 2004, 31쪽.

47) 嚴從簡(明), 《殊域周咨錄》 권1, 〈朝鮮〉.

48) 《大明會典》 권45, 兵部 28, 驛傳 1.

49) 남경과 북경 밖의 역참인 수마역은 육로에 마역馬驛, 수로에 수역水驛을 설치하여 사신을 호송하며 군사 정보를 전달하기도 했다.

50) 《明史》 권72, 職官志 1; 《大明會典》 권39, 兵部, 〈車駕淸吏司〉.

51) 통주의 노하역은 운하 항구로 수륙으로 통하는 수마역이며, 북경에서 첫 번째 역참이다. 1576년에 통주 장가만진張家灣鎭으로 이동했다. 1695년 조운을 고려하여 다시 장가만진 소태후하蕭太後河 남쪽으로 옮겨 합하역合河驛과 합병했다.

52) 蘇同炳, 《明代驛遞制度》, 中華叢書編審委員會, 1969, 207~209쪽.

53) 계주 삼하역은 칠도七渡, 포구鮑丘, 임순臨洵 등 세 하천이 자리 잡고 있어 붙여진 이름으로, 1512년 이 자리에 역참을 설치했다가 1537년 공악역公樂驛, 하점역夏店驛 등 2개 참을 폐지하고, 그 사이에 삼하을 설치했다.

54) 영평부 노봉구역蘆峰口驛은 1381년에 개설되었으며, 초기에는 하북성 진황도시 무령현 노봉구에 위치했으나, 이후 하북성 무령현 노성老城으로 옮겼다.

55) 《燃藜室記述 別集》 권5, 〈事大典故〉.

56) 청대부터 사신은 3~4원이 되었고, 1~3등 상수관은 대통관 2원을 1등으로, 차통관 2

원을 2등으로, 근역 18명을 3등으로 대체했다. 그 밖에 팔분인八分人 100여 명이 물건을 가져와 팔았다. 《通文館志》 권4, 事大 下, 〈勑使行〉.

57) 중국의 각 역참에서 호위와 교통수단을 제공하는 것은 물론, 음식과 숙박을 부담해야 했고, 점심은 마중 나온 관리가 준비했다.

58) 《海東繹史》 권58, 〈藝文志〉; 倪謙, 《朝鮮紀事》(김한규 옮김, 《사조선록 역주》 2, 소명출판사, 2012, 64~65쪽).

59) 龔用卿, 《使朝鮮錄》(김한규 옮김, 《사조선록 역주》 3, 소명출판사, 2012, 136~148쪽).

60) 공용경의 사행 노정은 북경을 출발하여 노하-계주의 어양-옥전-풍윤-칠가령-사하역-영평-유관-산해관-고령역-중전소-전둔위-동관역-대릉하소-십삼산역-광녕-반산역-고평역-사령역-요동도사-첨수참-연산관-진이보[통원보]-진동보-봉황성-탕참-구련성-압록강의 순서였다.

61) 朱之蕃, 《奉使朝鮮稿》(김한규 옮김, 《사조선록 역주》 4, 소명출판사, 2012, 12~54쪽). 주지번 사행단은 계주 삼하역-옥전-풍윤-영평-유관-산해관-고령역-전둔위-사하역-동관역-영원위-광녕-반산-사령-해주위-안산역-요동-첨수참-연산관-진동보-봉황성-탕참-구련성을 지났다.

62) 《宣祖修正實錄》 권40, 선조 39년 4월 1일(기해); 《선조실록》 권198, 선조 39년 4월 6일(갑진).

63) 호송군은 사행단 방어에 제대로 대처하지 못하거나 부하를 잃으면 처벌받았다. 호송 중 변고가 있을 경우 5년 동안 호역戶役을 면제하고 1년간 조세를 면제하는 보상도 있었다. 구도영, 〈조선 전기 대명 호행 호송군 제도와 운영〉, 2016, 191~194쪽.

64) 《世祖實錄》 권25, 세조 7년 9월 15일(임자).

65) 《世祖實錄》 권27, 세조 8년 1월 28일(계해).

66) 《世祖實錄》 권41, 세조 13년 2월 26일(임술).

67) 1591년에 참의 정사위鄭士偉의 동지사행에 의주판관 조경趙儆이 200기를 동원하여 진동보까지 호행했다. 작자미상, 《朝天日錄》(1604년 성절·천추사행), 〈團練使護送事例〉.

68) 작자미상, 《朝天日錄》(1604년 성절·천추사행), 〈團練使護送事例〉.

69) 《經國大典》, 兵典, 〈迎送〉.

70) 《中宗實錄》 권102, 중종 39년 3월 1일(기해).

71) 조선 사신이 광녕에 도착하면 순무도어사는 조선 사신에게 괘호拄號를 발급했다. 만

약 조선 사신 일행이 감합이나 괘호를 발급 받지 못하면 산해관의 입관을 거절당하기도 했다. 劉春麗,〈明代朝鮮使臣與中國遼東〉, 吉林大學 博士學位論文, 2012, 44쪽.

72) 《中宗實錄》 권76, 중종 28년 11월 5일(계묘).

73) 《中宗實錄》 권82, 중종 31년 10월 30일(임자).

74) 《中宗實錄》 권56, 중종 21년 3월 22일(을사).

75) 《大明會典》 권148, 兵部 31, 驛傳 4,〈應付通例〉.

76) 《太宗實錄》 권11, 태종 6년 1월 28일(기미);《世宗實錄》 권22, 세종 5년 11월 22일(기해).

77) 《中宗實錄》 권97, 중종 37년 3월 26일(병오).

78) 《明太祖實錄》 권246, 洪武 29年 7月 22日(丁丑);《太祖實錄》 권10, 태조 5년 11월 6일(경신);《太祖實錄》 권10, 태조 5년 11월 23일(정축).

79) 《太祖實錄》 권8, 태조 4년 10월 25일(을묘).

80) 《世宗實錄》 권62, 세종 15년 11월 26일(을사).

81) 《世宗實錄》 권81, 세종 20년 5월 13일(병신).

82) 《世祖實錄》 권21, 세조 6년 8월 26일(기사).

83) 劉春麗,〈明代朝鮮使臣與中國遼東〉, 2012, 21~22쪽.

84) 《世宗實錄》 권91, 세종 22년, 11월 26일(을축).

85) 《成宗實錄》 권128, 성종 12년 4월 19일(계해).

86) 《成宗實錄》 권231, 성종 20년 8월 19일(갑진).

87) 요동 인구가 점차 증가하여 동팔참에 흩어져 농사를 지었지만, 야인의 잦은 침략으로 애양보靉陽堡, 봉황성, 탕참을 설치했는데 의주와 반나절 거리였다.《燕山君日記》 권43, 연산군 8년 4월 30일(신미).

88) 《明宗實錄》 권30, 명종 19년 8월 4일(계유).

89) 1494년, 1495년, 1498년에 사신이 돌아올 때는 중국의 호송군이 없었다. 그 후 7~8년은 명 호송군이 강변까지만 왔는데 요동총병관 등이 당시 형편에 따라 결정한 일이었다.《燕山君日記》 권50, 연산군 9년 7월 3일(정묘).

90) 《燕山君日記》 권50, 연산 9년 6월 28일(계해).

91) 《燕山君日記》 권50, 연산 9년 7월 3일(정묘).

92) 《大明會典》 권129, 兵部 12, 各鎮分例,〈遼東〉.

93) 《中宗實錄》 권99, 중종 37년 10월 14일(경인).

94) 《中宗實錄》 권101, 중종 38년 8월 13일(을유).

95) 《中宗實錄》 권104, 중종 39년 9월 18일(갑인).

96) 《成宗實錄》 권212, 성종 19년 윤1월 9일(갑술).

97) 《燕山君日記》 권49, 연산군 9년 3월 12일(기묘).

98) 《燕山君日記》 권43, 연산군 8년 4월 30일(신미); 권49, 연산 9년 3월 12일(기묘).

99) 姜陽, 〈朝鮮前期 朝明 使行外交와 交通路〉, 2013, 176쪽.

100) 龔用卿, 《使朝鮮錄》, 〈沿途諸官迎送之禮〉; 〈軍夫遞送之節〉(김한규 옮김, 《사조선록 역주》 3, 소명출판사, 2012, 148~149쪽).

101) 《光海君日記》 권80, 광해군 6년 7월 8일(무오).

102) 칠대한서七大恨書란 1583년 명병이 고인성古靭城을 공격할 때 누르하치의 아버지와 할아버지가 명나라 병사에 의해 오살誤殺된 것을 비롯하여 명에 대해 품고 있던 7가지 원한을 말한다. 李章熙, 〈정묘·병자호란〉, 《한국사》 29, 국사편찬위원회, 1995, 223쪽.

103) 《光海君日記》 권137, 광해군 11년 2월 21일(을해).

104) 명청 교체기 한중관계에 대한 고찰 논저는 최소자, 《명청시대 중한관계사 연구》, 이화여자대학교 출판부, 1997, 65~69쪽; 한명기, 《임진왜란과 한중관계》, 역사비평사, 1999, 255~273쪽; 한명기, 〈17세기 초 인조반정과 조명관계—조선 후기의 '仁祖反正 辨誣' 문제〉, 《동양학》 27, 단국대 동양학연구소, 1997, 9~41쪽.

105) 《光海君日記》 권183, 광해군 14년 11월 11일(계묘).

106) 명사明使가 조선으로 왔던 횟수는 선조 대(재위 41년) 35회, 광해군 대(재위 16년) 14회였으며, 인조 대는 자료상으로 1623년부터 1634년까지 모두 4회만 나타나 현저히 격감하는 추세를 보인다. 李鉉淙, 〈明使接待考〉, 《鄕土서울》 12, 서울역사편찬원, 1961, 89쪽 [표] 참조.

107) 한명기, 〈17·8세기 한중관계와 인조반정—조선후기의 "인조반정 변무" 문제〉, 《한국사학보》 13, 고려사학회, 2002, 14~15쪽; 홍익한, 《조천항해록》 권1 갑자년 9월 10일(《국역 연행록선집 II》, 민족문화추진회, 1982).

108) 《仁祖實錄》 권1, 인조 1년 3월 14일(갑진).

109) 재조지은再造之恩은 임진왜란 당시 멸망 위기에 처한 조선을 다시 일으킨 명나라의 은혜를 의미한다. 연이은 패전으로 종사宗嗣의 보존이 위태롭고 민심까지 동요하는

상황에서, 명의 원군援軍은 조선이 위기를 넘기는 결정적 계기가 되었다. 이후 재조지은은 조선 지배층의 의식 속에 깊이 각인되어 명에 대한 의리와 명분을 지키는 핵심 논리로 작용했다. 한명기, 〈임진왜란 시기 '재조지은'의 형성과 그 의미〉,《동양학》29, 단국대학교 동양학연구소, 1999, 119~136쪽.

110) 《明熹宗實錄》卷10, 天啓元年 5月 22日;《光海君日記》권174, 광해군 14년 2월 17일(계미).

111) 《光海君日記》권177, 광해군 14년 5월 14일(기유).

112) 조선 초 사절의 중국행 정규 통로는 서울, 평양, 의주, 압록강 도하渡河, 구련성九連城(진강성鎭江城), 봉황성鳳凰城, 산해관山海關, 북경北京에 이르는 육로로서 약 28일이 소요되었다.《通文館志》권3, 事大 上,〈航海路程〉.

113) 사행에 대한 차출을 회피하려 하는 자들이 늘어나자 그들에 대한 파직罷職과 종군從軍으로 그러한 행태를 없애려 고심했다. 조즙趙澉의 경우는 당시 사행을 회피하기 위한 수단으로 여종을 바치는 일도 서슴지 않았다.《光海君日記》권186, 15년 2월 14일(갑술);《仁祖實錄》권6, 인조 2년 5월 28일(신사).

114) 1620년에 육로로 사행갔다가 1621년 해로를 통해 귀국하는 길에 익사한 진향사행과 진위사행이 있었다. 이후 대명 해로 사행은 광해군 시기 4차례, 인조반정 이후부터 1637년까지 총 24차례 행해졌다.

115) 《明熹宗實錄》卷11, 天啓元年 6月 6日.

116) 《光海君日記》권164, 광해 13년 4월 12일(계미); 권165, 광해 13년 5월 24일(을축).

117) 《光海君日記》권165, 광해 13년 5월 2일(계묘).

118) 《光海君日記》권165, 광해 13년 5월 29일(경오);《光海君日記》권166, 광해 13년 6월 25일(을미);《光海君日記》권167, 광해 13년 7월 21일(경신).

119) 《光海君日記》권177, 광해 14년 5월 14일(기유).

120) 선사포의 경우는 대개 순풍을 기다리며 지체되는 경우가 많아 함종咸從이나 1621년 사은사행과 같이 안주安州의 노강진老江鎭을 이용하는 경우도 있었다. 李肯翊,《燃藜室記述》권5, 事大典故,〈赴京道路〉;《仁祖實錄》권6, 인조 2년 5월 15일(무진).

121) 허경진,〈명청 교체기 최초의 수로조천록〉,《중국문학》34, 한국중국문학학회, 2011, 121~139쪽; 신춘호, 2016, 38~42쪽.

122) 《仁祖實錄》권1, 인조 1년 4월 27일(병술); 권5, 인조 2년 3월 15일(기사).

123) 명청 교체기 대명 해로 사행에 대해서는 정은주, 《조선 시대 사행기록화》, 사회평론, 2012, 95~169쪽.

124) 1624년 주청사행과 관련 노정에 대해서는 정은주, 〈明淸交替期 對明 海路使行記錄畵 硏究〉, 2007, 97~139쪽.

125) 《光海君日記》 권167, 광해 13년 7월 21일(경신).

126) 《光海君日記》 권169권, 광해 13년 9월 22일(경신).

127) 《光海君日記》 권1, 인조 1년 4월 8일(정묘).

128) 《光海君日記》 권9, 인조 3년 6월 3일(기묘).

129) 당시 강왈강 일행을 만난 모문룡은 명 조정이 산해관에만 전력을 집중하고 가도를 방치한다며 불만을 강하게 토로했다. 그러나 강왈광은 당시 모문룡과 등래순무 사이 갈등 상황과 후금과의 전투에서 모문룡의 활약이 미흡한 점 등을 지적하며 조선과 명의 관계 악화는 물론 후금과 조선의 내통을 염려하는 명 조정의 입장을 전달했다. 강왈광의 사행 목적을 모문룡 주둔과의 관련성에 주목한 논문으로는 송미령, 〈명사 강왈광의 조선 사행〉, 《동국사학》 57, 동국사학회, 2014, 392~398쪽; 全瑩·伊寧, 〈姜曰廣出使朝鮮與《輶軒紀事》〉, 《역사와 담론》 81, 호서사학회, 2017, 253~269쪽.

130) 姜曰廣, 《輶軒紀事》(김한규 옮김, 《사조선록 역주》 4, 소명출판사, 2012, 361~363쪽).

131) 姜曰廣, 《輶軒紀事》(김한규 옮김, 《사조선록 역주》 4, 2012, 365쪽). 강왈광의 해로 체험에 대해서는 장안영, 〈17세기 명 사신의 해로사행 체험―강왈광의 《유헌기사》를 중심으로〉, 《리터러시연구》 12-2, 한국리터러시학회, 2021, 207~232쪽.

132) 《仁祖實錄》 권13, 인조 4년 6월 17일(무자).

133) 우경섭, 〈1620~1627년 조선의 遼民 인식과 송환론〉, 《동국사학》 74, 동국사학회, 2022, 235~268쪽.

134) 박현모, 〈정묘호란기의 국내외정치: 국가위기시의 공론정치〉, 《국제정치논총》 42, 한국국제정치학회, 2002, 217~235쪽.

135) 《仁祖實錄》 권18, 인조 6년 3월 21일(임오); 권18, 인조 6년 3월 29일(경인); 권20, 인조 7년 2월 15일(신축); 권20, 인조 7년 5월 9일(계사); 권20, 인조 7년 6월 30일(계미).

136) 모문룡 이후 유격장군 진계성陳繼盛이 가도의 도독이 되었으나, 1630년 만주에서 도망온 유흥치劉興治가 진계성을 죽이고 조선 땅까지 침범하려 해서 다시 심세괴沈世魁가 유흥치를 참살하고 도독이 되었다. 《仁祖實錄》 권22, 인조 8년 4월 19일(무

진); 권24, 인조 9년 3월 21일(을미).

137) 김용흠, 〈丁卯胡亂과 主和·斥和 논쟁〉, 《한국사상사학》 26, 한국사상사학회, 2006, 159~199쪽.

138) 《仁祖實錄》 권15, 인조 5년 2월 5일(임인); 권20, 인조 7년 2월 22일(무신); 권21, 인조 7년 8월 9일(신유).

139) 《仁祖實錄》 권12, 4년 3월 21일(갑자); 권17, 5년 11월 10일(계유).

140) 반전盤纏은 부경사신에게 주는 여비로 원반전元盤纏과 별반전別盤纏이 있는데, 각각 세 마리의 쇄마刷馬에 싣는다. 그 물목은 홍주, 백저포, 백목면, 목면, 백지, 호초, 청서피 등을 가지고 가서 연도에서 팔아 주식과 여물 등을 구입했다.

141) 《仁祖實錄》 권22, 인조 8년 3월 26일(병오).

142) 《仁祖實錄》 권7, 인조 2년 9월 15일(병인).

143) 《仁祖實錄》 권6, 인조 2년 5월 16일(기사).

144) 《仁祖實錄》 권18, 인조 6년 2월11일(계묘).

145) 《仁祖實錄》 권18, 인조 6년 6월 22일(신해).

146) 《仁祖實錄》 권20, 인조 7년 6월 2일(을묘). 석다산 출항 장면은 한국국학진흥원 소장 《세전서화첩》의 〈航海朝天餞別圖〉를 참고할 수 있다. 1633년 세자책봉주청추봉사은사世子冊封奏請追封謝恩使와 동지성절천추진하사冬至聖節千秋進賀使의 정사 한인급(1583~1644)과 부사로 사행한 김영조(1577~1648)가 그해 7월 포구에서 관료 및 친지들과 전별하는 장면을 그렸다. 정은주, 〈明淸交替期 對明 海路使行記錄畵 硏究〉, 2007, 125~126쪽.

147) 《仁祖實錄》 권20, 인조 7년 윤4월 21일(병자).

148) 《仁祖實錄》 권22, 인조 8년 2월 6일(병진).

149) 《大東野乘》, 續雜錄 3, 인조 7년 12월 15일조.

150) 鄭經世, 《愚伏集》 권3, 奏文, 〈請復登州舊路奏文〉.

151) 《大東野乘》, 續雜錄 3, 인조 8년 3월 3일조.

152) 《槎川日錄》 4, 인조 8년 4월~9월.

153) 임영걸, 〈壺亭 鄭斗源의 《朝天記地圖》 연구〉, 성균관대 석사학위논문, 2009, 26~28쪽.

154) 《仁祖實錄》 권23, 인조 8년 7월 2일(기묘).

155) 《通文館志》 국역 자료에는 임신년, 즉 1632년이 1692년으로 잘못 역주되었다. 《通

文館志》卷3, 事大 上, 〈航海路程〉(세종대왕기념사업회, 1998); 1629년 《仁祖實錄》 권20, 인조 7년 6월 2일(을묘)조; 권22, 인조 8년 1월 27일(정미).

156) 洪皓, 《朝天日記》(林基中, 《燕行錄全集》 17, 동국대학교 출판부, 2001, 411~417쪽).

157) 金堉, 《潛谷遺稿》 권1, 〈登海嶠賦【丙子七月】〉.

158) 金堉, 《潛谷遺稿》 권14, 〈朝京日錄〉.

159) 金堉, 《潛谷遺稿》 권8, 呈文, 〈貢路硝黃事呈禮部【丙子十二月初七日】〉.

160) 《仁祖實錄》 권28, 인조 11년 10월 27일(병술).

161) 《仁祖實錄》 권29, 인조 12년 6월 20일(갑술). 노유녕의 조선 사행에 대해서는 정은주, 〈1634년 명 사신 영접과 〈황강연조도〉〉, 《한국학》 36-3, 한국학중앙연구원, 2013, 252~284쪽.

162) 《仁祖實錄》 권30, 인조 12년 9월 6일(기미); 《인조실록》 권31, 인조 13년 1월 8일(기미).

163) 《仁祖實錄》 권33, 인조 14년 9월 1일(임인)

164) 《仁祖實錄》 권34, 인조 15년 1월 28일(무진).

165) 《仁祖實錄》 권34, 인조 15년 4월 4일; 류승주, 〈朝淸聯合軍의 椵島 明軍討伐考〉, 《사총》 61, 역사학연구회, 2005, 199~249쪽.

03 접경 지역, 평안도와 요동

조선의 대명 사행과 평안도

1) 권내현, 《조선 후기 평안도 재정 연구》, 지식산업사, 2004.

2) 명의 요동 장악에 대해서는 南義鉉, 〈明 前期 遼東都司와 遼東八站占據〉, 《명청사연구》 21, 명청사학회, 2004 참조.

3) 대명 무역과 평안도인들의 참여에 대해서는 구도영, 《16세기 한중무역 연구》, 태학사, 2018 참조.

4) 평안도의 사행 호송군과 역로의 관군館軍에 대해서는 張熙興, 〈朝鮮時代 對明 使行의 接待와 護送軍─義州民의 生活을 中心으로〉, 《백산학보》 75, 백산학회, 2006; 구도영, 〈조선 전기 對明 使行 護送軍 제도와 운영〉, 《인문과학연구》 50, 강원대

학교 인문과학연구소, 2016; 趙炳魯, 《韓國近世 驛制史硏究》, 국학자료원, 2005, 193~212쪽에 기본적인 사실들이 정리되어 있다.

5) 《成宗實錄》 권81, 성종 8년 6월 20일(을묘); 권229, 성종 20년 6월 29일(병진).

6) 《世宗實錄》 地理志 各道總論에 기재된 전국의 군정 수는 9만 5,166명, 구수는 69만 2,477명, 호수는 20만 1,853호이다. 평안도 군정은 2만 1,210명, 구수는 10만 5,444명, 호수는 4만 1,167호이다.

7) 《中宗實錄》 권8, 중종 4년 5월 1일(임진).

8) 金暻綠, 〈朝鮮初期 對明外交와 外交節次〉, 《한국사론》 44, 서울대학교 국사학과, 2000, 22쪽; 朴成柱, 〈高麗·朝鮮의 遣明使 硏究〉, 동국대학교 사학과 박사학위논문, 2004, 107쪽. 이 논문에서는 태조~성종 대의 부경사행을 연평균 6.64회로 보았고, 연산군~인조 대는 겸행을 1회로 계산하면 3.78회, 겸행을 별도로 계산하면 4.45회라고 하였다.

9) 권내현, 《조선 후기 평안도 재정 연구》, 121쪽, 148쪽.

10) 《世祖實錄》 권36, 세조 11년 8월 15일(경인); 구도영, 《16세기 한중무역 연구》, 71쪽.

11) 종인의 수에 대해 구도영은 5~10인, 박성주는 30인 내외라고 했는데, 모두 추정치여서 정확한 숫자를 알기는 어렵다.

12) 崔德中, 《燕行錄》, 日記 壬辰 11월 28일.

13) 1421년 명의 북경 천도 이전에 조선 사신은 주로 해로를 이용해 남경에 이르렀다. 이때는 요동, 여순구까지 육로로 이동한 뒤 배로 등주에 도착하였으며, 이후 육로로 남경까지 이동하였다(朴元熇, 《明初朝鮮關係史硏究》, 일조각, 2002, 297쪽).

14) 張熙興, 〈朝鮮時代 對明 使行의 接待와 護送軍―義州民의 生活을 中心으로〉, 359쪽.

15) 《世宗實錄》 권79, 세종 19년 12월 25일(임오); 권97, 세종 24년 7월 13일(신미).

16) 《世祖實錄》 권41, 세조 13년 2월 26일(임술); 《經國大典》 兵典 迎送.

17) 《經國大典》 兵典 驛馬.

18) 《太宗實錄》 권15, 태종 8년 4월 2일(경진).

19) 《經國大典》 禮典 事大.

20) 《大典後續錄》 兵典 赴京.

21) 양계의 군사체제에 대해서는 오종록, 《조선 초기 양계의 군사제도와 국방》, 국학자료원, 2014 참조.

22) 《經國大典》兵典 外官職.

23) 《世祖實錄》권47, 세조 14년 7월 19일(병자).

24) 《世祖實錄》권45, 세조 14년 1월 5일(병인).

25) 《文宗實錄》권6, 문종 1년 3월 12일(신해).

26) 《成宗實錄》권128, 성종 12년 4월 8일(임자); 권196, 성종 17년 10월 21일(임진).

27) 《太宗實錄》권14, 태종 7년 9월 2일(임자).

28) 《睿宗實錄》권5, 예종 1년 4월 12일(을축); 《中宗實錄》권82, 중종 31년 10월 30일(임자).

29) 《中宗實錄》권1, 중종 1년 12월 12일(병진).

30) 《世宗實錄》권97, 세종 24년 7월 13일(신미); 《文宗實錄》권2, 문종 즉위년 7월 21일
(계해).

31) 《文宗實錄》권3, 문종 즉위년 8월 4일(을해).

32) 《世宗實錄》권120, 세종 30년 5월 3일(정해).

33) 《世祖實錄》권34, 세조 10년 8월 1일(임오); 《中宗實錄》권21, 중종 10년 1월 24일(임오).

34) 《世宗實錄》권41, 세종 10년 8월 26일(을사); 권54, 세종 13년 12월 23일(갑인).

35) 《成宗實錄》권226, 성종 20년 3월 25일(계미).

36) 《成宗實錄》권231, 성종 20년 8월 19일(갑진).

37) 《燕山君日記》권49, 연산군 9년 3월 12일(기묘).

38) 《燕山君日記》권50, 연산군 9년 6월 28일(계해).

39) 《燕山君日記》권50, 연산군 9년 7월 3일(정묘).

40) 《明宗實錄》권30, 명종 19년 8월 4일(계유).

41) 《國朝編年》明宗大王 甲子十九年.

42) 《中宗實錄》권101, 중종 38년 8월 13일(을유).

43) 《世宗實錄》권80, 세종 20년 1월 13일(무술); 《端宗實錄》권3, 단종 즉위년 윤9월 12
일(신미).

44) 《世祖實錄》권25, 세조 7년 9월 15일(임자).

45) 《世祖實錄》권44, 세조 13년 11월 5일(정묘); 《睿宗實錄》권1, 예종 즉위년 9월 10일
(병인); 권3, 예종 1년 2월 12일(정유).

46) 《成宗實錄》권121, 성종 11년 9월 8일(을유), 9월 16일(계사); 권258, 성종 22년 10월
19일(임술).

47) 《世祖實錄》권44, 세조 13년 12월 22일(갑인).

48) 《世祖實錄》권34, 세조 10년 8월 1일(임오).

49) 평안도 군사의 방수에 대해서는 오종록, 《조선 초기 양계의 군사제도와 국방》, 267~314쪽 참조.

50) 《世祖實錄》권40, 세조 12년 11월 2일(경오); 《成宗實錄》권157, 성종 14년 8월 12일(임신); 《中宗實錄》권28, 중종 12년 7월 14일(무자); 권63, 중종 23년 9월 28일(정유).

51) 《成宗實錄》권52, 성종 6년 2월 2일(신사), 2월 8일(정해).

52) 《經國大典》吏典 外官職의 평안도 역관驛館은 생양生陽·대동大同·안정安定·숙녕肅寧·안흥安興·가평嘉平·신안新安·운흥雲興·임반林畔·양책良策·소곶所串·의순義順 등 12곳이며, 《大典續錄》兵典 驛路에는 거련車輦이 추가되었다.

53) 관군의 신분에 대해서는 趙炳魯, 《韓國近世 驛制史研究》, 201~203쪽 참조.

54) 姜陽, 〈朝鮮前期 朝明 使行外交와 交通路—'조선 사행록'을 중심으로〉, 경기대학교 사학과 박사학위논문, 2013, 182쪽.

55) 《世宗實錄》권39, 세종 10년 1월 27일(경술); 권40, 세종 10년 윤4월 24일(을사); 권41, 세종 10년 7월 1일(신해).

56) 《世宗實錄》권49, 세종 12년 8월 24일(임진).

57) 《世宗實錄》권59, 세종 15년 2월 8일(임진).

58) 《文宗實錄》권6, 문종 1년 2월 13일(임오).

59) 《世祖實錄》권5, 세조 2년 11월 16일(임오); 권18, 세조 5년 12월 15일(계해).

60) 《經國大典》兵典 迎送.

61) 《成宗實錄》권166, 성종 15년 5월 18일(갑진).

62) 《成宗實錄》권96, 성종 9년 9월 3일(신유).

63) 《成宗實錄》권166, 성종 15년 5월 18일(갑진), 5월 21일(정미).

64) 《成宗實錄》권166, 성종 15년 5월 29일(을묘).

65) 《成宗實錄》권189, 성종 17년 3월 20일(을축); 권215, 성종 19년 4월 18일(신해).

66) 《成宗實錄》권267, 성종 23년 7월 10일(무인).

67) 조병로는 《韓國近世 驛制史研究》, 199~200쪽에서 민호 영정이라는 기록에 주목하여 군호가 아닌 별도의 양민을 관군에 영정시킨 것으로 이해하였다. 하지만 관련 기록에서 평안감사 이숭원李崇元에 의해 민호 영정이 추진되었다고 언급한 시기는 군

호 영정의 실시 시기와 일치한다. 군호 영정과 민호 영정을 분리해서 이해할 수 없는 것이다.

68) 《中宗實錄》 권104, 중종 39년 9월 18일(갑인).

69) 《燕山君日記》 권43, 연산군 8년 4월 12일(계축).

70) 《宣祖修正實錄》 권12, 선조 11년 8월 1일(경진).

71) 《世宗實錄》 권106, 세종 26년 10월 28일(계유); 권107, 세종 27년 1월 18일(임진); 권122, 세종 30년 12월 22일(갑술).

72) 호송군의 무역 활동에 대해서는 구도영, 〈조선 전기 요동에서 사행使行 호송군護送軍의 역할과 국제무역의 경계〉,《동북아역사논총》 58, 동북아역사재단, 2017 참조.

73) 《世宗實錄》 권22, 세종 5년 11월 9일(병술).

74) 李民宬,《敬亭先生續集》 권1, 朝天錄 癸亥 五月 二十一日, 이민성의 해로 사행에 대해서는 김지현, 〈敬亭 李民宬의 癸亥朝天錄 소고〉,《온지논총》 42, 온지학회, 2015 참조.

75) 《睿宗實錄》 권4, 예종 1년 윤2월 24일(기묘);《成宗實錄》 권54, 성종 6년 4월 18일(병신).

76) 《成宗實錄》 권213, 성종 19년 2월 2일(병신).

77) 《燕山君日記》 권28, 연산군 3년 10월 9일(정축).

78) 《燕山君日記》 권36, 연산군 6년 2월 12일(병신).

79) 《中宗實錄》 권95, 중종 36년 6월 10일(을축).

80) 《中宗實錄》 권56, 중종 21년 3월 22일(을사); 권82, 중종 31년 10월 30일(임자).

81) 《中宗實錄》 권54, 중종 20년 5월 21일(기묘).

82) 《中宗實錄》 권56, 중종 21년 3월 22일(을사); 권76, 중종 28년 11월 5일(계묘).

83) 《中宗實錄》 권33, 중종 13년 6월 29일(정유); 권56, 중종 21년 3월 22일(을사).

84) 《中宗實錄》 권82, 중종 31년 10월 30일(임자).

15세기 조선의 대명 사행과 요동도사

1) 관련된 주요 연구들을 소개하면 다음과 같다. 朴元熇,《明初 朝鮮關係史 硏究》, 一潮閣, 2002; 김한규,《요동사》, 문학과지성사, 2004; 남의현,《明代遼東支配政策硏究》, 강원대학교출판부, 2008; 구도영, 〈조선 전기 요동에서 사행使行 호송군護送軍의 역할과 국제무역의 경계〉,《東北亞歷史論叢》 58, 동북아역사재단, 2017; 구도영, 〈明

代 朝鮮 使行의 身分 證明에 대한 종합 분석—勘合부터 얼굴 認知까지〉,《明淸史硏究》52, 명청사학회, 2019; 구범진·정동훈, 〈초기 고려-명 관계에서 사행로 문제—요동 경유 사행로의 개통 과정〉,《한국문화》96, 서울대학교 규장각한국학연구원, 2021; 권내현, 〈조선 전기 對明使行과 平安道의 護送·運送 부담〉,《史叢》106, 高麗大學校 歷史硏究所, 2022; 김지현, 〈최현의 〈조천일록〉 속 요동지역 사회문화 현상 고찰—사행록 독법에 대한 제언〉,《藏書閣》45, 한국학중앙연구원, 2021; 정동훈, 〈총론: 한중관계에서의 요동遼東〉,《역사와 현실》107, 한국역사연구회, 2018.

2) 《明太祖實錄》 권61, 홍무 4년 2월 28일(임오).

3) 《明太祖實錄》 권65, 홍무 4년 5월 15일(병인).

4) 《明太祖實錄》 권66, 홍무 4년 6월 29일(경술).

5) 《明太祖實錄》 권67, 홍무 4년 7월 1일(신해).

6) 《明太祖實錄》 권101, 홍무 8년 10월 27일(계축).

7) 이규철, 〈15세기 초반 조선과 명의 정보 교류와 요동遼東〉,《역사와 현실》107, 한국역사연구회, 2018, 114~115쪽.

8) 《太祖實錄》 권1, 태조 1년 7월 17일(병신).

9) 《太祖實錄》 권1, 태조 1년 7월 18일(정유).

10) 《太祖實錄》 권1, 태조 1년 8월 29일(무인).

11) 《太祖實錄》 권1, 태조 1년 8월 26일(을해).

12) 《太祖實錄》 권2, 태조 1년 9월 1일(기묘).

13) 《太祖實錄》 권2, 태조 1년 10월 22일(경오).

14) 《太祖實錄》 권2, 태조 1년 11월 27일(갑진).

15) 《太祖實錄》 권3, 태조 2년 1월 7일(계축).

16) 《太祖實錄》 권2, 태조 1년 10월 25일(계유).

17) 《太祖實錄》 권2, 태조 1년 11월 8일(을유).

18) 《太祖實錄》 권3, 태조 2년 3월 20일(을축).

19) 《太祖實錄》 권1, 태조 1년 8월 27일(병자).

20) 《太祖實錄》 권2, 태조 1년 11월 9일(병술).

21) 《太祖實錄》 권3, 태조 2년 5월 23일(정묘).

22) 《太祖實錄》 권3, 태조 2년 6월 1일(을해).

23) 이미 태조 2년(1393)부터 명 예부의 자문을 남경에서 직접 가져오는 것이 아니라 요동도사의 관리를 통해 조선에 전달하는 사례가 나타난다(《太祖實錄》 권3, 태조 2년 6월 6일(경진)).

24) 《太祖實錄》 권4, 태조 2년 7월 28일(신미).

25) 《太祖實錄》 권4, 태조 2년 8월 2일(을해).

26) 《太祖實錄》 권4, 태조 2년 8월 2일(을해).

27) 《太祖實錄》 권4, 태조 2년 8월 2일(을해).

28) 《太祖實錄》 권4, 태조 2년 8월 29일(임인).

29) 《太祖實錄》 권4, 태조 2년 9월 17일(기미);《太祖實錄》 권4, 태조 2년 9월 21일(계해).

30) 《太祖實錄》 권5, 태조 3년 1월 12일(임자).

31) 《太祖實錄》 권5, 태조 3년 2월 19일(기축).

32) 《太祖實錄》 권5, 태조 3년 3월 26일(을축).

33) 《太祖實錄》 권5, 태조 3년 5월 20일(무오).

34) 《太祖實錄》 권6, 태조 3년 6월 7일(을해).

35) 《太祖實錄》 권6, 태조 3년 6월 16일(갑신).

36) 《太祖實錄》 권6, 태조 3년 8월 8일(을해).

37) 《太祖實錄》 권6, 태조 3년 8월 21일(무자);《太祖實錄》 권6, 태조 3년 9월 5일(임인).

38) 《太祖實錄》 권7, 태조 4년 1월 19일(갑인);《太祖實錄》 권7, 태조 4년 2월 22일(병술).

39) 《太祖實錄》 권10, 태조 5년 11월 23일(정축).

40) 《太祖實錄》 권15, 태조 7년 10월 3일(을사).

41) 《太祖實錄》 권15, 태조 7년 10월 3일(을사).

42) 태종 대 세자의 조현 과정과 의미에 대해서는 다음 연구들이 참조된다. 윤정, 〈태종 7~8년 世子(讓寧大君) 朝見의 정치사적 의미─태종 왕통과 대명관계의 상관성에 대한 분석〉,《역사문화연구》 69, 한국외국어대학교 역사문화연구소, 2019; 정다함, 〈조선 태종대 世子와 明 帝女의 혼인 논의와 그 정치적 맥락〉,《역사와 담론》 105, 湖西史學會, 2023.

43) 《太宗實錄》 권13, 태종 7년 6월 21일(계묘);《太宗實錄》 권14, 태종 7년 9월 7일(정사).

44) 《太宗實錄》 권18, 태종 9년 11월 18일(병술).

45) 《太宗實錄》 권19, 태종 10년 1월 14일(신사).

46) 《太宗實錄》 권19, 태종 10년 1월 16일(계미).

47) 《太宗實錄》 권19, 태종 10년 2월 6일(계묘).

48) 《太宗實錄》 권28, 태종 14년 9월 19일(기축).

49) 《太宗實錄》 권30, 태종 15년 7월 23일(무오).

50) 《世宗實錄》 권14, 태종 3년 12월 12일(신축).

51) 《世宗實錄》 권16, 태종 4년 4월 17일(계묘).

52) 《世宗實錄》 권18, 태종 4년 11월 7일(경신).

53) 이상의 내용은 이규철, 〈15세기 초반 조선과 명의 정보교류와 요동遼東〉, 《역사와 현실》 107, 한국역사연구회, 2018, 130~131쪽 참조.

54) 《太宗實錄》 권3, 태종 2년 5월 8일(경인); 《太宗實錄》 권4, 태종 2년 9월 17일(정유).

55) 《太宗實錄》 권4, 태종 2년 12월 13일(임술).

56) 《世宗實錄》 권22, 세종 5년 10월 8일(을묘).

57) 《世宗實錄》 권22, 세종 5년 11월 5일(임오).

58) 《世宗實錄》 권22, 세종 5년 10월 14일(신유).

59) 《世宗實錄》 권22, 세종 5년 10월 15일(임술).

60) 《世宗實錄》 권23, 세종 6년 3월 4일(경진).

61) 《世宗實錄》 권25, 세종 6년 9월 1일(계유).

62) 《世宗實錄》 권25, 세종 6년 9월 15일(정해).

63) '흠문기거사'는 황제가 전쟁이나 순행巡行 등의 이유로 수도를 떠나 있을 때 안부를 묻는 목적의 사신이었다. 황제의 순행 때 안부를 묻는 것이 예의라는 취지이지만 실제로는 전쟁의 상황 등 상대의 정세를 파악하는 목적으로 파견되었다. '흠문기거사'의 명칭으로 사신이 파견되었던 것은 태종 대와 세종 대에만 확인된다. 물론 같은 목적의 사행은 명칭을 '문안사問安使' 등으로 변경해 세종 대 이후에도 지속적으로 파견되었다.

64) 《世宗實錄》 권25, 세종 6년 9월 23일(을미).

65) 《世宗實錄》 권25, 세종 6년 9월 10일(임오).

66) 《世宗實錄》 권26, 세종 6년 10월 5일(병오).

67) 《世宗實錄》 권26, 세종 6년 10월 13일(갑인).

68) 《世宗實錄》 권25, 세종 6년 9월 19일(신묘).

69) 《世宗實錄》 권26, 세종 6년 11월 14일(을묘).

70) 이 문제는 비교적 빨리 해결되어 조선의 사행이나 관리가 요동도사를 통해 황제의 조서 등을 등사해 조선 조정에 보고하는 활동은 계속 유지되었다(《世宗實錄》 권29, 세종 7년 7월 21일(무자)).

71) 《世宗實錄》 권29, 세종 7년 7월 21일(무자).

72) 《世宗實錄》 권59, 세종 15년 3월 23일(병자).

조명관계의 중개지, 요동아문과 동강진

1) 조명관계에 대해서는 다음의 연구들이 참고 된다(全海宗, 《韓中關係史硏究》, 一潮閣, 1970; 최소자, 《명청시대 중·한관계사 연구》, 이화여자대학교출판부, 1997; Clark, Donald, "Sino-Korean Tributary relations Under the Ming", Denis Twitchett & Frederick W. Mote & John K. Fairbank ed., *The Cambridge History of China*, vol.8: *The Ming Dynasty, 1368~1644*, part2(N.Y.: Cambridge University Press, 1998); 고구려연구재단 편, 《한중 외교관계와 조공책봉》, 고구려연구재단, 2005; 동북아역사재단 편, 《조선시대 한중관계사》, 동북아역사재단, 2018).

2) 양란을 전쟁으로 설정한다면, 전후 조명관계와 조청관계는 평화에 해당할 것이다. 현재의 통설은 물론 전문적인 연구서도 대부분 이러한 기본 구조를 가지고 있다.

3) 정동훈, 〈한중관계에서의 요동遼東〉, 《역사와 현실》 107, 한국역사연구회, 2018.

4) 조명관계에서 요동아문과 동강진을 주제로 한 연구는 매우 부진하다. 전자에 대해서는 장정수, 〈宣祖代 末 朝鮮의 對明 '虜情' 보고와 그 여파〉, 《明淸史硏究》 51, 명청사학회, 2019 후자는 徐源翊, 〈明淸交替期 東江鎭의 위상과 경제적 기반〉, 《明淸史硏究》 53, 명청사학회, 2020 등이 최근의 연구로 확인된다.

5) 한명기, 《임진왜란과 한중관계》, 역사비평사, 1999.

6) 정복 왕조로 잘 알려진 요·금·청은 요동에서 발흥했다는 공통점을 가지고 있었다. 10세기 이후 요동을 중심으로 세력을 확장한 국가들이 중국으로 진출하는 것이 일반적 추세였음을 고려하면 명의 요동 진출과 도지휘사사를 통한 군정軍政 지배는 이례적인 현상이었다(김한규, 《요동사遼東史》, 문학과지성사, 2004, 529~530쪽).

7) 《명태조실록》 권101, 홍무 8년 10월 계축(27일).

8) 남의현, 〈요동도사遼東都司의 설치와 방어체계 정비〉, 《明代遼東支配政策硏究》, 강원

대학교출판부, 2008, 53~56쪽.

9) 요동도사는 도지휘사(정2품) 1인, 도지휘동지(종2품) 2인, 도지휘첨사(종3품) 2인으로 구성된 군정기관으로 25위·2주州를 관할하였다.

10) 포정사분사의 공식 명칭은 '분수요해동녕도分守遼海東寧道', 안찰사분사는 '분순요동산동안찰사分巡遼東山東按察司'였다. 광녕에 설치되었다가 이후 요양으로 이설되었다.

11) 남의현, 앞의 책, 2008, 74~75쪽.

12) 이러한 원칙은 꽤 공고하게 지켜졌다. 일례로 16세기 중반인 1538년에는 명 사신의 사적인 접촉과 요구에 대해 인신무외교를 이유로 이를 최소화하려는 모습을 보인다(《중종실록》 권89, 중종 33년 11월 무술(28일)). 조선과 요동아문의 사적 왕래가 빈번해진 임진왜란 이후에도 사적인 접촉과 왕래는 사교私交로 간주되어 종종 도마 위에 오르게 된다.

13) 朴元熇, 《明初朝鮮關係史研究》, 一潮閣, 2002.

14) 대표적으로 한명기의 연구가 있다(한명기, 《임진왜란과 한중관계》, 역사비평사, 1999; 한명기, 《정묘·병자호란과 동아시아》, 푸른역사, 2008).

15) 정옥자는 '양란兩亂'을 기점으로 조선 시대를 전·후기로 양분하는 통설이 역사적 변화의 내적 요인을 간과했다고 지적하고 인조반정을 대안으로 제시하기도 했다(정옥자, 《조선후기 조선중화사상 연구》, 일지사, 1998, 100쪽).

16) 《선조실록》 권30, 선조 25년 9월 갑술(17일), "兵部令遼東都司移咨."

17) 본래 명의 칙사는 영접도감, 영접사가 접대하는 것이 원칙이었다. 접대도감과 접반사는 임진왜란 때 신설된 직책이다.

18) 《선조실록》 권44, 선조 26년 11월 병인(16일)·경오(20일).

19) 《이문등록》 7책, 만력 24년 4월 27일(조선 국왕이 요동도사에 보낸 자문). 조선 후기 중앙의 주력군이었던 훈련도감 역시 '경중신병京中新兵'이라는 이름으로 그 안에 포함되었다.

20) 장정수, 〈조선 선조대 束伍軍의 편성과 明 鍊兵敎師의 역할〉, 《朝鮮時代史學報》 100, 朝鮮時代史學會, 2022.

21) 《사대문궤》 권24, 만력 25년 11월 14일(조선 국왕이 흠차총독경략군문에 보낸 자문).

22) 《선조실록》 권94, 선조 30년 11월 갑오(7일)·정유(10일).

23) 이와 관련한 최근 연구로 김한신, 〈임진전쟁기 조선조정의 對明 일본재침 경보와 양국 공조〉, 《歷史學報》 253, 歷史學會, 2022 참조.

24) 관전 6보에 관해서는 황지영, 〈李成梁事件을 통해서 본 17세기 遼東情勢의 變化〉, 《朝鮮時代史學報》21, 朝鮮時代史學會, 2002 참조.

25) 《명종실록》 권33, 명종 21년 9월 갑오(7일).

26) 《선조실록》 권28, 선조 25년 7월 정축(20일)·정해(30일);《선조실록》 권30, 선조 25년 9월 갑신(27일);《선조실록》 권32, 선조 25년 11월 을유(29일);《선조실록》 권33, 선조 25년 12월 계묘(17일)·경술(24일).

27) 《명신종실록》 권302, 만력 24년 9월 경신(27일);《명신종실록》 권303, 만력 24년 10월 기사(6일).

28) 《선조실록》 권99, 선조 31년 4월 무인(24일);《선조실록》 권103, 선조 31년 8월 을축(12일);《선조실록》 권111, 선조 32년 4월 계유(24일);《선조실록》 권112, 선조 32년 윤4월 갑진(26일).

29) 《선조실록》 권131, 선조 33년 11월 16일(병진).

30) 《선조실록》 권135, 선조 34년 3월 계축(15일);《선조실록》 권136, 선조 34년 4월 정해(20일);《선조실록》 권143, 선조 34년 11월 임인(8일).

31) 1601년 11월에는 동궁東宮, 즉 세자 책봉에 관한 문서를 지참한 사신이 파견될 것이라는 첩보를 조선에 전하기도 했다(《선조실록》 권143, 선조 34년 11월 경술(16일)). 물론 이때 세자 책봉이 성사된 것은 아니다.

32) 《이문등록》 9책, 만력 29년 12月 5日(흠차요동진강등처지방참장 도지휘사 조祖가 조선 국왕에게 보낸 자문).

33) 《명신종실록》 권356, 만력 29년 2월 갑신(15일), "命經理朝鮮右副都御史萬世德 回院供職."

34) 《이문등록》 9책, 만력 30년 1월 22일(조선 국왕이 흠차요동진강등처지방참장 도지휘사 조祖에게 보낸 자문).

35) 이전까지는 요동도사가 수신된 조선 자문을 총독·순무·순안·총병 등 4개 아문으로 전보轉報하는 시스템이었다(《이문등록》 9책, 만력 30년 1월 일(조선 국왕이 요동도지휘사사에 보낸 자문)). 여기서 순안어사가 제외되고, 진강유격부가 추가되어 총 오아문이 된다.

36) 《선조실록》 권163, 선조 36년 6월 임인(17일).

37) 일례로 일본에 유정을 파견할 때 동일한 방식으로 요동아문에 사실을 알렸다(《선조실록》 권175, 선조 37년 6월 정해(8일)).

38) 《명신종실록》권416, 만력 33년 12월 계축(13일), "朝鮮伵哨探委官 原爲去年三月 該國
奏報賊情回測 本部覆議 行遼東撫鎭差委標下的當員役 赴彼密探報部裁制 今督撫咨
稱 二載偵探 幷無動靜 遣官在彼 徒滋煩擾 欲責該國自行探報 以觀聲勢 又云 彼中防
守 尙爾因循 雖該國積弱之餘 苟安之習 而係我藩籬 豈可漠然秦越置之 乞賜敕一道宣
諭國王 令及時犄礪振拔自强 一應戰守機宜 著實脩擧 以仰副天朝興廢顧復至意 仍遠
偵密探不論有無警息 每兩月一報鎭江遊擊衙門 如有重大情形 不時馬上馳聞."

39) 《사대문궤》권46, 만력 33년 7월 일(조선 국왕이 계료총독·요동순무·요동총병·진강유격·
요동도사에 보낸 자문).

40) 이 점은 《사대문궤》권48, 만력 35년 6월 24일(조선 국왕이 계료총독·요동순무·요동총
병·진강유격·요동도사·산동감찰어사에 보낸 자문)의 내용에서 확인된다.

41) 《만력소초萬曆疏鈔》권41, 요건류遼建類, 해건이추유기위공소海建二酋踰期違貢疎(양도
빈楊道賓 예부좌시랑禮部左侍郞, 만력 36년 2월), "更聞奴兒哈赤與弟速兒哈赤 皆多智習兵
信賞必罰 兼幷放類 妄自尊大……其志不小而憂方大耳 臣閱金遼二史 遼人嘗言 女直
兵若滿萬則不可敵 當其始事 甲士七千 鴨河之役 僅三千七百 至者纔三之一 而遼師遇
之 遂不復振 今奴酋精兵業已三萬有奇."

42) 《명신종실록》권449, 만력 36년 8월 갑자(10일).

43) 《명신종실록》권455, 만력 37년 2월 신사(29일), "謂之獻也不止棄地 謂之通虜不止啗
虜 楫與成梁之罪可勝誅耶."

44) 《광해군일기》권19, 광해군 1년 8월 병진(8일).

45) 《광해군일기》권24, 광해군 2년 1월 경자(23일), "近來差官之行 皆非大段事而連續出
來 不過要索貨利之計 封疆之官 雖無據理攔阻 而亦不聽從 極爲悶慮 誠有如上敎所及
者 但謬例已成 似難一朝頓却 試以事理言之 凡遇在我緊急之事 無不走送譯官 往來遼
廣 有同一家 未聞有遮遏之擧 獨於中朝差委之來 示以邁邁之色 輒行專咨禁斷 殊似未
安 此後如有通咨之事 婉曲其辭 略及舊無此事之意 使有所漸次裁損 則未爲不可."

46) 대표적인 사례로 요동도사의 자문을 가져온 차관 장천택을 들 수 있다. 그는 자문을
전달하기 위해 파견되었지만 교역을 목적으로 물화를 상납했고, 이에 대해 승정원
은 "차관은 본래 사사로이 (물건을) 바칠 수 없고, 상께서 받는 것도 미안하니 거절
함이 의리에 합당합니다"라며 거부해야 한다고 주장했다. 그러나 광해군은 예물을
받고 답례까지 지시한다(《광해군일기》권25, 광해군 2년 2월 임자(6일)). 이전부터 이런

문제가 빈발하여 물건의 일부만 선택적으로 받는 경우도 있었는데, 광해군은 세자 책봉이나 공성왕후 추숭 등의 민감한 사안을 고려하여 대체로 용인하는 경향이 있었다.

47) 《명신종실록》 권468, 만력 38년 3월 무인(2일);《명신종실록》 권469, 만력 38년 윤3월 병진(11일).

48) 《광해군일기》 권28, 광해군 2년 4월 임진(17일);《광해군일기》 권31, 광해군 2년 7월 을묘(12일);《광해군일기》 권32, 광해군 2년 8월 병술(14일).

49) 《광해군일기》 권33, 광해군 2년 9월 신해(9일)·임자(10일)·계축(11일).

50) 《광해군일기》 권44, 광해군 3년 8월 신미(4일);《광해군일기》 권50, 광해군 4년 2월 경오(5일);《광해군일기》 권54, 광해군 4년 6월 정묘(4일).

51) 《광해군일기》 권55, 광해군 4년 7월 정사(25일).

52) 《광해군일기》 권56, 광해군 4년 8월 병인(5일).

53) 《광해군일기》 권56, 광해군 4년 8월 정해(26일)·기축(28일).

54) 1610년 7월, 예조에서는 요동도사 차관 정민공丁敏功이 상경하려는 것을 두고 "국경이 엄격히 구분되어 있으니 왜정에 대한 문제가 아니라면 임의로 왕래하는 것이 곤란합니다"라면서 저지하게 하고 의주부윤으로 하여금 자문과 예단을 보내지 말라는 뜻을 전하게 하자고 건의하여 윤허를 받았다(《광해군일기》 권31, 광해군 2년 7월 기유(6일)).

55) 《광해군일기》 권32, 광해군 2년 8월 임인(30일).

56) 요동아문의 관원이 자문에 '처處'를 써서 문제가 된 사례로 확인되는 경우만 4건이다. 진강유격 왕급王汲이 보낸 자문(《광해군일기》 권31, 광해군 2년 7월 기사(26일)), 진강유격의 중군이 보낸 자문(《광해군일기》 권58, 광해군 4년 10월 신유(1일)), 요동도사에서 보낸 자문(《광해군일기》 권59, 광해군 4년 11월 신묘(1일) 및《광해군일기》 권65, 광해군 5년 4월 기해(11일)) 등.

57) 《광해군일기》 권77, 광해군 6년 4월 무술(16일), "此非但未有前例之事 外藩之國 不可與上國邊帥 有所私交 揆諸事體 極爲未安."

58) 《광해군일기》 권77, 광해군 6년 4월 갑진(22일), "外國私交之事 固無前例 而亦不可開端也."

59) 앞과 같음, "近來天朝衙門 創開新例難從之事 不一而足 極爲可慮 前後該曹啓辭之意 實有所見 所當終始固守 俾無後面難處之患 而彼若必欲逞計 嗔怒不已 則在我以主待

客之道 恐無一切固拒之義 況小邦之不能無資於鎮江官司 誠有如義州府尹狀啓之意."

60) 앞과 같음, "近來我國於疆域交際之間 每被事勢之掣 勉行苟且之擧 雖有善爲計者 亦 無長策 極爲可歎……如是而不聽 必欲遂其意 則未有攔截之路 不得已任他所爲 來則 待之而已."

61) 장정수, 앞의 글, 2022; 김한신, 앞의 글, 2022.

62) 장정수, 〈17세기 초 조선의 대對 건주여진·후금 교섭과 조朝·명明 군사공조의 실상〉, 《역사와 실학》73, 역사실학회, 2020a, 127~133쪽.

63) 《명신종실록》권507, 만력 41년 4월 갑오(6일)·을사(17일).

64) 《광해군일기》권80, 광해군 6년 7월 임술(12일), "建夷熾張 勢必犯順 天朝將有問罪之 擧……而奴酋未滅之前 邊上之虞未艾也."

65) 《광해군일기》권79, 광해군 6년 6월 병오(25일); 《광해군일기》권80, 광해군 6년 7월 무오(8일)·기묘(29일).

66) 《만주실록滿洲實錄》권4, 병진년 1월.

67) 《만문노당》태조6, 천명 3년 1월.

68) 《명신종실록》권568, 만력 46년 4월 갑진(15일).

69) 《주요석화籌遼碩畫》권4, 무오맹하, 형과급사중刑科給事中 요약수姚若水의 제본; 같은 책, 예과급사중禮科給事中 기시교亓詩教의 제본; 같은 책, 강서도어사江西道御史 설정 薛貞의 제본; 호과급사중戶科給事中 관응진官應震의 제본.

70) 《광해군일기》권127, 광해군 10년 윤4월 경오(12일).

71) 《등록류초》14책, 변사, 무오 윤4월 13일.

72) 《등록류초》14책, 변사, 무오 윤4월 15일.

73) 출병을 둘러싼 당시의 논쟁에 대해서는 장정수, 〈조선의 대對 명·후금 이중외교와 출병 出兵 논쟁의 추이〉, 《韓國史硏究》191, 韓國史硏究會, 2020b, 300~312쪽에 자세하다.

74) 《명신종실록》권579, 만력 47년 2월 을해(21일).

75) 조선 도료군의 실제 편제와 규모는 장정수, 〈深河戰役(1619) 당시 조선 '渡遼軍'의 편 제와 규모〉, 《朝鮮時代史學報》96, 朝鮮時代史學會, 2021a 참조.

76) 《명신종실록》권580, 만력 47년 3월 갑오(11일).

77) 장정수, 〈深河戰役 당시 광해군의 '密旨'와 對後金 배후교섭의 변질〉, 《사총》104, 고 려대학교 역사연구소, 2021b.

78) 《광해군일기》 권139, 광해군 11년 4월 신유(8일).

79) 《광해군일기》 권143, 광해군 11년 8월 임술(12일).

80) 심하 전역은 '사르후 전투'의 한 국면이다. 사르후는 명군의 주력이었던 두송의 서로군이 전멸한 곳으로서 대표성을 가지고 있어 이 전투의 명칭에 붙게 되었다. 심하 전역은 사르후 전투의 여러 국면 가운데 동로군이 최초로 충돌한 곳인 심하의 명칭을 땄다. 도원수 강홍립의 마지막 장계가 올라간 곳이기도 하며, 명군이 전멸한 와르카시 전투와 조선군이 전멸한 푸차 전투를 통칭한다.

81) 당시 조선은 후금과의 배후 교섭을 진행 중에 있었다. 심하의 패전 이후, 조선은 누르하치의 화친 요구를 거부하면서도 국서國書를 보내는 대신 평안도관찰사의 명의로 회답서를 작성하고 차관을 파견하여 전달했다. 이 사건이 명의 첩보망에 발각되면서 명은 조선을 크게 의심했다(《광해군일기》 권142, 광해군 11년 7월 갑진(23일)). 이 사건은 명 조정 안에서 잠깐이나마 감호론이 제기되는 배경이 되었다.

82) 사르후 패전의 책임을 지고 물러난 양호 대신 요동경략으로 임명된 웅정필은 1619년 6월에 이미 조선과 여허가 후금으로 기울었다고 역설하였다(《주요석화籌遼碩畫》 권23, 기미계하2, 요동경략遼東經畧 웅정필熊廷弼의 제본).

83) 《주요석화》 권23, 기미계하2, 운남도어사雲南道御史 장지발張至發의 제본.

84) 《명신종실록》 권584, 만력 47년 7월 임인(21일).

85) 鈴木開, 〈一六二○年の朝鮮燕行使李廷龜一行の交渉活動: 光海君時代における対明外交の一局面〉, 《東洋學報》 91(2), 東洋文庫, 2009; 權仁容, 〈明末 '朝鮮監護論'에 대한 朝鮮의 辨誣外交〉, 《明淸史研究》 35, 명청사학회, 2011; 김우진, 〈月沙 李廷龜의 對明 외교활동: 선조와 광해군대를 중심으로〉, 《朝鮮時代史學報》 61, 朝鮮時代史學會, 2012.

86) 한명기, 〈光海君代의 對中國 관계〉, 《震檀學報》 79, 震檀學會, 1995; 계승범, 〈조선 감호론 문제를 통해 본 광해군대 외교노선 논쟁〉, 《朝鮮時代史學報》 34, 朝鮮時代史學會, 2005.

87) 《명광종실록》 권4, 태창 원년 8월 갑인(9일); 《명광종실록》 권7, 태창 원년 8월 무진(23일).

88) 《명희종실록》 권1, 태창 원년 9월 정해(13일); 《명희종실록》 권2, 태창 원년 10월 무신(5일)·계축(10일).

89) 《명희종실록》 권3, 태창 원년 11월 무인(5일)·경진(7일).

90) 《명희종실록》권5, 천계 원년 1월 기축(17일), "金復道臣胡嘉棟 改給監軍道關防勅書
以寬靉鎭江並隸之."

91) 《광해군일기》권167, 광해군 13년 7월 갑자(25일)·을축(26일).

92) 이시발, 《계록》금金, 신유(1621) 7월 20일·25일·28일·30일; 같은 책 8월 3일.

93) 朴現圭, 〈명 監軍 梁之垣의 朝鮮出使 시기 해상활동에 관한 분석〉, 《한중인문학연
구》39, 한중인문학회, 2020, 363쪽.

94) 이시발, 《계록》화, 신유(1621) 9월 20일; 《광해군일기》권169, 광해군 13년 9월 갑
자(26일).

95) 양지원은 한인들을 등주로 송환하는 대가로 군사협력을 요구했으나, 사실상 은을
징색하여 귀국했으며 모문룡이 한인들을 데리고 가도로 들어가는 결과로 귀결되
었다(우경섭, 〈1620~1627년 조선의 遼民 인식과 송환론〉, 《동국사학》74, 동국사학회, 2022.
247~249쪽).

96) 《명희종실록》권13, 천계 원년 8월 병자(7일).

97) 《명희종실록》권23, 천계 2년 6월 무진(4일).

98) 徐源翊, 앞의 글, 2020, 103~104쪽.

99) 《인조실록》권15, 인조 5년 2월 임인(5일).

100) 《인조실록》권16, 인조 5년 5월 신미(6일); 《승정원일기》17책, 인조 5년 5월 기묘(14
일); 《인조실록》권16, 인조 5년 5월 경진(15일)·임진(27일)·을미(30일); 《인조실록》
권16, 인조 5년 7월 을축(1일)·정묘(3일).

101) 《인조실록》권15, 인조 5년 2월 을유(18일); 《승정원일기》17책, 인조 5년 3월 임진
(25일).

102) 동강진의 조선인 살육과 조선 마을의 약탈은 연대기에 확인되는 것만 해도 헤아리
기 어려울 정도이다. 한 마을 전체를 도륙하여 수백 명 이상이 살해되는 경우도 있
었다(《승정원일기》17책, 인조 5년 4월 신해(15일); 《인조실록》권16, 인조 5년 4월 계축
(17일); 《승정원일기》17책, 인조 5년 4월 을묘(19일); 《승정원일기》17책, 인조 5년 5
월 계유(8일); 《인조실록》권16, 인조 5년 5월 경인(25일)). 소개한 사례 외에도 폐단
을 넘어선 적대적인 군사행동이 잦아서 한동안 조선은 후금보다 동강진과의 관계
가 오히려 악화되었다. 그럼에도 조선은 후금과 화친한 상황에서 동강진을 적대할
수 없는 딜레마에 놓여 있었다. 화친이 임기응변이라고 주장하는 상황에서 명의 군

진인 동강진의 행동을 적극적으로 막거나 공격하면, 이것이 후금과의 화친이 진정성을 가진 것으로 오인되는 이유가 될까 우려했기 때문이다.

103) 독수 원숭환의 공식 명칭은 '흠명(흠차)출진행변독수계료천진등래등처군무 병부상서 겸도찰원우부도어사欽命(欽差)出鎭行邊督帥薊遼·天津·登萊等處軍務 兵部尙書 兼都察院右副都御史'였다.

104) 유흥치가 주도한 동강진의 정변에 관해서는 鈴木開, 〈劉興治와 朝鮮과의 관계에 대하여〉, 《만주연구》 19, 만주학회, 2015 참조.

105) 오교병변에 관해서는 黃一農, 〈吳橋兵變: 明淸鼎革的一條重要導火線〉, 《淸華學報》 42(1), 國立淸華大學出版社, 2012 참조.

106) 1633~1634년 명 장수들의 후금 투항은 동강진의 세력 약화를 가져왔고, 이후 동강진은 조명관계의 중개지로서 기능을 크게 잃었다. 1636년 6월, 비변사는 후금[청]의 정세를 동강진에 자문으로 보고하여 전주轉奏를 요청했지만, 별도의 사신을 명 조정에 직접 파견해서 황제에 올려야 한다고 말하고 있다(《인조실록》 권32, 인조 14년 6월 무인(5일)).

107) 1634년 감군 황손무黃孫茂가 거느린 군사들이 가도에 진주하고 다양한 의견을 조선에 제시한 것이 대표적이다. 이를 두고 명 조정이 동강진의 전략적 가치를 포기하지 않은 것이라는 최근의 평가도 있었다(우경섭, 〈1627~1637년 조선의 遼民 대책과 토벌론〉, 《한국학연구》 66, 인하대학교 한국학연구소, 2022, 27쪽). 다만, 이때의 동강진은 이전 시기의 요동아문이나 모문룡 시기의 동강진과 비교할 때 조명관계의 중개지로서의 성격이나 군사적 실효성 등에서는 가치가 하락했음을 부정할 수 없다.

108) 정묘호란 당시 후금의 1차 목표는 동강진이었고, 이를 통해서 조선과 동강진의 군사 공조를 분쇄하고 조선에 대한 명의 현실적인 영향력을 단절하고자 했다. 하지만 병자호란이 벌어질 무렵 홍타이지는 가도의 명군을 사실상 무시하고 조선의 내지로 진격했으며, 인조의 항복을 받은 이후 도리어 조선군을 활용하여 가도를 점령하게 된다. 이는 단순히 공격의 순서 차이라기보다는 동강진의 군사적 역량이 현저히 줄어든 데서 비롯된 작전상의 변화였다.

109) 1633년 후금의 홍타이지는 심세괴까지 회유하기 위해 가도에 여러 차례 서신을 보냈다. 서신의 전문이 입수될 정도로 조선 역시 사태를 정확히 파악하고 있었다(《인조실록》 권28, 인조 11년 11월 을묘(27일)). 이때까지 조선과 동강진의 관계는 조선과 후

금의 관계 이상으로 악화되어 있었지만, 심세괴가 동강진을 관장하게 된 이후 다소 회복되었다.

110) 가도의 함락 이후에도 진홍범陳洪範의 수군은 석성도石城島, 장산도長山島 등지를 오가면서 활동을 지속했다. 최근 연구에 의하면 진홍범이 가도를 탈환하여 동강진에 준한 군사기지를 건설하고 또 그러기 위해 조선과의 접촉을 지속적으로 시도했다고 한다. 조선은 이 문제를 두고 고심했으나 결국에는 접촉을 거부하였다(이재경, 〈병자호란 이후 朝明 비밀접촉의 전개〉, 《군사軍史》 103, 국방부 군사편찬연구소, 2017, 237~248쪽). 동강진의 소멸로 인해 조선에 대해 명나라가 미칠 수 있는 직접적인 영향력이 크게 감소했다는 평가는 가도의 함락을 조명관계 단절의 결정적 계기로 본 《명사明史》 조선열전朝鮮列傳의 설명과도 유사하다.

찾아보기

[ㄱ~ㄹ]

가도假島 160, 279, 282, 285, 286, 368
각화도覺華 282, 284
감호론監護論 156, 365, 367
갑사 300
강간약지強幹弱枝 92, 93
강홍립姜弘立 158, 164, 365, 366
개경 252
건문제 59, 64
《건주기정도기建州紀程圖記》 152
건주여진建州女眞 148, 150, 151, 153, 344,
　　361, 353, 354, 360, 361
건퇴 전투 152
계첩揭帖 120, 144
격군 312
경략經略 107, 108, 112, 118
《경략복국요편經略復國要編》 98
《경략어왜주의經略御倭奏議》 98
《경리조선군무經理朝鮮軍務》 347
경사 56, 60, 62~65, 73~75, 78~80, 89,
　　92~94
경중명耿仲明 372
《계록》 162
고급사告急使 123, 135, 139

고니시 유키나가小西行長 137, 142
고명誥命 115, 116, 129
고양겸顧養謙 97, 123, 129, 130, 131, 132,
　　134, 135, 136, 138, 139
공녀 68, 70, 71, 76, 77, 79
공유덕孔有德 372
관군 307
관반사管伴使 108
관부 308
관압사管押使 43, 47, 187, 188
관역 308
광녕廣寧 99, 104, 117, 122, 128, 139
광녕도어사 104
광해군 120, 142
《괴원등록槐院謄錄》 98, 144
구련성九連城 105, 106, 109, 348
구변九邊 252
국서國書 100, 118, 155, 159, 162, 165, 166
군호관군 310
금차金差 148, 173, 174
기미羈縻 153
기주위岐州衛 151
김경서金景瑞 365

김수 109, 111, 123, 127, 128, 129, 130, 135

김응남 100, 101

나이토 조안內藤如安 136, 137

나하추 44, 49, 52

남경 55~60, 62, 65~67, 70, 71, 74, 75, 77~80, 91~93, 249, 251~257, 261

납공納貢 119

내부內附 104, 105

누르하치Nurhaci(奴兒哈赤) 151~155, 161, 353, 361

니탕개의 난 151

다르한 히야 155

다하이Dahai(達海) 158

단련사團練使 266

담종인譚宗仁 136

당승종 44

대동강 281

대동관 307

《대명회전大明會典》 20, 31, 33, 47, 100

덕주德州 255, 277, 278

도사都司 131

도요토미 히데요시豊臣秀吉 99, 100, 102, 118, 130, 136, 137

동강진東江鎭 174, 279, 280, 340, 369, 370, 372

동경 24

동양정董養正 103, 106

동지사冬至使 103, 109, 111, 122, 123, 139, 140, 188

둥-나미Dungnami(董納密) 173

등주로 282, 284, 285

랴오양 24

류큐琉球 90, 91, 101, 108, 190

[ㅁ~ㅅ]

마귀 358

마푸타Mafuta(馬福塔) 173, 373

막북漠北 친정 62, 64~68, 70~72, 78

만력제 354

만주족 147

면복冕服 115, 116, 129

명조구례明朝舊例 147, 149

명주明州 252

명청 교체 343

《명태조실록》 21

모문룡毛文龍 157, 161~163, 274, 279, 280, 286, 368~371

모화관慕華館 133

몽골 191

묘호廟號 114

무진撫鎭 343

문희현 154, 161

민여경閔汝慶 139, 140

민준閔濬 103

박규영 154

박난영 161

박순남朴舜男 139

박승종朴承宗 156, 361

박중남朴仲男 173

방물 295

배표례拜表禮 138, 140

백로주白鷺洲 254

번호규례藩胡規例 153

번호藩胡 150

병자호란 147, 149, 181, 373

봉공奉貢 115, 129, 130, 131, 132, 133, 134, 140

봉왕封王 130, 142

봉작封爵 123

봉황성鳳凰城 109, 111, 121, 125, 138

부경사 56, 249, 267

부경사행 294

부마고려국왕 29

부사副使 99, 124, 127, 141, 144, 194, 196, 197, 201, 203

부산 왜호설釜山倭戶說 114, 115, 130

부정지국不征之國 65, 66

북경 48, 49, 56, 57~94, 258, 261, 263, 265, 268, 274, 276, 277, 282~284

북경 천도 56~60, 62~65, 73~75, 78~80, 89, 92~94

《사대문궤事大文軌》 98, 144

사르후 전투 365

사은 문서 121, 126

사은사謝恩使 100, 105, 106, 110~114, 116, 120~123, 124, 126~129, 135

사은謝恩 112, 115, 121, 124~126

사행로 249~251, 254, 255, 258, 259, 278, 286

사헌司憲 126, 127

산동 108, 131

산동로 249, 253, 254

산해관 99, 129, 252, 254, 255, 259, 260, 262, 268, 274, 283, 284

3년 1공 42, 44, 47

3년 1행 34, 35, 37, 39, 47

상가희尙可喜 373

생양관 307

생흔·모만 사건 38

서광계徐光啓 156, 365

서반 215, 302

서장관書狀官 99, 103, 106, 111, 122, 123, 127, 128, 131, 139, 141, 194, 195, 197~200, 202, 203

석다산石多山 281, 282

석성石星 107, 112, 116, 121~123, 129, 130, 137

설번薛藩 108

설장수 40

섬라 189~191

성유聖諭 133, 134

성절사聖節使 99, 100, 102, 103, 109, 138, 139, 187

성지聖旨 142

세공 26, 29, 30, 33, 42, 45, 47, 51

세자 책봉 129, 140~142

세폐 25

소서비小西飛 117, 136

소씨宗氏 99

손광孫鑛 132~134, 139

송응창宋應昌 97, 104, 107~113, 115~123, 125~129, 132, 136, 137

쇨롱고šolonggo(小弄耳) 164, 173

수로 255~257, 276

수영패 299

순망치한脣亡齒寒 55, 87, 89, 91, 92

순무巡撫 113

순무어사 109

순안巡按 113, 128

순행 60~63, 65, 67, 68, 70, 71, 73, 77, 78

승문원 117, 118, 124, 126, 133, 137, 138, 140, 144

시위군 299

신사信使 148, 163, 165

신점申點 105

신종神宗 101, 108, 113, 134, 137

신충일申忠一 150, 155

신흠申欽 139, 141

심세괴 373

심양 48, 280

심우승沈友勝 103, 106, 108

심유경沈惟敬 117, 118, 119, 125, 136, 137, 138

심하 전역 149, 153, 154, 172, 365

심희수沈喜壽 103, 105, 106, 109

[ㅇ]

아민Amin(阿敏) 160

안남 66, 81

안보 55, 58, 72, 80~82, 87, 89~93

안흥관 308

양간 154, 155

양소훈楊紹勛 102, 104~106, 109

양지원梁之垣 160, 368

양호 358, 363, 364

어르더니Erdeni(額爾德尼) 158

여곤 82~84, 86~89

여진족 147

여허Yehe(葉赫) 361

역관 291

역리 307

연강대 303

연산관連山關 342

연왕(주체) 59, 74

연행사 56

영락제 58~79, 92, 191, 197

영래군迎來軍 266

영송군 250

영접도감迎接都監 174, 345

영후관迎候官 177

예의지국 185

오교병변吳橋兵變 372

오신남吳信男 165

오억령吳億齡 101

옥강의 변 156, 157

온하위溫河衛 151

요광아문遼廣衙門 340

요광효姚廣孝 60

요동 99, 101~106, 109, 111, 113, 117, 121~123, 128, 134~136, 139, 140, 291, 341

요동도사 99, 130, 135, 253, 257, 258, 263, 268, 270~272, 274, 342~344

요동도지휘사사遼東都指揮使司 339, 102, 105, 134, 140, 342

요동로 253

요동사행 294

요동–산동로 48~50

요동아문遼東衙門 151, 155, 174, 340, 348, 350, 352, 355, 358~361, 364

요동총병관 102, 104

요동팔참遼東八站 258, 259, 342

요양 48, 99, 103, 104, 107, 109, 291

용강역龍江驛 254, 256

우르구다이Urgūdai(武爾古岱) 156

운하 62, 72~74, 84~86, 88~91, 277

웅정필熊廷弼 354, 367

원숭환袁崇煥 371

원접사遠接使 108

유근柳根 103, 113, 114, 115

유림柳琳 373

유몽정柳夢井 102, 103, 109

유성룡柳成龍 125, 126, 128, 133, 140

유정劉綖 120, 141

유황상 127, 130

육로 57, 75~79, 249, 252, 255, 256, 258, 276, 282

윤근수尹根壽 100, 102, 104, 106, 108, 109, 114, 118, 120, 121, 127, 133, 139, 141, 142

윤두수尹斗壽 103, 105

의순관 303

의원 204

의주 102, 103, 107, 109, 111, 120, 121, 133, 291

이괄의 난 163

이덕형李德馨 103, 104, 106, 108, 135

《이문등록吏文謄錄》 98, 144

이문移文 118

이성량 350, 352, 353

이시발李時發 157, 164

이여송李如松 104, 107, 108, 109, 110, 111, 112, 115, 119, 122, 128, 132

이영방李永芳 156

인국隣國 148, 158

이정귀 367

이정형李廷馨 123, 135

이항복李恒福 103

이호민李好閔 132, 137, 140

익군 299

인신印信 124

인조반정 163

1년 3행 34, 39, 40, 41, 44, 47, 51

일본 190

임반林畔의 변 160

임진왜란 55, 58, 80, 81, 83, 85, 86, 89, 91, 92, 168, 169, 339, 343~345, 347, 355, 361

잉굴다이Inggŭldai(英俄爾岱) 173

[ㅈ~ㅎ]

자문咨文 102, 104, 106, 109, 112, 118~120, 125, 128, 132~134, 138, 140, 141

자은도慈恩島 253

자제군관 201, 203

잔치 48

장만張晩 155

재조지은 343

전둔위前屯衛 260, 284

전운노 308

전위사餞慰使 108

점성 189, 191

접대도감接待都監 174, 345

접대소 148, 174, 177

정곤수鄭崑壽 103, 106~108

정군 306

정기원鄭期遠 106

정난靖難의 변 59, 60, 62~64

정덕제 197

정동행성征東行省 133

정몽주 36

정묘호란 148, 149, 164, 169, 176, 178

정문呈文 104, 106, 107, 115~117, 119, 122, 126, 140, 144

정사正使 99, 102, 103, 106, 113, 122, 124, 127, 141, 144, 194~197, 201~203, 215

정조사正朝使 99, 187, 188

정철鄭澈 111, 113~115, 126

정충신鄭忠信 152, 154, 156~158, 161, 372

정통제 189~191

제독提督 107, 108

조공朝貢 59, 64, 66, 76, 80, 87, 90, 92, 101, 118, 123, 130, 339

《조선국내서부》 170

조승훈祖承訓 105, 107

조와 189~191

조운 73, 74, 82, 84~86

《존주휘편尊周彙編》 150

종계변무宗系辨誣 100

종인從人 99

주문奏文 102, 107, 110, 112, 113, 115~122, 124~128, 131~134, 136~143

주본奏本 110, 111, 112, 115, 116, 120, 124, 125, 128, 130, 132, 133

주청사奏請使 111, 116, 120, 124, 136, 139, 141

진강성鎭江城 157, 349

진강아문鎭江衙門 348, 350, 365

진강유격부鎭江遊擊府 340, 348, 352

진봉사 25

진주사陳奏使 103, 106, 118, 123, 136~139

질정관質正官 99, 200, 201

차관差官 141

책문 317

1

책봉 339
천추사千秋使 99, 187
철령위 52
청 150
청량사請糧使 123, 130
청병請兵 97, 98, 103, 104, 106, 119, 121
청원사請援使 103~105
최립崔岦 111, 118, 123~127, 130, 139, 140, 141
최해 22
추신사秋信使 148, 166, 168
춘신사春信使 148, 165, 166, 168
칙사勅使 108, 126
칙서勅書 100, 108, 126, 127
칙유勅諭 137, 141
친명배금親明排金 163, 164
친조 27
탕참湯站 103, 109, 303
태종 60, 63, 64, 67, 70~75
태창太倉 252
통사通事 99, 123, 196, 198~200, 202, 203, 214, 215
통신사通信使 99, 100, 105, 114, 148, 166, 168
통신通信 148
통창通倉 82, 84
파발擺撥 103
표문表文 110, 112, 114, 115, 128
표전문 사건 39
푸차Fuca(富察) 전투 365
하성절사 22, 25, 28~30, 34, 35, 37~42
하세국河世國 160
하정사 25, 28~30, 34, 36~42, 49
하천추절사 30, 34, 35, 37, 39, 40, 42
한응인韓應寅 101, 105, 109
한준겸韓浚謙 157, 368
한준韓浚 110, 111, 118

한회韓薈 123, 130, 134
해로 75~77, 79, 84, 85, 93, 249, 252, 254, 275, 276, 282
해서여진 353
행인사行人司 108
행인行人 108
향도 82, 84, 85
향역 309
향역관군 309
허성許筬 136, 138, 139
허욱許頊 123, 130, 131, 134, 135, 141
허진許進 111, 122, 123
호대수胡大受 151
호송군 194, 206~208, 295
호차胡差 173
호택胡澤 131~134
호행護行 제도 250
홍무제 57~59, 65, 76, 77
홍순언洪純彦 105, 106
홍인상洪麟祥 111, 112, 126
홍진洪進 104, 114
화원 194, 204
환관 193
황우한黃汝漢 138, 139
황응양黃應暘 359
황진黃進 102, 111, 116, 118, 120~122, 124~128
황해 횡단로 48~50
황해남로 249, 252
회답겸쇄환사回答兼刷還使 168
회답관回答官 165
회답사回答使 148, 165, 166
회자回咨 118, 140
횡선사 25
후금 147~150, 153, 360
훌룬Hūlun(忽剌溫) 152, 153, 352, 361

조선과 명나라의 사행 외교사 **1**

① 전환, 운영, 노정, 접경

2025년 11월 12일 1판 1쇄 인쇄
2025년 11월 19일 1판 1쇄 발행

지은이	조영헌 외
기획	권내현
펴낸이	박혜숙
디자인	이보용 김진
펴낸곳	도서출판 푸른역사
	우) 03044 서울시 종로구 자하문로8길 13
	전화: 02)720-8921(편집부) 02)720-8920(영업부)
	팩스: 02)720-9887
	전자우편: 2013history@naver.com
	등록: 1997년 2월 14일 제13-483호

ⓒ 조영헌 외, 2025
ISBN 979-11-5612-309-5 94900
        979-11-5612-308-8 94900 (세트)